Heide Rosegger / Hellfried Rosegger
ZWEISTIMMIG

ISBN 978-3-7059-0355-5
1. Auflage 2013

Tel.: 03151-8487, Fax: 03151-84874
e-mail: verlag@weishaupt.at
e-bookshop: www.weishaupt.at

Druck und Bindung: Druckerei Theiß GmbH, A-9431 St. Stefan.
Printed in Austria.

ZWEISTIMMIG

Heide Rosegger

Hellfried Rosegger

Weishaupt Verlag

„Glauben Sie wirklich, dass es einer Handvoll
gewissenloser Streber und Verführer geglückt wäre,
all diese bösen Geister zu entfesseln, wenn die Millionen von
Geführten nicht mitschuldig wären?
Getrauen Sie sich auch unter diesen Verhältnissen,
für den Ausschluss des Bösen aus der seelischen Konstitution
des Menschen eine Lanze zu brechen?"

Sigmund Freud

Mürzzuschlag

1938 – 1949

1

Es ist schon lange her, schon fast gar nicht mehr wahr. Wo die Villa bis zum Jahre 1977 über dem Stadtzentrum von Mürzzuschlag in einem verzauberten Garten stand, ragen nun ein paar wesenlose Wohnsilos in den Himmel, vier bis fünf Stockwerke hohe Monster aus Beton, und der alte Garten ist tot. Mitleidlos wurden Bäume abgeholzt, Büsche und Fliederhecken niedergewalzt, alles, was grünte, von Baggern weggepflügt, von Spitzhacken zerrissen und von Motorsägen zu Kleinholz zerstückelt. Innerhalb weniger Tage nur wurde die Villa mit dem steilen Schieferdach und den vielen Zimmern dem Erdboden gleichgemacht. Ein Haufen Schutt blieb noch eine Weile, verrottendes Gebälk, altes Ziegelwerk und zertrümmertes Mobiliar, aufgetürmt, bis Kräne und Lastwägen alles abtransportiert und eine Weile nur noch eine atemabschnürende Wolke aus Staub in der Luft lag. Kein Vogel hat dort mehr gesungen, kein Hund mehr gebellt, keine Türen gingen mehr auf oder zu, kein Gras wurde mehr gemäht, ein paar vergessene Dachbalken moderten noch eine Zeit lang irgendwo inmitten des Schuttes. Bald darauf drangen schon die Bautrupps vor, die ihre Jobs einem lukrativen Deal verdankten. Die Besitzer der alten Villa hatten alles verloren. Eine Pleite, wie sie im Buche stand. Die letzte Bewohnerin der zerstörten Villa, eine sehr alte Frau, war schon vor dem Abriss von zwei Männern abgeführt worden. Blind von Tränen, in einen dunklen Mantel gehüllt, kehrte sie sich nicht mehr um, als sie in ein Auto gesetzt und nach Graz transportiert wurde, wo sie bis zum Ende ihres langen Lebens bei ihrer Tochter Ingrid leben sollte.

Das alte Haus, dreistöckig mit zwei Balkonen und einer Terrasse, stammte aus den Zwanzigerjahren. Auf der straßenseitigen, sonnigen Vorderfront befanden sich die beiden hölzernen Balkone und im Erdgeschoß eine geräumige, außen blau gestrichene Veranda, an der sich während des Frühjahrs und Sommers eine dornige Hecke stark duftender Rosen festkrallte und über deren gesamte Breite wucherte. An der Westseite reckten sich die Äste eines Marillenbaums hoch über die Brüstung und höher hinauf bis zum zweiten, kleineren Balkon unter dem spitzen Giebel. Ein aus Holzlatten gezimmertes Gartentor schloss das Grundstück zur Waldgasse hin ab. Von dort führte ein leicht abschüssiger Weg an Ebereschen und Holunderbüschen vorbei zur Villa hin, die man durch deren ‚oberen Eingang' betrat, eine himmelblau gestrichene Holztür mit schwerer Bronzeklinke, zu der man ein paar Steinstufen vom Weg aus hinaufsteigen musste. Durch eine in dunklem Holz getäfelte Diele, mit Bildern von einem alten Hammerwerk und dessen Besitzer, gelangte man in die hellen Wohnräume, links in die sogenannte Bibliothek, rechts ins Speisezimmer und weiter in ein an sonnigen Tagen von lachsfarbenem Licht erfülltes Wohnzimmer. Die Türen waren angelehnt, von der Veranda mit offenen Fenstern wehte eine Brise, blähte die weißen Vorhänge, bauschte sie, sodass sie sich kräuselten und fahle Schatten über die weinroten Teppiche warfen.

In der Bibliothek lag, unter den Regalen mit alten Bänden hingegossen, auf einem Diwan mit türkischem Teppich eine sehr junge, blonde Frau und las eine Zeitung, während zu ihren Füßen zwei kleine Kinder spielten. Die junge Frau, Ingrid, war seit Kurzem Witwe und trug noch Schwarz. Ihre kleinen Kinder, Anna und Ferdinand, beide brünett, blätterten in einem Kinderbuch und lauschten ab und zu nach dem Wehen der Vorhänge oder dem Rascheln der Zeitung, welche ihre Mutter las.

„Mutter, liest du uns eine Geschichte vor?“, bettelte Ferdinand, „die Geschichte von den bösen Italienern und dem deutschen Michel!“

„Gleich!“, antwortete die Mutter, „könnt ihr mich nicht ein bisschen in Ruhe lassen?“

In der mit licht lackierten Schränken ausgestatteten Küche wurde inzwischen gearbeitet. Den Raum erfüllten Geräusche, Klappern von Töpfen und Geschirr und aus dem Herd strömte wohliger Geruch nach Essen und Rauch. Der Herd war einer von den emaillierten, ehrwürdigen, zu beheizen mit Kohle oder Holz. Die Mutter der jungen Frau, die auf dem Sofa in der Bibliothek die Zeitung las, hieß Sophie. Diese alte, doch sehr energische, rüstige Frau war um die Sechzig, hatte weißes Haar, sehr blaue Augen und verfügte über einen starken Willen. Sie gehörte zu jenen, die unermüdlich tätig sind und besaß die Gabe, manchmal, wenn es ihr so in den Kram passte, sehr ironisch zu sein. Sophie Lenau war von scharfem Verstand. Ihre subjektiv gefärbte Urteilskraft, ihr oft beißender Witz besaßen also durchaus praktischen Nutzen, weswegen sie mithilfe dieser Waffen zumeist als Siegerin aus einem Streit hervorging. Sie saß eben an dem Küchentisch, schälte Kartoffeln und ließ die sich ringelnden Schalen auf Zeitungspapier fallen. Ein dickliches blondes Dienstmädchen mit fleckiger Schürze stand am Herd und rührte in einem weinroten Emailtopf, aus dem Essensdünste dampften.

Im ersten Stock, wo es noch einige Zimmer gab, zu denen man über eine anmutig geschwungene Treppe aus rötlichem Holz gelangte, schrieb Tante Gerda, die Schwester Ingrids, an einem anderen Tisch sitzend mit einer blauen Füllfeder gerade einen langen Brief an ihren Mann Hartmut, in dem sie von ihren Hoffnungen und Ängsten berichtete. Es war Sommer und schön. Bläuliche Schatten wanderten über die Wände und vereinzelte Sonnenflecken erzeugten blendende Lichter in goldgerahmten Spiegeln. Im Garten bellte ein freundlicher, grauer Schäferhund, er hieß Rolf.

Der große, gegen Norden hin abfallende Garten, in dessen Mitte die Villa stand, wurde von der Familie Lenau in einen vor dem Haus liegenden Teil, den südlichen, sehr sonnigen oberen und in einen hinter dem Haus liegenden, nördlichen, schattigen unteren Garten eingeteilt. Der obere Garten grenzte mit einem Holzzaun und einer Hecke aus falschen Jasminbüschen an die Waldgasse, der untere Garten war durch die alte, gut erhaltene Stadtmauer, die heute als historisches Weltkulturerbe gilt, vom Nachbargrundstück getrennt, wo sich die ebenfalls aus Steinen errichteten, mit altersschwachen, eingebrochenen, morschen Holzdächern versehenen Gebäude einer nahezu historischen Frächterei befanden. Aber da die Villa der Familie Lenau ja in der Mitte des quadratischen Grundstücks errichtet worden war, lagen große Teile des Gartens, die man weder zum oberen noch zum unteren Garten zählte, östlich und westlich des Hauses, durch Lattenzäune, Gitter und hohe Steinmauern von den Nachbargründen abgegrenzt.

Dieser Garten war die abenteuerliche Welt von Anna und Ferdinand. Die großen Wiesenflächen wurden zweimal im Jahr von einem Schmied aus dem Hammerwerk der Großeltern mit der Sense gemäht. Die Kinder nannten ihn Hehe, weil er immer so komisch lachte, wenn sie mit ihm redeten: heheheh! Der gutmütige Mann lebte in einer muffigen Arbeitersiedlung. Er schlachtete auch für die Familie des Herrn Gewerke Lenau bei Bedarf die Hasen und zog ihnen das Fell ab. Die Hühner wurden hingegen von der Nachbarin, der Frau Peck, abgestochen; mit derlei Geschäften machte man sich in besseren Kreisen die Hände nur ungern schmutzig! An der unteren Gartenmauer hatte die Großmutter ertragreiche Gemüsebeete anlegen lassen, und später, als die Nahrung knapp wurde, auch im westlichen Gartenstück, wo Großvater sogar ein Spargelbeet in sandigen Grund pflanzen ließ. Im unteren Garten standen inmitten schattiger, von Schaumkraut reichlich durchwachsener Wiesenflächen Obstbäume: verschiedene Apfelsorten, Birnen, Reineclauden, Zwetschgen, Kirschen – all diese höchst nützlichen Gewächse pflegte und beschnitt Onkel Heinrich, der älteste Sohn der Familie Lenau, der Bruder von Annas und Ferdinands Mutter, den die zwei Kinder über alles liebten. Onkel Heinrich hatte auch zwei Kinder, einen Buben und ein Mädchen, die aber in Graz bei seiner geschiedenen und inzwischen wieder verheirateten Frau lebten. Nach dem Krieg, als gewisse Lebensmittel nur mehr durch Tauschhandel zu ergattern waren – das illegale Besorgen von Zucker, Butter, Fett nannte man einfach Hamstern, – wurden zusätzlich Wiesenstücke des oberen Gartens umgepflügt und in einen Kartoffelacker umgewandelt. Im Westteil bauten die Großeltern nach Kriegsende Zuckerrüben an.

Im unteren Garten an der Westmauer moderten zwei alte Holzhütten vor sich hin, in denen ausgemusterte Maschinen aus dem Hammerwerk verrosteten und wo es von Asseln und Spinnen wimmelte. Etwas abgerückt von diesen baufälligen Baracken hatte man in besseren Zeiten einen jetzt von hochgeschossenen Ahornbäumen beschatteten, chinesischen Rundpavillon hingestellt, allgemein das ‚Lusthaus' genannt, – wobei sich weder Anna noch Ferdinand der wahren Bedeutung dieses Ausdrucks bewusst waren, – und gleich daneben, an einem sonnigen Flecken ebenfalls an der Mauer angesiedelt, befand sich das kreisrund betonierte, von einer Blumenrabatte umgebene ‚Planschbecken', welches in den kurzen, heißen Sommerwochen mit einem Gartenschlauch eingelassen wurde.

Eine besondere Attraktion übte der Hühnerstall auf Ferdinand aus, ein von einem hohen Maschendrahtzaun eingefasster Hof mit einem gemauerten Stallgebäude mitten drinnen, in dem die Hühner auf Stangen hockend übernachteten und wo in einem abgetrennten Raum in engen Ställen Kaninchen gehalten wurden. Um Inzucht zu vermeiden, schleppte Hehe dann und wann eine Häsin zu einem Rammler oder er brachte einen Rammler aus seiner Zucht daher und bald drauf gab es Nachwuchs, sehr zur Freude von Ferdinand und Anna, die diese winzigen Wollknäuel ungemein liebten und mit ihnen stundenlang spielen konnten. Die Hühner bekamen auch immer wieder Küken. Es gab einen farbenprächtigen, königlichen Hahn, der sein Damenvolk aus der Rasse der Altsteirerhennen sehr erfolgreich bediente; Großmutter nannte es ‚Rupfen', wenn er eine Henne besprang. Wenn diese dann nach einigen Tagen zu gurren und glucken begann und auf ihren Eiern hocken blieb, sagte die Großmutter: „Das Hendl hat schon wieder das Brutfieber!" Und wenn sie nicht wollte, dass die Eier ausgebrütet wurden, packte sie die Glucke einfach und tauchte sie ins kalte Wasser, womit das Fieber abkühlte und das Huhn aufhörte zu brüten. Der Hahn verhielt sich zeitweise ziemlich aggressiv gegenüber Eindringlingen. Er plusterte sich mächtig auf und verteidigte sein Hühnervolk indem er jeden potentiellen Feind ansprang und heftig flatternd mit Schnabel und Sporen auf ihn einhackte. Nur die Großmutter ließ er sogar in Zeiten gesteigerter Angriffslust in den Hühnerhof, weil sie zweimal täglich das Futter brachte: altes, zu Bröseln zerriebenes Brot, feingehackte Brennnesseln und zermahlene Eierschalen, Polenta und Speisereste. Im Hühnerhof wuchs außer einigen großblättrigen Krennpflanzen und wenigen Brennnesseln nichts, denn ununterbrochen scharrten die Hühner den ganzen Erdboden mit ihren krallenbewehrten, gelbbraunen Beinen in der Suche nach Fressbarem auf, zogen mit ihren Schnäbeln Regenwürmer in der Größe von jungen Ringelnattern aus der Krume, sodass auf der Fläche innerhalb des Hühnerhofs trotz fortwährender Düngung durch Hühnermist nicht einmal der kleinste Keimling überlebte.

Dieser Hühnerhof war das Lieblingsrevier Ferdinands. Immer wieder stahl er sich heimlich durch das Tor hinein und fing an, die Hühner zu jagen. Er stürmte auf sie los, dass sie laut gackernd auseinanderstoben, in Panik umherflatterten und in ihrer Flucht blindlings in den Maschendrahtzaun rannten, wo sie manchmal mit ihren Hälsen stecken blieben. Selbst der Hahn war diesem Ausbruch von kindlicher Wildheit nicht gewachsen und verzichtete auf Verteidigung. Manche Henne versuchte sich ins Stallgebäude zu retten, aber Ferdinand verfolgte sie auch dorthin, wo er den erschöpften Vogel schließlich in die Enge trieb, gnadenlos, und ihn packen konnte. Dieses streng verbotene Spiel erregte ihn ungemein, und als einmal eine Henne vor Schock und Erschöpfung liegen blieb, alle Federn mit einem Schlag verlor und schließlich verendete, durchströmte den Buben ein wahres Wonnegefühl. An die Strafe, die er dafür erhalten würde, dachte er in diesen Augenblicken überhaupt nicht.

Unter der Dachschräge, wo im Sommer durchdringender Holzgeruch die heiße Luft schwängerte, lagen zwei weitere Zimmer. Sobald es sehr heiß wurde, roch es dort nicht nur nach Holz und gebeiztem

Mobiliar, auch nach alten Matratzen, auf denen schon einige Generationen geschlafen hatten. Oben auf dem Dach hockten Rabenvögel und in den Dachrinnen sonnten sich unzählige Spatzen. Die Nordseite des Hauses nahm eine große Terrasse ein, die Aussicht auf den unteren Garten mit der alten Stadtmauer und den Steingebäuden dahinter sowie auf die Dachlandschaft der Stadt und darüber hin bis zu den Wäldern der Pretul und zur Schneealm gewährte. Allerlei Gerümpel hatte man auf diese Terrasse abgestellt, wacklige Tische mit dunklen Flecken auf verblasstem Holz, Sessel mit nur drei Beinen, ein ausrangiertes Sofa neben übereinander gestapelten blechernen Waschtrögen. Bei schönem Wetter pflegte die Großmutter dort einen großen Tisch zu decken, wo jeder, der dazu Lust hatte, frühstücken oder ein anderes Mahl einnehmen konnte. Der Blick glitt ungehindert in die Weite.

Aber nicht nur Balkone, Küchen und Wohnräume umfasste diese Villa mit dem steilen Schieferdach in der Waldgasse Nummer 6 – es gab auch den obligaten Industrieteil, das Kellergeschoß, nicht wirklich unter der Erde, sondern nur halb eingegraben, sodass von jedem Raum hochgelegene und mit Eisenstäben vergitterte Fenster den Blick – nicht unähnlich einer Froschperspektive – hinaus in verschiedene Teile des Gartens gewährten. Dieses trotz der Fenster eher düstere Untergeschoß beinhaltete den Heizkeller mit einem mächtigen Ofen, der mit Kohle oder Koks beheizt wurde und Wasser für die Zentralheizung wärmte. Dort lagerte auch das Brennmaterial. An der Ziegelwand hing ein weißer, mottenzerfressener Wolfspelz samt Schädel und zahnbewährter Schnauze und schien mit seinen Glasaugen alles genau zu verfolgen, was in diesem Kellerraum geschah, der mit dem anschließenden Vorratskeller durch eine Tür verbunden war. Ferner beinhaltete das Untergeschoß eine Waschküche und einen sogenannten Kanzleiraum, daneben lag das ‚Kellerzimmer', das man zu einem stets leicht muffigen Wohnraum umgestalten konnte, und noch ein Raum gegenüber, eine Art Speicher, der später auch als Luftschutzkeller Verwendung fand und vor dessen Fenster im Verlauf der Kriegsjahre, als die Luftangriffe auf die

Städte zunahmen, ein bunkerartiger Vorbau errichtet wurde, durch den man notfalls ins Freie entkommen konnte, sollte das Haus durch einen Bombentreffer in sich zusammenstürzen. Dieser Vorbau, der nach dem Krieg wieder abgetragen wurde und den eine prächtige, viele Monate lang violett blühende Clematis schmückte, ließ kaum Licht durch das Fenster, sodass der dunkle Schutzraum auf die Kinder stets gruselig und unheimlich wirkte. Durch eine Haustür, die von der Familie und den Dienstboten allgemein der ‚untere Eingang' genannt wurde, betrat man einen kalten, betonierten Kellergang, von dem aus links und rechts all diese kühlen, feuchten Räume erreichbar waren – nur der Vorratskeller war vom Heizkeller aus zugänglich.

Außen, unterhalb des nach Osten gerichteten Küchenfensters, befand sich eine Mistgrube und später wurde an der nördlichen, dem unteren Garten zugewandten, weiß getünchten Hauswand eine Holzlage errichtet. Dort lehnte auch eine schwere, eiserne Walze, die man als kräftiger Erwachsener an einem Handgriff schieben konnte, während Ferdinand dies immer wieder vergeblich versuchte: sie stellte ein Relikt aus besseren Tagen dar, als es im Garten der Villa noch einen Tennisplatz gegeben hatte, den man damit vor den Spielen zu planieren pflegte. Die Lenaus waren sehr sportlich. Man pflegte zu wandern, fuhr Schi und spielte sogar Tennis. –

2

Man hört es immer wieder und bis zum Erbrechen: Schuld an allem, was einem im Leben schief läuft, sind die Eltern, vor allem die Mutter. Diese tragische Figur muss es dulden, nicht nur Ziel oft abgöttischer Kinderliebe zu sein – und zu bleiben –, sie bekommt zusätzlich noch die Last aufgebürdet, Grund sämtlicher Probleme, Ursache aller Negativa zu sein, die sich im Leben ihrer Kinder irgendwann einmal einstellen. Und das, wo kaum eine junge Frau als ausgebildete Psychologin die Mutterschaft antritt. So wird ihr ungewollt, vollkommen frei von Sünde, die doppelt chimärische Seelensituation zuteil, sowohl gleichzeitig geliebt und gehasst, als auch unschuldig und schuldig zu sein. Ob dies nun wirklich der Wahrheit entspricht, sei nicht Gegenstand der vorliegenden Geschichte. Fest steht jedenfalls, dass Kinder gleich unbeschriebenem Papier in die Welt geboren werden. Wenn man von der Möglichkeit einer vorgeburtlichen Programmierung einmal absieht, erhalten sie die ersten Prägungen in den meisten Fällen durch die Mutter – und damit ist das jungfräuliche Papier bekritzelt – leider nicht immer mit den lieblichsten Texten. Nichts mehr, aber auch gar nichts mehr vermag diese Zeichen, Zeilen und Kapitel je wieder zu löschen – und wie gerne würde das mancher tun! Selbst wenn es gelingen sollte, sie unleserlich zu machen, auszutilgen, so bleiben doch Spuren auf dem vorhin so makellosen Weiß zurück und jeder, der näher hinsieht, wird feststellen: Oho! Da hat aber schon etwas draufgestanden! Das ist ja alles überschrieben! Ein Palimpsest! Unsere Seele ist ein Palimpsest. Ein überschriebenes Pergament, ein Codex rescriptus.

Sollten wir nun wirklich Interesse entwickeln, in unserem eigenen Seelenleben zu schürfen, tiefer und tiefer, bis wir unweigerlich zur Kindheit zurückgelangen, dann könnte es wohl geschehen, dass wir diese frühen, überkritzelten Stellen entdecken und wenn wir uns selbst ehrlich genug gegenübertreten wollen, dann werden wir zumindest den Wunsch verspüren zu versuchen, diese Hieroglyphen unseres frühkindlichen Seelenlebens zu entziffern, was sicherlich kein einfaches Unterfangen darstellt, denn bisweilen sind gerade diese heiklen Anfangspassagen mehrfach auslackiert und mit schwärzester Tinte und neuen Buchstaben ausgebessert und alles, was dort einmal zu lesen gewesen sein muss, liegt unter einem kaum zu lüftenden Deckel verborgen.

Ferdinands erste echte Erinnerung – damit meint er eine noch heute vorhandene– ist optischer Natur: er muss im Kinderwagen gelegen sein, denn das Dach dieses aus deutschem Sperrholz und lackiertem Stoff bestehenden, mit großen Rädern versehenen Gefährts rahmt ein Bild ein, welches sonst nur aus leuchtend blauem Himmel besteht. Der Säugling blickt also von seinem Kinderwagen aus in den Himmel, das mittels eines Metallgestänges aufgespannte Dach wirft einen Schatten über sein Gesicht. Nichts blendet ihn. Es ist eine wohltuende Erinnerung. Sie hat keine Handlung. Nur Himmel und Teile des Kinderwagendaches – sonst nichts. Da ist nichts Überschriebenes dabei. Das ist wirklich und echt. Dieses Himmelsleuchten bedeutet Ferdinand noch heute einen Hochgenuss und er weiß, mit dieser Empfindung lebt er nicht allein auf der Welt. Es gibt eine besondere Art der Depression, die durch länger anhaltende Dunkelheit hervorgerufen wird. Man kann sie durch Tageslichtlampen behandeln; täglich eine Stunde unter der Tageslichtlampe lesen und schon schwindet diese besondere Form der Déprime dahin. Tageslicht besitzt eine hohe Komponente an Blau, nur so nebenbei. Ob dieser blaue Himmel Ferdinands Gemüt geprägt hat? Astrologen bestreiten allerdings den Umstand, dass ein Kind, welches im Winter geboren wird, den folgenden Sommer schon bewusst erlebt und von dieser warmen, glückbringenden Jahreszeit für den Rest seines Lebens beeinflusst wird, während ein Kind, das im Sommer geboren wird, bald von langen Herbstnächten und Winterkälte umgeben ist. Nein, so die Astrologen, dieser Umstand habe keinen Einfluss auf den Menschen. Wirklich wichtig seien nur Sternbilder und Aszendenten und wo der Mond zur Geburtsminute gestanden hatte und so weiter, wobei die heute zu beobachtenden Konstellation gar nicht mehr mit jener zur Zeit der Entwicklung dieser zukunftsdeuterischen Wissenschaft übereinstimmt, weil sie sich über die Jahrhunderte verändert hat, so wie eine Uhr die vor- oder nachgeht. Ja, laut Astrologie sei der Himmel nur ein Anzeiger, so wie ein Chronometer die Zeit zwar misst und anzeigt, aber nicht die Zeit selber ist. Genaugenommen hat die Uhr mit der Zeit gar nichts zu tun. Die Zeit ist in ihrer Realität und Abstraktheit für den Menschen schwer – wenn überhaupt – erklärbar. Die von den Astrologen studierten Zusammenhänge zwischen den Ereignissen im Laufe eines Menschenlebens und der astronomischen Konstellation zum Geburtszeitpunkt – die ja bei Ferdinands Geburt schon lange nicht mehr die echte gewesen ist – haben ebenso wenig miteinander zu tun wie der Schatten eines Baumes mit dem Baum und der Winkel des großen zum kleinen Zeiger einer Uhr mit der Zeit.

Wie auch immer: Ferdinands Gemüt entwickelte sich eher heiter. Trotzdem fanden sich bei ihm schon ganz, ganz früh dunkle Charakterzüge, von denen er kaum je während seines Lebens zu jemandem gesprochen hat – und wenn, dann überhaupt nur in sehr allgemein gehaltenen Andeutungen. Wer gibt schon freiwillig zu, böse, ja geradezu abartig zu sein? Grausam, sadistisch!? So wie fast alle anderen wollte auch Ferdinand eher einem Idealbild entsprechen. Er wollte gefallen, vor allem seiner Mutter, die ihm das Idealbild vorgab.

Dazu hätte er sein müssen wie sein Vater: strebsam und fleißig, deutschnational und heimatlieb bis zur Selbstaufgabe, ein tapferer Soldat. Das ist dem Ferdinand allerdings nie gelungen, weil er 1. zu anders beschaffen war als dieser vorbildliche Mann, von dem er zwar viel gehört, den er aber nie gesehen hat, da er schon vor seiner Geburt verstorben war, ziemlich genau einen Monat vor Annas zweitem Geburtstag, 2. vor allem aber, weil er sich nie genug darum bemüht hat; warum hätte er es sollen? So viel lag ihm an der Wertschätzung durch andere doch nicht. Sich dafür richtig anzustrengen, sich zu verleugnen, aufzugeben, das hätte sich nicht gelohnt, wobei er als Kind derartige Gedanken nicht präzise formulieren konnte; und wie viel von dem, was ihn wirklich bewegte, hätte er dann aufgeben müssen, um dem Vaterbild zu entsprechen oder diesem zumindest nahezukommen, welches die Mutter von dieser geliebten Person zu zeichnen niemals müde geworden war! Dies alles bewegte Ferdinand zu jener Zeit, als sich das Himmelsbild in sein Gehirn projizierte, natürlich noch in keiner Weise, damals war er für derartige Gedanken noch viel zu jung, zu unentwickelt. Damals wurde das Buch mit den unbeschriebenen Seiten gerade erst aufgeschlagen.

Ferdinands Bösartigkeit entstammte sicher nicht den Einflüsterungen der Mutter, sie hat sich vielmehr von selbst eingestellt, war immer dagewesen, soweit er sich zurückerinnern kann, sozusagen eine angeborene, eine Ureigenschaft, ein Charakterzug, vielleicht von irgendeinem Vorfahren ererbt, über die Doppelhelix der DNS weitertransportiert und durch die Zufälligkeit in ihm wieder manifest geworden, denn einen Sadisten, einen Perversen soll es ja gegeben haben, so hat er später, viel später erfahren, irgendeinen weitschichtig Verwandten aus der Linie der Großmutter väterlicherseits, einen Schießpulverfabrikanten, der schon längst unter der Erde lag. Von jenem Typen konnten diese dunklen Neigungen genetisch herrühren, die einen besonderen Teil von Ferdinands Gemüt ausmachten, die sozusagen zu ihm gehörten wie seine Hände und Füße. Einzig das vom eierschalenfarbenen Kinderwagendach eingerahmte Bild des blauen Himmels war ohne jeden störenden Zusatz, war wirklich rein, so wie man sich eine Kinderseele vorstellt. Aber wie alt mag das Kind da gewesen sein? Drei Monate, vielleicht vier? Jedenfalls trat seine Schwester Anna erst viel später in sein Bewusstsein. –

Noch gedanklich fern von Anna fand Ferdinand Liebe, Geborgenheit und Erfüllung in den Armen seiner Mutter, der traurigen, jungen und sehr schönen Witwe, die über den frühen Tod ihres Mannes nie wirklich hinweggekommen ist. Es verging kein Jahr, wo sie ihren Sohn am Todestag seines Vaters nicht auf den Schoß nahm, um ihm vom Sterben dieser Lichtfigur zu berichten und wie sie – im sechsten

Monat schwanger – an seinem Totenbett bis in den Morgen so lange ausgeharrt hatte, bis der letzte Lebensfunke aus ihm gewichen war. Seit damals habe sie das morgendliche Singen der Amseln hassen gelernt.

Ferdinand besuchte seine Mutter am Morgen oft in ihrem Bett und streichelte sie und betastete ihre Brüste. Manchmal legte er sich auf sie drauf. Sie ließ ihn gewähren. Sie mochte diese harmlosen Berührungen ihres Busens – noch war ja nicht viel Zeit vergangen, seit er daran gesaugt hatte. Aber mit dem Stillen war es nicht besonders gut gelaufen – außerdem hatte die deutsche Industrie Nahrungsmittel für ihre zukünftigen Soldaten, Krankenschwestern und Mütter bereit, die der Muttermilch haushoch überleben waren: Kalziamilch, das sollte die Knochen stärken, Kraft geben!

Die Mutter erklärte ihm schon sehr früh in seinem Leben, dass er zum Lulumachen ein Ding besaß, so wie alle Buben – manchmal gab sie dem Glied auch andere Namen. Er spielte gerne mit seinem Ding und legte sich auf den Bauch, damit er es gegen das Leintuch drücken konnte. Dann wurde es groß und nach einiger Zeit durchströmte ihn ein wonnigliches Gefühl. Das versuchte er der Mutter zu erklären, er nannte es Uttern und das überirdische Gefühl am Ende Schweben, sie verstand ihn, zeigte aber kein sonderliches Interesse dafür. Dass seine Schwester Anna kein solches Ding hatte, wusste er, weil er oft nackt mit ihr in der Badewanne saß oder an warmen Tagen im Garten mit ihr spielte, aber es war ihm gleichgültig. Die Mutter hatte auch keines. Die Mutter war eine Frau, Anna ein Mädchen und er ein Bub.

Wenn Ferdinand utterte, dann stellte er sich Insekten vor, denen er Flügel und Beine ausgerissen hatte. Er stellte sich ihre vergeblichen Bemühungen vor, sich fortzubewegen, das erregte ihn. Er stellte sich weder die nackte Anna noch den Busen seiner Mutter vor. Er kannte aber einen einbeinigen Buben aus der Ziegenburg, der einen Holzfuß hatte. Den stellte er sich manchmal auch beim Uttern vor. Er malte sich aus, wie der Bub ohne Holzbein und Krücken zu laufen oder auf einen Baum zu klettern versuchte. Er kannte auch ein älteres Mädchen, das mit der Zunge an den Schneidezähnen anstieß und statt eines S immer nur einen Lispellaut hervorbrachte. Auch das erregte ihn. Er nannte sie eine Fefe, weil der Lispellaut so ähnlich wie ein F klang. Ein anderer Bub, der bei der Nachbarin, der Frau Peck, einmal die warmen Monate verbrachte, konnte nicht sprechen. Man sagte, er habe einen Wolfsrachen und so entweiche ihm beim Reden die Luft immer durch die Nase nach draußen, weswegen er nur unartikulierte Geräusche hervorbringen könne. Ferdinand fürchtete sich vor diesem Buben und glaubte, er werde sich anstecken und auch einen Wolfsrachen kriegen, denn dass es ansteckende Krankheiten gab, hatte Ferdinand schon ganz früh gelernt und am eigenen Leib erfahren: Mumps, Masern, Röteln, Keuchhusten, Schafblattern – alles hatte er gehabt. Der Bub wollte mit Ferdinand spielen, aber er konnte sich nicht verständlich machen, und obwohl die Großeltern und die Mutter Ferdinand von der Harmlosigkeit des Nachbarbuben zu überzeugen versuchten, so spielte er doch nicht mit ihm, mied ihn aus Angst und räumte ihm beim Uttern keinen Platz ein.

3

Die Geschwister hatten irgendwann angefangen, miteinander zu spielen. Sie hatten auch viele gemeinsame Freunde in der Nachbarschaft. Noch lange ehe er zur Schule musste, besuchten sie an den Nachmittagen regelmäßig die drei etwa gleichaltrigen Mädchen der Familie Schwarz: Gabriele, Melissa und Renate, die gegenüber der Lenau'schen Villa in einem von einem kleinen Garten umgebenen, dunkel gebeizten Holzhaus mit rotem Ziegeldach wohnten. Anna und Ferdinand nannten die kleine Renate gerne Spinate, sehr zu deren Ärger. Herr Schwarz betrieb in der Stadt ein Farbengeschäft namens ‚Farben Lacke Schwarz' in dem auch seine Frau, die Mutter der drei Mädchen, arbeitete. Die Schwarz-Kinder waren also die meiste Zeit allein zuhause. Man spielte Blinde Kuh, Verstecken, Abschlagen, Abfangen, Schneider leich ma d'Scheer. Wenn es regnete, zeichnete man Bilder mit Buntstiften oder man spielte Doktor. Das war immer interessant. Dabei zogen sich die Kinder nackt aus und untersuchten einander. Immer wieder schlugen die Mädchen vor, bei ihnen Fieber zu messen. Dazu musste ein Farbstift – meist war es ‚die Rot' – in eine der Körperöffnungen gesteckt werden. Der Mund war nicht so interessant. Während sich Anna bei dieser Art von Spiel zurückhaltend verhielt, wurde Ferdinand als einziger Bub sehr genau unter die Lupe genommen! Man betastete sein Ding und zog daran und wunderte sich, dass es dabei manchmal anschwoll und sich verhärtete. So etwas hatten die Mädchen eben nicht aufzuweisen, was Ferdinand mit Stolz erfüllte.

Irgendwie waren diese Doktorspiele erregend; man wusste, man tat Verbotenes, denn über all das, was hier genau untersucht, sondiert wurde, durfte man sonst nicht einmal sprechen. Tragischerweise verbrannte Renate eines Tages: das elterliche Farbengeschäft wurde nämlich mit einem Kohleofen beheizt. Das Mädchen befand sich zufällig im Verkaufsraum, als ein Behälter mit hochexplosivem Farbverdünner umkippte und die Lösung bis zum Ofen hin rann, Feuer fing und im Nu das gesamte Geschäft in Brand setzte. Zwar gelang es dem Vater und der Mutter samt ihrer kleinen Tochter aus der Feuerhölle zu fliehen, doch Renate riss sich los, rannte den schockierten Eltern laut schreiend, lichterloh als lebende Fackel davon und erlitt derart arge Verbrennungen, dass sie noch am selben Tag im Landeskrankenhaus der Bezirksstadt Mürzzuschlag verstarb. Heute, mit den Mitteln der modernen Medizin hätte man sie vielleicht durchgebracht, doch bei etwa achtzig Prozent bis zu drittgradig verbrannter Oberfläche kann man nicht einmal das als wahrscheinlich annehmen. Das Gesicht soll zwar nicht geschädigt gewesen sein – doch wie hätte ihr Körper im Fall des Überlebens sonst wohl ausgesehen? Narbenstränge, wildes Fleisch – eine Außenseiterin wäre sie geblieben, so wie der Bub mit dem Wolfsrachen. Doch so weit ist es ja nicht gekommen. –

Ferdinand, der schon immer gerne gezeichnet hatte, verfertigte von da an eine Zeit lang, noch ehe er zur Schule ging, Bilder von brennenden Häusern, aus deren Fenstern und Dachstühlen schon hohe Flammen schlagen und ganz oben, unerreichbar für die Feuerwehr mit der großen Magirusleiter, reckt ein hilfloses, entsetzt schreiendes Mädchen die Arme aus der Flammenhölle. Er stellte es sich ganz genau vor, wie die Hitze im Rücken des Kindes ärger und ärger wird, wie die Kleider zu glosen beginnen und die Haut in Blasen zerplatzt. Das jagte ihm einen Schauer ungewohnter Erregung durch die Leisten, beinahe so wie beim Uttern und Schweben.

4

Am 6. April 1941 griffen Wehrmachtsverbände ohne vorherige Kriegserklärung mit insgesamt 680.000 Soldaten Griechenland und Jugoslawien an. Die deutsche 12. Armee stieß von Bulgarien aus auf Saloniki vor. Die 2. Armee und die Panzergruppe 1 mit 15 Divisionen operierten von der Steiermark, Ungarn, Rumänien und Bulgarien aus gegen Jugoslawien. Auch Flugzeuge wurden eingesetzt. Noch hatte der Führer den Endsieg nicht errungen, und niemand konnte wissen, wie lange dieser Krieg noch dauern würde. Im Radio kamen Sondermeldungen, angekündigt durch pompöse Musik von Richard Wagner, jenes Komponisten, den der Führer aus ganzem Herzen liebte und verehrte und für seine Vorhaben vereinnahmte, und war dann endlich die Musik verstummt, folgte eine geifernde, von Hass nur so sprühende Rednerstimme, – immer die eines Mannes, zum Beispiel die des Propagandaministers, – der das Volk, auch das der Ostmark, brüllend, drohend und lockend mit giftigen Sätzen beschwor, freudig durchzuhalten und alles Schwere leichten Herzens zu erdulden. Es gehe ja um den Führer und um das deutsche Volk. Die meisten Väter, Brüder, alle Geliebten, sie marschierten nun hin zum Balkan, wo sich eine neue Front aufbaute, und die anderen, die es nicht in den Süden gezogen hatte, die verreckten dafür im Sumpf, fraßen das Gras von unten, aber sie brannten auch ganze Dörfer nieder, denn Befehl ist Befehl und das Führerwort gleich dem Gesetz. Wer es brach, dem wurde das Genick gebrochen. Bomberverbände stiegen im Morgengrauen auf und ließen ihre Fracht über Städten fallen. Der Krieg war längst kein abstraktes Konstrukt mehr, er hatte Gestalt angenommen, eine drohende, schwarze Gestalt, war lebendig und sichtbar geworden, denn er kam näher, jeden Tag etwas mehr, er vertilgte Städte, aus denen Ruinen wurden, er verschlang gierig Menschen und verwüstete alle die Landschaften, die das Unglück hatten, in seiner Nähe zu sein. Er herrschte, er war der Vater aller Dinge.

Heil Hitler!

Eisige Kälte ließ im fernen Russland Flüsse, Morast, zarte Birkenwälder zu gläserner Pracht gefrieren, während Panzer rollten und ganze Dörfer im Feuer verschwanden. Es wurden Gräben ausgehoben, in die man Tausende mit Gewehrschüssen vor sich her trieb, bis sie ins Erdreich kippten. Und weil deutsche Soldaten warme Socken brauchten, auch Verbandszeug, handgestrickte Pullover, erklärte die Mutter, die beim Roten Kreuz eifrig mit dabei war, dass auch sie emsig stricken und altes Zeug sammeln müsse. So war es eben. Alle Frauen strickten unermüdlich oder zupften Werg. Im Papiergeschäft Kleinoschegg und beim Großkaufmann Fux fanden Lumpensammlungen statt, dorthin trug man also das Zerzupfte, das Alte, Unbrauchbare, alles für die tapferen Soldaten, damit sie nicht länger frieren müssten. So häuften sich in einer Ecke des dumpf nach Schweiß und Dreck riechenden Ladens ausrangierte Unterhosen, geflickte, alte Röcke, Fäustlinge mit Norwegermuster und speckige Männersocken neben anderen ausgemusterten Sachen.

Großmutter Sophie, mit Anna an der Hand und einem Sack Lumpen, sagte, den Laden betretend, sehr laut: „Grüß Gott, Heil Hitler!", schaute sich um, „wir hätten da ein paar warme Sachen für unsere tapferen Burschen", griff sich energisch Annas Kasperl, ein zerfleddertes Spielzeug, das Anna normalerweise ans Herz gedrückt bei sich trug und mit dem sie jede Nacht in ihrem gemütlichen Bett schlief, und warf es samt dem Lumpensack in hohem Bogen auf den Stoffhaufen in der Ecke.

Gellendes Geheul. Anna schrie wie am Spieß. Sie wehrte sich, schlug und trat nach der Großmutter, die ihrerseits Anna eine kräftige Ohrfeige verpasste.

„Wirst du wohl still sein, du ungezogenes Ding! Wer wird sich denn wegen einer schmutzigen Lumpenpuppe so wahnsinnig aufführen?"

Die in schwarzen Kitteln steckenden Verkäuferinnen begannen sich Blicke zuzuwerfen. Ob man denn dem kleinen Mädchen die Kasperlepuppe nicht doch lassen könnte? Brauchten denn die Soldaten an der Ostfront solches Spielzeug?

Nein, die Großmutter blieb hart, es komme nicht in Frage, auch ein Kind müsse das Verzichten lernen. Sie zerrte die sich windende, heulende Enkelin auf die Straße, heimwärts. In die Küche. Wo das Geheule weiter ging. Weil man ihr das Allerliebste genommen hatte, warf Annas Mutter ihrer eigenen Mutter vor. Wo die kleine Anna doch gerade ihren Vater verloren hat!

Das eine, entgegnete die Großmutter, ob der Weichheit ihrer Tochter erzürnt, habe mit dem anderen nichts zu tun. Das Kind müsse erzogen werden. Oder etwa nicht? In diesen schweren Zeiten solle man ja zum Märtyrer heranreifen. Die gesamte deutsche Jugend müsse in die Hitler-Jugend, und damit dem Herrn von Schirach überantwortet werden. Es gebe kein höheres Ideal, fuhr die Großmutter, sich eifernd, fort, das sich zu verfolgen lohne, als das eines starken Geistes in einem gesunden Körper, und nirgendwo werde dieser Vorgang systematischer umgesetzt als bei uns, im Dritten Reich, zitierte sie. Die Hitlerjugend-Bewegung werde sogar von der englischen Presse lobend betrachtet. „Ja! Ich hab's gerade in der Zeitung gelesen. Die Delegation, die aus Experten mit einem speziellen Interesse an körperlichem Training zusammengesetzt war, wirft einen freundlichen Blick auf die beeindruckenden Schritte, die das Reich in Richtung organisierter Ertüchtigung unternommen hat. Wir können stolz sein! Weißt du, Ingrid, wie man es umschreiben könnte? Kümmere dich um deine Muskeln, der Rest folgt von selbst."

„Wo bleibt dann aber der Verstand? Und was hat das alles mit Annas Kasperl zu tun?"

„Die freie deutsche Jugend, zu der auch Anna zählt, wenn sie auch für die wirkliche Aufgabe in der Hitlerjugend noch zu klein ist, besitzt Verstand genug. Denn sie kennt den Opfergeist. Mit einem hohen Maß an Freiheit und Verantwortung verbunden. Das gilt auch für die kleine Anna. Mein Gott, wäre ich doch selbst damals mit dabei gewesen", seufzte Großmutter Sophie Lenau, „beim Adolf-Hitler-Marsch der HJ (sie sprach es ‚Haa-Jot' aus), sie kamen aus allen Teilen des Reichs zum Parteitag in Nürnberg und weiter nach Landsberg. Der Schirach hat etwas sehr Kluges gesagt. Jugend wird durch Jugend geführt! Aber da war ich ja schon beinahe Sechzig ..." und sie lachte ein wenig.

„Kann schon sein", antwortete die Mutter zornig, warf die Schürze über einen Stuhl, packte Annas Hand, stürmte mit ihrer Tochter aus der Küche und in die Stadt, zurück in jenes Geschäft mit der Lumpensammlung, um den armen Kasperl zu retten. Er lag ja noch da, wenn auch schon halb verdeckt von anderem Zeug. Anna konnte ihn nach Hause tragen.

„Wir kriegen Einquartierung", sagte der Herr Gewerke Lenau eines Tages zu seiner Frau Sophie, als sie sich alle an den Mittagstisch gesetzt hatten, Sophie und ihr Mann Hermann, Ingrid mit ihren Kindern Anna und Ferdinand, ihr gegenüber Gerda, ihre jüngere Schwester, die jüngste Lenautochter und Onkel Heinrich, der älteste Lenausohn.

„Einquartierung?", fragte Sophie erstaunt, „wie denn das?"

„Es handelt sich um einen sehr sympathischen deutschen Offizier. Die Partei war auf der Suche nach einem geeigneten Quartier. Also habe ich zugesagt", erklärte Hermann Lenau , blickte von seinem Teller auf, lächelnd, seufzte dann und griff wieder nach dem Besteck, um schweigend weiter zu essen. Hermann Lenau war ein großer, schlanker Mann von etwas über sechzig Jahren, mit festem Körper und freundlichem Auftreten. Zwei strahlend blaue, freundliche Augen erweckten den Anschein, als lächle er immerfort seinen Gesprächspartnern zu. Er trug ein akkurat gestutztes Oberlippenbärtchen, das die Farbe von englischem Tabak hatte, und um den Kopf einen noch dunklen Haarkranz, der restliche Schädel war kahl. Wenn er unter dem grauen Rock, den er zumeist zu tragen pflegte, seine kräftigen Schultern hob, sah man, wie sich seine gut trainierten Muskeln in Bewegung setzten. Herr Gewerke Lenau, ein energiegeladener Mann von deutschnationaler Gesinnung, war der Besitzer mehrerer Hammerwerke, einige davon noch mit Wasserkraft betrieben, in denen nach althergebrachter Manier Schaufeln, Hauen, Hacken, Krampen und anderes Werkzeug produziert wurden, doch spielte er auch neben der Funktion des Hammerherrn im öffentlichen Leben der Industriestadt Mürzzuschlag eine gewichtige Rolle.

Zur Zeit der Monarchie hatte sich die Firma Lenau über mangelnden Absatz nicht zu beklagen brauchen, da die Produkte von vorzüglicher Qualität waren, und das Verhältnis zwischen den Arbeitern und der Betriebsführung als vorbildlich galt. In der Periode danach hatte sich das allerdings geändert, es hatte finanzielle Not geherrscht, verschiedentlich wurde das Verhältnis zwischen Arbeitern und der Betriebsführung auf schwere Proben gestellt. Doch seit dem Anschluss 1938 hatte sich das Blatt Gott sei Dank wieder gewendet. Und nun ging ja alles wieder, wie vom Führer versprochen, aufwärts, an Aufträgen und Arbeit herrschte kein Mangel.

Sophie hatte Erdäpfel mit Spinat und Spiegeleiern serviert, alles aus dem eigenen Garten und dem Hühnerstall. Hermann Lenau, der Großvater Annas und Ferdinands, fuhr nun folgendermaßen fort: „Der Deutsche stammt aus Kassel und scheint sehr gebildet und gediegen zu sein, er kommt schon heute Nachmittag zu uns, ich hoffe, Mutter, dass du nichts dagegen hast." Er nannte seine Frau Sophie immer ‚Mutter'.

„Wie lange soll er bleiben, der Kassler? Wo wir doch nichts zu essen haben oder nur wenig…", entgegnete sie an Stelle einer spontanen Zusage.

„Genau weiß ich es nicht, aber mache dir keine Sorgen, dieser Joachim Müller ist anscheinend wirklich ein feiner Kerl und erwartet sich ja nichts Besonderes. Schließlich ist er mit der schweren Lage bestens vertraut. Er soll übrigens am Balkanfeldzug teilnehmen, mehr weiß ich auch nicht, denn ich habe ihn ja nur ganz kurz in der Bezirkshauptmannschaft getroffen. Doch wisst ihr, wem er ähnlich sieht?"

Nun legte der alte Herr das Besteck auf den Teller, mitten in den Spinat, und blickte erwartungsvoll von einem zum anderen. Heinrich schnitt eine fragende Grimasse. Ingrid machte ein würdevolles Gesicht und bettete ihren schlanken Arm um Ferdinands Schultern. Ihr Sohn, der Ferdl, war ja ihr Herzblatt, der kleine goldbraune Bub, ihr Sohn und der des Verstorbenen, dessen Namen er trug, und um den sie ihr Leben lang trauern wollte. Neben ihr saß die Tochter Anna, blass, mit eingezogenen Schultern, sie fürchtete wieder, ihre Mutter würde sie nicht genug lieben. Anna baumelte mit den Beinen und hielt nach irgendetwas Ausschau, das sie aus ihrem Zustand reißen könnte. Vor irgendetwas hatte sie Angst, sie fühlte sich unbehaglich. Sie erinnerte sich, schon wieder, immer wieder, beinahe zwanghaft, wusste, dass der Vater mit dreiunddreißig Jahren an einer Lungenentzündung gestorben war, der Todesengel hatte ihn geholt, doch dass das englische Penicillin ihn hätte retten können, und sie wusste auch, dass es damals weder in Österreich noch in Deutschland irgendeine Medizin gegeben hatte, die den Vater hätte heilen können. Hier gab es das Penicillin noch nicht.

Der Feind, wer auch immer das war, – ob die Engländer, die grausamen Russen, die ja immer hinter jeder Gräueltat, hinter jedem Tod und Unglück steckten, – wer sonst als die hatten es zu verantworten, dass ihr wunderbarer Vater, an den sie keinerlei Erinnerung besaß, tot und dass die Mutter deshalb immer traurig war. Der Vater war an einem grauen Tag im Februar begraben worden. Anna erinnerte sich an jenen Tag. Zwar war sie noch nicht einmal ganz zwei gewesen, aber die Erinnerung an jenen Tag der Trauer würde für immer bestehen. Dass sie in der Obhut eines blonden Dienstmädchens im Haus zurückbleiben musste, auch dass sie mit dem Weinen nicht aufhören konnte und deshalb in der Küche bei dem fremden Mädchen etwas essen sollte, was sie nicht schlucken konnte, wusste sie auch noch. Das Dienstmädchen hatte Kartoffelsuppe gekocht und versucht, Anna davon löffelweise einzuflößen, doch Anna wollte nicht. Was wirklich geschehen war, warum der Todesengel den Vater weggeholt hatte, begriff sie nicht ganz, fühlte jedoch trotz ihres jungen Alters die Trauer aller als schneidenden, bedrückenden Schmerz. Das Kleinkind Anna war weinend im Haus umhergelaufen, dabei nach einer lebendigen Katze rufend, die selber laufen konnte, also kein Spielzeug war, aber die hatte sie nicht bekommen, und sonst war da niemand im vom Schmerz versteinerten Haus gewesen, der sie in ihrem schweren Schicksal hätte trösten können. Die Mutter hatte sich in Schwarz gehüllt. An der Hand des Großvaters hatte sie in wankenden Schritten das Haus verlassen, mit zuckenden Schultern, beim Gehen gestützt. Trauer hatte das Haus erfüllt wie schwarze Wolken und wollte nicht mehr vergehen.

Als im Mai, drei Monate nach dem Tod des Vaters der kleine Ferdinand geboren wurde, kehrte zum ersten Mal wieder etwas wie freudigere Stimmung ein. Anna liebte zwar den kleinen Bruder vom ersten Tag an, doch war seither auch Eifersucht im Spiel. Denn Ferdl, vergöttert von allen, dieser Ferdl saß jetzt da bei Tisch eng an die einzigartige Mutter gepresst wie eine schnurrende Katze oder wie ein absoluter Monarch, sodass für Anna, wie diese meinte, zu wenig übrig blieb. Niemand würde es wagen, diesen goldbraunen Buben zu kritisieren, er, der Kleine mit dem ‚Strohdach', wie die Mutter sein honigblondes Haar nannte, der konnte tun und lassen, was auch immer, im Gegensatz zu ihr. Anna, den Blick von ihrem Bruder abwendend, betrachtete nun Tante Gerda, und sah, dass dieselbe auf der Kante des Stuhles saß und mit nervöser Konzentration aus ihren grünen Katzenaugen auf den bereits geleerten Teller starrte.

Der Großvater hob die Stimme: „Damit ihr es wisst, – ihr könnt es ja nicht erraten. Der Deutsche sieht unserem Ferdinand ähnlich, es ist … als ob der Tote wieder auferstanden wäre, beinahe wie dessen Bruder hat er auf mich gewirkt! Ihr werdet ihn garantiert mögen!"

Aber Ingrid schleuderte ihre Serviette zornig neben den Teller. Sie furchte die Stirn und sagte beinahe tonlos: „Das kann nicht sein, ich glaube dir nicht, Vater! Mein Ferdinand war einzigartig und niemals wird er von den Toten zurückkehren." Und sie kehrte in ihr Schweigen zurück.

Alle überlief ein Schauer. Onkel Heinrich hob den Kopf. Sophie Lenau bekräftigte die Worte ihrer Tochter mit einem Nicken, kniff die Augen zusammen und schauderte abermals. Ingrid, die nun eine Weile schweigend am unteren Ende des Tisches gesessen und dem nun beginnenden Gespräch, in dem es um den Balkanfeldzug ging, kaum zuhörte, so fern war sie in ihren Gedanken, schien endlich wie aus einem Traum zu erwachen und blickte, doch neugierig geworden, zu ihrem Vater hin, der etwas so Verheißungsvolles wie eine Ähnlichkeit eines deutschen Offiziers mit dem Verstorbenen angesprochen hatte, dass es sogar sie in ihrer finsteren Trauer zu Spekulationen anregte. Und was wäre wenn? Ob es überhaupt stimmte? Ihr Vater nickte ihr lächelnd zu. Ingrid hatte das Gefühl, ihr Herz würde wieder einmal stehen bleiben, aber sie sagte nichts, sondern aß schweigend weiter.

„Wie lange soll er denn bleiben, dieser Herr – wie heißt er doch?", erkundigte sich Gerda, die interessiert an weiteren Informationen schien, „und wo wollt ihr ihn einquartieren?"

„Müller. Joachim Müller. Im Fürstenbergzimmer unterm Dach", antwortete Hermann Lenau, „das Zimmer steht ja leer. Warum also sollten wir nicht helfen?"

Gerda hob das Kinn etwas an und blickte dem Vater ins Gesicht.

5

Und so geschah es auch. Joachim Müller aus Kassel war auf dem Wege nach Griechenland, um dort die Partisanen zu bekämpfen. Mürzzuschlag bedeutete für ihn nur eine Zwischenstation. Der Deutsche hatte tatsächlich etwas an sich, das an den Toten gemahnte, Ingrid bemerkte diese Ähnlichkeit sofort. Er trat auf mit einem Strauß Rosen, die er der Großmutter überreichte, obwohl die Bäume im Hintergrund dürr und kahl waren. Woher hatte er die frischen Blumen? Der natürliche Eifer in seinen Bewegungen besaß nichts Förmliches, und die Adjutanten, mit denen er das Haus betreten hatte, verabschiedeten sich schon zehn Minuten später. Er aber gab der Mutter zwar zeremoniell, jedoch von aufrichtiger Herzlichkeit durchdrungen die Hand, und als sie ihm in die Augen schaute, war es, als ob sie aus einem tiefen Schlaf erwachte. Der Großvater machte eine einladende Handbewegung ins Haus hinein, und Joachim folgte ihm nach einer korrekten Verbeugung. Man setzte sich in die Bibliothek. Joachim zündete sich eine Zigarette an. Die Mutter trug Schwarz, die Großeltern hatten sich in Schale geworfen, ja sogar Tante Gerda hatte sich herausgeputzt und saß mit übereinandergeschlagenen Beinen in ihrem blauen Kleid mit weißem Spitzenkragen da wie eine Diva.

In etwas steifer Haltung saßen sie dem hohen Gast gegenüber in weich gepolsterten Fauteuils und versuchten, möglichst angenehme Konversation zu machen. Man gab sich eben Mühe, perfekte Gastgeber zu sein. Kein Wunder! Denn dieser vom Führer höchstpersönlich gesandte Deutsche hatte etwas von einem Erzengel Gabriel, und es muss gesagt sein, er gefiel ihnen durch die Bank. Man hielt ihn für etwa fünfunddreißig. Er hatte etwas Feines, Großes, Edles von einem waschechten deutschen Herrenmenschen an sich, ja hätte er nicht sogar, so spekulierte Ingrid voller Bewunderung, auch als Diplomat auftreten können? Zur Wehrmachstuniform trug er glänzend polierte schwarze Schaftstiefel und einen braunen Ledergürtel um die schlanke Mitte. Sein eher dünnes mittelbraunes Haar begann von der Stirn aufwärts schütter zu werden, – auch Ferdinand, Ingrids verstorbener Mann, hatte genau solches Haar gehabt, das heißt, nur sehr wenig, spärlich über den Kopf gesätes. Wenn das kein Zeichen des Schicksals war!

Während des Abendessens begann die junge Witwe zu leuchten, ihr Lachen erfüllte den ganzen Raum. Der spätnächtliche Himmel erstrahlte beinahe wie der Sternenhimmel über Griechenland. Es sei zu verhindern, erklärte Joachim nachdenklich, dass Großbritannien oder die Sowjetunion in dieser für das Deutsche Reich wichtigen Region Südeuropas Fuß fassen und von dort – Sie verstehen – den geplanten deutschen Angriff auf die Sowjetunion bedrohen könnten. Wir wollen doch vor Wintereinbruch Moskau einnehmen! So sagte er und redete weiter über den Konflikt zwischen Rumänien, Ungarn und Bulgarien, und wie brillant der Führer im Wiener Schiedsspruch am 30. August 1940 denselben gelöst habe. Der Führer, so fuhr er fort, sei eben wirklich ein genialer Stratege!

Die Mutter war ganz Aug und Ohr und ihm ging es nicht anders. Dass er auf dem Wege nach Griechenland sei, um dort die Partisanen zu bekämpfen, erklärte er abermals in dieser geselligen Runde bei einem Glas Rheinwein, das der Großvater servierte.

„Ich muss in die Nähe von Thessaloniki, ins Tempe-Tal. Tembi nennen die Griechen heute das steile Durchbruchstal des Flusses Peneios zwischen dem Olymp- und dem Ossa-Gebirge in der nordgriechischen Landschaft Thessalien“, erklärte der Deutsche, „seine Länge beträgt etwa 8 km. An der engsten Stelle ist die Schlucht angeblich nur 40 Meter breit, landschaftlich außergewöhnlich schön und ganzjährig grün. Eine interessante, traumhafte Gegend, die ich lieber unter anderen Umständen kennenlernen würde, aber man hat eben nicht immer die Wahl. Ich habe nämlich auch ein bisschen klassische Archäologie studiert", sagte er, „und mein Altgriechisch kann sich sogar in gewisser Weise hören lassen."

Er lachte erstmals ein wenig verlegen, schlug ein Bein übers andere, zupfte die Bügelfalte zurecht, stellte das Glas mit dem gelben Wein auf ein mit Schildpatt ausgelegtes, türkisches Tischchen neben den Fauteuil, in dem er, ohne sich anzulehnen, saß. Im Gegensatz zu seiner etwas steifen Haltung waren seine Gesichtszüge weder starr noch förmlich, sondern von freundlicher Lebhaftigkeit und Anteilnahme geprägt. Seine Ansprache klang nicht allzu schneidig und trotzdem nicht scheu oder zaghaft, so als fürchte er, die schöne Ingrid Roth, die blonde Witwe, könnte sich über seine leicht gelehrte Ausdrucksweise lustig machen. Er hüstelte und begann weiter zu erzählen, noch bevor sich zwischen ihnen peinigendes Schweigen hätte ausbreiten können: „Das Tal dort besaß schon in archaischer Zeit große strategische Bedeutung, denn hier verlief eine der wichtigsten Straßen zwischen Griechenland und Makedonien. Leonidas, der sagenhafte König der Spartaner, soll dort die Perser aufgehalten haben, noch bevor es zur denkwürdigen Schlacht auf den Thermopylen gekommen war. Und stellen Sie sich vor, liebe gnädige Frau Lenau, wie schön es gewesen sein muss, ich meine in antiker Zeit! Denn am östlichen Ende des Tales befand sich damals ein berühmtes Apollon-Heiligtum. Der Legende nach soll sich Apollon hier von seiner Schuld reingewaschen haben, die er durch die Tötung der in Delphi herrschenden Pythia auf sich geladen hatte. Dabei verliebte sich Apollon in die Nymphe Daphne, die jedoch in einen Lorbeerstrauch verwandelt wurde! Noch heute nennen die Griechen den Lorbeer Daphne."

Und hier betrachtete er Ingrid, die ihm gebannt zuhörte. Unter ihrem weizblonden Haar strahlten Joachim zwei dunkelblaue Augen aus einem ovalen Gesicht mit hohen Backenknochen an, die nun lächelnden, zartrosa Lippen gaben eine Reihe fester Zähne frei.

Joachim Müller faltete ausatmend die Hände über den Knien, so als suche er sie wie zum eigenen Schutze festzuhalten. Wurde er scharf beobachtet? Eine solch liebliche Erscheinung wie diese junge Frau, die mit ihrer Rechten durch ihr volles Haar strich, hatte er eigentlich noch nie vorher gesehen, und er fühlte sich wie in einer anderen Welt. Die junge Frau trug Schwarz, eine Farbe, die ihr nicht gut stand, doch am oberen Rand des Kragens blendete ein zarter Hals. Sie musste Anfang Zwanzig sein.

Joachim hüstelte abermals, lehnte sich akkurat nach vor und sprach endlich weiter: „Apollon, dieser geheimnisvolle Gott, brach einen Zweig von dem Strauch und brachte ihn nach Delphi, wo er ihn einpflanzte. Zur Ehrung dieses Ereignisses gab es alle acht Jahre eine Prozession von Delphi ins Tempe-Tal. Zuerst unterzog sich ein Jüngling einer rituellen Waschung, dann schnitt man Lorbeerzweige und brachte sie nach Delphi, das ist doch ein schöner, alter Brauch, meinen Sie nicht auch?"

„Hervorragend dargestellt, Herr Müller!", erwiderte Hermann Lenau mit all der ihm zur Verfügung stehenden Freundlichkeit.

Der Deutsche schenkte nun allen ein forsches Lächeln: „Danke für das Lob, Herr Gewerke! Ich wollte noch hinzufügen, dass an demselben Ort Eurydike an einem Schlangenbiss gestorben sein soll!"

„Mein Gott, mein Gott!", stieß Tante Gerda aus, wobei sie die Hände zusammenschlug, „was Sie nicht alles wissen! Ich bin begeistert. Nein wirklich, Sie sind ja so unglaublich kultiviert!"

Ingrid aber flüsterte nur: „Wie traurig … die arme Eurydike!"

„Traurig? Stimmt! Heute ist eben dieses Tal umkämpft. Auch ein schmerzlicher Gedanke …" und alle nickten wie im Chor. Joachim Müller versank ein paar Sekunden in Gedanken weit entfernt in diesem grünenden Lorbeertal mit dem verschwundenen griechischen Heiligtum, dessen dorische Säulen er golden in der antiken Sonne glänzen sah. „Es ist alles sehr traurig, denke ich jedenfalls."

„Obwohl unser Führer doch genau weiß, wo's lang geht", warf nun Tante Gerda besserwisserisch ein, „ich kenne ihn schließlich, zwar leider nicht persönlich, aber… Sie verstehen doch, was ich meine. Auch in der Rassenfrage. Ich stimme vollkommen mit ihm überein. In jeder Hinsicht."

„Sie machen ja auch einen sehr vernünftigen Eindruck", gab Joachim höflich zur Antwort, „haben Sie denn hier ein Problem mit der jüdischen Bevölkerung?"

„Eigentlich nicht", antwortete der Großvater unbehaglich, „hier hat es ja nie welche gegeben. Nein, wir haben diesbezüglich keinerlei Probleme, Gott sei Dank! Denn es wäre fürchterlich!"

Dazu nickte Onkel Heinrich und es wirkte überzeugend.

„Ja, man wird des Themas müde. Weil das, was geschieht und worüber keiner laut zu sprechen wagt, in der Tat entsetzlich ist und unsereins noch dazu zu feige… das werfe ich mir vor, verdammt nochmal!", stieß Joachim auf einmal wütend aus, „Sie dürfen mich aber nicht verraten…" Er glaube nämlich nicht an den Endsieg, gab er, vom Wein beflügelt, ehrlich zu, denn er sei ein Skeptiker. „Wir werden den Krieg wahrscheinlich in ein paar Jahren verlieren! Wir haben bereits entsetzliche Schuld auf uns geladen", sagte er und wurde plötzlich todernst.

Langes, betretenes Schweigen.

Er ist intelligent, dachte die Mutter, aber darf man solche Gedanken denn laut aussprechen? Wir könnten ihn theoretisch ja verraten. Hochverrat ist das, dachte sie, aber sie lächelte ihm nur zu. Ja, der Mann war einer von den Intelligenten, doch nützte ihm diese kluge Einstellung nicht im Geringsten, was er aber noch nicht wissen, ja höchstens ahnen konnte, wenn er es überhaupt wollte. Dieser Joachim, er besaß übrigens eine Kaffeepflanzung in Deutschostafrika, war eigentlich Lehrer von Beruf, obwohl er sich lieber als echten Pflanzer sah, der, sollte er nicht gerade in der grauen Uniform der deutschen Wehrmacht auftreten, gern die weißen Tropenanzüge der höheren Gesellschaft Ostafrikas trug. In etwas professoralem Ton erläuterte er des Langen und Breiten die Problematik um die deutschen Schutzgebiete. Dass im Versailler Vertrag das Deutsche Reich zum Verzicht auf alle Rechte aus überseeischen Besitzungen und Kolonien gezwungen worden sei. Und dass die Schutzgebiete rechtlich als Mandatsgebiete des Völkerbundes behandelt, faktisch jedoch dem Kolonialbesitz der Mandatsmächte eingegliedert worden seien. Dass Deutsch – Ostafrika daher britisch und zu Tansania geworden sei, doch dass der Führer seine Hände schützend über alles Deutsche im schwarzen Kontinent breite. Deshalb hege er, Joachim Müller, auch berechtigte Hoffnungen, nach dem Ende des Krieges wieder dorthin zurückkehren zu können. Die Reise gehe bis Daressalam, was auf Arabisch ‚Haus des Heils' bedeute, und von dort an die Ufer des herrlichen Tanganyikasees, in dessen unmittelbarer Umgebung sich seine Pflanzung befinde. „Es ist ein großartiges Land, dieses Afrika!", sagte er wehmütig.

Sobald Joachim die Bibliothek betreten hatte, in der übrigens ein türkisch-osmanischer Einfluss neben dem altdeutschen herrschte, musterte er wohlgefällig die unzählbaren ledernen Buchrücken, die feinsäuberlich aufgereiht riesige Regale füllten, angebracht an einer ganzen Wand der Bibliothek vom golden schimmernden Parkett bis zum schneeweißen Plafond. Er stand so davor, die Beine leicht gegrätscht mit rückwärts ineinandergelegten Armen, die auf dem mit grauem Tuch bekleideten Rücken ruhten, stand so nachdenklich oder gar bewundernd oder vielleicht von einem anderen Leben träumend, in dem es keinen Krieg gab, vor der Masse der Bücher, las wohl diesen oder jenen Titel, Homer, Hesse, Kant, Schopenhauer, die Klassiker, Eichendorff, Nietzsche, einige Reihen in Schwarz gebundene Lexika mit Golddruck, und natürlich gut sichtbar an hervorragender Stelle „Mein Kampf" von Adolf Hitler, ein schon ziemlich zerlesenes Exemplar, in dem vor allem Tante Gerda immer wieder

Neues entdeckte, bis sich der deutsche Gast, Spiel- und Standbein wechselnd mit einem Seufzer langsam abwandte, um das schwarzgerahmte Porträt eines grauhaarigen Herrn mit Spitzbart und rosiger Gesichtshaut einer längeren Musterung zu unterziehen. Der porträtierte alte Herr mit dem Spitzbart trug eine von vielen Orden dekorierte k. u. k. Uniform, hatte ein sympathisches Gesicht, er schien sogar verschmitzt zu lächeln.

Dieser Herr, ein ehemals berühmter Professor der Anthropologie, dessen Schriften gerade zu dieser Zeit in der Welt der Wissenschaft unter gleichgesinnten Experten erneut viel Anklang fanden, beziehungsweise zum Nachdenken anregten und manches experimentelle Gedankengut der Moderne beflügelten, dieser Herr Doktor Weisbach war der verstorbene Vater der Großmutter Sophie, die ihm ziemlich ähnlich sah.

„Er hat sich als Forscher bemüht, innerhalb des Menschengeschlechtes eine hierarchische Struktur zu beweisen“, erklärte nun Sophie, die ganz leise neben Joachim herangetreten war. Dann lachte sie. „Und wissen Sie was? Es ist für ihn außer Frage gestanden, dass die gesamte Menschheit vom Affen abstammt!“

„Interessant! Ein Darwinist also!“, schnarrte Joachim, der herausgeputzt in grauer Uniform vor dem Porträt stand. „Dass ich nicht lache, ist ja köstlich, wirklich köstlich! Was war Ihr Herr Vater denn von Beruf?“

„K. u. k. Regimentsarzt. Er hat das Werk ‚Körpermessungen an Individuen verschiedener Menschenrassen‘ verfasst. Auch besaß er eine der größten Schädelsammlungen, die ist heute im Besitz der Medizinischen Fakultät der Universität von Wien. Die Daten hatte er an Rekruten, aber auch an weiblichen Angehörigen der Völker der Donaumonarchie und später als Direktor des Nationalspitals in Konstantinopel gesammelt! Sogar Goethes Schädel hat er vermessen und auch den von Friedrich Schiller.“

„Ist ja faszinierend!“, rief Joachim Müller, „und glaubte er wie unser Führer an eine immanente Hierarchie der Rassen?“

„Natürlich, ja er war davon sogar fest überzeugt. In der oberen Hälfte seiner Klassifikation rangieren die hellen, weißen Rassen der Monarchie, in der unteren die dunklen, schwarzen Rassen der Kolonien!“

„Nun ja, er muss sie ja nicht wirklich gekannt haben, die Schwarzen, denn sie haben doch auch manch eine gute Eigenschaft. Klar, sie sind – gemessen an der deutschen Arbeitsmoral – faul, viele ziemlich dumm, ich muss das schon sagen, denn ich kenne ja vieles aus meinen praktischen Erfahrungen als Pflanzer, da erlebt man schon so einiges …“ und er lachte nun, „man muss sie quasi treten, damit was voran geht, doch bin ich mir sicher, dass sie bei guter Haltung brauchbare Menschen abgeben. Aber was hat Ihr Herr Vater von den Juden gehalten? Ich meine damals …“

„Soweit ich mich erinnere, tauchen die Juden in seinen Schriften als ‚Rasse‘ der Monarchie auf, die er als Allerweltsnation ohne spezifische anatomische Merkmale bezeichnet. Aber er hat ihnen den Platz an der Grenze zwischen kolonialen dunklen und europäischen hellen Menschen zugewiesen. Er beurteilte sie nämlich als das Mischungsprodukt par excellence, und Mischung interpretiert er als biologische und kulturelle Degeneration!“ Sophie sah Joachim Müller prüfend an.

„Aha, aha, ein bedeutender Gelehrter also!“, murmelte dieser anerkennend, „sicher wegweisend. Was sollte ich sonst wohl zu dieser Wissenschaft sagen, mich äußern, wenn Sie so wollen, liebe gnädige Frau, aber ich denke und gebe zu bedenken, dass ich mich hier im Hause einer sehr kultivierten Familie befinde!“

Damit hatte der deutsche Gast durchaus Recht. Der Deutsche mochte die Ostmark und die Österreicher mochte er insgesamt, wenngleich er auch ihre Aussprache manchmal ein wenig kritisieren musste, aber wer konnte von sich schon behaupten, perfekt zu sein? So dachte er, dieser gute Ritter, der Ingrids Kindern manchmal sogar Schokolade schenkte und ihnen versprach, sie eines Tages nach Kriegsende mit ihrer Mutter nach Deutsch-Ostafrika zu den Negern mitzunehmen.

6

Doch der kleine Ferdinand bekam von all dem nicht das Geringste mit. Dazu war er noch zu jung. Fast noch ein Baby – gewissermaßen. Seine Seele aber, die beherbergte – wie bereits erwähnt – einen geheimen Winkel voller Unrat, von dem er wohl wusste oder eher ahnte, dessen Unbehagen verbreitende Potenz ihm aber in seinen Kinderjahren nicht vordergründig auffiel. Auf dieser Welt gab es hauptsächlich solche, deren Seelen im Dreck badeten. In dieser Hinsicht war er keine Ausnahme. Er war also sicher nicht allein mit solchem mentalen Müll – doch muten seine als Kleinkind verschuldeten Vergehen harmlos an gegenüber jenen, die Ältere begehen. Wenn er, der kleine Ferdinand, zum Beispiel einen Vogel mit der Hand fing und ihn dabei verletzte oder tötete, so war er sich zwar durchaus bewusst, etwas Verbotenes getan zu haben, doch begriff er nicht die grundlegende Abartigkeit seiner Handlung, nämlich ein kulturell extrem stark fixiertes Tabu gebrochen und damit die Grundsätze der familiären, ja der gesamten abendländischen Ethik aufs Gröbste verletzt zu haben. Er lernte und akzeptierte zwar, dass er für derlei Bösartigkeiten bestraft und dass er nirgendwo Sympathisanten für sein Handeln finden würde, nicht hingegen verstand er, warum das so war. Obwohl er also begriffen hatte, dass er in seiner perversen Lust einsam in der Familie dastand, konnte – und wollte – er davon nicht ablassen, denn er war noch unfähig zu erkennen, was daran so schlecht sein sollte, wie man es ihm beizubringen keine Mühe scheute. Misshandelten nicht Menschen andere Menschen? Wo lag da der Unterschied? Sein Weltbild bestand vornehmlich aus der eingezäunten, abgeschirmten Welt, in deren Mitte die Lenau'sche Villa hingepflanzt stand. Nichts von dem, was in der Welt geschah, berührte ihn. Er hörte wohl dies und das, aber er verstand es nicht, weil es jenseits seiner Vorstellung lag.

Nichts von dem, was im Garten umherlief, krabbelte, flog oder sich durch die Wiese schlängelte, war vor ihm sicher. Genüsslich hetzte er Hühner zu Tode, riss Käfern alle sechs Beine aus, packte Eidechsen, die dabei den Schwanz abwarfen, jagte nach Schlangen, giftigen und ungiftigen, das war ihm gleich, er ließ Frösche gegen Kreuzottern kämpfen, haschte nach Schmetterlingen, Bienen, Wespen, Fliegen, Libellen, warf Hornissen in das Netz einer Kreuzspinne und schaute zu, angespannt bis ins Mark, wie diese die unerwartete Beute einspann und mit dem Gift ihrer Zangen lähmte. Er legte grüne, große Blattwanzen den Ameisen zum Fraß vor, er fesselte den Hahn an einem Bein mit einer Leine, die er an einen in die Erde gerammten Holzpflock knüpfte und delektierte sich, wenn der verzweifelte Vogel zu fliehen versuchte und an der Schnur hängen blieb. Mäuse fing der Ferdinand, Kröten, Unken, Gelbrandkäfer, Rückenschwimmer, Wasserläufer, sperrte sie in selbstgebaute Käfige oder Einsiedegläser und sah zu, erregt und doch kalt in der Seele, wie sie zu entkommen versuchten. Weinbergschnecken legte er verkehrt in den Sand, um zu lernen, wie sie sich mühsam wieder in ihre normale Lage zurückwanden. Auch die klebrigen Fliegenfänger voller verendender Insekten, die in manchen Häusern von der Zimmerdecke pendelten, interessierten ihn. Es war vor allem das Nicht-Können, was Ferdinand mit einer tief in den Eingeweiden empfundenen Lust erfüllte. Dass die Tiere litten, interessierte ihn dabei kaum. Es lag ihm vordergründig nicht daran, zu töten, weswegen er später auch an der Jagd kein Interesse hatte, obwohl der Mürzzuschlager Apotheker und Freund der Familie Lenau, Onkel Hans, ein überaus passionierter Waidmann, so viel und mit solcher Inbrunst davon berichtete. Der große Garten mit seiner Tierwelt war dem Kind eine einzige Oase des Abenteuers, das er hinter jedem Busch, auf jedem Baum, unter jedem Stein suchte und meist auch fand.

Aber der Garten allein war ihm nicht genug. In seinem tobenden Kopf fanden noch viel interessantere Abenteuer statt, Abenteuer, die er selbst erfinden und dann steuern konnte. Dies tat er vor allem im Bett. Besondere Geschichten fielen ihm ein, wenn er vor dem Einschlafen heftig mit dem Kopf hin und her wackelte. Die Mutter sorgte sich wegen dieses Kopfwackelns ihres Sohnes und ließ durch einen Bekannten ihres verstorbenen Mannes, den Zahnarzt Dr. Theodor, der die Woche über in Graz in seiner Ordination arbeitete und nur an den Wochenenden mit dem Zug nach Mürzzuschlag angereist kam, um die Mutter zu besuchen, bei seinen Kollegen, insbesondere bei Kinderärzten, nachfragen, was dies denn zu bedeuten habe. Seine Berichte jedoch waren eher karg und brachten keine Lösung des Problems. Man nenne dieses typische, kindliche Einschlafsyndrom in der Psychiatrie und Pädiatrie jactatio capitis nocturna, erklärte er, das bedeute auf Latein nichts anderes als ‚nächtliches Werfen des Kopfes' wobei es sich zweifelsohne um ein bedenkliches Symptom handle, dessen Ursache aber noch nicht erforscht sei. So wisse man nur, dass schwachsichtige, blinde Kinder aber auch Hyperaktive oder Geisteskranke, insbesondere Autisten oder Schizophrene zu solchen bislang unbehandelbaren Automatismen neigten. Andere Ärzte wiederum waren der Meinung, man dürfe dieses Zeichen in keiner Weise als bedenklich einstufen, denn es bestehe hierbei ganz eindeutig eine Verwandtschaft zu der beruhigenden, einschläfernden Wirkung gewisser rhythmischer Schüttelbewegungen, die zur Entspannung beitrügen und dem Einschlafen förderlich seien. So gab es immerhin seit Menschengedenken die Wiegen, in denen ein unruhiges Kind meist problemlos hinweg schlummerte, wenn man sie sanft schaukelte, auch auf Fuhrwerken oder in fahrenden Eisenbahnzügen ereigne sich ähnliches und die brüllenden, durch nichts zu beruhigenden Säuglinge nickten einfach ein, um allerdings beim Anhalten und Aussetzen des rhythmischen Geschaukels gleich wieder zu erwachen. Man vermutete, dass es die Kinder an den vorgeburtlichen Zustand im Mutterleib erinnere.

Großmutter Sophie aber murmelte öfter als einmal, der frühe Tod des geliebten Vaters sei daran schuld. Und dass der Ferdinand vielleicht nicht ganz normal sein könne … „Ja, der arme kleine Ferdl!", seufzte die Großmutter, „wenn ich nur wüsste, wie man ihm helfen könnte. Er ist so … anders!"

In Anna hatte sich schon früh eine poetische Ader entwickelt. Mit achteinhalb Jahren hatte sie ein Wiegenlied gedichtet, das der Langenwanger Großvater Siegmund Roth sogar vertont und von einer Sopranistin aus Graz zu seiner Klavierbegleitung vor kleinem Kreise vortragen ließ. Dieses Gedicht und die romantische Vertonung, stark beeinflusst von Franz Schubert, in E Dur, der Liebestonart schlechthin, brachten Anna so etwas wie Berühmtheit in der Familie ein. Seit der Verfassung dieses Gedichtes mussten Anna und Ferdinand vor Tanten, Onkeln, Großeltern und Bekannten der Familie immer wieder Lieder zweistimmig vorsingen, wobei Ferdinand stets die zweite Stimme zugeteilt bekam. Sie sangen: Schlafe mein Prinzchen, O du fröhliche, Sah ein Knab ein Röslein stehen …

Eine höchst besondere Leidenschaft verband ihn auch mit der Schwester: beide wären so gerne Zwillinge gewesen. Ferdinand schlief mit seiner Schwester im selben Zimmer. Das Licht wurde nach den Gutenachtküssen und gelegentlichen Schlafliedern von der Mutter früh gelöscht. Doch kaum, dass sich weiche Dunkelheit im Zimmerchen ausgebreitet, die Betten mit den kleinen Kindern in traumsanftes Schwarz eingehüllt hatte, fingen die Geschwister an, einander mit leisen Stimmen Geschichten zu erzählen. Sie behaupteten, diese ereigneten sich in ihren Kopfpölstern und drängen von dort direkt in ihre Köpfe ein, weswegen sie die Welt ihrer Geschichten ‚den Polster' nannten.

Wenn Anna vor Ferdinand beim Geschichtenerzählen einschlief, dann wackelte er noch eine Zeit lang mit dem Kopf auf dem Polster hin und her und malte sich dabei die wildesten Exzesse in bunten, lebendigen Bildern aus: doch blieb es nicht bei Heuschrecken, denen er die Sprungbeine ausgerissen hatte und die mit ihren Beinstümpfen zu springen versuchten, vor dem Einschlafen perfektionierte er allmählich die Kunst, sich verstümmelte oder anders behinderte Menschen vorzustellen und sie zu beobachten. Meist waren es kleine Mädchen. Blinde, die hilflos umhertappten, die etwas suchten, einem Brand nicht entkommen konnten, solche wie die kleine Renate, die er immer noch Spinate nannte, die vergeblich nach einem Gegenstand tappten, der in greifbarer Nähe lag, Taubstumme oder solche mit Sprachfehlern, die sich nicht mitzuteilen vermochten, Kinder, denen Arme oder Beine fehlten und die auf Krücken umherstelzten, humpelnde Mädchen mit Klumpfüßen oder Gelähmte, die auf der Wiese umherkrochen und ihre dünnen, schlaffen Beine hinter sich nachschleppten. Armlose Mädchen band er an Bäumen fest und sie konnten die Knoten nicht lösen um sich zu befreien. Manche verstanden nicht Deutsch und redeten in Reschibiloo.

Jahre später nach dem verlorenen Krieg gab es viele Kriegsinvaliden, vor allem ehemalige Wehrmachtssoldaten, Männer mit Amputationen, Gelähmte, Blinde, die das Stadtbild prägten. Einem Arbeiter aus dem Lenau'schen Hammerwerk waren beide Beine an den Oberschenkeln abgetrennt worden, als er – schon länger nach Kriegsende – zu früh aus dem fahrenden Zug herausgesprungen war. Dieser junge Mann hieß Blauensteiner und regte Ferdinands Fantasie bis zum Kochen an. Wie konnte sich so jemand überhaupt noch fortbewegen? Wurde er in einen kleinen Leiterwagen gesetzt und umhergezogen? Getragen? Humpelte er auf seinen kurzen Beinstümpfen?

Ferdinand hätte nie im Leben daran gedacht, einem anderen Kind tatsächlich Leid zuzufügen, derartiges kam ihm überhaupt nicht in den Sinn. Ihm genügten die erregenden Fantasiebilder durchaus. Er fühlte auch Mitleid mit echten, behinderten Menschen und wäre nur ungern an ihrer Stelle gewesen, obwohl er sich in seltenen Fällen vorzustellen versuchte, wie es wäre, wenn er zum Beispiel selber nur ein Bein hätte. Dann wäre nämlich plötzlich er zum Objekt der Neugierde mutiert. Auch das Quälen von Tieren wich zunehmend der Freude am bloßen Beobachten, wobei er in frühen Jahren durchaus eingriff und Szenarien komponierte, später aber mehr und mehr alles bei den natürlichen Gegebenheiten beließ und nur mehr gelegentlich manuell etwas nachhalf. Diese Neigung blieb ihm zeitlebens erhalten und schon früh hatten Großeltern und die Mutter behauptet, der Ferdl würde es einmal zu einem großen Naturwissenschafter bringen. Erst viel später sollte er selber erfahren, dass ihm das berufsmäßige Quälen von Tieren im Rahmen der Wissenschaft tatsächlich anwiderte, ja dass er es so vehement ablehnte, dass er seinen ersten Beruf an einem pharmakologischen Institut unter anderem deswegen vorzeitig aufkündigte. Er hasste es, Ratten, Meerschweinchen zu erschlagen, ihre Herzen zu präparieren, Katzen, die sich verzweifelt wehrten, mit Kettenhandschuhen zu packen, sie zu narkotisieren, um dann irgendwelche Tests an ihnen durchführen zu können.

Am öftesten aber fühlte Ferdinand großes Mitleid mit Gegenständen. Da gab es ein wunderschönes, von Ernst Kutzer bebildertes Weihnachtsbuch, aus dem ihm Großmutter Ludmilla in Langenwang gerne vorlas; ein Bub, der Heini, muss in der Stadt Hampelmänner verkaufen. ‚Kauft Hampelmänner, liebe Leut!' und darf ohne Geld nicht heim zu seiner Stiefmutter. Schließlich, als überall die Kerzen an den Weihnachtsbäumen in den gemütlichen Wohnungen der Reichen angezündet werden, die Kinder über ihre Geschenke jubeln und der warme Kerzenschimmer durch die Vorhänge nach draußen auf die dämmrige, verschneite Straße sickert, muss Heini bloßfüßig durch den Wald nach Hause laufen. Die unverkauften Hampelmänner hat er unter seine kaum bedeckten, spindeldürren Arme gezwängt, um sie nicht zu verlieren. Irgendwo mitten im Wald sinkt er dann im Schnee nieder, aber bevor er erfriert, findet er noch den leuchtenden Weihnachtsstern, den das Christkind aus seinem Stirnband verloren hatte und den alle Wesen, Tiere, Elfen, Gnome vergeblich suchen. Heini birgt das wertvolle Kleinod unter seiner zerschlissenen Joppe an der Brust und stirbt. Das Christkind selbst findet den toten Buben und bringt ihn in den Himmel. Dort wird er wieder erweckt und überreicht dem Christkind, einem blonden Mädchen mit Flügeln, den Weihnachtsstern. Die Hampelmänner bleiben im Schnee liegen. Ferdinand musste immer wegen der Hampelmänner weinen. Weinen musste er aber auch, weil alle Wesen, die, heftig nach dem Stern suchend, an dem Toten vorbeieilen, immer wieder sagen: ‚O weh, ein Büblein liegt im Schnee! Tut sich nicht rühren, wird wohl erfrieren!‘ Es war das Wort ‚Büblein‘, welches ihn zu Tränen rührte, denn seine Mutter nannte ihn so, wenn sie ihm von dem verstorbenen Vater erzählte und ihn dabei streichelte und ei, ei flüsterte. Ferdinands Mitleid war also stark sentimental geprägt und wirkte an der eigentlichen Sache vorbei auf Gegenstände, Wörter, Situationen und nicht immer auf die Personen, denen es eigentlich hätte gelten sollen.

Ferdinand und Anna verdrehten gerne Wörter oder Silben innerhalb von Wörtern und erfanden mit dieser Methode neue Ausdrücke, zum Beispiel sagten sie anstatt Schnee Neesch, auch ein Wort für Menschen und Dinge kreierten sie, die ihnen irgendwie bemitleidenswert oder ein bisschen ‚arm‘, wie man das allgemein nannte, vorkamen. Weil sie immer mit Emphase sagten hörten: ‚Das oder der ist aber so arm!‘ änderten sie das ab und sagten stattdessen: „Das ist aber osram!“ Das Wort ‚osram‘ ist in der Familie hängen geblieben und wurde auch von den Erwachsenen, viel später sogar von Annas und Ferdinands Kindern übernommen und in den Familiensprachschatz einverleibt.

Die Reize und Verlockungen von verstümmelten Mädchen hingegen verließen Ferdinand nicht. Diese Bilder beschwor er herauf und suchte sie auch lange nach seiner Kindheit und Jugend. Erst wenn Ferdinands Müdigkeit zu groß wurde, verblassten die Amputierten, Blinden, Sprachgestörten, die süße Lust in den Lenden erlosch und er sank in tiefen, traumlosen Schlaf. –

7

Unter Ethnophaulismus versteht man seit der Schöpfung dieses Wortes im Jahre 1944 eine abwertende Bezeichnung für ein Volk oder ein Volksgruppe. Es ist weit verbreitet, dass ein Volk für ein anderes über einen oder mehrere derartige Ausdrücke verfügt; bekannt sind die amerikanischen Bezeichnungen für Deutsche als Krauts, weil sie Kraut essen, oder auf Französisch abwertend Boche, entstanden aus caboche, tête de bois, womit Holzkopf gemeint ist, oder auch Dickschädel. Die Österreicher nennen Deutsche Piefke, und umgekehrt gibt es auch verschiedene pejorative Bezeichnungen der Deutschen für Österreicher. Sowohl Österreicher als auch Deutsche haben Südländer, insbesondere Italiener, gerne als Katzlmacher oder Katzinger bezeichnet, ein Wort, dessen Ursprung nicht genau geklärt ist. Man meint, dass es auf eine Bezeichnung für Holzschnitzer respektive deren Produkte zurückzuführen ist, nämlich Holzlöffel, dic im Ladinischen ‚gatzel' genannt wurden. Daneben gibt es verschiedene andere Deutungen für den Ursprung dieses Wortes.

Als in Italien 1943 Mussolini gestürzt und mit den Alliierten ein Waffenstillstand geschlossen wurde, reagierte Hitler in der für ihn typischen Art: Wer nicht mein Freund ist, ist mein Feind! Obwohl ihn mit der Person Mussolini bis zum Ende noch eine gewisse freundschaftliche Beziehung verband, entlud sich jetzt seine ganze Wut über den italienischen ‚Verrat': Wenn nicht Liebe, dann eben Hass. Hunderttausende von italienischen und dalmatinischen Soldaten wurden gefangen genommen und nach Deutschland zur Zwangsarbeit geschickt.

Hitler behandelte Italien mit der Arroganz des Besatzers, der die Besetzten demütigte, wo auch immer er konnte. Plötzlich wurde der ehemalige befreundete Nachbar des Dritten Reiches zum Feindstaat erklärt und dessen Bewohner zu minderwertigen Katzlmachern degradiert. Diese Tatsache wurde von der mächtigen Propagandamaschine der Deutschen mit Eifer bis in die hintersten Winkel der Reichs verbreitet. Überall tauchten Broschüren auf, die wissenschaftlich bewiesen, dass ‚der Italiener' ein minderwertiges Wesen besitze, wohingegen ‚der grade deutsche Michl' stets ein vorbildliches Verhalten an den Tag lege.

Auch Anna und Ferdinand blieben von dieser Propaganda nicht verschont, weil die Familie als tiefgläubige Nationalsozialisten und treueste Ergebene des großdeutschen Gedankens sich derartige Parolen nur allzu gern und ohne sie auch nur im Geringsten zu hinterfragen, einverleibte.

Anna war gerade fünf, Ferdinand drei Jahre alt, als ihnen die Mutter das Bilderbuch vorlegte, in dem man unter anderem einen spindeldürren Italiener, ähnlich dem im Lenau'schen Betrieb angestellten Zwangsarbeiter namens Presan, vor dem Feind davonlaufen sah. Darunter stand ein Vers in gotischer Fraktur gedruckt, den die Mutter den Kindern immer wieder vorlas:

‚Maledetto Katzlmacher war ein großer Held, doch wenn es was zu kämpfen gab, dann gab er Fersengeld.'

Die Kinder fanden all die Geschichten unterhaltsam und merkten sich vor allem diesen Vers bald auswendig, ohne dessen Sinn wirklich zu begreifen. Was Fersengeld bedeutete, musste ihnen die Mutter mehrfach mit Geduld erklären und sie erzählte auch, dass die Italiener Verrat an den Deutschen geübt und die tapfere Wehrmacht im Stich gelassen hätten. Auch die Geschichte von Tommy, dem verfressenen Engländer, der immer nur Plumpudding in sich hineinstopft, gefiel Anna und ihrem Bruder Ferdinand, weniger hingegen die vom russischen Bären Iwan mit der Pelzmütze.

„Gelt", schmeichelte die Mutter manchmal dem Ferdinand, wenn er, am Boden mit Holzwürfeln spielend, sie beobachtete, wie sie am

Herd stand und der Großmutter beim Kochen half, „du wirst nicht so einer wie dieser Katzlmacher. Du bist doch mein tapferer Soldat!“

„Ja!“

„So einer, wie der ehrliche, brave deutsche Michel. Schau dir nur gut sein Gesicht an! Hat der nicht ganz ehrliche Augen? Der lügt nie, der verrät seine Kameraden nie und lässt sie vor allem niemals im Stich, wenn Gefahr droht. Der gibt auch nie Fersengeld, weißt du. Wir Deutsche tun so etwas nicht.“

„Nein! Tun wir nicht!“

Sie hob den Buben auf, nahm ihn in die Arme und drückte ihn an sich. Der Kleine erinnerte sie so sehr an ihren verstorbenen Mann. Sie setzte ihn wieder zurück auf den Fußboden, wo er weiterspielte. Je nachdem, wie man diese Holzwürfel zusammenlegte, ließen sich daraus sechs verschiedene Bilder darstellen, das fand Ferdinand faszinierend. Daneben lag das Bilderbuch mit den lächerlichen Feinden des Führers und dessen Untertanen, zu denen auch ‚maledetto Katzlmacher‘ gehörte. Nur der Deutsche war gut. Edel war er auch, der grade Michel. Beim Spielen warf der Bub immer wieder Blicke auf die Seiten dieses Kinderbuchs und prägte sich die Bilder gut ein.

Der bei den Lenaus als Zwangsarbeiter eingesetzte Mann namens Presan schuftete bei kargen Mahlzeiten als Knecht im Hammerwerk, im Garten, in der Villa und er machte mit den Kindern manchmal kleine Spiele, worüber sie lachten mussten, weil er so komisch Deutsch sprach. Ja, über seine Sprache mussten sie am meisten lachen, denn der kleine, spindeldürre Herr Presan mit seinem hochgezwirbelten Lippenbart und den listigen Äuglein konnte das H nicht aussprechen und sagte daher statt Haus immer ‘aus und statt hier immer ‘ier. Manchmal verredete er sich und sagte anstatt: Ich komme morgen, Ik gommen gestern. Aus gutem Holz zimmerte er zwei stabile Schemel, auf denen die Kinder gerne saßen, wenn sie am Katzentischerl ihr Frühstück serviert bekamen.

Auf das Katzentischerl breitete die Großmutter ein Tischtuch, ursprünglich wohl eher ein Geschirrtüchlein mit einer roten Stickerei, die eine Küchenszene darstellte. Vor einem mit Holz oder Kohle beheizten Herd voller Töpfe steht eine junge Frau mit fröhlichem Gesicht und einem Kochlöffel in der Hand. Von links nähert sich ein Rauchfangkehrer, wohl das Symbol des Glücksbringers. In geschwungener Schrift hatte der Künstler darüber folgende Worte eingestickt: Sütni főzni nem nehéz, ha van hozzá elég pénz. Niemand konnte das übersetzen, ja nicht einmal die Sprache war bekannt, in der diese Worte in den Stoff gestickt worden waren, doch als die Kinder zur Schule geschickt wurden und lesen konnten, lernten sie diesen Satz auswendig und vergaßen ihn nie mehr, genauso wenig wie die Geschichten vom Katzlmacher, von Tommy, dem Engländer mit seinem Plumpudding oder von Schmulchen Schiefelbeiner, dem krummen Juden mit der Hakennase, den Wilhelm Busch karikiert hatte.

8

Im Haushalt der Lenaus war auch ein junges Mädchen beschäftigt, ein Pflichtjahrmädchen aus der Untersteiermark, das mit einem eigenartigen Akzent Deutsch sprach und Sonja hieß. Anna und Ferdinand liebten dieses Mädchen und nannten sie Sonni. Der Großvater sagte, sie sei eine Windische, aber er erklärte nicht, was er damit eigentlich meinte. Doch so, wie er das Wort aussprach, fanden die Kinder, war Sonja ein Geschöpf, welches unter denjenigen stand, die Deutsch als Muttersprache hatten, was auf die Windische keinesfalls zutraf, denn sie war zweisprachig. Der Umstand des Fremdseins steigerte die Liebe der Kinder zu ihr jedoch noch mehr. Manchmal hörten sie das Mädchen in der fremden Sprache reden und das klang sehr komisch in den Ohren der Kinder.

„Sie sagt immer reschibiloo", stellte Ferdinand, von ihrem fremdländischen Akzent fasziniert, eines Tages fest. Er vergötterte Sonni. Für Sonni taten die Geschwister alles: sie zeichneten nicht nur für sie und schenkten ihr alle Zeichnungen, auch pflückten sie für sie Kirschen, Äpfel, Birnen, Zwetschgen, Ribisel und Stachelbeeren, ja sogar Himbeeren und Erdbeeren stibitzten sie für ihre geliebte Sonni, die ihrerseits große Zuneigung zu den Kindern gefasst hatte. Sonni half vor allem bei der Küchenarbeit.

Zum Wäschewaschen verwendete die Großmutter neben Schichtseife auch Waschsoda, Natriumkarbonat, eine starke Lauge, die sie im Kaufmannsladen in der Stadt erwarb, und die Sonni manchmal auf Geheiß der Großmutter auf Zeitungspapier zum Trocknen ausbreitete. Ferdinand, der diese schönen Kristalle für Zucker hielt, griff sich einmal, als er unbeaufsichtigt war, ein Stück davon und steckte es in den Mund. Mit einem Schmerzensschrei spuckte er es augenblicklich wieder aus – der ganze Mund brannte ihm wie Feuer, die Schleimhaut war verätzt. Sein Geheul und Gebrülle lockte alle

Erwachsenen herbei, auch Sonni kam angerannt, und bald hatte man herausgefunden, was geschehen war: eine Sodaverätzung! Und Sonni trug die Schuld daran! Ein Glück nur, dass Ferdinand den Kristall nicht verschluckt hatte, denn das wäre übel ausgegangen, so aber spülte die Großmutter Ferdinands Mund mit Milch und Essigwasser und bald ließen die Schmerzen nach. Es war Gott sei Dank nichts Ernstes geschehen. Doch Sonni erhielt eine Strafpredigt sondergleichen: wie konnte sie nur so leichtfertig handeln und dieses gefährliche Gift einfach für jedes Kind zugänglich auf dem Fensterbrett ausbreiten?

Dieser Rüffel schädigte den Ruf des jungen Pflichtjahrmädchens und erschütterte ihr Vertrauen zur Familie Lenau, sie wurde zunehmend schüchterner und ungeschickter und irgendwann blieb sie dann fern, sei es, ihr Jahr war beendet, sei es, die Familie verzichtete auf ihre Mitarbeit.

Einen wesentlichen Beitrag zu Sonnis Verschwinden leistete jedoch Onkel Hartmut Szekesy, der Mann von Tante Gerda, der in der Südsteiermark in der Nähe von Marburg einen Weingarten besaß. Wenn er zur Zeit der Weinlese von dort über Leibnitz und Graz nach Mürzzuschlag kam, brachte er immer einen Karton voller herrlicher Weintrauben mit, die sehr schnell verzehrt wurden. Wein gedeiht in der kalten Obersteiermark nicht. Dieser Onkel, ein strenger Mann, der in einem Gymnasium in Graz Musik unterrichtete, würdigte Sonni keines Blickes. Für ihn war sie tatsächlich nur eine ‚Windische' – diese Verachtung erlebten auch die Kinder. Während nämlich der Großvater das Pflichtjahrmädchen zwar hin und wieder im Gespräch mit der Familie mit dem Wort ‚Windische' bedachte, sich Sonni gegenüber aber immer neutral verhielt, lag die Angelegenheit bei Onkel Hartmut anders. Er schien sich in ihrer Nähe unbehaglich, ja angeekelt zu fühlen. Weder grüßte er sie, noch richtete er je das Wort an sie, von Aufforderungen oder kurzen Befehlen abgesehen wie: Trag meine Schuhe hinaus und putze sie! Da, wasch' meine Sachen! Und wenn du die Speisen aufträgst, dann schau nicht so blöd drein mit deinen slawischen Sklavenaugen! Sei froh und dankbar, dass du in einer guten deutschen Familie arbeiten darfst.

Sonni hatte nach solchen Momenten oft Tränen an den Wangen. Sie konnte es dem Herrn Szekesy einfach nicht recht machen. Mit Onkel Heinrich wäre so etwas nie geschehen! Der hatte stets ein freundliches Wort auf den Lippen, er lachte gerne, machte kleine Witze und klopfte dem Mädchen manchmal wie freundschaftlich auf die Schultern. Den mochte sie. Vor der Großmutter hatte Sonni zwar Respekt, aber sie vertraute der alten Frau blind und auch den Großvater achtete sie, der sich zwar nicht viel um sie kümmerte, sie aber stets korrekt behandelte und niemals etwas Abwertendes oder gar Beleidigendes über sie äußerte.

Vor Onkel Heinrich hatten auch die Kinder keine Angst, denn der war nie böse, nie grantig. Onkel Hartmut hingegen, vor dem musste man sich ständig in Acht nehmen. Er konnte wohl gut Klavier und Cembalo spielen, auch singen konnte er, aber in seinem Wesen gab es etwas, das den Kindern immer Angst einflößte, nicht Respekt, sondern echte Angst. Es schien als lauerte er immer darauf, eine kleinere Missetat, irgendein Vergehen aufzuspüren, für das man die Kinder bestrafen konnte. Strafen waren ja erlaubt. So pflegte er gern zu sagen: „Einen Buben muss man immer verdreschen."

„Warum?", wollte die Mutter in ihrer Arglosigkeit wissen.

„Ganz einfach. Entweder er hat was Böses angestellt, wenn nicht, dann wird er gleich was Schlimmes tun."

Derartige Äußerungen wurden in der Familie nicht weiter ausdiskutiert, obwohl Ferdinand das Gefühl beschlich, dass damit nicht alle einverstanden waren. Diesem Onkel aus Graz begegnete man stets mit Vorsicht und viel Respekt, übte er doch unübersehbaren Einfluss auf die gesamte Familie aus und es gab daher niemanden, der ihm die Stirn geboten oder ihm gar widersprochen hätte. Dies verlieh ihm eine gewisse Macht, die er weidlich auszunützen pflegte.

Ferdinand interessierte sich schon in jungen Jahren für Werkzeuge und hantierte gerne damit. Der Großvater zeigte ihm, wie man mit einem Hammer Nägel in ein Stück Holz einschlägt und sie mit der Beißzange wieder herausziehen kann. Onkel Hartmut hatte im Heizkeller ein Brett an die Wand montiert, auf dem die wichtigsten, im Haushalt notwendigen Werkzeuge an Nägeln griffbereit hingen. Damit man sie nach dem Benützen wieder an den rechten Ort zurückhängen konnte, hatte der Onkel die Umrisse der Werkzeuge mit Bleistift auf das Brett nachgezeichnet. So wusste man also wo die Zange hingehört, wohin der Hammer und so weiter. Als Ferdinand einmal eine Zange von dem Brett herunterlangte, konnte er sie nicht mehr an den dafür vorgesehenen Nagel zurückhängen, weil der für ihn zu hoch oben war. Also hängte er sie auf einen anderen, tieferen Nagel. Das hätte er nicht tun dürfen! Der Onkel bemerkte es bald und sagte zu Ferdinand:

„Jetzt kriegst du es mit dem Ledergürtel!“, womit er meinte, er wolle den Buben mit seinem Hosengürtel windelweich verdreschen.

Schon öffnete er die Schnalle und löste grinsend den Gürtel aus den Schlaufen, da rannte Ferdinand unter den Armen des Onkels durch und davon. Der Onkel setzte ihm augenblicklich nach, verfolgte ihn über die Kellerstiege hinauf in das Hochparterre und weiter durch die Diele und über die Holztreppe in den ersten Stock. Flink wie ein Wiesel entkam Ferdinand dem etwas schwerfälligeren Onkel immer wieder und stürmte in Ermangelung einer anderen Möglichkeit zurück hinab in das Erdgeschoß, den Onkel, der den Gürtel wütend schwang, dicht auf seinen Fersen. In Windeseile entschwand der Bub in eines der unteren Wohnzimmer, von wo aus sich kein weiterer Fluchtweg auftat. Jetzt saß er in der Falle. Schon näherte sich der Onkel mit breitem Mund, verstellte die Tür zur Diele und sagte:

„Na warte nur, du! Jetzt pass aber gut auf!“, und holte weit mit dem Riemen aus.

Da – blitzschnell – spurtete Ferdinand neuerlich los, zischte aus dem Zimmer in die Veranda und sprang von dort aus dem Fenster, weit über den Heckenrosenbusch hinaus in den Garten. Da gab der Onkel auf.

Dies blieb der einzige Sieg des Buben über den Onkel, denn meist wurde Ferdinand gezüchtigt, zum Beispiel wenn er einige Tasten des Cembalos niederdrückte. Die Tasten des Cembalos waren nämlich heilig und genau umgekehrt gefärbt wie die auf einem Klavier, die weißen Tasten waren schwarz und die schwarzen weiß. Ferdinand durfte zwar auf dem Flügel spielen, nicht aber auf dem Cembalo, welches dem Onkel höchst persönlich gehörte. Dieses wertvolle Instrument, so sagte er, sei nicht für Kinderhände gebaut, sei viel zu empfindlich. Die Saiten würden mit den Federkielen von Rabenfedern gezupft, was den besonderen Harfenklang hervorrufe. Heutzutage könne man solche Instrumente gar nicht mehr herstellen, weil es keine Raben mehr gebe; die seien nur wegen ihrer Federkiele ausgerottet worden. Der Onkel hatte das Cembalo aus Sicherheitsgründen von Graz nach Mürzzuschlag transportieren lassen, weil in Graz mit Bombenangriffen gerechnet wurde, während man die obersteirische Kleinstadt in dieser Hinsicht für sicherer hielt.

Natürlich verprügelte der Onkel den kleinen Ferdinand, wenn er ihn beim Hühnerjagen erwischte oder wenn er mit seiner Schwester Anna der Frau Peck beim Hühnerschlachten zuschaute, auch wenn er Erdbeeren klaute oder gar Birnen vom Baum herunter holte, ohne vorher um Erlaubnis gebeten zu haben. Selbstverständlich setzte es danach Hiebe, und manchmal verdrosch der gute Onkel aus Graz Ferdinand einfach so, weil man ja nie wissen konnte … und Strafe eben sein musste.

Eigenartigerweise nahm niemand in der Familie Anstoß am Verhalten des Onkels. Er hatte offensichtlich das Recht, die Kinder seiner Schwägerin zu züchtigen, wann immer es ihm beliebte. Doch einmal belauschte Ferdinand hinter verschlossener Tür ein Gespräch zwischen seiner Mutter und der Großmutter. Die Mutter erklärte im Flüsterton, dass der Onkel auch seine eigene Frau Gerda verprügle. Der Großmutter entrang sich bei dieser Offenbarung immerhin ein Seufzer, mehr geschah nicht.

Aber Gott sei Dank hielt sich der Onkel nur selten in Mürzzuschlag auf. Schließlich arbeitete er an einem Gymnasium in Graz.

9

An den wenigen warmen Sommertagen nahm die Mutter ihre beiden Kinder gerne zum Spazierengehen hinaus. Meistens besuchten sie dann eine nicht weit entfernt liegende Waldlichtung, die sie das ‚schöne Platzi' nannten. Dort gab es Heuschrecken und Käfer in rauen Mengen. Man konnte in der Sonne liegen und dem Vogelgezwitscher zuhören oder in den Wald gehen Schwammerl suchen. Die Mutter hatte Äpfel, ein paar zusammengelegte Butterbrote und Tee in einer Thermosflasche mit zum Jausnen. Ferdinand fing Wiesenschnarren mit der Hand und riss ihnen die Beine aus. Dann legte er sie auf einen Ameisenhaufen und schaute zu, wie sich die Ameisen über die wehrlosen Heuschrecken hermachten. Auch Schmetterlinge gab es und Laufkäfer oder Puppenräuber unter den Steinen. Gelegentlich stocherte Ferdinand mit einem Zweig einen großen, blauschillernden Mistkäfer aus einem Kuhfladen oder er schnappte sich sogenannte Totengräber, das sind Halbflügelkäfer, die sich von Aas ernähren. Jedenfalls war das schöne Platzi ein wunderbarer, beinahe verzauberter Ort, den vor allem Ferdinand besonders liebte.

Manchmal sang die Mutter im Halbschatten unter jungen Fichten sitzend den Kindern ein altes Liebeslied vor, das Ferdinand regelrecht verzauberte:

„Alle Birken grünen in Moor und Heid, jeder Brahmbusch leuchtet wie Gold, alle Heidlerchen dudeln vor Fröhlichkeit, jeder Birkhahn kullert und tollt."

Sie sang es mit leiser, einfacher Stimme und wiegte Ferdinand dabei auf ihren Knien hin und her, bis er in Trance verfallen war. Als ihre Tränen wieder versiegten, flüsterte sie: „Es ist ein Liebeslied von Hermann Löns. Dein Vater hat es mir oft vorgesungen." Auch Anna liebte dieses Lied ganz besonders und fühlte sich seltsam bewegt, wenn es die Mutter sang.

Auf dem Rückweg erzählte sie den Kindern Geschichten. Sie erzählte vom Vater, der so jung hatte sterben müssen, weil er zu wenig zu essen hatte und sich während des Winters auf der Fahrt von Wien nach Langenwang, wo seine Eltern Sigmund und Ludmilla Roth lebten, im Eisenbahnwaggon ohne Fensterscheiben eine Verkühlung zugezogen hatte, der er schließlich erlegen war. Was für ein Mensch musste Annas und Ferdinands Vater doch gewesen sein! Jemand, den alle, die ihn gekannt hatten, anbeteten und in einer Weise noch immer verehrten. Fast, als hätte man ihn heiliggesprochen.

„Du siehst aus wie dein Vater", sagte die Mutter immer und immer wieder zu ihrem Sohn. „Du lächelst genauso wie er. Aber oft schaust du böse drein", fuhr sie fort, „und dann bin ich sehr traurig. Dein Vater war ein so guter Mensch. Niemals hätte der einem Käfer ein Leid zugefügt. Der hätte Tiere nicht so gequält wie du das oft tust! Dafür sollst du dich schämen, und wenn ich dich beim Tierequälen erwische, dann bist du nicht mehr mein lieber Ferdi, dann nenne ich dich nur mehr Karl. Dann bist du der böse Karl."

Ferdinand war nach derartigen Eröffnungen sehr betroffen. Er wollte nicht Karl heißen und schon gar nicht wollte er der böse Karl sein. Wenn die Mutter solches zu ihm sagte, schwor er sich, nur mehr brav zu sein. Dann lächelte sie und streichelte ihn endlich wieder und sang ihm beim Schlafengehen ein Schlummerlied vor oder das Lied vom Birkhahn. Das behagte dem Buben sehr. Die Mutter hatte eine angenehme Stimme und wenn sie sang, fühlte Ferdinand ein wunderbares Kitzeln auf seinem Rücken. Er war dann so entspannt, dass er einschlafen konnte ohne zu uttern. Sie sang ‚Schlaf, Kindlein schlaf' und ‚Schlafe mein Prinzchen, schlaf ein' oder ‚Die Blümelein, sie schlafen' oder ‚Guter Mond, du gehst so stille' oder ‚Hohe Nacht der klaren Sterne' und die Lieder gefielen dem Ferdinand alle gleich gut, wenn sie ihm die Mutter vorsang und ihm dabei sanft mit der

Hand übers Haar streichelte. Ferdinand liebte seine Mutter wirklich sehr und wollte ihr den Gefallen tun, ein tapferer und treuer Soldat zu werden, wie es der Vater vorgehabt hatte, der hatte sich sogar freiwillig zur Wehrmacht gemeldet, obwohl er das als Arzt nicht hätte tun brauchen. „Dort haben ihn die deutschen Ausbildner so sehr geschunden, geschunden, angeblich weil er Österreicher war, dass er all seine Kräfte verlor. Deswegen erkältete er sich, als er im ungeheizten Zug im frostigen Februar von Wien über den Semmering nach Langenwang gefahren ist, nur weil seine Mutter, die Großmutter Ludmilla, eine leichte Grippe gehabt hatte“, erzählte die Mutter und dabei wurden ihre Augen feucht.

So ein braver, tapferer Soldat wollte auch Ferdinand unbedingt werden, jemand, den alle liebten und von dem sie nur im Flüsterton Gutes berichteten. Eine Lichtfigur, hatte Tante Gerda ihn des Öfteren genannt. Und der Mutter zuliebe schaute Ferdinand sich auch das Buch mit dem Katzlmacher und dem Deutschen Michl immer wieder an, denn so eine Windgestalt wie der lächerliche Katzlmacher oder der dünne Presan wollte er keinesfalls werden! Er war eben ein bemerkenswerter junger Mensch und daher begierig, im Leben weiterzukommen.

10

Eines eiskalten Wintertags packte das Dienstmädchen die kleine Anna in eine dicke Jacke und zog sie aufgeregt mit sich aus dem Haus, der Stadtmitte zu, wo es, wie es sich blitzartig verbreitet hatte, etwas zu sehen geben solle. Sie rannten den Weg bergab, vorbei an der aus rotem Klinker errichteten evangelischen Kirche, danach über den Hauptplatz und hin zum alten, in Schönbrunnergelb getünchten Gebäude der öffentlichen Schule, wo sich schon Massen Schaulustiger in dichten Reihen drängten. Das Dienstmädchen und Anna stellten sich in die Menge der dampfenden Leiber, mitten in die vielen Neugierigen, um das Spektakel zu betrachten.

Da kamen sie. Soldaten mit ihren Stahlhelmen marschierten mitten durch die Stadt. Reihen und Reihen schleppten sie sich vorbei, an der Schule vorbei, wohin, wusste niemand zu sagen und niemanden gab es, der das Elend, die Hoffnungslosigkeit dieser unzählbaren jungen Männer am eigenen Leib nicht hätte mit spüren können. Auch Anna war derart ergriffen, dass sie zu zittern begann, obwohl sie nicht genau verstehen konnte, warum sie es so spürte wie sie es spürte, doch dieses schleifende Geräusch der Stiefel, die an ihr vorüberzogen, oder die vielen Stimmen, die deutsche Lieder sangen, vom Blümchen, das hieß Erika, oder die Blicke der hintereinander in Viererreihen vorüberziehenden Männer, oder ihr versuchsweises Lächeln bewirkten es so. Dann rief ihr einer von ihnen, der sich umdrehte und schon wieder vorüber war, laut zu: „Bist du die Ingeborg?“ In Scharen erschien vor dem Hintergrund des trostlosen Marsches auch die schauende Bevölkerung, im Rudel gedrängte Leiber, man trat einander auf die Füße, teilte Püffe aus.

„Warum hat er mich denn gefragt, ob ich die Ingeborg bin?“, fragte Anna das Dienstmädchen.

„Der Soldat hat vielleicht eine kleine Tochter, die so heißt. Vielleicht sieht sie dir ähnlich!“

Anna nickte und schwieg und zog die Zehen ein, denn es war sehr kalt.

Da marschieren sie dahin, denkt man sich wohl, jung sind sie, aber sterben werden sie bald. Sie ziehen auf den Balkan, meinte ein in der Nähe stehender Alleswisser, und dort geht es jetzt blutig zu. Wie eine Mauer stehen die Leute dicht an dicht und atmeten weiße Wölkchen aus ihren Mündern. Es riecht nach schlechtem Mundgeruch, Schweiß, Angst. Und langsam, je lauter sich das Scharren der marschierenden Stiefel in die Herzen der Schaulustigen einprägt, desto schwerer legt sich eine Wolke aus Schweigen über den dahinziehenden Todeszug und die Zuschauer dieses Spektakels. Der Todesengel kann nicht weit sein. Unsichtbar und doch präsent.

„Schlachtvieh!“, stellt eine weinende Frau fest, „Kanonenfutter!“

Jeder, der Augen im Kopfe hat, starrt sie an wie man zum Tode Verurteilte betrachtet. „Nach Griechenland“, sagt da einer, „nach Jugoslawien …“ ein anderer. Dessen Stimme beinahe bricht. „Heil Hitler! Hört auf mit defätistischen Parolen, sonst werdet’s noch angezeigt von mir, wir werden nämlich siegen, ich will bei den Siegern dabei sein“, schreit einer in der Menge, die Hand zum deutschen Gruß erhoben. „Ruhe!“, schnarrt ein plötzlich hinzugetretener Gendarm mit autoritärem Blick, sich nach einem möglichen Vorgesetzten diskret umschauend, während sich Anna an den schwarzen Mantel des Dienstmädchens drängt: „In Griechenland scheint die Sonne und dort gibt es lebende Schildkröten!“, erklärt sie nun eifrig dem Dienstmädchen, das sich gerade Tränen aus den Augen wischt. „Warum sehen die Soldaten so traurig aus und warum musst du weinen?“

Das Dienstmädchen schnäuzt sich sehr laut und antwortet dann: „Weil sie mir leid tun, weil sie alle sterben werden. Das ist der Krieg, verstehst du?“ Ein paar Krähen krallen sich im schwarzen Geäst einer blattlosen Rosskastanie fest.

„Aber Joachim ist doch auch nach Griechenland gegangen“, bemerkte Anna voller Hoffnung, „muss denn auch er sterben? Wo wir doch mit ihm zu den Negern nach Afrika wollen?“

Das Mädchen zuckte nur mit den Schultern, bis es sich zu einer Antwort durchrang: „Die Schwarzen täten euch sicher nicht gefallen, Anna, die sind ja auch nicht viel besser als Menschenaffen! Und ob euer Joachim sterben wird oder nicht, wer kann das schon wissen?“

Unsichtbar, leise floss die Zeit dahin und mit ihr verschwanden die vielen feldgrauen jungen Männer mit ihren Tornistern und den Sturmgewehren, die, singend weiterziehend, allmählich aus Annas Blickfeld verschwanden, sodass von ihnen bald nichts, aber auch gar nichts mehr zu sehen und zu hören war.

11

Doch Joachim kehrte zurück, verbrachte einige schöne Tage bei den Lenaus und ging schweren Herzens dann abermals fort wegen dienstlicher Reisen zu irgendwelchen Haupt- oder Sonderquartieren der Wehrmacht, bis er noch einmal wiederkehrte, und er tat es gern, denn er war schrecklich in Ingrid verliebt. Unsterblich. Und dass sie ihn wieder liebte, hätte sogar ein Blinder sehen können.

„Ingrid!", sagte er deshalb eines Tages im Vorfrühling zu ihr, als sie Arm in Arm durch die Stadt spazierten, „darf ich dich etwas fragen?" Inzwischen war man ja längst zum vertraulichen Du übergegangen.

„Ja. Was denn?"

„Wenn ich zurück komme … ich hoffe es sehr …"

„Ich auch! Ich könnte dafür beten!"

„Das solltest du auch, Ingrid. Manchmal soll das Beten ja helfen!", stellte er fest, indem er ihr zärtlich in die Augen blickte. Die beiden blieben stehen. „Warte auf mich, Ingrid! Bitte warte!"

„Ach, Joachim! Warum musst du überhaupt fort? Und wenn dir nun etwas passiert? Es wäre …"

Er schöpfte tief Luft. Sein schmales, durch und durch arisches Gesicht verzerrte sich zu einer Grimasse. Dann schüttelte er die Angst aus sich heraus und legte spontan die Arme um Ingrids Schultern. Die junge Witwe wirkte so zerbrechlich, und er, der sie nun in den Armen hielt und fest und immer fester an sich drückte, empfand das Bedürfnis sie auf immer und ewig zu beschützen. Sie zu lieben und für sie zu sorgen in guten wie in schlechten Tagen, bis dass der Tod sie schiede.

„Ingrid…"

Sie hob das Kinn. Er bemerkte die Feuchtigkeit auf ihren Wangen und küsste sie weg. „Ich möchte dich etwas fragen."

„Ja?"

„Ich möchte dich fragen, ob du dir vorstellen könntest, mich zu heiraten…"

Ingrid konnte es. Und sie sagte es ihm. Er küsste sie wieder. Und abends wurde eine der letzten Flaschen Rheinweins geöffnet. Ingrid begann wieder an die tausend Möglichkeiten zu denken, die einer jungen Frau vom Leben geboten werden könnten, glücklich sein vielleicht! Die Liebe, ja, warum nicht? So schwer auch die Erinnerung war, so schien es doch wieder Tage voller Sonne zu geben. Sengende Hitze mit blauem Himmel und dazu zwei weiche, vergnügte Herzen. Ein ganz neues Leben mit diesem starken deutschen Mann, der sie aus seinen lichten Augen so liebevoll anschauen konnte, dass ihr beinahe das Herz im Leib zerbrach. Ingrid nahm seinen Antrag an, der Form halber weinte sie noch ein bisschen und lehnte ihr Kinn an seine eckige Schulter. Er roch nach einem rauen Stoff und diskret nach Rasierwasser. „Joachim!", sagte sie, „ich bin so glücklich!" Er küsste sie noch einmal, diesmal sehr lange und ausführlich. Sie fühlte sich dabei ganz schwach in den Knien. Das Datum der geplanten Hochzeit wurde also auf den kommenden Sommer festgelegt. Was für eine gute Partie sie machen würde, keine Frage. Dieser Joachim war ja kein gewöhnlicher Soldat, sondern ein Offizier, und noch dazu ein großer, schlanker deutscher Mann mit scharf vorspringender Nase und beginnender Stirnglatze, außerdem versprach er den Kindern so viel Schönes: „Wenn ich aus Griechenland zurückkomme, bringe ich euch eine lebende Schildkröte mit, und dann, wenn der Krieg vorbei ist, gehen wir alle nach Deutschostafrika!“

Märchenhaft! Wie verrückt freuten sie sich von nun an darauf, nach Deutschostafrika zu gehen, zu den Löwen und Krokodilen, in den Busch, zu den Elefanten.

Nach Afrika? Wollte er denn tatsächlich überleben? Heimkehren aus Griechenland mit zwei Schildkröten im Gepäck? Die Hoffnung, heißt es ja, die stirbt zuletzt. Und wenn jemand wirklich wartet, aus ganzem Herzen wartet, dann … Hätte er denn sonst der verwitweten Mutter von Anna und Ferdinand die Ehe versprochen, wenn er nach seiner Rückkehr von der Front für die junge Frau und sich, aber auch für die beiden Halbwaisen keine Zukunft gesehen hätte? Die Mutter akzeptierte seinen Antrag, vielleicht, weil Joachim dem toten Vater Ferdinand so ähnlich sah wie ein Bruder dem anderen, jedenfalls wurde dies Anna später so von Tante Gerda ausführlich berichtet.

Aber er kehrte nicht mehr zurück. Ein kanadischer Scharfschütze jagte ihm eine Kugel durch den Kopf. Joachim fiel in der Nähe von Thessaloniki in stachligem Gebüsch und scharfkantigem Fels im romantisch-wilden Tempi-Tal mit der Venusquelle – heute noch eine Engstelle am Landweg nach Griechenland! Und so blieb die Mutter trotz ihres Wartens weiterhin Witwe und die beiden Kinder blieben Halbwaisen.

12

Annas und Ferdinands Vater hatte als Arzt eine steile Karriere gemacht, die in der Vorkriegszeit jäh unterbrochen wurde, als man ihn nämlich als illegalen Nazi demaskierte und des Landes verwies. Er emigrierte nach Deutschland, Frankfurt, wo Anna 1938 geboren wurde. Nach dem ‚Anschluss' Österreichs an Nazideutschland konnte er seine Karriere sogleich fortsetzen, bis ihn 1940 der frühe Tod durch eine Pneumonie im Wiener Allgemeinen Krankenhaus, wo er als Oberarzt eine Station leitete, von der Bühne der Welt und der Wissenschaft hinwegraffte.

Den Schilderungen nach muss es sich bei Dozent Doktor Ferdinand Roth um einen ernsten, äußerst pflichtbewussten, sehr gut aussehenden Mann gehandelt haben, dem die enge Heimat, nämlich Langenwang mit seiner Familie und die Steiermark im weiteren, alles bedeutete, dazu kam noch die unbedingte Treue zum Führer, zum Deutschen Reich, für das er ohne zu zögern sein Leben gegeben hätte, wäre es nicht anders gekommen. Weder Anna noch Ferdinand konnten sich erinnern, dass dieser in der Erinnerung seiner Zeitgenossen so herausragende Mensch je im Zusammenhang mit Antisemitismus – welcher Art auch immer – zitiert worden wäre. Soweit sich die Kinder ein vorwiegend auf Anekdoten beruhendes Bild von ihm machten, hatte er sich ausschließlich durch positive Eigenschaften wie Ehrlichkeit, Eifer und unermüdlichen Fleiß ausgezeichnet. Nie in ihrem Leben wurde Anna und Ferdinand auch nur die geringste Abweichung von dieser glorreichen Lebenshaltung ihres Vaters dargebracht, und da gab es eine große Anzahl von bedingungslosen Bewunderern, die diese Lichtfigur förmlich in den Himmel hoben. Gegen ein so übermächtiges Vorbild auch nur ansatzweise ankämpfen zu wollen war für Ferdinand schon in frühesten Kinderjahren eine reine Utopie und es wurde insofern gänzlich unmöglich gemacht, als er diesen Menschen ja nie zu Gesicht bekommen hatte. So ergab es sich, dass der Sohn des Toten mit einer Legende zu leben lernte, doch diesen so sehr geachteten, geschätzten, geehrten, geliebten Vorfahren in keiner Weise um all die hervorragenden Eigenschaften beneidete. Er wusste recht bald nur zu gut, wie anders er war und dass er im Falle einer Nachahmung einem Vergleich mit dieser väterlichen Idealfigur niemals standhalten würde. Dies betraf alle Bereiche des Lebens, von denen eines der wichtigeren die Musik darstellte, denn – so wusste es der Sohn – diese hatte dem Vater nicht so viel bedeutet wie ihm, Ferdinand, oder etwa dessen Bruder, dem Onkel Waldemar Roth, der nach eigenen Worten lieber Schlagerkomponist als Rechtsanwalt geworden wäre.

Eine sehr frühe berufliche Station des Vaters war das Amt des Primarius (Chefarztes) der Abteilung für Innere Medizin im Wallfahrtsort Mariazell gewesen. Der Vater liebte es, seine Umgebung bei langen Fußmärschen zu erkunden, denn dabei konnte er nachdenken und Probleme, meist seine Patienten betreffend, lösen oder zumindest einer Lösung näherkommen. Dabei dachte er auch über seine Liebe zu Ingrid Lenau nach und ob sie auch wirklich rein und stark genug wäre, dass er den Bund fürs Leben mit ihr eingehen sollte; bei diesen Wanderungen erforschte er die entlegensten, düstersten Gräben, das ganze bewaldete Hinterland, die totale, dünn besiedelte Einschicht, in der er sich so wohl fühlte – und auch seine Seele erforschte er und er teilte die Ergebnisse solcher Selbstanalyse seinen Eltern in Langenwang und seinem Bruder Waldemar in Form ausführlicher Briefe auch mit.

Im Jahre 1932 – sechs Jahre vor Annas und acht Jahre vor Ferdinands Geburt – veröffentlichte er in der Wiener klinischen Wochenschrift (Nr. 19, pp 1–10) einen wissenschaftlichen Artikel mit dem Titel ‚Bleivergiftungen in der Landwirtschaft'. Da er selbst damals nur in dem unbedeutenden Mariazeller Landspital arbeitete, musste er die Publikation über die Medizinische Klinik der Universität Graz (Vorstand Prof. W. Berger) abwickeln, wobei sich zwei Kollegen, der Chef persönlich und ein gewisser Doktor O. Studeny, als Koautoren beteiligten. Die Lösung dieser interessanten Fälle war nur deswegen in relativ kurzer Zeit möglich gewesen, weil Dozent Dr. Ferdinand Roth die Gegend und deren Bewohner rund um Mariazell auf seinen Ausflügen so genau studiert hatte.

So beginnt der wissenschaftliche Artikel auch mit den Sätzen: ‚In der Gebirgsgemeinde Sonnleitberg in der Oststeiermark sind im Sommer 1931 gehäuft und lange Zeit unerkannt eigenartige Erkrankungen vorgekommen.' Nun werden die Symptome beschrieben: Gewichtsverlust, Zeichen von Blutarmut, Müdigkeit bis zur Bettlägerigkeit und kolikartige Leibschmerzen. Eigenartigerweise erholten sich die Menschen, sobald sie unter Verdachtsdiagnosen wie Paratyphus, Ileus, Ikterus, Bang'sches Fieber etc. in verschiedene umliegende Krankenhäuser eingewiesen wurden, genasen ohne Behandlung quasi von selber, andererseits erkrankten neu in der obengenannten Gegend eingestellte Hilfskräfte bald unter denselben Erscheinungen, auch die Genesenen erlitten nach ihrer Spitalsentlassung und Heimkehr gleich wieder Rückfälle, sodass eine ortsgebundene Erkrankung angenommen werden musste. Das Vorhandensein von Tüpfelzellen im Blut und eines Bleisaumes an den Zähnen mit Stomatitis führte schließlich zur Diagnose einer chronischen Bleivergiftung. ‚Die Natur der rätselhaften Gruppenerkrankung war damit geklärt. Ihre Entstehung blieb aber zunächst recht unklar.'

Als mögliche Ursachen diskutierten die Autoren bleierne Wasserleitungsrohre, Bleifarben, bleihaltige Zapfhähne und Geschirr mit bleihaltigen Glasuren. Doch all diese Vermutungen erbrachten keine Lösung, keiner der üblichen Faktoren traf zu. Doch – wie gesagt – der junge Doktor Roth kannte seine Heimat, wusste um die Lebensgewohnheiten der Bauern und er kannte auch die Gräben und die alten Mühlen, zu denen die Bauern ihr Getreide transportierten, um es zu Mehl mahlen zu lassen und genau dieses Wissen erbrachte schließlich die Lösung: Dem Doktor Roth war es nämlich bekannt, dass viele Müller ihre oberen Mühlsteine mittels Bleikernen beschwerten und dass sie die vorgeschriebenen, jährlichen Kontrollen der Mühlsteine oft nicht durchführten. So geschehen auch in dieser Episode: ‚Zu dem einen Anwesen, in dem die ersten Krankheitsfälle vorgekommen waren, gehörte eine ziemlich abseits in einem Graben gelegene Hausmühle, die vor etwa 40 Jahren errichtet wurde. Zum Mahlen der Frucht dienen zwei mächtige Mühlsteine, die nur einmal jährlich auseinandergenommen, gereinigt und aufgeraut werden. Diese Wartung war jedoch letztes Jahr unterblieben.... Im Laufe der Zeit nützte sich jedoch der obere Mühlstein so stark ab, dass seine ursprüngliche Dicke von 30 auf 10 cm zurückging, die Bleieinlage in die Ebene der Mahlfläche und in Berührung mit dem unteren Mühlstein gelangte. Von diesem Zeitpunkt an wurde das Mehl zwischen einer Stein- und einer Bleifläche ... gemahlen.... Die Besichtigung von grobem, nicht durchgesiebtem Grieß ergab schon mit freiem Auge wahrnehmbare Bleikörnchen. Die chemische Untersuchung des Mehls und Hausbrotes (Professor Lieb) lieferte demgemäß ebenfalls eine deutliche Bleibeimengung, während sie im Trinkwasser und Most negativ ausfiel.‘

13

Die zwei Roth-Kinder hatten keinen Vater wie die meisten anderen Kinder, doch trösteten sie sich damit, zu wissen, dass ihrer im Himmel war und das war immerhin auch etwas, was nicht jedermann von seinem Vater behaupten konnte. Zwar mochte die Wohnung des Vaters in den über dem Haus der Großeltern dahinziehenden Wolken ein privilegierter Platz sein, ja er hatte es dort oben möglicherweise sogar besser als alle jene Väter, die sich für ihre Kinder krumm schufteten oder sorgen mussten, doch war er trotz dieser Einsicht derjenige, der den Geschwistern, aber auch der Mutter am meisten fehlte. Hinzu kam, dass er, wie Anna nur zu genau spürte, allwissend geworden war wie alle Toten, sollten sie in den Himmel gekommen sein, – beide Großmütter hatten es jedenfalls steif und fest behauptet und die beiden alten Damen hatten immer recht, gar keine Frage. Was bedeutete, dass er unentwegt vom Himmel herab schaute, leider auch dann, wenn Anna mit Ferdinand Hühner jagte oder wenn sie log, denn damit konnte sie nicht aufhören, und dass sie aus Angst vor Strafe log oder aus dem unstillbaren Verlangen nach Lob, konnte sie sogar selber ahnen und ließ sie Unzufriedenheit mit sich selber spüren. Wie ein Spion saß er, der Unsichtbare, der Allwissende, er, der sich zwar seinen Kindern entzogen hatte und doch alles, was sie unternahmen, ausspionierte, dort oben, ob zwischen schwarzen Regenwolken oder den zarten hellgrauen mit den Goldrändern, wenn der Himmel so tiefblau wurde, er saß und schaute zwischen diesen Wolken neugierig auf sie hinab. Bedeutet dies, überlegte Anna, dass sie sich vielleicht mehr anstrengen und nie mehr lügen sollte? Ging ihr doch das Lügen ganz leicht von der Hand. –

Zum Beispiel die peinliche Geschichte mit der lang ersehnten Porzellanpuppe, die sie von der Großmutter aus Langenwang zum Geburtstag geschenkt bekommen hatte. Diese Puppe – eine solche war Annas geradezu mit fleischlicher Begierde herbeigesehnter Wunsch gewesen – war das Schönste, was sie jemals als Geschenk bekommen hatte. Und dann – es geschah im oberen Garten auf einer frisch gemähten Wiese, als ihr die neue Puppe mit den Schlafaugen aus den Händen glitt und ins Gras fiel, wo ihr Kopf in vier große Scherben zersprang. Eine unsagbar schreckliche Katastrophe! Auch die Angst vor Strafe stellte sich sogleich nach dem Hinscheiden des kostbaren Spielzeuges ein, und Anna fing an bitterlich und schrecklich dissonant zu heulen wie ein verstimmtes Blasinstrument. Als die Mutter, durch dieses Geschrei unverzüglich herbeigelockt, die Bescherung entdeckte und die Hände überm Kopf zusammenschlagend mit sehr lauter Stimme fragte, wie sie, Anna, denn so dumm und ungeschickt sein könne, kreischte das kleine Mädchen: „Der Ferdinand hat mir meine Puppe zerbrochen! Er hat es gemacht!"

Klar, dass Ferdinand einem Verhör unterzogen wurde, und nichts lag näher, als dass er seine Unschuld hartnäckig beteuerte: Da jedoch Anna mit unerschütterlichster Überzeugungskraft insistiere, es sei der böse, wilde Ferdinand gewesen, der die Puppe auf dem Gewissen habe, schmolzen die Zweifel der Mutter endlich so sehr dahin, dass sie geneigt war, dieses Malheur mitfühlend aus den Augen ihrer heulenden Tochter zu betrachten: Ferdinand, der Übeltäter. Obwohl Anna nun die Blicke ihres gekränkten, unschuldigen Bruders kaum ertragen konnte, und obwohl sie wusste, was sie ihm antat, – so blieb sie dennoch steif und fest bei ihrer Beschuldigung, denn mittlerweile glaubte sie ja selber an das von ihr vorgebrachte Märchen, – Lügner verzichten nach Möglichkeit auf die Unterscheidung zwischen Wahrheit und Lüge, und auch Anna war in dieser Kunst der Selbsttäuschung zur Meisterin herangereift. Ferdinand bekam ein paar Rüffel. Und weil er die Tat nicht ums Verrecken zugeben wollte, wurde er zur Strafe nicht nur der Puppe wegen, sondern vor allem wegen seiner Starrsinnigkeit für eine gute Stunde in den Wandkasten gesperrt, wo er im Finsteren unter den schwarzen etwas muffig riechenden Röcken und wollenen Kostümjacken der Großmutter büßen musste.

Zuerst konnte man dumpfe Schläge vernehmen, wenn der Bub mit seinen kleinen Fäusten im Inneren seines Verlieses gegen die fest mit einem Schlüssel verschlossene Tür hämmerte, dazu seine kläglichen erstickten Schreie, auf die jedoch weder die Mutter noch Tante Gerda, die diese Folter eigentlich angeordnet hatte, hören wollten, sodass der arme Ferdinand diese Strafe in beinahe undurchdringlicher Dunkelheit absaß, endlich stoisch, sogar ohne zu brüllen, einfach so in sein Schicksal ergeben. Anna, die derweilen unten im Garten auf – und niederging, konnte triumphieren.

„Gebt dem Bengel eine anständige Tracht Prügel, damit er sich das Lügen endlich abgewöhnt!", schlug Tante Gerda vor, während Ingrid schaudernd dachte, was für ein armer Schlucker ihr kleiner Sohn sei, aber wie immer sprach sie es nicht aus und ließ es – vielleicht aus Mutlosigkeit – bei ihrem Zweifel bewenden, weil sie der Meinung war, dass ihre kluge, energische Schwester die Lage vielleicht doch besser beurteilen könne als sie selbst.

So viel Aufregung hatte die kaputte Porzellanpuppe mit sich gebracht. Eine Weile gingen sich die Geschwister nach dieser Episode, die Annas Charakter zur Genüge hervorgehoben hatte, aus dem Weg. Daran, aber auch an anderes musste Anna im Zusammenhang mit der Allwissenheit des toten Vaters denken, immer wieder, es genügt zu wissen, dass sie von ihrem Gewissen geplagt wurde.

Gut, aber verklagen konnte der Vater sie trotzdem nicht. Weil er keine Stimme mehr hatte, er war tot, stumm, lag in seinem Grab, in einem Sarg aus Tannenholz. Manchmal überlegte Anna, wie der tote Vater dort oben in seinem Wolkenhaus essen, trinken, schlafen und aufs Klo gehen konnte? Sicher schaute er dann und wann auch seinen Eltern in Langenwang zu und sah, dass sie täglich auf den Friedhof gingen, ihn dort an seinem Grab zu besuchen. Oder er sah die Mutter auf einem Diwan liegend, das Gesicht zwischen feuchten Händen verborgen, und Anna hoffte, er könne das sehen, da ja er an ihren Tränen schuld war, er allein. Doch die Mutter hatte inzwischen einen wunderbaren Mann kennengelernt: Theo Mohr hieß er, Zahnarzt in Graz, allerdings um dreizehn Jahre älter als sie. Er wollte sie heiraten. Anna fand das eigentlich weniger gut. Brauchte die Mutter überhaupt einen neuen Mann? Nein. Brauchte sie nicht.

14

Alle vierzehn Tage fuhr man mit dem Zug oder dem Bus nach Langenwang zu den Eltern des toten Vaters, zu Großmutter Ludmilla und Großvater Sigmund Roth, welche die beiden Kinder aus ganzem Herzen liebten. Auf dem winzigen Landbahnhof steigen sie aus. Dort existierte damals noch ein aus der k. u. k. Zeit stammendes Stationsgebäude, das neben einem Semaphor auch über einen Telegrafen, ein Telefon und zwei Schalter verfügte, vor denen man sich anzustellen hatte, wollte man eine Fahrkarte erster, zweiter oder dritter Klasse kaufen. Durch dieses altehrwürdige, spartanisch eingerichtete Stationsgebäude eilte die Mutter mit Anna und Ferdinand an der Hand, um danach in eine schmale Straße einzubiegen, die sie entlangwanderte, wobei sie sich an den toten Ferdinand erinnerte, geradezu zwanghaft, denn hier war sie ja oft mit ihm Arm in Arm dahingeschlendert, gegen Abend, wenn sich der Himmel weißlich färbte und Krähen über die Felder hinstrichen. Was für ein liebevoller, zärtlicher Mann er doch gewesen war! Aber heute, so hatte sie es sich vorgenommen, würde sie den Roths den Termin der Hochzeit mit Theo Mohr mitteilen, ein erfreulicher Termin, für Juni vorgesehen, – obwohl die deutsche Wehrmacht mit vielen österreichischen Soldaten gerade auf Stalingrad zumarschierte und die Gesamtlage nichts Gutes mehr erahnen ließ.

Ein Zug fuhr ab, das Geräusch rollender Eisenräder erschütterte den Gehsteig. Im Hintergrund wölbten sich grüne Bergrücken, dicht bewaldet, von denen im Winter scharfer Frost herabwehte und die Dächer mit weißen Kristallen überzuckerte. Hier, in diesem Dorf, so dachte Ingrid, würde sie nicht gerne wohnen, jeder wusste alles über jeden. Tatsächlich war in dieser Ortschaft alles miniaturhaft klein, der Bach eher ein Bächlein, die Brücke aus verwittertem Holz eng und knapp über das Wasser führend, klein auch die einstöckigen Häuser mit den umzäunten Vorgärten, die sich die Hauptstraße entlang streckten. Alles bis auf die alte Kirche war klein, nur etwas größer der behäbig thronende Gasthof mit dem vorgewölbten roten Dach, vor dem eine Menschengruppe redend stand. Ein uralter Lindenbaum ragte dort in den Himmel. Bald schon erblickte sie das gelbe Rathaus mit der Villa ‚Roth' gegenüber auf der anderen Seite der Wienerstraße. Das war ihr Ziel.

Sigmund und Ludmilla Roth bewohnten diese hohe, alte Villa mit vielen Schlaf- und Wohnzimmern und einem Garten im Zentrum dieses Dorfes. Bei jedem Besuch empfand es Ingrid wie eine Art feierlicher Prozession, diesem Wohnsitz entgegenzuwandern, denn die Familie Roth gehörte zur guten Gesellschaft der Ostmark, der Name war bekannt, es wurde vorausgesetzt, ihn zu kennen, war doch der Vater von Sigmund Roth ein berühmter Schriftsteller, ja Dichter! gewesen, den auch der Führer, wie es hieß, ungemein schätzte. Für den guten Ruf dieser Familie war es nicht notwendig, in einer Stadt zu leben. Gerade das Ländliche dieses Langenwanger Wohnsitzes einer kulturell so imposanten Familie vermittelte den Eindruck, Größe, Kultur entspringe dem Inneren, direkt aus der Persönlichkeit und nicht aus den Umständen, unter denen man lebt. Hatte nicht der im steirischen Urwald geborene Urgroßvater von Anna und Ferdinand in seinen vielgelesenen Schriften das Landleben ob seiner Kargheit und Ehrlichkeit gerühmt? War er den Verführungen der Großstadt – obwohl er selbst dort gelebt hatte – nicht stets skeptisch gegenübergestanden? Ferdinand dachte während solcher Besuche manchmal an Mädchen, die sich schminken, um zu gefallen und an jene, die von Natur aus schön waren, so wie das Christkind im Weihnachtsstern.

Wenn Ingrid mit den Kindern ankam, wurden sie alle sehr herzlich empfangen, geküsst, umarmt, getätschelt, gestreichelt. Man folgte der alten Dame in ihrem raschelnden Rock in den unteren Salon der Villa Roth mit unbequemen altdeutschen Sitzmöbeln, die um einen schweren Tisch aus echt deutscher Eiche angeordnet standen, und wo die Großmutter den Tee servieren ließ, dazu hatte man schließlich eine Köchin, die dicke Bertha, die zu Martini auch die Gänse schoppte, ihnen dabei Erdäpfelnudeln unaufhörlich in den Schnabel steckte und mit dem Stiel eines Kochlöffels nachschob, damit sie auch wirklich in den Magen des zwischen den Beinen der Köchin eingeklemmten, todgeweihten Tieres gelangten. Im Salon wartete Großvater Sigmund schon, ein feiner alter Herr. Auch Tante Hedwig, die unverheiratete Schwester der Großmutter, die in diesem Haus zwei Zimmer bewohnte, trat irgendwann auf und setzte sich dazu.

„Nehmt doch bitte Platz!", bat Ludmilla Roth, und so gruppierte man sich ein wenig umständlich, vielleicht anfangs sogar ein wenig steif, um den Tisch. Durch hohe Fenster und gestärkte Vorhänge fiel weißes Sonnenlicht. Zu Füßen der Großeltern unterm Tisch lag eingerollt Putzi, ein dicker Pudel, den die Großmutter ins Herz geschlossen hatte.

„Wie schön, meine Lieben, wie schön, euch zu sehen!", rief die alte Dame enthusiastisch aus. Großmama Ludmilla lachte selten, – sie hatte es seit dem Tod ihres Sohnes verlernt, und daher kam es wohl, dass sich ihre beiden Enkel ein wenig vor ihr fürchteten und nun verlegen mit an den Körper gepressten Armen dasaßen. Ihre ernste Großmutter hatte dunkelgraue Augen, eine runde Stirn, ihr Haar, früher schwarz, war längst ergraut, und sie hatte es zu einem lockeren Knoten am Hinterkopf aufgesteckt. Zumeist trug sie graue oder schwarze Kleider und sprach immer mit leiser, gepflegter, ja melodischer Stimme. Sie war ausgebildete Pianistin und Sängerin, und der Großvater komponierte Kammermusik, Lieder, ja sogar Opern, obwohl er als praktischer Arzt tätig war. Der alte Herr, der gern ein Glas Bier zu viel trank und einer schlagenden Verbindung angehörte, hatte schütteres weißes Haar, trug eine Starbrille mit dicken Gläsern und pflegte im Steireranzug umherzugehen. Nun wurde Tee serviert, man nahm ihn in kleinen schlürfenden Schlucken zu sich. „Noch ein Stück Zucker, mein liebes Kind?", fragte Ludmilla, die es mit einem angedeuteten Lächeln versuchte.

„Gern“, antwortete die Mutter artig und bediente sich, denn Zucker war rar.

„Warum trägst du denn heute keine Schürze, meine liebe Anna?“, erkundigte sich bald darauf die Großmutter, indem sie ihre Enkelin im frisch gebügelten blauen Kleidchen von oben bis unten musterte, „zu meiner Zeit haben alle braven Mädchen immer eine Schürze getragen!“ Ihr Gesicht war blass, und sie sah elend aus. Ihre Hände hatte sie übereinander gefaltet auf den Schoss gelegt. Wie zwei abgefallene Blüten. Ferdinand war es schon vor langem aufgefallen, dass sie an allen Fingergelenken dicke Knoten hatte und dass ihre Hände stets zitterten. Sie nannte das Gicht und sie behauptete, dass sie deswegen nicht mehr Klavier spielen könne.

„Die Schürze? Du meinst die mit dem roten Kreuzstich? Die ist in der Wäsche …“, kam es von der Mutter, „sonst hätte sie die Schürze ja wie immer an, gellt, Anna?“

Anna fragte sich ziemlich erstaunt, warum um des Himmels Willen die Mutter nun log? Dass sie log, stand für Anna einwandfrei fest. Ob sie Angst vor der Großmutter hatte? Sie bemerkte sogar die Veränderung im Gesicht ihrer Mutter ganz deutlich. Die sagte nun nichts mehr, sondern setzte sich artig auf dem Sofa zurecht, sah die Wand an und versuchte es dabei mit leichter, unverfänglicher Plauderei, indem sie die Fortschritte der beiden Kinder hervorhob, und Anna dachte, dass die Mutter nur Quatsch erzählte, wenn sie behauptete, ihre süße kleine Anna könne so hübsch singen. Ob sich die Mutter diese Lüge bis jetzt aufgespart hatte? Anna saß angespannt mit vorgerecktem Kopf, sie wusste ja, was jetzt kam.

„Wirklich? Wie schön! Kannst du mir auch ein Lied vorsingen, Anna?“, schlug die nach Eau de Cologne duftende Großmutter vor und sah Anna abermals sehr aufmerksam aus ihren steingrauen Augen prüfend an. Anna senkte nun den Kopf, wurde purpurrot und verstummte. Diese Großmama war streng. Saß da wie eine gebieterische Statue. Sie konnte ein kleines Mädchen echt einschüchtern.

„Wo du doch eine so hübsche Singstimme hast! Und willst trotzdem nicht singen?!", tadelte die Großmutter, wobei sie nun aus dem Fenster in den Garten hinausschaute, „sing dem Großvater Sigmund und mir doch ein Lied vor!"

„Ich mag nicht", antwortete Anna leise. Dabei kamen ihr die Tränen.

„Was? Du magst nicht? Versuche es doch, ich bitte dich, mein liebes Kind!"

„Nein, Großmutter, ich mag nicht. Wirklich nicht. Nein, ich mag nicht."

„Vielleicht mag es aber dein kleiner Bruder? Der Ferdinand? Er ist doch sicher genauso musikalisch wie Großvater Sigmund, er ist so unglaublich talentiert. Ferdi! Bitte! Ein schönes alpenländisches steirisches Lied. Wo ich mich doch so freuen würde!"

Ferdinand sang. Mit ungeübter Kinderstimme sang er das Lied von den Holzknechtbuam. Da er mit viel Applaus gelobt wurde, versank Anna in die eifersüchtigste Schwermut und in verstocktes Schweigen. Der Großvater saß gerührt in einem Fauteuil mit hoher Rückenlehne, lächelte den Kindern durch seine dicke Brille zu und schlug endlich vor: „Ich zeichne euch ein Krokodil". Danach sah er Ingrid nachdenklich an: „Wie geht es euch eigentlich immer? Habt ihr denn genug Lebensmittelkarten?" Und er begann zu zeichnen.

„Es geht schon", antwortete Ingrid zögernd „wenn ich nicht meine Eltern und wenn die keinen Garten hätten, dann wüsste ich allerdings nicht… es sind ja die meisten Waren rationiert, Reichsbrot, Reichsfett, und so weiter…", und sie lachte schüchtern.

Der Großvater sog Luft durch seine feinen Nüstern ein, wiegte den Kopf hin und her und zwinkerte durch seine Brille. „Du darfst dich eigentlich nicht beklagen, nein, denn es geht ja doch gerecht zu. Du weißt doch, Ingrid, wer nach dem Wunsch des Führers die Sonderzulagen bekommt? Mütter, Schwerarbeiter, Kleinkinder und Jugendliche. Bis auf Zwangsarbeiter und Juden, weil …" und er verschluckte einen halb begonnenen Satz.

„Ich weiß. Es geht uns ja verhältnismäßig gut … ich habe ja nichts gesagt, ich meine nur …", sie dachte an Theodor Mohr, der ihr einen Antrag gemacht hatte und dass sie bald mit den Kindern nach Graz siedeln würde und das war ein Hoffnungsschimmer. Theo Mohr besaß eine wunderbare Altbauwohnung am Kaiser-Josef-Platz, der Oper gegenüber. Dort mit ihm zu leben, eine neue Familie zu gründen, eine Existenz aufzubauen … Ingrid träumte davon. Scherben hatte es in der Familie schon genug gegeben. Die Roths hatten natürlich längst davon erfahren. Doch hatten sie den neuen Verlobten der jungen Frau bisher mit keinem Wort erwähnt.

Sigmund Roth sagte nun zu Ingrid: „Verzeihung … aber an der Heimatfront kämpfen jetzt Millionen Frauen und Mädchen bei den Verkehrsbetrieben, bei der Post, in Munitionsfabriken oder als Wehrmachtshelferinnen, und wie ich weiß, bist du ja fleißig beim Deutschen Roten Kreuz dabei. Wir dürfen wahrlich kein Opfer scheuen. Wo doch unser Führer alles für uns nur Mögliche unternimmt!"

„Ich weiß", antwortete Ingrid abermals, „ich tu ja auch, was ich kann, ich bin auch bei der Altpapiersammlung. Es ist schon eine schreckliche Zeit!" Und wieder dachte sie an den Grazer Zahnarzt, der ihr sehr gefiel.

„Ja, aber auch eine große. Eine sehr große Zeit", stellte Großvater Sigmund fest, der, entrückt und enthusiasmiert, seine Augen weit aufgerissen auf irgendeinen weit in der Zukunft liegenden Punkt gerichtet zu haben schien. „Es ist wunderbar zu wissen, dass Anna und Ferdinand zu echten deutschen Kindern erzogen werden. Ferdinand hätte es sicher auch so gewollt. Ihr wisst ja um die wichtigsten Werte wie deutsche Ehre und Wahrheitsliebe und Treue und beste Rasse. Werte, die immer seltener werden. Und was man da gehört hat über subversive Kräfte, – es gibt jugendliche Gegner unseres Regimes“, sagte der alte Herr seherisch, „sie spionieren, nennen sich Intellektuelle. Verdorbene Jugendliche sind sie, die von der Erneuerung des deutschen Geistes nichts halten. Man wird sie fassen und verurteilen!“

„Das wäre entsetzlich“, gab die Mutter zu bedenken.

„Wir haben zu viele Ghettos“, sagte der Großvater seufzend. „Wohin du schaust, sitzt der Reichsfeind.“ Er griff nach der Teetasse, nahm einen Schluck und dachte angestrengt nach.

„Ja, allerdings!“, stimmte Ludmilla zu, „aber noch stehen wir nicht auf verlorenem Posten!“

Die alte Tante Hedwig lachte nun laut auf. Man hatte sie beinahe vergessen und in das interessante Geplauder gar nicht erst mit einbezogen.

„Ob wir den Krieg wirklich gewinnen können?“, fragte Ingrid darauf und seufzte vernehmlich, weil ihr dieses Gespräch zu missfallen begann, „man hört so unter der Hand ja Entsetzliches. Dass die SS Häuser und Kirchen in Brand steckt. Mit Menschen darin. Hab ich jedenfalls gehört.“

„Mein liebes Kind, mein liebes Kind!“, kam es von Großmama Ludmilla, die statuenhaft am Teetisch saß, jedoch den Kopf zu schütteln begann, „das ist verleumderische Feindpropaganda! Darauf solltest du nicht hören. Ferdinand hätte es auch nicht getan und auch nicht gewollt.“

„Klar“, murmelte Ingrid folgsam vor den Ehrfurcht gebietenden Autoritäten, die ja immer wussten, wo’s lang ging und was man zu denken, zu achten, zu sagen hatte, welche Opfer man dem Führer bringen sollte und so weiter, oder was man weder sagen noch denken durfte, doch wagte sie, von plötzlichem Zorn ergriffen, etwas wie eine Art von Widerspruch, indem sie sogar einen Satz mit aber begann: „Aber in El-Alamein …“

„Ach Ingrid! Mein liebes Kind. Bedenke … der arme Rommel!“, seufzte der alte Herr, „was hätte er angesichts der erdrückenden Materialüberlegenheit der Briten schon ausrichten können? Wir müssen Opfer bringen! Auch die schwersten. Diese Bombardements sind ja ganz entsetzlich. Dass unsere deutschen Städte brennen … mein Gott! Diese Barbaren!“ Alle schwiegen. Nur Tante Hedwig lachte, wohl weil ihr nichts Besseres einfiel. Aber was hätte man dazu auch schon sagen können, außer, dass es wirklich schrecklich und furchterregend war, dass auch der Bombenkrieg bedrohlich näher rückte?

„Großvater!“, sagte Anna plötzlich, „und was passiert, wenn wir den Krieg verlieren?“

„Kind. Wo denkst du denn hin! Solche Worte darfst du nicht einmal denken und schon gar nicht aussprechen! Denken ist gefährlich! Besser, du denkst gar nicht erst nach! Das macht dir nur Angst. Wo du doch noch so klein bist. Wer hat dir denn diese schreckliche Idee in den Kopf gesetzt?“ Sigmund Roth legte den Bleistift weg, obwohl das Krokodil erst halb vollendet war.

„Die Sonni“, sagte Anna, „sie sagt es immer. Dass wir den Krieg verlieren werden.“ Ferdinand stimmte dieser Aussage auch zu. Sigmund Roths Gesicht wurde nun wirklich sehr düster, ja es fiel geradezu in sich ein, lange, tief eingekerbte Falten zogen sich plötzlich vom Mundwinkel über die Wangen bis zu den Augen hinauf. Nach einer

Denkpause antwortete er: „Wenn wir den Krieg verlieren, dann werden wir alle sterben."

„Alle?"

„Alle."

„Auch die Großeltern in Mürzzuschlag?"

„Auch die."

„Und Ferdinand und ich und die Mutter?"

„Es wird keine Ausnahme geben."

„Wie werden wir sterben?", fragte Anna voller Angst und Entsetzen, denn sie dachte auch an alle die, die sie liebte, die Mutter, die Großeltern hier und dort, an Ferdinand dachte sie und auch an sich selbst. Es lag zu weit außerhalb ihrer kleinen Welt. Ob sie dann alle in den Himmel kämen wie der tote Vater? Über Anna zitterte diese Vorstellung von unermesslichem Grauen.

Der Großvater erklärte nun mit fester Stimme: „Wir werden uns alle selber töten!"

„Ich mich nicht", murrte Anna störrisch, „weil ich nicht will!"

Eine Schweigeminute ging hin, dazu tickte eine Standuhr die Zeit hinweg. Sie spürten es schmerzlich, dass sie diese Zeit Minute für Minute verloren, ja, dass keine einzige Minute jemals wiederkehren würde. Nach dieser Pause schlug der Großvater vor, hinauf ins Musikzimmer zu gehen. Dort setzte er sich an den riesigen, schwarzen Flügel, Ludmilla stellte sich an seine Rechte. „Das Heidenröslein!", sagte der Großvater, „und ihr singt alle mit!" Eine ergreifende Viertelstunde, in der sie zum Klavierspiel des Großvaters sangen.

Großmama Ludmillas Mundwinkel zitterten dann auf einmal, ihre Hände zitterten auch. Endlich brach ihre Stimme. Der Großvater nahm die Hände von den Tasten, die Augen der Mutter füllten sich mit heißen Tränen. Schweigen.

Erst, als sie das Klavierzimmer verließen, sprach es die Mutter endlich aus: „Im Juni werde ich übrigens den Theo heiraten. Und wenn der Krieg aus ist, gehen wir mit ihm nach Graz!"

15

Am 15. März 1938 proklamierte Hitler am Wiener Heldenplatz den Anschluss Österreichs an das Deutsche Reich. Die nationalsozialistische Mission der ‚Ostmark', nämlich Bollwerk zu sein, galt vor allem für die Steiermark. Zusammen mit Kärnten sollte sie die ‚Südmark' des Deutschen Reiches bilden. Graz sollte an seine innerösterreichische Tradition anknüpfen und politisches und Verwaltungszentrum für eine Reihe von Organisationen für Kärnten und die Steiermark sein: Südmark hieß die Organisation für beide Länder bei SS, SA, im Reichsarbeitsdienst, in der Landwirtschaft, in Handel, Gewerbe und Industrie. In Rüstung und Wehrwirtschaft, bei den Einziehungen zur Wehrmacht und in vielen NS-Verbänden bildeten beide Länder daher eine organisatorische Einheit. Mit der Grenzland-Identität der Südmark knüpften die Nationalsozialisten an bestehende Traditionen für beide Länder an. Längst war die Grenze Teil des Selbstverständnisses des Landes geworden: von der ursprünglich militärischen, über die politisch-nationale und wirtschaftliche im 19. und beginnenden 20. Jahrhundert bis zur rassisch motivierten ‚Grenzwächterfunktion'. Grenzer brauchte man nicht erst im März 1938 zu werden, ‚Grenzer' war man bereits. Mit der versuchten Entprovinzialisierung sollte das Land als ‚Grenzgau' des Dritten Reiches aufgewertet werden und an der südöstlichsten Ecke Großdeutschlands Aushängeschild der Leistungen und der Modernität des Reiches und der praktizierten Ideologie des NS-Regimes sein – möglichst auf allen Ebenen, … auch in der Verfolgung der Menschen aus politischen, rassischen, religiösen oder biologischen Gründen. Dazu sollten eine entsprechende Fläche – Anschluss des südlichen Burgenlandes 1938 und weitergehende Angliederung der Untersteiermark 1941, ein ‚starker' Grenz-Gauleiter mit einer starken NSDAP – nach Wien und Niederösterreich hatte die Steiermark die meisten NSDAP-Mitglieder – und die wirtschaftliche Stärkung des Landes Grundvoraussetzung sein.

Graz wurde als die ‚Stadt der Volkserhebung' und Hauptstadt des Grenzgaus in der Rangordnung der NS-Städte auf die höchste Ebene mit den großen deutschen Städten gestellt... die steirische Tracht, der graue Rock Erzherzog Johanns, wurde als Ersatz der Parteiuniform akzeptiert und war zum Grenzer-Signet geworden. (zitiert aus Stefan Karner, die Steiermark im 20. Jahrhundert, Styria, Seiten 230–231)

Anna war zu dieser Zeit in den frühen Vierzigerjahren noch sehr klein, als sie zwei Reisen, – ihre ersten – mit der Mutter machen durfte. Die erste führte sie in die Südsteiermark, nach Cilly, wo die Windischen wohnten, vor allem aber zu Tante Gerda, die dort manche Sommerzeit auf dem Besitz ihres Mannes Hartmut Szekesy verbrachte. Sie mochte Tante Gerda. Diese Tante konnte Geschichten so lebhaft erzählen, dass Anna und Ferdinand begeistert Stunden mit ihr im Garten, zum Beispiel im Lusthaus, verbrachten. Nicht nur besaß sie ein beachtenswert entwickeltes Vokabular, sondern dazu viel Wissen, mit einem ausgezeichneten Gedächtnis verbunden. Sagen, Märchen, als die Kinder noch klein waren, später sowohl die Ilias als auch die Odyssee, mit sämtlichen Namen, Verwicklungen und Machtkämpfen frei nach Homer konnte sie stundenlang ohne das geringste Detail auszulassen oder zu vergessen so lebhaft erzählen, dass man gerne das Mittagessen oder eine andere langweilige Verpflichtung vergaß. Ihr Mann, Onkel Hartmut, war als Musiklehrer in Graz tätig. Am liebsten aber hielt er sich, wenn es ihm seine pädagogischen Verpflichtungen gestatteten, in seinem Weingarten bei Cilly auf, jenem landwirtschaftlichen Besitz, wohin Anna mit ihrer Mutter in einem heißen Spätsommer auf Besuch fahren durfte.

Als sie den ‚Weingarten' erreichten, denn so wurde der Besitz genannt, betrat Anna eine neue, ganz andere Welt, in der sowohl die freie Natur als auch die Architektur, – in diesem Falle Höfe und Bauernhäuser, – anders als das Gewohnte aussahen, aber auch anders auf die Seele wirkten als jene Wälder, Gärten und Häuser, an deren Anblick sie durch ihr bisheriges Leben in der Obersteiermark gewöhnt war. Onkel Hartmut holte sie mit einem Pferdegespann ab, eine halbe Stunde dauerte die Fahrt durch die üppige Landschaft, bis das strohgedeckte Dach des Hofes am Horizont erschien und sie vom Wagen springen konnten. Anna sah sich um und staunte.

Man betrat das Gebäude, ein langgestrecktes, weißgetünchtes Bauernhaus, von Weingärten umgeben, durch eine dunkelgrün gestrichene, mit weißen Ornamenten verzierte Tür, an der ein Klopfer aus schimmerndem Messing angebracht war, und in den kühlen Stuben standen schwere, viereckige Tische auf geschrubbten Bretterböden mit bunten Webteppichen. In den tiefen Laibungen der vielen kleinen Fenster zogen Vasen mit purpurnen Astern oder süß duftendem Phlox die Blicke an. Kunstvoll geflochtene Weidenkörbe hingen an den gekalkten Wänden und da oder dort bunte, auf Hinterglas gemalte Heiligenbilder. Tante Gerda freute sich über den Besuch und so setzten sie sich alle an einen Tisch, wo sie ein Stück geselchten Landschinken, Weißbrot und ein Glas Apfelsaft zur Willkommensjause serviert bekamen.

Während Hartmut, Gerda und Ingrid die politische Lage besprachen, aber vor allem auch, was ihnen seit ihrer Trennung widerfahren war oder wie es überhaupt weitergehen solle, wo man doch jetzt über besondere Wunderwaffen verfüge, hatte Anna Zeit genug, sich durch ein Fenster einen vorläufigen Überblick der näheren Umgebung zu verschaffen, für die sie Sympathie empfand, auch Neugier, weil alles so anders als das Gewohnte wirkte. Jenseits des Hofs ahnte man eine Reihe kleinerer Häuser mit tief herabgezogenen Strohdächern. Sandige Wege verliefen durch eine üppige, von Weiden und Obstbäumen belebte, bukolische Landschaft als Wegweiser ins Unbekannte, und Anna verspürte große Lust zu Entdeckungsreisen. Neugierig sah sie den weißblonden Frauen zu, die vor ihren Katen an Brunnen Wasser pumpten, das plätschernd in große Kübel floss, in denen sie es heimtrugen. Anders als zu Hause hatten diese Frauen geblümte oder dunkelblaue Kopftücher auf, und die Männer mit ihren sonnverbrannten Gesichtern waren bärtig.

Ein Birnbaum ragte vor dem Haus hoch in den Himmel, seine reifen Früchte waren ins Gras gefallen und Wespen hatten sich darauf versammelt. Auch einen zottigen Wachhund hatte Onkel Hartmut, der an der Kette im Stroh vor einem Stall vor sich hin döste. Auf dem Dach einer Scheune wohnten zwei Störche in einem riesigen Nest, das einem Wagenrad ähnelte und inmitten der hügeligen Weinberge drehte sich ein Klapotetz in der Brise, um die Vögel von den reifenden Trauben fern zu halten. Die Gäste blieben eine Woche.

Die Mutter ging mit Anna am Rande prähistorischer Sumpfgebiete spazieren und sang ihr das Lied vom Birkhahn vor, oder sie durchstreiften gemeinsam Wälder, in denen der Kuckuck rief und Eichelhäher krächzend von einem hohen Baum zum nächsten flatterten. Es war ein schöner, großer Besitz, den Onkel Hartmut mehr als alles andere liebte, sicher mehr als seine Frau, und wer weiß, vielleicht auch mehr als seine beiden kleinen Töchter, die Cousinen Annas und Ferdinands, Waltraud und Isolde. Anna bewunderte diese fremde, neue, so andere Welt.

Tante Gerda, schlank, brünett, rührig, wie zumeist im steirischen Dirndl mit weißer Bluse, räumte Tische ab und trug mit ihren kräftigen Armen Flaschen in den Keller oder sie kochte Marmelade, nach der die Küche duftete. „Hartmut und ich“, sagte sie dabei zu ihrer Schwester Ingrid, die in der Küche auf und nieder ging, „wir zanken unaufhörlich miteinander.“ Ingrid nickte nur, denn das hatte sie ja längst bemerkt, und die Schwester, diese talentierte, intelligente Frau, die für sich und ihre Töchter und überhaupt für Ideale kämpfen konnte, tat ihr sehr leid.

„Auch die Eltern haben es bemerkt“, fuhr Gerda fort, „obwohl ich mir hoch und heilig geschworen habe, sie mit derlei nicht zu belasten. Er ist so cholerisch, wird gleich wütend, hat etwas Finsteres in sich, und manchmal … ja manchmal schlägt er mich auch.“ Gerda seufzte. „Ich mag ihn nicht mehr“, fügte sie gereizt hinzu, wobei sie gedankenverloren durch ein Küchenfenster nach draußen in den sonnigen Garten blickte, „und ich fürchte, dass es ihm, dem Hartmut, nicht anders geht. Irgendwann werden wir uns vielleicht doch trennen. Was uns noch zusammenhält, ist die Musik. Ja, und der Glaube an die neue Zeit, an den Führer, an unseren Endsieg. Danach wird es uns allen vielleicht besser gehen. Ich stecke voller innerer Regeln, voller Angst auch, und manchmal bin ich so verzweifelt, dass ich nicht mehr weiter weiß."

In der nun herrschenden Stille hatte man das Gefühl, auch im Inneren des Lebens sei Stille eingekehrt. Anna, am Küchentisch, hörte angespannt zu. Im oberen Stockwerk öffnete jemand die Fenster. Der Kettenhund bellte, irgendwo rasselte ein Wagen vorbei.

Ingrid, verständnisvoll nickend, fragte aber so: „Warum hast du ihn überhaupt geheiratet? Wo du doch gleich hättest einsehen müssen, dass Hartmut nicht zu dir passt … denn er passt ja wirklich nicht zu dir … oder du nicht zu ihm, wie man's nimmt."

„Das kann ich dir gern beantworten, Ingrid. Du hattest deinen Ferdinand, diese Lichtgestalt … und ich? Ich wollte auch. Ich meine – heiraten. Ich weiß, es war ein Fehler. Ich verstehe mich ja selber nicht …"

„Das heißt, du hast ihn eigentlich nicht geliebt? Nie?"

„Ich fürchte. Vielleicht nicht stark genug. Ich weiß nicht recht …"

„Das ist ja schrecklich!", stieß Ingrid ungläubig aus.

Gerda hob die Hand, um ihre Schwester zum Schweigen zu bringen und brachte es noch fertig, ihr zuzulächeln, als Onkel Hartmut plötzlich durch die Tür trat, in einer Lederhose, das schwarze Haar zerzaust, das Gesicht von der Sonne und der Arbeit gebeizt, und einen großen Weidenkorb auf den Tisch stellte, gefüllt mit grünen und violetten Trauben. Gott sei Dank schien er kein Wort des

Gespräches zwischen den Schwestern gehört zu haben, er wirkte friedlich, ja vielleicht sogar von Glück erfüllt.

„Wir haben keine Leibeigenen“, begann er, setzte sich neben Anna und strich sich das Haar aus der Stirn. „Diese verdammten Windischen! Mit denen ist kein Staat zu machen. Unehrliche Leute, die haben das im Blut. Aber ohne sie wären wir hier ja verloren, ich bin auf sie angewiesen. Also bitte, esst von den Trauben, sie sind ganz köstlich, gerade frisch gelesen. Und wollt ihr dazu einen Schluck kellerkühlen Most?“ Er war ein stämmiger Mann von ungefähr fünfunddreißig Jahren mit einem harten Zug um den Mund und manchmal von hochmütigem Auftreten. Er verfügt über einen interessanten Körper, dachte Ingrid, einen kräftigen Körper, der einer Frau bestimmt die verschiedensten Gefühle entlocken kann. Ob sich Gerda dessen bewusst ist?

Sie saßen also beisammen um den Tisch und tranken, aßen von den süßen Trauben, brachen einen Laib Weißbrot und sahen dabei aneinander vorbei. Durch die viereckigen Fenster fiel Sonnenlicht, es duftete nach überreifem Obst, Fliegen summten um die Lampe. Anna gefiel dieses Haus, sie wäre gern länger geblieben. Und auch der Onkel gefiel ihr. Onkel Hartmut hatte sich verwandelt. Er saß da und trank und glühte dabei und es schien, als ginge von ihm ein neues Lebensgefühl aus, das mit seiner Arbeit zu tun haben musste. Anna empfand das so, sie hätte es nicht beschreiben können, aber sie mochte den Onkel in dieser Umgebung, wo er so strahlte und dabei seinen Most trank. Als sie heimfuhren, war Anna traurig. Sie dachte an den golden glänzenden Messingklopfer an der Haustür, an die Störche auf dem Dach, an die Schwalben, die in den Ställen Nester bauten und laut zwitschernd durch den Himmel flitzten, und an die feuchten, von Licht und Schatten gefleckten Urwälder, die sie an der Hand der Mutter durchstreift hatte.

Bald darauf durfte sie ihre nächste Reise antreten, die sie – wieder mit der Mutter – diesmal nach Graz führte, zu Doktor Theodor Mohr.

Noch wohnte er ja allein im zweiten Stock eines grauen Stadthauses in der Glacisstraße nahe am Kaiser Joseph Platz. Anna konnte nicht ahnen, dass sie in nur wenigen Jahren in eben dieser Wohnung einen wichtigen Teil ihrer Jugend verbringen würde. Wie hätte sie sich auch etwas Konkretes darunter vorstellen können, selbst wenn die geliebte Mutter Andeutungen fallen ließ, sie werde den Onkel Theo wahrscheinlich bald einmal heiraten und dann zu ihm in dessen Grazer Wohnung ziehen. Vielleicht wollte sie erklären, dass sie ihn liebte? Und den toten Vater in dessen Grab vergessen hatte? Mit der Tram fuhr Anna das erste Mal, sie stiegen am Opernhaus aus, überquerten eine breite Straße, die an einen grünenden Park grenzte, den die Mutter als den Grazer Stadtpark bezeichnete, und erreichten besagtes Stadthaus, wo sie durch ein kühles Stiegenhaus zur Wohnung der Tante Lena-Lotta hinaufstiegen, der geschiedenen Frau Onkel Heinrichs, bei der Anna und Ferdinands Verwandtschaft wohnte, nämlich Manfred und Evelyne.

Die Verwandtschaftsverhältnisse, die in jenem Stadthaus herrschten, waren für Außenstehende vielleicht verwirrend, kurz sei erklärt, dass sie alle, vom ersten bis zum dritten Stock, aus derselben Familie stammten, den Mohrs, Besitzern eben jenes Hauses, deren Etagen sie freundschaftlich untereinander aufgeteilt hatten. So bewohnte die Exfrau Onkel Heinrichs, Tante Lena-Lotta, den dritten Stock zusammen mit ihren aus der ersten Ehe mit Heinrich Lenau stammenden Kindern Manfred und Evelyne. Im zweiten wohnte Onkel Theodor, Ingrids Zukünftiger, und im ersten residierte Onkel Theos Zwillingsbruder Herbert als eingefleischter Junggeselle ganz allein.

Anna durfte also bei ihrem Cousin Manfred wohnen. Der Cousin mit seinen schwarzen Augen und der goldbraunen Haut empfing sie in seinem schönsten Steirergewand, und es fiel niemandem schwer, in ihm etwas wie einen Prinzen vom blauesten Blut zu vermuten. Eine Knickerbocker aus dunklem Rauleder, schwarze Schuhe mit Silberschnallen, dazu die lederne Joppe und ein blütenweißes Hemd. Anna verliebte sich in Manfred. Und Manfred sich in Anna. Für beide stand es fest, dass sie später einmal, vielleicht sogar bald, heiraten und Kinder bekommen würden. Sie machten auch interessante Sachen, bewunderten einander, wenn sie nackt in der Wanne planschten, mit entzücktem Gemurmel, und Manfred konnte Anna sogar erklären, woher eine Mutter die Milch für ihr Baby nehme. Er zeigte es ihr. Dass es bei Anna noch nicht so weit sei, konnte er auch erklären. Man müsse sie dort oben, wo ihr, Gott gebe es, einst zwei pralle Brüstchen wachsen würden, mit einer spitzen Nadel durchstechen. Ob sie das wünsche, erkundigte er sich sehr liebenswürdig, wenn ja, so wolle er ihr den Gefallen gern erweisen. Doch lehnte Anna ab, – sie meinte, dafür sei es vielleicht noch zu früh.

Abends erlebte Anna ihr erstes Symphoniekonzert in Graz, zu dem die Großmutter Ludmilla geladen hatte. Als Anna in ihrem blauen Seidenkleid mit der Großmutter und der Mutter erstaunt den Konzertsaal betrat, meinte sie sich sofort im Paradies. Marmor, wohin man auch sah. Im Goldlicht des Saales glänzten beleuchtete Statuen, Spiegel blitzten, und auf den breiten Treppen lagen Teppiche in schimmerndem Purpurrot. Auf und nieder wogte eine parfümierte, glückselige Menschenmenge, – auch die Großmutter trug etwas Elegantes, nur die Mutter hatte ihre schwarzen Gewänder noch immer nicht ablegen können. Als es bald darauf lange klingelte, suchten sie ihre Plätze vorne rechts im Parkett. Keinen Moment ließ Anna dann die Musiker mit ihren blitzenden Instrumenten aus den Augen, als sie sich auf dem Podium versammelten, sich setzten und begannen, ihre Instrumente zu stimmen.

„Sie spielen den Feuervogel von Strawinsky“, erklärte die Großmutter mit leiser, irgendwie entrückter Stimme, „das ist ein sehr moderner Russe, ich mag ihn ja eigentlich nicht, aber dann, meine liebe Anna, nach der Pause wirst du ein Wunder erleben. Die kleine Nachtmusik von Mozart. Ich weiß, du hast von ihm noch nie gehört, aber ich bin sicher, du wirst ihn wie ich über alles lieben!“ Und so geschah es dann auch. Mit einem unheimlichen Grad von Anspannung verfolgte sie das musikalische Geschehen und wurde dabei von solcher

Freude erfasst, von solchem Staunen über all diese Schönheit, die sie mit der Mutter und der Großmutter teilte, dass diese Gefühle lange anhalten und niemals in Vergessenheit geraten sollten.

16

Immer wieder und zunehmend häufiger überflogen britische und amerikanische Bomberverbände jetzt die obersteirische Industriestadt Mürzzuschlag, doch ein echter Angriff war bisher noch nie erfolgt. Die Sprengbomben fielen auf Ludersdorf, Bieralpl Scheibe, Spital am Semmering, Mariazell, Langenwang und andere Orte in der Umgebung. Gelegentlich wurde ein Bomber von einem der deutschen Abfangjäger in Brand geschossen, man sah das riesenhafte Flugzeug mit einer schwarzen Rauchfahne langsam aus den Wolken sinken, manchmal schwebten daneben Fallschirme nieder und schließlich stürzte die Maschine irgendwo in den fernen Bergen und Wäldern ab und war verschwunden. Beim Wandern konnte man mit ein bisschen Glück Wrackteile finden, doch im allgemeinen hielten sich die Kinder von solchen tückischen Objekten aus zerfetztem Metall fern, denn es hieß, die seien gefährlich! Von einem Burschen hörte man, der eine Tube gefunden hatte, die offensichtlich von einem amerikanischen Flugzeug stammte, denn sie enthielt Schokolade, die der Kerl gierig und auf einen Sitz aufaß. Danach, so wurde erzählt, habe er die Freisen bekommen, habe nicht mehr schlafen können und habe sich so verrückt verhalten, dass er in ein Krankenhaus eingeliefert werden musste. Ob er überlebt hat oder gestorben ist, haben die Kinder nie erfahren. Das Gerücht ging um, die Amerikaner wollten mit solchen Mitteln Kinder vergiften, und erst viel später erfuhr man, dass diese Schokolade ein Mittel enthielt, welches den Bomberpiloten auf seinen langen Flugeinsätzen wach halten sollte.

Am 15. Jänner 1945 erfolgte der erste wirkliche Bombenangriff auf Mürzzuschlag. An diesem Tag warfen drei auf dem Rückflug aus Wien befindliche Bomber gegen 13.00 Uhr sechs mittelschwere Bomben auf eine Stadtrandsiedlung; ein Einfamilienhaus wurde zerstört, acht Personen obdachlos. Später wurden die Stahlwerke Schoeller und Bleckmann bei Hönigsberg das Ziel schwerer Bombardements. Die Bevölkerung hatte sich an den Bombenalarm schon gewöhnt, denn feindliche Verbände unterschiedlicher Stärke überflogen das Gebiet oft mehrmals in der Woche und man konnte nie wissen, mit welcher Destination. Man suchte pflichtbewusst Schutz und wartete nur auf die Entwarnung, ein kurzes, einmaliges Aufheulen der Sirene. Es gab überall Bunker, Luftschutzkeller und Stollen, wo die Menschen Zuflucht finden konnten. Dass es für die Stadt selber kritisch wurde, erkannte man daran, dass aus vorauseilenden Flugzeugen sogenannte Stanniolstreifen abgeworfen wurden, dünne Streifchen aus Silberpapier, die wie Schneegestöber langsam aus dem Himmel herabtrudelten. Der Großvater erklärte, dass dieses Manöver die deutsche Luftabwehr verwirren sollte; diese verfügte nämlich über ein Ortungssystem, das man auf diese Weise bis zur vollkommenen Wirkungslosigkeit stören konnte.

Die Erwachsenen wussten viel über die amerikanischen Bomber zu berichten. „Es sind fliegende Festungen", erklärten sie den Kindern, „die mit ihren vier Motoren, – zwei an jeder Tragfläche, – eine noch nie dagewesene Reichweite haben. Jede Festung, die bis zu fünf Tonnen an Bombenlast zu transportieren vermag, ist mit acht Gewehrkanzeln ausgestattet, in denen dreizehn schwere Maschinengewehre untergebracht sind, sodass man vom Flugzeug aus in jede Richtung schießen und somit angreifende Jagdflugzeuge gut abwehren kann. Jeder Bomber verfügt über zehn Mann Besatzung, Pilot und Kopilot, Maschinengewehrschützen und die Bombenspezialisten mit ihren Zielgeräten. Man sagte, sie hätten es nur auf Ziele von militärischer Bedeutung abgesehen, – also auf Fabriken, Flugplätze, Bahnhöfe, Straßen- und würden die Zivilbevölkerung schonen, so gut das in so einem totalen Vernichtungskrieg eben nur möglich ist." Die deutsche Luftwaffe hatte dieser gigantischen Übermacht nichts entgegenzusetzen.

Am 15. März also, gegen 12.30 Uhr warfen 25 von Süden anfliegende viermotorige Bomber ungefähr 50 mittelschwere Bomben auf das Stadtgebiet Mürzzuschlag und die unmittelbare Umgebung.

Nach dem obligaten Bombenalarm hatte sich die Familie Lenau wie üblich im Luftschutzkeller versammelt. Der Großvater erzählte Geschichten, Onkel Heinrich meinte, es wäre von der deutschen Luftwaffe nicht mehr viel zu erwarten und das Dritte Reich liege sowieso in den letzten Zügen. Großvater murmelte, das seien subversive Bemerkungen und Onkel Heinrich könne froh sein, dass der Führer diese Worte nicht zu hören bekam. Man würde einen Defätisten wie ihn sofort vors Kriegsgericht stellen.

„Aber es ist die Wahrheit und wenn wir jetzt kapitulieren würden, wer weiß, wie viele Opfer weniger es dann gäbe“, entgegnete Onkel Heinrich.

„Ich dulde solche Reden in meinem Hause nicht!“, befahl der Großvater, dessen Stimme ausnahmsweise wirklich streng klang.

„So lass ihn doch, Vater“, mischte sich die Großmutter ein, „du weißt doch, dass er Recht hat, der Heinrich.“ Daraufhin schwieg der alte Herr.

Ferdinand schnupperte an der bereits steinhart getrockneten, geselchten Rindszunge, die an einen Holzsparren geknüpft im Luftschutzkeller hing und einen betörenden Geruch verbreitete. „Wann werden wir sie essen?“, fragte er mit wässrigem Mund, denn Fleisch stand nur sehr selten auf dem Speiseplan.

„Wenn der Krieg vorbei ist“, erhielt er – so wie unzählige Male vorher – zur Antwort.

Der Großvater sagte dann manchmal: „Čekai malo“, das war Kroatisch und bedeutete: Warte ein Bisschen. Großvater konnte nur diese zwei Wörter Kroatisch, Großmutter Sophie hingegen wusste da weit mehr, denn sie hatte viele Jahre als Kind in Sarajevo gelebt, wo die Leute Kroatisch sprachen, bis auf die Bosniaken. Großvater sagte auch manchmal, wenn Ferdinand ungeduldig war: „Langsam, langsam fang den Affen!“, wobei er erklärte, es handle sich um ein Sprichwort von der fernen Insel Java.

„Gibt es im Frieden öfter geselchte Zunge?“, wollte Ferdinand wissen.

„Im Frieden“, die Mutter lachte auf, „jeden Tag“. Sie wusste, dass ihre zwei Kinder Frieden nur vom Wort her kannten und dass sie in ihrer Fantasie etwas Wunderschönes, Verlockendes damit verbanden. Als Datum des Kriegsbeginns wurde mit überwiegender Übereinstimmung der 1. September 1939, der Tag des Überfalls auf Polen, genannt. Ferdinand war erst nach Kriegsausbruch geboren worden, Anna kurz vor diesem Datum.

„Heute wird es vielleicht ernst“, hörte Ferdinand den Onkel murmeln, der angestrengt dem stetig zunehmenden, grollenden Motorenlärm lauschte, der die Erde zum Zittern brachte, „hört ihr es? Die Flugzeuge kommen jetzt direkt über das Stadtgebiet. Aber vielleicht fliegen sie nach Hönigsberg weiter.“

Tatsächlich wurde das Brummen immer lauter und ging allmählich in ein bedrohliches Dröhnen und Orgeln über, das bald jedes Gespräch zum Schweigen brachte. Anna kuschelte sich an die Mutter. Sie erinnerte sich, gehört zu haben, dass die Lenau’sche Villa einen Bombentreffer niemals überstehen würde und dass dann alle sterben müssten, denn der Keller war nicht bombensicher wie die festgemauerten Ziegel- oder Steingewölbe der großen Stadthäuser. Ja nicht einmal einem Treffer in den Garten würde dieses Haus standhalten, der Luftdruck allein brächte es zum Einsturz, die Trümmer würden die Kellerdecke durchschlagen und alles unter sich begraben. Da könne nicht einmal der bunkerartige Vorbau vor dem Kellerfenster Schutz bieten, hatte der Onkel schon vor Wochen gesagt.

Jetzt schwieg er allerdings und lauschte angespannt dem Motorengrollen, das bedrohlich angeschwollen war. Anna zitterte vor Angst. Ihr war eiskalt. Sie konnte kaum mehr atmen. „Der Luftdruck kann einem die Ohren zerreißen", sagte die Großmutter. „Deswegen ist es gut, wenn ihr den Mund weit aufsperrt, wenn es in der Nähe kracht. Das schützt die Trommelfelle."

„Die Engländer werfen Brandbomben", sagte der Großvater mit einem Blick zum Feuerlöscher. Überall gab es Feuerlöscher und bei den Brandbombenübungen hatte jeder Erwachsene mitmachen müssen. Das war Bürgerpflicht. Auch Gasmasken aus schwarzem Gummi mit großen Brillengläsern und einem runden Metallfilter vor dem Mund hatten die Behörden an die Zivilbevölkerung austeilen lassen. Man munkelte nämlich, es könne sogar einen Gaskrieg geben, als Vergeltungsakt der Alliierten sozusagen, weil die deutsche Wehrmacht große Mengen an Giftgasgranaten hortete, Gelbkreuz, Blaukreuz … „Das ist zwar alles gegen die Genfer Konvention", fügte der Großvater leise, mit bebender Stimme hinzu.

„Heute sind es ganz sicher die Amis!", meinte der Onkel jetzt. „Und die werfen normale Sprengbomben. Meistens mit zweihundertfünfzig Kilo TNT. Sie haben die Zünder angeblich so eingestellt, dass sie beim ersten Kontakt die Bombe zur Detonation bringen. Auf diese Weise wollen sie zwar das Objekt vernichten aber die Menschen in den Kellern schonen. Leider funktionieren diese Zünder nicht immer. Wenn die Bombe das Haus durchschlägt und erst unten im Keller detoniert – frage nicht!"

„Ganz Graz soll mit Blindgängern übersät sein", sagte der Großvater, der sich von seinem Sitz erhoben hatte. Bei dieser Vorstellung begann sein Herz wie wild zu springen. Er hätte gern Ausschau gehalten nach ihnen, den Bombern, die sich wie ein Schwarm von Todesvögeln näherten. Doch er stand hilflos im finsteren Keller, hochgewachsen, schwer atmend, mit den eiskalten Händen das Gesicht bedeckend. Vielleicht, dachte er, werden wir in ein paar Minuten alle sterben!

Denn schon erfolgten die ersten heftigen Detonationen, Explosionen und Erschütterungen. Sie drangen bis in die Villa und ließen den Boden erzittern. Man hörte Bersten von Fensterglas, es bebte, aber vom Luftdruck war nichts zu bemerken. Jemand stöhnte. Die Anspannung wurde zu physischer Qual.

„Wann kommt denn der Luftdruck?“, wollte Ferdinand wissen. Niemand antwortete. Reden ging jetzt nicht. Stumm mit im Schoß gefalteten Händen saßen sie da, im trüben Licht der einzigen Glühbirne, die hin und her schwingend den Luftschutzraum in trostloses Licht tauchte, und sie warteten stumm darauf, dass es bald vorbei wäre. Denn es würde gleich geschehen. Das Dach, alles würde einbrechen. Erschlagen, verbrannt, erstickt wäre man, tot, verschüttet. Immer deutlicher wurde das bedrohliche Geräusch der Detonationen und manchmal glaubte man, danach noch etwas anderes zu hören, nämlich das Ächzen zusammenfallender Dachstühle, das Poltern und trockene Knirschen von zersprengtem Mauerwerk, von herabstürzenden Balkonen, das glockenähnliche Schellen von Stahlträgern, aus ihren Verankerungen gerissen, das Geprassel der Erd- und Gesteinsbrocken, die durch die Gewalt der Explosionen in die Höhe geschleudert worden und sich rings um die Bombentrichter als Kraterwälle auftürmten.

„Das war jetzt aber ziemlich nahe!“, hörte Anna den Onkel flüstern. Sie hatte den Mund wegen der Ohren weit aufgerissen, und diesmal spürten sie alle den Luftdruck. Irgendwo im Haus polterte etwas zu Boden, weitere Fenster barsten und das helle Geräusch der zersplitternden Scheiben drang bis in den Keller hinab. Sie hatte gehört, dass der Luftdruck einer Bombe Kinder gegen die Wand schmettern kann. Sie fürchtete sich und war vor Schreck und Angst starr und unfähig, ein Wort zu sagen. Würde sie der Luftdruck jetzt packen?

„Das wird beim Hauptmannhügel gewesen sein“, murmelte der Großvater mit unsicherer Stimme. Der Hauptmannhügel lag nur drei Gehminuten vom Haus entfernt. „Dann sind sie aber auch bald über die Stadt hinweg", erklärte der Onkel mit zittriger Stimme erleichtert. Doch es krachte noch einige Male, da und dort, näher, entfernter, bald immer weiter weg in Richtung Graz, bis sich das Motorengegrolle endlich in der Ferne verlor und auf einmal Totenstille eintrat. Kein Flugzeug war mehr zu hören. Als hätte der Erdboden sie verschluckt. Jedoch fühlte sich die plötzlich eingetretene Stille noch schrecklicher an als die Explosionen der Sprengbomben und das bösartige Orgeln der viermotorigen fliegenden Festungen.

„Ich glaube, es ist jetzt wieder vorbei!", stellte die Großmutter aufseufzend fest und erhob sich langsam, so langsam wie in Zeitlupe. Aber sie verließ den Keller nicht, sie blieb vielmehr stehen und schaute die nach wie vor wie gelähmt Dasitzenden der Reihe nach stumm an. Niemand brauchte zu wissen, wie stark ihre Knie zitterten und wie bleich ihr Gesicht im Tageslicht ausgesehen hätte. In diese Stille hinein hörte man Tante Gerda flüstern: „Wie schrecklich das erst in den großen Städten sein muss, in Graz, Wien, Berlin..." Nach wenigen Minuten hub ein anderer, neuartiger Lärm an: Sirenen, vermischt mit dem Tatü der Feuerwehr.

„Die Stadt brennt!", rief die Großmutter entsetzt. Trotzdem! Die Gefahr war vorerst vorüber. Man beutelte Staub von den Gewändern, gesprochen wurde nicht viel. Nur Ferdinand schrie: „Wir gehen schauen", wobei er seine Schwester am Arm packte und aus dem Luftschutzkeller zerrte. Er war neugierig und wollte unbedingt die zerstörte Stadt sehen. Niemand verbot es den Kindern. Zu tief saß den Erwachsenen der Schock im Leib. Man war gerade noch einmal davongekommen, und zwar knapp. Jetzt wollte man zuerst einmal den Schaden am eigenen Haus begutachten und dann nachsehen, wen es getroffen hatte. Kurz standen sie noch schweigend nebeneinander mit Blick in den trüb erleuchteten Keller.

Es gab 30 leichte, vier mittelschwere, einen schweren und einen totalen Objektschaden. Das unweit der Lenau'schen Villa gelegene, langgestreckte Gebäude der Bezirkshauptmannschaft hatte einen

Volltreffer abbekommen und lag in Trümmern. Als die Kinder zur Ruine gelangten, sahen sie Flammen aus den Gebäuderesten schlagen, dicke Staubwolken schwärzten die Luft, sie hörten Schreie, Wehklagen, Stöhnen vermischt mit den Kommandos der uniformierten Luftschutztruppe, die sich schon in den Trümmerberg begeben hatte, um nach Verletzten zu suchen. Auch die Feuerwehr war angerückt und pumpte dicke Wasserstrahlen in die noch glosenden Brandherde. Bald wurden die sich ansammelnden Gaffer von Ordnungshütern vertrieben und das zerstörte Gelände abgeriegelt.

Erst am nächsten Tag erfuhr man, dass zwölf Angestellte des Landrates in den Büroräumen im 1. und 2. Stock geblieben und unter den Trümmern des kollabierenden Gebäudes begraben worden waren. Die im Luftschutzraum im Keller befindlichen Personen – etwa 30 – wurden zwar verschüttet, konnten sich aber durch den Mauerdurchbruch ins Freie retten. Insgesamt wurden 19 Tote beklagt, deren Namen am nächsten Tag in der Zeitung zu lesen waren: Vinzenz Skasa, Raimund Hinterleitner, Karl Schwar, Emil Pölzl, Bruno Teschner, Josefa Rinnhofer, Emma Wohlschlager, Maria Riegler, Maria Wolf, Rosina Bartl, Marianne Michels, Maria Wollmann, Herta Parteder, Anna Hinterleitner, Susanne Steiner, Walpurga Risser, Emma Igl, sowie die Kinder Adolf Kremsl und Johann Bartl. Vier weitere Personen wurden leicht und vier schwer verletzt. Zehn Mürzzuschlager wurden obdachlos.

Die Villa war praktisch unbeschädigt geblieben, wenn man von zwei zerborstenen Fensterscheiben absah. Nicht einmal der Garten hatte einen Treffer abbekommen. Der nächstgelegene Bombentrichter lag am Fuß des Hauptmannhügels. Ferdinand kletterte über das Erdreich und die Gesteinsbrocken in den Krater hinab, doch es kamen Erwachsene vorbei, die schimpften laut und riefen: „Gehst aussi, Bua! Da drinnen san die Bombensplitter! Pass nur auf, sonst gehst a no drauf!“

17

Tiefes Entsetzen hatte die Grauennachricht vom Feuersturm im Februar 1945 auf die wehrlose Rotkreuzstadt Dresden hervorgerufen, dem Symbol für das Inferno des Bombenkriegs. Hunderttausende von Flüchtlingen hatten in dieser Stadt Schutz gesucht, sowie Kriegsgefangene in einigen Lagern am Stadtrand und Verwundete in den Lazaretten. Die Dresdener gaben sich deshalb der trügerischen Hoffnung hin, die Alliierten könnten sie wegen ihrer Kulturdenkmäler und auch wegen ihrer gefangenen Landsleute und ihres besonderen, deklarierten Status verschonen. Doch in mehreren Wellen griffen britische und amerikanische Bomberverbände an und warfen 3749 Tonnen Bomben ab, vor allem phosphorhaltige Brandbomben, die mit Wasser nicht zu löschen waren, die 13 Quadratkilometer Fläche, darunter die historische Altstadt mit architektonischen Kostbarkeiten wie Zwinger, Schloss und Hofkirche total zerstörten. Der Asphalt auf den Straßen soll gekocht haben, Flüchtende blieben darin kleben und verkohlten hilflos, Marmor verwandelte sich in der Hitze zu Staub, nur eine Wand mit bemalten Keramikfliesen hielt dem Feuer stand. Militärische Ziele von Bedeutung gab es in dieser Stadt nicht, auch war sie unverteidigt, alle Flakgeschütze an die Ostfront abgegeben worden. Die US Luftwaffe erklärte, ihr Tagesangriff habe den Verschiebebahnhöfen gegolten, doch bei tiefhängender Wolkenschicht bombardierten ihre Viermotorigen im Grunde fast völlig blind und vollendeten das Zerstörungswerk der britischen Teppichwürfe. Dresden brannte drei Tage lang, die Aufräumungsarbeiten und Bergung der Leichen zogen sich wochenlang hin. Die Toten wurden auf riesigen Rosten vollends eingeäschert oder in Massengräbern beigesetzt. Die Schreckensnachricht aus Dresden löste nicht nur im Reich einen Schock aus. Korrespondenten aus neutralen Ländern berichteten erschüttert über das Inferno, das alle bisherigen Schrecken des Luftkrieges übertraf. Goebbels schlachtete die Tragödie der Stadt als Beweis für die blindwütige Rachsucht und den Vernichtungswillen der Alliierten für seine eigene Durchhaltepropaganda aus.

In Flossenburg wurden Widerstandskämpfer hingerichtet, die Urteile bereits längst vorgefertigt. Im April war die Ostfront zusammengebrochen, die Hiobsbotschaften rissen nicht mehr ab, und bald war nicht mehr zu unterscheiden gewesen, ob Bombenangriffe der Westmächte oder Abschüsse der sowjetischen Artillerie Berlin erschütterten. Dazu kam die Meldung, Mussolini sei von Partisanen erschossen und sein Leichnam zu Schau gestellt worden. Erschüttert hatte man auch zur Kenntnis genommen, dass von dem einstigen Häusermeer Berlins nach 363 alliierten Luftangriffen kaum noch etwas übrig war. Aber auch die Städte Wien und Graz wurden wie so viele andere Großstädte beinahe total zerstört.

In der Gedächtniskirche in Berlin hängt eine alte, schwarz-weiße Luftaufnahme, die die vollkommen zerstörte Stadt von damals als Ruinenlandschaft zeigt. Ein der Sprache nach texanisches Ehepaar – er wohl Veteran aus dem Zweiten Weltkrieg – sah sich die ausgestellten Gegenstände in der heute als Denkmal deklarierten, ehemaligen Kirche an. Ferdinand stand – viele Jahre nach dem Krieg, doch noch vor dem Fall der Mauer – zufälligerweise hinter dem Paar. Gerade hatten sie noch die Gegenstände kommentiert, a, that's the old bell und so weiter – doch nun waren sie vor dieses Bild getreten – und schwiegen und als Ferdinand an ihnen vorüberging, sah er, wie beiden, der alten Frau und dem Veteranen, der vielleicht ein Bomberpilot gewesen war, Tränen über die Wangen rannen.

Hitler ließ eine Verkehrswüste schaffen, Nero-Befehl genannt. Nach dem Zusammenbruch der Rheinfront wusste man ja, dass sich die Alliierten weder im Osten noch im Westen aufhalten ließen. Nichts mehr konnte daher Hitlers totalen Vernichtungswillen bremsen. Also zog er die, seinem Dafürhalten nach, notwendigen Konsequenzen aus der aussichtslosen Lage. Er ordnete an, alle militärischen, Verkehrs-, Nachrichten-, Industrie- und Versorgungsanlagen innerhalb des Reichsgebietes, die sich der Feind zur Fortsetzung seines Kampfes zunutze machen könne, gnadenlos zu zerstören. Ziel, so ließ er verlautbaren, sei die Schaffung einer Verkehrswüste im preisgegebenen Gebiet. Wenn der Krieg verloren gehe, so sein Rüstungsminister Speer, so sei natürlich auch das Volk verloren. Hatte es nicht Großvater Sigmund so oder so ähnlich angedeutet?

Die schlimmste Katastrophe überhaupt aber war die totale Kapitulation, vor allem die Tatsache, der Führer habe angeblich Selbstmord begangen. Selbst unter dem meterdicken Beton des Bunkers, so erfuhr man es nach und nach, habe sich Weltuntergangsstimmung verbreitet. Eine bizarre Geschichte gab dem ganzen Untergang noch eine spezielle Note. Weil der Führer Eva Braun geheiratet hatte, seine 33-jährige Geliebte, die als echte deutsche Frau mit ihm in den Tod gegangen sei, wie gemunkelt wurde. Sie habe vor ihrem Selbstmord ein Dokument unterschrieben, in dem sie unter Eid versicherte, dass sie rein arischer Abstammung sei. Nachher habe der Führer seine geliebte Schäferhündin Blondi vergiften lassen. Kurz danach habe er seine Frau und dann sich erschossen. Die Leichen wurden vor dem Bunker mit Benzin übergossen und also zu Asche verbrannt.

Langsam drang es auch durch, dass es im Frühjahr 1945 Todesmärsche der KZ-Häftlinge gegeben habe. Die Märchen von den KZs, so beteuerte später Tante Gerda, seien nichts als die allerböswilligste Propaganda. Weder habe es Konzentrationslager solcher Art gegeben, schon gar nicht Verbrennungsöfen, denn niemals hätte der Führer solchen Gräueln zugestimmt, und all diese Horrorgeschichten, insbesondere die horrenden Zahlen der Ermordeten, seien von den Amerikanern und vor allem von den emigrierten Juden erfunden worden.

Kurz vor Kriegsende, zu Ostern 1945, hieß es, die Russen hätten Wien eingenommen und stünden schon am Semmering. Nur noch wenige Tage und sie würden in Mürzzuschlag einmarschieren.

„Die Russen", erläuterte die Großmutter mit ernster Miene, „die sind besonders schlimm! Viel schlimmer als die Amerikaner oder die Engländer."

„Warum denn?", wollte Anna wissen.

„Wenn sie eine schwangere Frau sehen", – dabei blickte die auf ihre Tochter Ingrid –„wetten sie, ob es ein Bub oder ein Mädel ist, dann schlitzen sie ihr den Bauch auf und schauen nach, wer Recht hat. Die Amerikaner und die Engländer sind eher so ähnlich wie wir. Hitler wollte sie nicht zu Feinden haben."

Die Kinder konnten das nicht ganz glauben, aber sie verstanden, dass es besser war, von Mürzzuschlag abzuhauen und nach Kärnten zu fliehen, wohin nämlich die Engländer kommen würden, die – wie gesagt – bei Weitem nicht so bösartig wären wie die Russen.

Beinahe täglich konnte man aus der Ferne dumpfen Bombenlärm und Granatfeuer hören. Auch größere Bomberverbände überflogen Mürzzuschlag, es gab jedes Mal Fliegeralarm, man rannte in den Luftschutzkeller, aber Bomben wurden keine mehr abgeworfen. Erst kürzlich hatte eine FLAK-Batterie weit oben im Schanzgraben Stellung bezogen und bei Nacht sah man die Lichtstrahlen der FLAK-Scheinwerfer nach feindlichen Bombern suchend wie lange Finger gespenstisch durch den Himmel streifen. An gewissen Stellen, die es besonders zu schützen gab, hatte man Fesselballons an dicken Seilen in die Höhe steigen lassen, die angeblich feindliche Tiefflieger abwehren konnten. Hatte man vor Monaten noch gelegentlich deutsche Jagdflugzeuge am Himmel sehen und Luftkämpfe beobachten können, so war jetzt von der Luftwaffe nichts mehr zu bemerken und die amerikanischen Superfestungen überflogen in großer Höhe das Gebiet beinahe ungestört, um ihre Bombenlast über Graz abzuwerfen. „Graz", so sagte Theodor, der neue Mann der Mutter, „ist schon mindestens fünfzig Mal bombardiert worden. Ihr habt ja keine Ahnung, wie arg die Stadt bereits zerstört ist.

Die Bomber fliegen vom Norden her über die Hügel ein. Sie haben es vor allem auf die Puchwerke, die Bahnanlagen und auf die Technische Hochschule abgesehen, weil dort angeblich schweres Wasser erzeugt wird."

„Was ist schweres Wasser?", fragte Ferdinand.

„Ach", so der Stiefvater, „das verstehst du nicht. Aber man braucht es zur Entwicklung einer Wunderwaffe!"

„Ja", bestätigte der Großvater, „deutscher Erfindergeist! Deutsche Atomphysiker haben das alles herausgefunden und könnten jetzt eine Bombe bauen, die alles bisher Dagewesene in den Schatten stellen würde. Aber sie haben sicher nicht genügend Zeit dazu übrig."

„Und die bauen sie in Graz?"

„Nein, das sicher nicht, aber Teile dafür vielleicht. So wie sie die Vergeltungswaffe V 2 an vielen verschiedenen Orten anfertigen, um sie dann auf der Insel Helgoland zusammenzubauen und abzufeuern."

„Die Vergeltungswaffe?"

„Ja, etwas ganz Modernes! Eine riesige Rakete, die ohne Propeller auf einem Feuerstrahl bis hoch hinauf in den Weltraum steigt, um dann – mit einer Tonne Sprengpulver beladen – auf London hinabzustürzen. Unerreichbar für jeden Abwehrjäger." Stolz klang in der Stimme des Großvaters mit.

„Und außerdem haben wir ganz moderne Flugzeuge entwickelt", erzählte jetzt der Stiefvater, „die brauchen auch keine Propeller mehr. Die arbeiten so ähnlich wie Raketen mit großen Rückstoßtriebwerken, Turbinen genannt, und sind viel schneller als die amerikanischen und englischen Jäger. Die schießen alles ab und niemand kann sie erwischen!"

„Und warum kommen dann die Russen über den Semmering?“, fragte Ferdinand.

„Weißt du“, erklärte der Theo Mohr, „der Führer hat ja vieles möglich gemacht und wir haben sehr große Schlachten gewonnen, wir haben die besten Waffen auf der Welt, Gewehre, Panzer, U-Boote, Schlachtschiffe und Flugzeuge und hätten fast diese Atombombe gebaut und wir sind die mutigsten Soldaten, die es überhaupt gibt, aber wir haben zu viele Feinde. Seitdem aber die Amerikaner dem Deutschen Reich den Krieg erklärt haben, unsere Städte bombardieren und an alle unsere Feinde Waffen liefern, vor allem an die Russen, können wir uns nicht mehr wehren. Deswegen verlieren wir den Krieg.“

„Und dann machen die Feinde alles kaputt, das Haus, den Garten“, stellte Ferdinand fest und dachte daran, dass sie auch seiner Mutter den Bauch aufschlitzen würden, weil sie ja ein Baby erwartete.

Also wurde in Eile alles zusammengepackt und in das Werksautomobil der Lenau'schen Hammerwerke gestopft. Die Mutter und die zwei Kinder fanden gerade noch Platz, dann ging es los – bei Nacht, da war es nämlich sicherer. Die Großeltern blieben vorerst in ihrer Villa zurück, wollten aber nach Admont fliehen, sobald der Russe einmarschierte. Niemand wusste, ob man sich je wiedersehen würde. Der Stiefvater war schon bei Tag mit der Bahn nach Graz zurückgefahren, wo er in seiner Ordination wohnte. Es war ein hastiger Abschied gewesen, ein hastiger Aufbruch in eine vollkommen ungewisse Zukunft. Angeblich sollte es in einem engen Tal in Kärnten, dem Gurktal, ein sicheres Auffanglager für Flüchtlinge geben, so hatte man es den Großeltern jedenfalls mitgeteilt, der Ort hieß Weitensfeld. Dorthin sollte der Fahrer die Mutter und die zwei Kinder bringen. Aber bald stellte es sich heraus, dass man auf den Straßen sogar bei Nacht nicht mehr sicher war. Schon in der Nähe von Bruck an der Mur sah es so aus, als fände die Reise dort ihr jähes Ende. Immer wieder musste man Kolonnen von Militärfahrzeugen Platz machen, und Soldaten in abgerissenen Uniformen sagten, dass die Straße von Tieffliegern angegriffen würde. Aber irgendwie schlug sich der Fahrer doch auf Nebenwegen über Judenburg durch, von wo aus er über den Neumarkter Sattel in das Gurktal gelangte. Bei einem großen Bauernhof in der Nähe der Stadt Treibach-Althofen setzte er die Familie ab, er behauptete, dass ihm das Benzin ausgehen würde, wenn er noch weiterführe, und dann käme er nicht mehr zurück nach Mürzzuschlag.

Die Mutter packte die wenigen Habseligkeiten zusammen, der Fahrer, der Herr Kreidbauer, verabschiedete sich und verschwand mit der Lenau'schen Limousine. Ganz allein standen die drei im Dunkel vor dem düstern Bauernhaus mit dem weit nach unten gezogenen Dach, seinen klobigen Mauern und den kleinen, unbeleuchteten Fenstern, die wie misstrauische, schwarze Augen aussahen. Schließlich gab sich die Mutter einen Ruck, klopfte an die Tür und wartete. Niemand öffnete. Es war März und die Nacht war kalt. Es roch nach Kühen. Nichts regte sich, nur dumpfer Bombenlärm drang aus großer Ferne bis in diesen entlegenen Winkel, manchmal sah man es noch vor dem Grollen blitzen und am Horizont färbten Brände den Nachthimmel düsterrot.

Nach mehrmaligem Klopfen erschien endlich eine alte Frau an der Tür und fragte, was die Leute denn eigentlich hier zu suchen hätten. Ein Nachtlager, bat die Mutter mit erschöpfter Stimme.

„Nix da", erwiderte die Alte, „das Haus ist voll. Es gibt keinen Platz mehr."

„Aber bitte, ich flehe Sie an, hier sind noch zwei kleine Kinder!" Schließlich ließen sie die Familie in der Scheune übernachten. An Flüchtlinge hatte man sich seit einiger Zeit gewöhnt.

Am nächsten Tag war Ostersonntag, der Himmel durchgehend bewölkt, es regnete nicht. Die fernen, schneebedeckten Berge leuchteten milchig im fahlen Morgenlicht. „Vielleicht hat der Osterhase etwas für euch versteckt“, sagte die Mutter. Zum Frühstück hatte es in der warmen Küche des Bauern ein Stück trockenes Schwarzbrot und einen Schluck kuhwarme Milch gegeben. Voll Eifer und Erwartung liefen Anna und Ferdinand aus dem Haus auf die noch winterbraune Wiese hinaus, denn sie konnten nicht warten und wollten unbedingt Eier suchen gehen. Sie jagten laut lachend auf eine nahegelegene, von Fichtenwald umgrenzte Hügelkuppe zu, während die Mutter ihnen langsam folgte. Ferdinand sah es schon von weitem gelb herüberleuchten, das erste Osterei! Mit einem Jubelschrei lief er hin und brachte es stolz der Mutter. Auch Anna war erfolgreich, sie hatte zwei blaue Eier gefunden. Dann entdeckte Ferdinand noch ein grünes – doch plötzlich schrie die Mutter: „Achtung! Tiefflieger! Schnell! In den Wald!“ Sie stürmte auf ihre Kinder zu, packte sie an den Armen und schleuderte sie hinter einen Holzstoß nahe am Waldrand. Mit großen Augen sah Ferdinand zwei einmotorige Maschinen wie giftige Hornissen aus dem Himmel stürzen und im Tiefflug nur wenige Meter über dem Boden daherstürmen. Er hörte das Stakkato ihrer Bordwaffen und sah, wo die Projektile einschlugen, kleine Dreckfontänen auf der Wiese hochspritzen, die sich in rasendem Tempo dem Holzstoß näherten, hinter dem die Mutter und ihre Kinder auf dem nassen Boden kauerten, doch schon waren die Flieger über dem Waldrand und das Jaulen ihrer Motoren verklang so schnell wie es gekommen war.

Sofort wollte Ferdinand wieder hinaus auf die Wiese, aber die Mutter hielt ihn fest. „Wartet noch“, flüsterte sie, „ob sie nicht wiederkommen. Die machen Jagd auf kleine Kinder!“

Ferdinand war sehr beeindruckt, denn Flugzeuge interessierten ihn. Schade, dachte er, dass diese berühmten Flieger der Deutschen jetzt nicht da waren, die ohne Propeller, die hätten diese bösen Tiefflieger davongejagt und abgeschossen wie nichts! Jahre später, wenn er sich an diesen Tag erinnern sollte, dachte er noch darüber nach, ob er Angst gehabt hatte. Nein, er hatte keine Angst gehabt. Genauso wenig wie im Luftschutzkeller während der Bombenangriffe. Eigentlich, so fand er, war es ein spannendes Erlebnis gewesen.

Mehr als vier Eier hatte es nicht gegeben, die wurden jetzt mit einem Stück Potitze, das die Mutter in Fettpapier eingewickelt noch aus Mürzzuschlag mit hatte, am Waldrand im Sichtschutz der Bäume verzehrt. Dann kehrte man in den Bauernhof zurück, denn die Bäuerin hatte versprochen, die Flüchtlinge mit ihrem Ochsenkarren ein Stück das Gailtal hinab mitzunehmen. Dort gebe es einen Autobus bis Weitensfeld. Die Mutter erzählte vom Fliegerangriff. „Die Russen", stellte die Bäuerin fest und dabei sollte es bleiben: die Russen, die Schwangeren den Bauch aufschlitzen und die mit ihren Tieffliegern auf Kinder Jagd machen.

Noch am selben Tag erreichte die Familie die kleine Barackensiedlung am Rande des Marktes Weitensfeld, wo sie eines der einfachen Holzgebäude bezogen. Es umfasste ebenerdig einen Wohnraum mit Kochstelle, von dem aus man über eine steile Holzstiege – eine Art Hühnerleiter – durch eine Bodenluke in den Schlafraum gelangte. Außer einem Tisch, drei Stühlen, einem Klo und einer Wasserleitung gab es nichts an Einrichtung. Beleuchten ließen sich die zwei Räume elektrisch, aber der Strom fiel oft aus und so behalf man sich mit Kerzen. Hier sollte die Familie einige Monate warten, dann würde man weitersehen. Jedenfalls – so betonte die Mutter – wäre man jetzt vor den Russen sicher und hier würde auch bald das kleine Geschwisterchen zur Welt kommen. Ferdinand näherte sich seinem fünften, Anna ihrem siebenten Geburtstag. Sie musste hier die Volksschule besuchen. Der Bauch der Mutter blähte sich und manchmal ließ sie die Kinder mit den Händen das Strampeln des Ungeborenen fühlen.

18

Nass geschwitzt, am ganzen Körper zitternd sahen alle drei den Maschinen nach, die plötzlich abschwenkten, an Höhe gewinnend nach rechts drehten und pfeilschnell hinter einem Wald verschwanden. Wie auf dem Hintergrund eines Gemäldes loderten Dachstühle, Häuser und Ställe der Stadt Treibach-Althofen. Das Gesicht der Mutter wie Wachs. Ihre Brust hob und senkte sich, sie schaute sich um wie aus einem schweren Traum erwacht, sah krank aus, verfallen, ihre Hände zitterten. Noch war der Schock zu frisch. Immer noch dröhnte das Tacktacktack der Bordgeschütze in ihren Ohren, ringsherum stank es nach Feuer, Rauch und dem totalen Krieg, dem Chaos. Vom Schock erfüllt sah sie es wieder und wieder: Wie die Jagdflugzeuge in einer steilen Kurve aus dem Frühlingshimmel herabgestoßen und sich rasend schnell im Tiefflug ihr und den Kindern genähert hatten, und wie sie alle drei um ihr Leben gerannt waren, um hinter dem Holzstoß Schutz zu finden und wie sie auf die Wiese geschaut hatte, ohne dabei zu verstehen, was sie da sah, nämlich eine freie, ungeschützte Fläche, das perfekte Schussfeld, und dabei das Rauschen des Blutes in ihren Ohren gehört und die Gesichter der Piloten hinter dem Glas der Kanzeln erblickt zu haben gemeint hatte, dieser von Adrenalin vollgepumpten jungen Männer auf der Jagd nach Nazikindern und schwangeren Nazifrauen!

Niemals würde Ingrid dieses Ereignis vergessen! Die Jäger, davon hätte sie niemand mehr zu überzeugen brauchen, wollten auch Ingrid und die Kinder auf ihren Abschusstabellen auflisten … davon träumte die zurzeit hochschwangere Ingrid noch viele Jahre nachher. Und doch dachte sie etwas später, nachdem sich der erste Schrecken gelegt hatte, so: dass sie Glück gehabt und davongekommen und daher überlebt hatten! Nie wollte sie es dem Ferdinand vergessen, als er so tröstend nach ihrer Hand gegriffen und beteuert hatte, er habe jedenfalls keine Angst gehabt oder fast gar keine.

Armselig und verlassen standen sie da, alles verdankten sie dem Führer, der sie so ganz allein ohne jeden Schutz wie Strandgut einfach hatte stehen lassen. Nach dem Abwarten gingen sie zurück. Ihre Knie weich wie geknetetes Wachs. Am späteren Nachmittag fuhr ein Transport ab. Es war ihre Flucht nach Ägypten auf einem Pferdefuhrwerk, auf dem durften sie aufsitzen und mitfahren bis nach Weitensfeld im Gurktal. Sie bekamen eine Holzbaracke zugeteilt dort am äußersten Rande des Dorfes, irgendwo am Ende der Welt mitten im Elend. Die Baracke, von denen es sieben gab, gehörte zum Dorf, und sie stand in einer Reihe, eine neben der anderen, Notbehausungen, wo Ingrid mit dem Baby im Bauch, an der Hand die beiden Großen, einquartiert wurde, und ehrlich, sie konnten sogar von Glück reden, weil damals nicht einmal eine Baracke selbstverständlich war, sollte man wie sie auf der Flucht sein. Lauter abgerissene Gestalten standen herum, Flüchtlinge, Obdachlose, Ausgebombte, Kinder und Erwachsene mit schweren Augen. Sie hausten nebeneinander, hofften auf bessere Zeiten, denn sie hatten kaum zu essen, keine Arbeit und keine Bleibe in Aussicht. Die Baracke bestand aus einem Wohnraum mit einem Herd, einem Tisch und drei Sesseln. Über eine Hühnerleiter gelangte man in einen fensterlosen Dachboden, wo ein paar zerfetzte Matratzen auf dem Boden lagen, auf denen sie von nun an in Gemeinschaft von Flöhen, Läusen, Wanzen und Spinnen ihre Nächte verbrachten. Es war keine Bleibe für lange Dauer. An Schmutz und Hässlichkeit übertraf sie alles, was Anna je gesehen hatte. Es roch nach Blechgeschirr, nach saurer Milch und Armut, auch nach dem Todesengel.

Der Krieg war also vorbei, die Nachkriegszeit – für viele schlimmer – hatte begonnen. Flüchtlinge schleppten sich durch zerschossene, verbrannte Ruinenlandschaften, zu essen gab es nichts, da und dort flackerten noch Kämpfe Mann gegen Mann auf, Okinawa wurde erobert, die Vereinten Nationen im Juni 1945 gegründet, in Potsdam beschlossen der sowjetische Diktator Josef Stalin, der amerikanische Präsident Harry S. Truman und der britische Premierminister Clement Attlee während dieser Konferenz die Richtlinien, nach denen sie gegen das besiegte Deutschland vorgehen wollten. Vorgesehen war die totale Entmilitarisierung, die Demokratisierung nach der Diktatur, Verbot der Rüstungsindustrie und anderes mehr… aus Osteuropa sollte die deutsche Bevölkerung in geordneter und humaner Weise ausgewiesen werden. Das stellten sie sich so vor, die neuen Diktatoren. Österreich wurde bald darauf in vier Besatzungszonen geteilt.

Vier Monate wohnten sie in dieser Baracke. Im Juni konnte sich die Mutter kaum mehr fortbewegen, so dick war ihr Bauch angeschwollen. Besorgt, sehr ängstlich sah sie der Entbindung entgegen. Am 16. Juni war es dann so weit. Es kam die Hebamme in die Behausung. Ergeben hatte sich die Mutter auf den Boden auf ein dort hingebreitetes Handtuch legen müssen, und manchmal stöhnte sie auf, biss sich in die Unterlippe und dabei flossen ihr Tränen über die Wangen. Wenn nur die Geburt ohne Komplikationen verlief! Die Hebamme hatte inzwischen Wasser abgekocht, damit ein altes Lavoir gefüllt, es neben die Kreißende auf den Boden gestellt und einige saubere Tücher über die Lehnen der drei Sessel gehängt. „Ihr müsst jetzt draußen warten, Kinder, bis ich euch wieder hereinhole“, befahl die Hebamme den beiden, die sich schnell und voller Unruhe davon machten.

Sie blieben vor der Baracke stehen und begannen zu warten. Mittagessen gab es keines. Die Mutter und die Hebamme hatten die Baracke ganz für sich allein. Es dauerte lange. Die Sonne wanderte stumm über den Himmel, über die Dächer bis hin zum Waldesrand. Anna und Ferdinand bohrten die Zehen in den gelben Schlamm, es hatte tagelang geregnet und die Gelsen stachen in ihre Arme und Wangen. Gellend drang das Kreißen der Mutter aus der windschiefen Bretterbude.

„Die Mutter schreit!“, stellte Anna verängstigt fest. „Warum schreit sie denn so laut? Tut es wirklich so weh?“

„Das Baby ist ja schon ziemlich groß, es muss aus ihrem Bauch kriechen und das tut sehr weh!“, so Ferdinand, der einen Grashalm zwischen seine Zähne gesteckt hatte und in den Himmel schaute. Dann war es eine Weile wieder mucksmäuschenstill.

Anna sagte: „Ob die Mutter sterben kann?“

„Ja“, antwortete Ferdinand tonlos, „vielleicht.“

„Ich hab Angst“, sagte Anna.

„Ich auch!“

Dann sagten sie nichts mehr. Ein Hund bellte. Das Land hatte auf einmal eine ganz andere Form. Auch der Kirschbaum vor dem Bauernhaus, wo die Engländer wohnten. Ein englischer Soldat spazierte im Marschtritt laut pfeifend die Reihe der Baracken entlang. Inspektion. Er trug ein Gewehr an einem Lederriemen über der Schulter. Sein Gesicht leuchtete rot vom Sonnenbrand wie frische Wurst. Auf einmal, da stand die Sonne schon weiter im Westen über den Schattendächern, riss die Hebamme die Tür auf und machte mit beiden Armen Zeichen. Als Anna und Ferdinand in die Baracke stürmten, hatte die Mutter ein Baby in den Armen. „Ein Mädchen“, flüsterte sie, „es heißt Sissy!“ Vorsichtig hob sie den wimmernden Säugling hoch, damit Anna und Ferdinand ihre kleine Schwester auf die Stirn küssen konnten.

Ein Kilo Zucker nur hatte die Mutter vorrätig, zu essen gab es so gut wie nichts. Die Engländer patrouillierten durch das Dorf, als Hauptquartier hatten sie einen Bauernhof besetzt. Es waren ihrer viele, sie alle hatten zu essen, während all jene, die in den Baracken hausten, hungerten. Nein, zu essen gab es für Flüchtlinge nichts. Ein Stück Brot, ein paar Kartoffeln, keine Frucht, keine Eier, kein Fleisch.

Dass das Neugeborene überhaupt überlebte, war schlicht ein Wunder. Anna und Ferdinand, die immer dünner wurden und schließlich wie zwei verhungerte Vogelscheuchen aussahen, liefen immer barfuß umher, Schuhe hatten sie schon längst keine mehr, die Kärntner Mädchen in der Volksschule spotteten und konnten damit nicht aufhören, obwohl Anna ihnen berichtete, sie sei ein echt deutsches Mädel, und ihr Haus im fernen Mürzzuschlag sei viel größer als alle diese schäbigen Weitensfelder Einfamilienhäuser, von ihrem wunderbaren Garten mit den herrlichen Obstbäumen und dem Hühnerstall gar nicht erst zu reden, denn der Garten sei so groß, dass sie alle, diese dummen Mädchen, vom Neid gefressen würden, könnten sie denn je einen Blick auf denselben werfen.

Das Leben von einem Tag zum nächsten in der Baracke, diese zigeunerhafte Existenz gefiel den Kindern gar nicht so schlecht. Das Leben ging auch nach dem Zusammenbruch trotz all der ungewohnten Umstände weiter, dann und wann nur besuchte Anna die Schule. Nichts besaß mehr das alte Maß. Heimweh trat gelegentlich auf wie ein Anfall von Migräne.

Die Mutter sagte: „Bald fahren wir wieder heim.“ Oder sie sagte: „Wenn nur unser Haus noch steht!“ Oder: „Ich glaube ja sicher, dass die Eltern noch am Leben sind!“

Wenn man nur Haut und Knochen ist, verzieht sich auch die Gesundheit. Mit der Zeit wurden sie schwach. Anna und Ferdinand bekamen die Krätze. Täglich musste die Mutter sie von Kopf bis Fuß mit einer roten Tinktur waschen, jeden Tag, sie nannte das Mittel übermangansaures Kalium, wovon sie einige Kristalle aus einer Phiole in das lauwarme Badewasser streute, bis dieses eine rosarote Farbe angenommen hatte und eigentümlich roch. Damit betupfte sie die eiternden Wunden, die ihre ganzen Körper bedeckten, aber die Insektenbisse eiterten weiter, verströmten einen unangenehmen Geruch und klebten am Bettzeug oder an den langen Strümpfen aus Zellwolle fest, dass beim Ausziehen die gelbgrünlichen Krusten einrissen und es darunter zu bluten anfingen. Strophulus infantum –

eine lokale Infektion, die sich auf Gelsenstiche oder Flohbisse setzt – so nannte es der Stiefvater, der nur selten kam.

„Du siehst aus wie der arme Lazarus", sagte sie zu ihrem Ferdinand und zu Anna: „Mein Gott!! So wie du schauen wohl die kleinen Mädchen im KZ aus."

Täglich dieselbe Prozedur mit dem Desinfizieren. Ein Badezimmer fehlte in der Baracke, sie wuschen sich draußen an einem Brunnen und drinnen in einem Lavoir, das bei Bedarf wie während der Geburt von Sissy mit heißem Wasser angefüllt wurde. Die Krätzen vereiterten immer mehr. Krater mit roten Wundrändern übersäten die Haut. Die ganze Wohnung roch nach Eiter. Vitaminmangel schwächt die Abwehrkraft, erklärte der Vater, der immer dann, wenn er es schaffte, auf Besuch kam. Oft genug wurde er an irgendwelchen Kontrollstellen aufgehalten. Dann hatte die Mutter wieder Angst um ihn. „Wenn ihm nur nichts passiert ist. Er hätte doch schon gestern kommen sollen!" Später erzählt er, man habe ihn zwischen der Steiermark und Kärnten zurückgeschickt, aus Gründen, die er nicht verstehen konnte. Einmal gelang es ihm jedoch, durch ein ganzes Feld von Stacheldraht zu schlüpfen. Der Zucker war aufgebraucht. Das Heimweh nach Mürzzuschlag wurde zu quälendem Hunger.

Annas verfleckter Kittel bestand aus vielen Löchern und wenig Stoff, und Ferdinands ausgediente Lederhose begann in ihre Bestandteile zu zerfallen. Der Führer, so hieß es, sei tot, und all das Elend habe man ihm zu verdanken. Der Krieg war zwar aus, aber davon merkten sie zurzeit noch wenig. Die Sonne schien stechend heiß. Und allerlei Getier, Stechmücken, giftige Spinnen, Maden und Käfer krochen über die stinkenden Matratzen und machten sich gierig über die Schlafenden her. In Annas Kopf war lauter Unsicherheit. Die Mutter kniete neben einem Eimer mit schmutzigem Wasser, sie wischte den Fußboden. Sie waren geschwächt, verlaust und verdreckt. Lange Jahre später noch konnte Anna die von der Infektion zurückgebliebenen Narben an ihren Armen erkennen.

Kärnten wurde von der britischen Besatzungsmacht verwaltet. Rotgesichtige, sommersprossige junge Männer in Khakiuniformen durchstreiften in hohen Schnürstiefeln die Gegend, und wenn sie sprachen, so redeten sie in einer sehr merkwürdigen Fremdsprache namens Englisch. Anna hätte alles gegeben, um diese Sprache zu verstehen oder zu sprechen. Hello, please, thank you, yes and no, das hatte ihr die Mutter bereits beigebracht.

Weil sich das Wetter gebessert hatte, konnte sich Anna ungehindert in der Gegend herumtreiben. Die Einfamilienhäuser oder Bauernhöfe der Einheimischen entlockten ihr nur wenig Interesse. Spannender hingegen war es, die Engländer zu beobachten. Die meisten von ihnen sahen gesund aus. Und davon abgesehen hatten sie auch zu essen. Aus dem Bauernhaus roch es nach gebratenem Fleisch und frischem Brot. Sie konnten essen, sobald es ihnen danach war, auch tranken sie Tee oder rauchten gelbe Zigaretten. Alles, alles besaßen sie im Überfluss, Zucker, Kondensmilch, Schokolade, Seife, Brot und Schmalz, während die Mutter, Anna und Ferdinand hungerten.

Wie elend es den Engländern in Dünkirchen ergangen war, davon hatte damals in dieser weltfernen Gegend kein Mensch eine Ahnung!

Die Tommies bewohnten einen aus Stein gemauerten Bauernhof mit rotem, leicht vermoostem Tonziegeldach, viereckigen Fenstern, in denen sich die Bäume spiegelten, und einer grünen Tür, die, wenn sie offen stand, Einblick in einen kühlen, beschatteten Flur erlaubte, von dem verschiedene Türen abgingen. Vorher hatte hier die große Familie eines braven Kärntner Bauern gelebt. Vor dem Haus lungerte zumeist ein Soldat. Dieser war noch sehr jung, hatte hellblaue Augen, eine kleine Nase, und ein eckiges Gesicht mit Tausenden von Sommersprossen. So ein Gesicht hatte Anna noch niemals vorher gesehen und deshalb konnte sie nicht anders, als diesen interessanten Jungen anzustarren, so oft sie dazu Gelegenheit hatte. Zumeist hatte er eine dunkelblaue Kappe über sein rotblondes Haar gestülpt und trug dazu einen fleckig gemusterten Kampfanzug, der ihm etwas Katzenhaftes verlieh. Natürlich hing auch ein Karabiner über seiner Schulter, mit dem er auf Nazikinder schießen würde, sollte er sie beispielsweise beim Stehlen von Brot oder Schokolade erwischen, das hatte die Mutter jedenfalls beteuert.

In sicherer Entfernung blieb Anna angespannt stehen und glotzte ihn an, denn sie hatte eine Idee, ja, man kann ruhig behaupten, sie habe einen kühnen Plan gefasst, den sie durchführen würde, koste es, was es wolle, sogar ihr Leben. Der Soldat, der nichts ahnen konnte, rauchte schon wieder eine der parfümierten Zigaretten und als er fertig geraucht hatte, schmiss er die Kippe auf den Boden, zertrat sie mit seinem schwarzen Stiefel, setzte sich breitbeinig auf die Bank vor dem Haus und glotzte gelangweilt in die nun vom Feinde befreite Gegend, bis er sich die nächste Zigarette anzündete. Die Sonne war hinter einem Hügel aufgetaucht und nur wenige Schatten lagen über der Ebene jenseits des Flusses und der Dachlandschaft des ehemals so verschlafenen Dorfs. Auf einem Feld weideten ein paar magere Kühe. Gegen Mittag wurde es glühend heiß, Anna lief barfuß umher, der Boden brannte unter ihren Sohlen.

Sie hatte sich in den Schatten eines Kirschbaumes geflüchtet, in die Nähe des Engländers, der, erhitzt und hungrig, aufstand und ein Stück Brot von einem Fensterbrett nahm, wobei Annas Augen gierig an ihm hingen. Das Mädchen wusste genau, dass der Soldat jetzt essen wollte. Ein feines Stück Sandwich mit Erdnussbutter und Schokolade. Der Junge biss in das Brot und begann genüsslich zu kauen. Anna trat näher, weil ihr das Wasser im Mund zusammenlief und sie nicht anders konnte. „Hello!", grüßte der Tommy kauend, „what's your name?"

Anna verstand nichts. Die Zehen eingezogen, die Arme an den Körper gepresst, so stand sie nun in ziemlich gefährlicher Nähe des Feindes, der seine Ration Brot mit Schokolade vertilgte, wobei Krümel auf seine Oberschenkel fielen, die er mit einer kurzen Bewegung seiner rotblond behaarten Hände entsorgte. Erneut biss er in das gelbweiße Brot, und noch einmal, schon war das dreieckige Sandwich verschlungen, ohne dass ein Krümel übrig blieb, den Anna mit Sicherheit vom Boden aufgekratzt hätte. Doch der junge Mann mit dem Pferdekinn hatte keine Lust, mit Anna zu teilen, obwohl Annas Magen so laut wie ein Kettenhund knurrte und ihr Hunger sich zu wahrer Gier steigerte. Sie hatte plötzlich Mühe, nicht vor dem Soldaten zu Boden zu fallen und sie erkannte auch, dass man vor lauter Hunger morden kann. Es war eine ihr unbekannte Brotsorte, weiß und weich und zu feinen Dreiecken geschnitten, zusammengelegt mit einer saftigen Füllung darin. Und ein zweites solches Brot lag immer auf dem Fensterbrett. Damit der Wachtposten genug Verpflegung hatte. Der Soldat würde es gleich selber in den Mund stopfen. Darin lag wohl etwas Schicksalhaftes. Weil Anna das Brot nehmen und selber essen wollte, sie brauchte es, denn ihr Bauch war vom Hunger aufgequollen. Gefährlich war es zwar. Aber sie würde die Gelegenheit nützen. Ertappte sie der Soldat beim Stehlen seines täglichen Brotes, dann würde er sie erschießen und daher war das Unternehmen sehr riskant. Ich tu es, dachte Anna, ja, jetzt tue ich es. Das Beste von allem geht verloren, wenn man zu lange zögert oder zu viel nachdenkt. Ich tu's einfach.

Bald kreiste Anna wie ein hungriger Vogel um das Haus, bald lehnte sie sich geduldig mit dem Rücken am Kirschbaum auf die Lauer, schaute aber ununterbrochen gierig zu dem kauenden Engländer hinüber, der ihr plötzlich zulächelte und etwas Unverständliches fragte, das klang wie: „How are you?"

„Thank you!" Der erste Schuss ins Herz? In die Brust?

„Whats' your name?"

„Good morning,... Sir!" Ja, das Gewehr lag neben ihm, auf der Bank. Griffbereit.

Der Rotgesichtige lachte: „You don't speak English?"

„No!“

„Are you a little Nazi-girl?“

„Good morning, thank you.“

„Are you hungry?“

Anna ergriff die Flucht. „Morgen nehm‘ ich mir ein solches Brot vom Fensterbrett!“, erklärte sie der Mutter. Vom Gewehr sagte sie kein Wort.

„Ich bitte dich, tu‘s nicht!“

„Warum?“

„Willst‘ denn erschossen werden? Das machen sie doch mit Dieben!“

Aber am nächsten Tag passte der Wachtposten, der einen Teil seiner Ration gerade verzehrt hatte, einmal nicht auf, ja, er verschlief die Gelegenheit, eine kleine Diebin zu stellen. Zwei Stück Weißbrot hatte er für später auf dem Fensterbrett deponiert. Manchmal schaute er Anna an, ohne sie wirklich wahrzunehmen, dann kratzte er sich am Arm, zündete sich endlich seine obligate Zigarette an und rauchte vor sich hin, Wolken von parfümiertem Rauch ausstoßend. Der junge Kerl lungerte da vor dem Haus, stumm, schwitzend, und sah aus wie ein Mensch, der an nichts außer ans Schießen denkt. Die Sonne brannte schon längst wie ein Glutstück im weißen Himmel, als sich der Brite endlich erhob, sich dehnte und reckte, und, wie von einer Kurbel angetrieben, auf einmal im Haus verschwand. Annas Herz blieb stehen. Jetzt! Der Wachtposten hatte sich tatsächlich in Luft aufgelöst.

Vor ihren Augen lag es da: blond, frisch, duftend! In ihrem Hirn stockte das Blut. Dann tat sie es. Mit einer einzigen raschen Bewegung schnappte sie sich das Brot vom Fensterbrett, stopfte es in den Kittel und rannte davon, so schnell sie ihre Füße trugen.

Von nun an trottete sie täglich zum Haus der englischen Soldaten. Immer wieder lag Weißbrot auf dem Fensterbrett. Manchmal auch Schokolade. Nie wurde sie erwischt. Der Wachtposten schaute träge in die Sonne, wenn Anna auftauchte, um sich ihre Beute zu holen. Er schaute gelangweilt an ihr vorbei. Die Rationen vergrößerten sich sogar, sodass es für zwei oder drei zu essen gab. Stolz brachte Anna die Beute heim zur Mutter in die Baracke und zu Ferdinand. Allein und unbewacht ging sie, um zu klauen, und entwickelte mit der Zeit große Geschicklichkeit. Sie konnte rennen, wenn es darauf ankam. Und ihre Hände waren geschickt. Feines Weißbrot, oft bestrichen mit würziger Erdnussbutter, manchmal mit Ahornsirup gefüllt, lag täglich auf einem Fensterbrett für sie bereit, und wenn sie so etwas Köstliches bemerkte, und keinen Engländer in der Nähe auf und abgehen sah, dann griff sie zu, flink wie eine Katze, und ließ das Weißbrot in ihrem schmutzigen Kittel verschwinden. „Ich kann euch noch mehr holen", sagte sie. „Es ist ganz einfach!"

Bald drang sie sogar in den Bauernhof der Besatzer ein, wo sie sich wahllos Weißbrot und Schokolade griff, ohne dabei je erwischt zu werden. „Weil ich mich unsichtbar machen kann", erklärte sie ihrem Bruder, denn zumeist teilte sie mit Ferdinand. Sie stopften sich das frische, weiche Brot in den Mund.

Doch eines Tages, als sie mit ihrer Beute aus dem Haus der Besatzer stürzte, stand auf einmal doch ein Soldat vor ihr. Riesengroß, nach Tabak riechend, mit gelben Pranken und befremdlich britischen Grimassen, als er sich zu ihr niederbeugend mit einem Grinsen zu ihr sagte: „Guten Appetit, my little girl!"

Manchmal gingen sie mit dem neuen Vater spazieren, wenn der sich übers Wochenende bis nach Weitensfeld im Gurktal durchschlagen konnte, was unter den gegebenen Verhältnissen alles andere als einfach war, und man spazierte so, als ob es noch die Welt von gestern gegeben hätte, indem man zum Beispiel die Landschaft bewunderte, was in gewisser Weise schon als seelischer Luxus galt. Dunkelgrün standen dichte Wälder am Saum gelber, im Wind wogender Felder, man wanderte an Bauernhöfen vorbei, wo schwarzweiße Kühe grasten und Kettenhunde ins Rasen gerieten, sollten sie der Spaziergänger ansichtig werden, und um die sie weite, vorsichtige Bögen schlugen. Sie gingen an schillernden, schilfumkränzten Teichen vorbei, und sahen den warzigen Kröten und lärmenden Laubfröschen zu. Libellen mit durchsichtigen Flügeln schwirrten über modrig riechenden Wasserlöchern. Wenn sich nur die Menschen, diese Kärntner, freundlicher verhalten hätten! Man hörte böse Worte. „Flüchtlingsgesindel! Verlauste Gesellschaft! Bettler! Diebespack!"

Die Mutter war beinahe rund um die Uhr voll beschäftigt. Sie musste nicht nur Lebensmittel auftreiben, betteln gehen, die kleine Sissy wickeln, stillen, Anna und Ferdinand entlausen, desinfizieren, die Barackenwohnung in Ordnung halten, sondern sorgte daneben auch für Unterhaltung; den Kindern schnitt sie mit der einzigen Schere, die es hier gab, aus Papier, das schwer zu beschaffen war, Schmetterlinge aus, die sie zusammenfaltete und mit Buntstiften bemalte, damit sie was zum Spielen hatten. Der Vater zimmerte während eines seiner Besuche am Waldrand der Siedlung aus ein paar Holzpfählen und Brettern ein Tischchen mit zwei Bänken, wohin die Familie bei gutem Wetter pilgerte, um dort im Schatten des grauen Waldes Limonade und hart gekochte Eier mit Schwarzbrot zu verzehren. Butter gab es keine. Milch war rar. Manchmal sammelten sie Pilze und pflückten im Wald Schwarzbeeren, wilde Brombeeren und Himbeeren, die vor allem auf südseitigen Kahlschlägen wucherten.

Ferdinand, der Jahrzehnte später als Arzt in Armensiedlungen der Dritten Welt tätig war, erinnerte sich während solcher Einsätze oft an diesen Abschnitt Annas und seiner Kindheit in der Barackensiedlung in Weitensfeld. Er beobachtete die Kinder in den Slums, die nackt umherliefen, halb verhungert, rachitisch, schmutzig und von

Krätzmilbe übersät. Sie spielten mit Steinchen oder Kronenkorken und liefen in Banden bei Regen oder sengender Sonne zwischen den Wellblechhütten umher. Und sie lachten und schrien und niemals, so glaubte Ferdinand beobachtet zu haben, hatte er dort unglückliche Kinder gesehen. Und er dachte daran, dass er damals in der Weitensfelder Baracke auch nicht unglücklich gewesen war, genauso wenig wie seine Schwester, in jener Welt voller Geheimnisse, die es zu entdecken gab, in der jeder Kartoffelacker Abenteuer bereit hielt und wo Anna Brot von den Engländern geklaut hatte, stets gewärtig, von einem Tommy erschossen zu werden, der dem kleinen Mädchen in Wirklichkeit all diese Köstlichkeiten auf das Fensterbrett zum Mitnehmen bereitgelegt hatte …

Ende August konnten sie wieder nach Mürzzuschlag zurück. Die Villa stand noch, aber wie sah es da aus! Gehaust hatten darin nicht nur die Russen, sondern auch manche Nachbarn oder Leute aus der Umgebung. Und sonst: Zerfetzte Bettwäsche, zerschlagenes Porzellan, das im Garten vergrabene Tafelsilber verschwunden, die türkischen Teppiche der Großmutter weg, – doch die Großeltern hatten jedenfalls den Krieg überlebt, wie sehr ihnen auch der Zusammenbruch seelisch zusetzen mochte. Ihre hochfliegenden großdeutschen Träume waren wie Luftblasen zerplatzt. –

19

Ein dunkler Sommer und ein noch dunklerer Herbst folgten der Zeit nach dem Zusammenbruch. Am Hauptplatz in Mürzzuschlag ließen die Behörden bei Schulanfang einen Scheiterhaufen entzünden. Allen Kindern und Jugendlichen hatte man unter Strafandrohung befohlen, sich im Kreis um dieses Feuer zu stellen, um ihre Nazischulbücher und Nazimärchenbücher, Propagandawerke wie den Katzlmacher und Ähnliches den Flammen zu übergeben, damit diese Druckwerke und mit ihnen die schreckliche Schande endgültig vernichtet und vom Antlitz dieser Erde getilgt wären. Dies geschah natürlich unter Aufsicht zweier Gendarmen, deren uniformierte Gestalten sich als schwarze Silhouetten von den purpurnen Flammen abhoben. Knisternd delektierten sich die Flammen an Bergen von bedrucktem Nazi-Papier. Bilder ringelten sich im Brand, Rauch verdunkelte die Luft, ätzte in den Augen und Funken aus glühender Asche trieben wie purpurne Schmetterlinge über dem Katzenkopfpflaster umher. Anna und Ferdinand standen schweigend in der Menge und schauten zu, wie ihre Bücher vom Brand gefressen wurden. Der Bücherstoß war sehr hoch und loderte hell und es roch noch lange Zeit nach beizendem Rauch. Es knisterte, Funken sprühten. Das Gesicht des Gendarmen, von den Flammen gruselig beleuchtet, glühte. Eine Mauer trauriger oder verwunderter Kinder umringte das Feuer in tiefem Schweigen. Artig hoben manche, auch Anna, gehorsam die Hand zum Hitlergruß, doch der eifrige Ordnungshüter bellte sie an und befahl, dass ab diesem Tag diese abscheuliche Geste für immer verboten sei! Wer es wagen solle, mit Heil Hitler zu grüßen, den werde harte Strafe treffen! Warum? Anna begann zu weinen.

In der Stadt herrschten jetzt neue Herren, denn mit dem verhassten Diktator, dem Adolf Hitler, diesem wahnsinnigen Führer, war es ja endgültig vorbei, le roi est mort et vive le roi! Zwei britische

Offiziersdamen wurden eines Tages in der Lenau'schen Villa einquartiert, und von da an duftete es im Haus würzig nach englischem Tabak, die beiden Missen, wie sie genannt wurden, rauchten Zigaretten, was Anna bei einer Frau noch nie gesehen hatte, auch trugen sie lange Hosen und parlierten ausschließlich auf Englisch. Die eine hatte rotes Haar, die andere war brünett, groß, schlank und trat immer sehr reserviert auf. Beide Damen verhielten sich anfangs sehr von oben herab, kommandierten die Großmutter wie eine Dienerin, doch trat im Laufe der Zeit ein Wandel ein, als Ergebnis ergiebiger, intensiver Gespräche über Schuld und Verbrechen. Es wurde so etwas wie eine gewisse Freundschaft daraus, als die ursprünglich ausgeübte Verachtung der britischen Damen sich zu einer Art von Verstehen wandelte, obwohl sie es doch nie wirklich nachvollziehen konnten, wenn die Lenaus schworen: „Wir haben es wirklich nicht gewusst!" Nein, wirklich glauben konnten sie es nicht.

Dem Großvater, dem Besitzer des Lenau'schen Hammerwerkes, hatte die englische Besatzung jedoch Daumenschrauben angelegt, ja versucht, ihn sozial und finanziell zu Fall zu bringen, seine Existenz zu vernichten, indem man ihm verbot, den eigenen Betrieb zu betreten. Ein sehr harter Schlag. Doch was blieb ihm schon anderes übrig als sich in dieses Urteil zu fügen? Schließlich war er ja in der Partei gewesen, die neue rote Elite hielt den Großvater in Schach und das hatte er nun davon, denn niemanden gab es, der ungestraft unter Hitlers Fahnen gewandelt war. Der Großvater, obzwar kein Jurist, sondern Ingenieur, hatte unter der Nazidiktatur die damals ehrenvolle Funktion eines Kreisrichters ausgeübt und zwei eher harmlose Urteile gefällt, durch die ein Kommunist seinen Job verloren hatte und ein anderer Kommunist eine Weile hinter Gittern gelandet war. Doch nun, nach dem Zusammenbruch hatte er die Folgen des damaligen Ehrenamtes zu tragen. Deshalb wurde er eines bitterkalten Wintertages von zwei in Khaki gekleideten Engländern abgeholt und wie ein Schwerverbrecher aus dem Haus abgeführt. Er wurde in einem von der britischen Besatzungsmacht geführten KZ im kärntnerischen Wolfsberg interniert. Die beiden Khakimänner hatten ihn fest an jeweils einem Ellenbogen gepackt und trieben ihn, obwohl der Großvater keinen Widerstand leistete, aus dem Haus, den Gartenweg hinauf zum Tor und dann war er weg. Ferdinand saß im Wohnzimmer sprachlos vor dem aufgeschlagenen Bildband über die Tierwelt Afrikas, in dem er kurz zuvor noch mit dem Großvater geblättert hatte. Großmutter Sophie stand da und weinte sich die Seele aus dem Leib. Die Kinder und ihre Mutter starrten dem Verschwindenden nach, das Herz spürten sie im Hals schlagen, dann knallte die Tür eines Jeeps, der Motor sprang an und gleich darauf wurde es wieder still, nur eine Benzinwolke hing noch in der Luft, während Tante Gerda die Hände rang und sogar Onkel Heinrich, an seine neue, schöne junge Frau Angela gelehnt, nicht anders konnte, denn alle weinten sie um den Großvater, weil ja niemand wissen konnte, ob und wann er denn wiederkommen würde. Elf Monate blieb der Großvater in Gefangenschaft, musste dort Waldarbeit verrichten, konnte aber auch Spanisch lernen, wie er später erzählte. Auch von einem Mithäftling berichtete er, der so introvertiert gewesen sei, dass an ihm alles abprallte, ja, dass er nicht einmal dann reagierte, als ihm einmal derjenige, der die dünne Mittagssuppe mit einem Schöpfer austeilte, nur in sein Häferl gespuckt hatte, und dass er mit diesem vollgespuckten Napf ohne Essen weiterging, so als wäre nichts geschehen.

Die Besatzungsmacht hatte – im Einverständnis mit der neuen, selbstbewusst auftretenden roten Elite – einen Schmied als Verwalter der Lenau'schen Werke eingesetzt. Da dieser Mann, – ein Prolet, wie die Großmutter verächtlich ausstieß, – nicht die Bohne von der Führung eines solchen Betriebes verstand, sich weder um die Löhne für 200 Arbeiter und Angestellte kümmerte noch um deren Sozialversicherungen oder gar um die an die Gemeinde zu entrichtende Steuer, häuften sich bald noch mehr als die ohnehin schon vorhandenen Schulden an, unerbittlich wie Berge. Dramatisch verschlechterte sich die Situation, gespürt wurde es an allen Ecken und Enden, vor allem in der Küche. Die Großmutter ließ Zuckerrüben anbauen. Mais – hier Kukuruz oder auch ‚die gelbe Gefahr' genannt – und

Hirse wurden zur Hauptnahrung der Familie während zweier langer Jahre. Zwei Jahre ging das so dahin mit Hirsebrei, dem Sterz in den Tellern mit bläulicher Magermilch, wenn es welche gab, mit ein bisschen Salat, geröstet, gekocht mit Erbsen, aufgewärmt oder mit Kompott.

Gelegentlich ging man hamstern. Ein altes Armband gegen ein Kilo Schweineschmalz oder Schafwolle war sehr gefragt. Auch den Flügel tauschten sie gegen Lebensmittel ein. Mit etwas Glück konnte man solche Schätze im Jogelland ergattern, – im Tauschhandel, dem Hamstern. Auf diese Art kam Anna, die nichts Warmes mehr anzuziehen hatte, in den Besitz einer zauberhaften, von der Mutter gestrickten Jacke aus grauer Schafwolle mit exotischem Zopfmuster, einer reizenden Jacke, die, obwohl am Körper kratzend und nach dem fettigen Fell der Schafe riechend, ein begehrenswertes Kleidungsstück darstellte, einen wertvollen Besitz, in dem sich Fantasie und Praktisches paarten.

Stolzgeschwellt schwebte Anna so bekleidet in die Schule, wo sie sich ausgiebig bewundern ließ. Neidvolle Blicke ruhten auf ihrem modischen Besitz. Gierige Augen folgten ihr auf Schritt und Tritt. Die Anteilnahme der anderen Mädchen tat ihr ebenso gut wie deren Neid. Es war schon kalt draußen, steife Winde bliesen Winterluft von den Bergen, die Jacke erfüllte also auch in dieser Hinsicht ihren Zweck. Das Glück aber dauerte nicht lange. Ein paar Tage nur. Nach dem Unterricht hing die Jacke nicht mehr dort im Umkleideraum an den Haken. Anna lief hysterisch herum. Sie begann zu weinen. Umsonst. Denn die schöne graue Jacke hatte sich in Luft aufgelöst, sich in den Besitz eines anderen Mädchens begeben. Heulend, grün im Gesicht, am ganzen Körper zitternd schleppte sich Anna nach Hause, wo sie in die Arme ihrer Mutter fiel. „Sie ist weg! Meine Jacke!“, stieß sie schluchzend hervor!

„Warum hast du nicht aufgepasst?“

„Hab ich doch!"

„Wo hast' sie denn gelassen? Hast du sie ausgezogen?"

„Im Umkleideraum ..."

„Ach Gott! Wie dumm muss man denn sein! Anna! Das hätt' ich dir doch gleich sagen können. Das ist ja gerade wie eine Einladung zum Stehlen. Ganz einfach. Eine von deinen Mitschülerinnen hat sie mitgehen lassen! Kannst du dir denken, wer?" Die Mutter stand da und seufzte und auch die Großmutter seufzte. Die Mutter streichelte Anna die Stirn. Und Anna weinte und fühlte sich anfällig für den Schmerz der ganzen Welt. Bestimmt die Helga Svatousek! Sie fühlte es. Dieses Gefühl begann sie aufzurichten. Es konnte ja niemand sonst sein, außer dieser übel beleumundeten Helga. Die Familie stahl, hieß es, also stahl auch die kleine braunäugige Helga, alle behaupteten es hinter vorgehaltener Hand, Gewalt und Diebstahl herrschten auch in der Schule, alle wussten es, man verlor jedes Maß, weil sowieso alle stahlen, niemand würde es bestreiten. Die Proletenfamilie, die Kommunisten Svatousek.

Schmerz durchbohrte Anna. Sie sprach es endlich aus. „Die Svatousek!"

„Die Svatousek?" Das Gesicht der Mutter wurde starr. Sie schüttelte den Kopf, während Annas Herz wirre Trommelwirbel in der Brust vollführte. Die Großmutter verschränkte die Arme über ihrem üppigen Busen: „Es würd' mich nicht weiter wundern, die stehlen ja alle wie die Elstern. Sind ja Kommunisten und außerdem – der Name sagt sowieso alles. Eine Haussuchung bei denen wäre angebracht!"

„Wenn ich von der Schule nach Hause geh", so Anna, „komm' ich ja am Haus vorbei, wo die Helga wohnt. Sechs Brüder hat sie. Einer, der Franzi sitzt im Gefängnis. Helga hat auch eine böse Großmutter, eine ganz dürre Alte", erklärte Anna, wobei sie sich die Tränen mit dem Handrücken abwischte, „die lehnt sich den ganzen Tag lang aus dem Fenster, und wenn ich vorbeigehe, dann ruft sie mich immer. Sie ist so furchtbar neugierig. Aus ihrem Fenster strömt immer ein Geruch nach gekochtem Kohl", klagte Anna naserümpfend, „ich mag die nicht!"

„Sind halt arme Leut'", murmelte die Mutter. „Haben nichts, gar nichts, auch keine Arbeit. Nicht einmal irgendwelche Ideale. Muss schlimm sein für die Eltern."

„Ich mag sie aber trotzdem nicht …" maulte Anna.

„Du gehörst halt einer anderen Gesellschaftsschicht an!", stellte Sophie Lenau fest, indem sie ihre Enkelin wohlwollend betrachtete. „Es gibt ein Sprichwort aus dem Orient: Wenn einer stiehlt, so hat sein Vater schon vor ihm gestohlen. Mein armes Kind! So ein schönes Jackerl!"

„Schlimm!", jammerte die Mutter. „Ein ganzes Klavier für ein bisschen Wolle – und alles für die Katz."

„Anna!", klagte die Großmutter, „dass du diese Leut' nicht besonders magst, kann ich durchaus verstehen. Weil du halt was Besseres bist. Das liegt dir einfach im Blut. Dagegen kannst du nichts …"

„Warum?"

„Wie soll ich's dir sagen? Unsere Erbanlagen, unsere Erziehung haben uns eben zu unterschiedlichen Menschen gemacht. Die Erbanlagen haben jedem von uns ein persönliches Schicksal verschafft. Dazu kommt auch noch die Erziehung. Egal, wo ich mein Bett aufstelle oder wo ich arbeite und überhaupt lebe, egal, wie dreckig es mir gehen mag, so werde ich mich jedenfalls nie auf derselben sozialen Stufe wie diese … ähem … Svatousek befinden."

Aus dem Ofenrohr strömte der Duft von gedünsteter Paprika. Auf dem Küchentisch stand ein leeres Glas. Eine tote Fliege lag darin, seltsam verkrümmt. Sophie Lenau starrte nun zum Fenster hinaus, vielleicht, um im Geheimen ihre eigene soziale Lage zu bewerten. Dreckig ging es ihr und den Ihren zwar, dreckig auch dem Betrieb, man stopfte sich täglich mit Sterz voll, aber man hatte so seinen Stolz. Das, was blieb, war der Stolz. Es herrschte zwar Hunger in ihrer Küche, aber auch Stolz, Gott sei Dank! Angewidert von ihren Sorgen dachte sie an bessere Zeiten, an den Geruch von frischem Brot und an geräucherten Speck.

„Meine Vorfahren", sagte sie zu Anna, die sich auf einen Küchenstuhl am Fenster gesetzt hatte und ihrer Großmutter ins blasse Gesicht sah, „waren allesamt sehr fleißige Leut. Und nicht nur das, sie waren auch gescheit, sparsam, tüchtig, haben es alle zu was gebracht in ihrem Leben. Zum Beispiel mein Vater, den der Kaiser höchstpersönlich mit den glänzendsten Orden ausgezeichnet und dekoriert hat, der war ein Jemand, der nie das normale Maß verloren hätt'. Geboren wurde er 1837 in Komotau, dem damaligen Böhmen, von deutschen Eltern naturgemäß, und als mein Vater die Matura hinter sich hatte, kam er ins Josephinum in Wien…"

„Josephinum? Was ist das?"

„Eine Stiftung Kaiser Josephs II. für besonders begabte Söhne minderbemittelter Beamter oder Bauernsöhne aus der ganzen Monarchie zur Heranbildung tüchtiger Militärärzte. Mein Vater hat sich dann für die Anthropologie entschieden. Bedenke, das Studium am Josephinum war nicht gerade ein Honiglecken. Nicht so spartanisch wie Schillers Karlsschule, doch immerhin Sperrstunde und knappes Taschengeld, eine Flasche Wasser zum Frühstück und ein Schusterlaberl. Ich war immer sehr begierig, dort einmal hinzukommen, was aber erst möglich wurde, als mein Vater als Vortragender dorthin berufen wurde. Interessant fand ich vor allem die lebensgroße Wachsfigur eines geradezu makellos schönen Frauenzimmers.

Diese märchenhafte Gestalt hatte langes, blondes Haar. Man konnte sie sogar auseinander nehmen. Alles im Körper ist in seiner ganzen Merkwürdigkeit sichtbar geworden, die Gedärme, die Knochen, einfach alles. Mir ist jedes Mal ganz anders vor lauter Aufregung geworden!“ Anna nickte und sah, dass die Hand der Großmutter zitterte.

Anna fuhr mit den Fingern über die bunte Tischdecke. „Hast du deinen Vater sehr lieb gehabt, Großmutter?“

„Sehr. Er war ein ganz wunderbarer Mensch. Und Glück hat er schon früh gehabt. Mein Vater hat nämlich die Schlacht bei Königgrätz mitgemacht, ist dabei versprengt worden und wurde seiner Kommandostelle als gefallen gemeldet. Und …“

Anna verstand nichts. Nicht einmal von einer Schlacht konnte sie sich einen Begriff machen. Königgrätz? Was für ein wunderlicher Name. Die Großmutter hielt die Augen auf irgendeinen weit entfernten Punkt gerichtet und fuhr so fort: „Er hat aber zum Glück noch gelebt. Weil er einen Schutzengel gehabt hat. Er ist zu seiner Truppe zurückgekehrt, der Kommandant sieht ihn, erstarrt, schlägt ein Kreuz – er meinte, den Geist eines Toten vor sich zu sehen. Königgrätz soll das absolute Grauen gewesen sein. Überall Tote, Sterbende, Verwundete. Naja, auch nicht so viel anders als während des Kriegs, den man uns eingebrockt hat. Aber mein Vater war zutiefst entsetzt wegen dem Elend in den Lazaretten. Damals war das Lister'sche Wundverfahren bei uns noch nicht bekannt. In England haben sie es gehabt, das Karbol und alles hat danach gerochen und die Krankenschwestern hat man damals Karbolmäuse genannt. Jeden Tag musste man verbinden und Scharpie auskratzen. Auch im Choleraspital hat er seinen Dienst gemacht, bis sie ihn nach Olmütz versetzt haben, als Oberarzt. Franz Ferdinand, damals Erzherzog, hatte eine Weltumseglung hinter sich. Mein Vater hat das gesamte anthropologische Material erhalten, das der Erzherzog auf dieser Reise gesammelt hatte. Und später wurde mein Vater zum Leiter des österreichisch-ungarischen Militärspitales in Konstantinopel befördert. Die

Stadt liegt in der Türkei, am goldenen Horn, heute nennt man sie Istanbul, das kommt angeblich aus dem Griechischen und bedeutet is-tin-poli oder in-die-Stadt. Weil die Leute immer gesagt haben: Ich gehe in die Stadt. Istinpoli. Poli bedeutet Stadt, so wie Nea-poli, das heißt Neustadt. Hat mir der Vater jedenfalls erzählt. Mein Vater war ein Idealist. Geld hättest du ihm hinterher werfen können, es hat ihn einfach nicht interessiert. Nicht zu vergleichen zum Beispiel mit den meisten Juden. Von denen ja bekannt ist, dass sie vor allem auf'm Zaster aus sind. So ist mein Vater nie gewesen. Weißt, was ich von ihm hab? Ich meine geerbt?"

„Was denn?", fragte Anna. „Geld?"

„Aber nein. Etwas viel Besseres. So oft wie möglich zu lachen, um das Unglück fern zu halten. Obwohl es uns oft genug hart getroffen hat. Damals als meine kleine Tochter Waltraud gestorben ist. Erst drei war sie. Es war …" – hier stockte ihre Rede kurz – „und er hat mir dieses bisschen Verrücktheit vererbt, weißt du, die Franzosen sagen dazu un grain de folie. Auch das hilft manchmal im Leben weiter. Man steht dann irgendwie darüber. Und sonst …", sie dachte nach: „auch meinen Pessimismus. Weil ich mit Sicherheit weiß, dass das Schlimmste jederzeit passieren kann. Auch meinen bissigen Humor hab ich von ihm und eine gewisse vielleicht puritanische Strenge in der Kindererziehung. Doch das Rezept für gefüllte Paprika hab' ich von meiner Mutter, seiner zweiten Frau, weil die erste gestorben ist. Er hat sie in Konstantinopel kennengelernt und später geheiratet. Sonst wären wir ja nicht hier", die Großmutter lachte leise vor sich hin, „weder du, noch ich. Meine Mutter hieß Auguste und stammte aus Steinschönau aus einer wohlhabenden Familie von Glasproduzenten. Sie war so weißblond, dass ich sie Zeit meines Lebens für eine weißhaarige Frau gehalten hab."

„Wie hat er ausgesehen, dein Vater?"

„Rein nordisch. Blond, blauäugig, mit sehr lichter Haut, ein Langschädel. Er war hochgewachsen, hat gerne Sport getrieben, schwimmen, wandern, die Berge besteigen, auch musikalisch war er natürlich sehr, wenn auch kein ausübender Musiker, so wie dein Großvater Sigmund in Langenwang, aber Flöte konnte er spielen. Und sonst … ja sonst war er der redlichste Mensch. Von deinem Großvater abgesehen. Ehrlich in jeder Beziehung …“

„Nicht wie die Svatousek!“

„Ach Kind! Man müsste Nachsicht üben mit seinen Nächsten, ich meine, was können die dafür, dass sie so geworden sind? Aber – wer weiß – mein Vater pflegte zu sagen, dass der Charakter angeboren ist und vielleicht liegt doch unsere türkische Kızkıllı-Karamanie bei diesem Zigeunerpack, – *Kızkıllı* bedeutet übrigens auf Türkisch Mädchenhaar, weil in den Kelim Frauenhaar eingewoben ist, – oder unser schönes Tafelsilber!“, stöhnte Sophie in bedeutungsschwerem Ton, „mein Gott, was für Zeiten! Alles durcheinander. Alles unsicher. Keine Werte mehr wie wir sie früher gekannt haben …“ –

20

Anna, längst eingeschult, und Ferdinand, der erst im Herbst 1946 in die erste Klasse eintreten würde, verbrachten in diesem Alter einen Großteil ihrer Zeit miteinander. Sie spielten mit selbst hergestellten Papierpuppen, die sie meist verbrannten (das Schicksal von Renate Schwarz nachahmend) oder in einem Fass ertränkten. Anna zeichnete sie auf Papierbögen, Ferdinand bemalte sie mit Buntstiften und schnitt sie aus. Viele dieser Figuren hatten Flügel. Wenn die Buntstifte stumpf wurden, baten die Kinder den Großvater, sie wieder zu spitzen, was er mit seinem zusammenklappbaren Taschenmesser, dessen kleinere Klinge er dafür benützte, meist gerne, mit viel Geduld und gut machte. In der warmen Jahreszeit spielten die Geschwister fast den ganzen Tag lang im Garten, manchmal kamen auch Freunde, aber allzu viele gab es davon nicht – sie zogen es sogar vor, nur miteinander zu sein.

Derjenige Baum, der am frühesten im Jahr Äpfel trug, war der Klarapfelbaum. Er produzierte große, hellgrüne, süß schmeckende, knackige Früchte, die sich aber nicht besonders gut lagern ließen. Deswegen durften sie auch von den Kindern direkt vom Baum geholt und gegessen werden, was bei anderen, lagerfähigen Apfelsorten wie Goldrenetten, Kronprinz Rudolf oder Schafnasen und Lederäpfeln nicht gestattet war, denn die wurden im Herbst von Onkel Heinrich vorsichtig gepflückt, um nur ja nicht beschädigt zu werden, dann aussortiert und je nach Qualität zu Kompott, Mus verarbeitet oder in Papier eingewickelt im Waschkeller in mit Zeitungspapier ausgelegten Steigen eingelagert. Der Klarapfelbaum war verhältnismäßig groß und kräftig gewachsen, was möglicherweise mit seiner Nähe zum Hühnerstall im Zusammenhang stand, denn dort war der Boden vom Hühnermist gedüngt und es ist gut möglich, dass der Baum davon profitierte.

Die Nachbarn beneideten die Lenaus um ihren frühtragenden Klarapfelbaum mit den großen, saftigen Früchten, niemand hatte um diese Jahreszeit mehr Äpfel und man liebte Äpfel; die eingelagerten Vorjährigen waren meist schon aufgebraucht oder schrumpelig, angefault, keinesfalls mehr gut, knackig und die Haupternte an Gravensteinern, Kronprinz Rudolf, Schafnasen, Lederäpfeln und Maschanzkern fiel in eine spätere Jahreszeit.

Anna meinte eines Tages – die Kläräpfel wurden gerade reif – dass man welche davon auf der Straße verkaufen könne. „Wir verlangen für einen Apfel einen Groschen", schlug sie vor und Ferdinand willigte begeistert ein. Sie holten ihre hölzerne Kinderscheibtruhe, füllten sie mit Äpfeln und verließen den Garten durch das vordere Gartentor, von wo aus man direkt auf die am Lenau'schen Grund vorbeiführende Waldgasse gelangte. Viele Menschen verirrten sich nicht in diese Gegend, aber man begegnete doch immer wieder dem einen oder anderen, die meisten gingen, nach Schichtende von der Fabrikarbeit kommend, heimwärts, hinauf zur Schrufsiedlung mit ihren kleinen, von eingefriedeten Gärtchen umgebenen Einfamilienhäusern.

Die erste Person, die sich den Kindern näherte, eine ältere Frau, wurde von Anna angesprochen: „Schöne Äpfel zu verkaufen, die Dame! Das Stück einen Groschen nur!"

Ferdinand kicherte sich eins zwischen die Fäuste.

„Mei, des san aber wirklich prächtige Äpfel", rief die Frau freundlich, „san's aus eurem Garten?"

„Ja", sagte Anna, „direkt vom Baum. Kläräpfel sind es."

„Da kauf i ma gern an! Hier, nimm! An Groschen. Und vielen Dank, liebs Mäderl!" Um Nu waren die Äpfel verkauft und stolz zählte Anna: acht Groschen.

„Gehen wir neue Äpfel holen", sagte Ferdinand, der auch Geld haben wollte. Und schon waren sie wieder draußen und hatten bald die zweite Fuhre an den Mann gebracht.

Da sagte Anna: „Weißt du was?"

Ferdinand schaute seine Schwester groß an.

„Ich hab eine Idee!"

„Ja?"

„Wir ermorden jemanden!"

Ferdinand rief laut: „Wau! Wie denn?"

„Wir tun was in die Äpfel hinein. Dann verkaufen wir sie und wenn sie jemand isst, stirbt er."

„Ja aber … was tun wir denn hinein?"

„Was Giftiges."

„Wo gibt's denn was Giftiges?"

Anna dachte nach, blickte um sich und stieß schließlich erregt hervor: „Da! Schau! Pferdemist. Rossknödel! Die tun wir in die Äpfel."

„Ja, aber schmecken das die Leute denn nicht? Das is ja grauslich."

„Dann tun wir halt nur ganz wenig hinein. Das schmecken sie sicher nicht."

Wieder pflückten sie Äpfel vom Klarapfelbaum, dann machten sie mit einer Glasscherbe in jeden einen kleinen Schnitt und stopften etwas Pferdmist von der Landstraße hinein.

„Ob das die Leute denn nicht merken?“

„Wir müssen‘s halt ausprobieren.“

Sie verkauften auch diese imprägnierte Ladung Äpfel schnell und schauten den Leuten lange neugierig nach, sobald diese vom Apfel abgebissen hatten. Aber niemand bemerkte etwas, niemand starb. Enttäuscht gingen die Kinder zurück in den Garten.

Da sagte Ferdinand: „Wir könnten ja noch die Glasscherbe zerstampfen und das Glaspulver in den Apfel stecken. Dann stirbt sicher einer, denn das Glas zerschneidet ihm den Mund und den Magen.“

Anna, die diese Idee hervorragend fand, machte sich gleich an die Arbeit und zerrieb die Glasscherbe zwischen zwei Steinen zu kleinen Splittern. Jetzt schnitten sie die Äpfel mit einem Messer ein und füllten die Splitter in den Schnitt.

„Das muss funktionieren“, sagte Anna, als sie wieder hinausgingen auf die Waldgasse.

Auch diese Ladung hatte bald ihre Käufer gefunden. Doch wie groß war die Enttäuschung: Nicht ein einziger Mensch starb. Ja nicht einmal vom Glaspulver nahm man Notiz.

„Es geht nicht“, stellte Anna betrübt fest.

„Man braucht halt ein echtes Gift“, meinte Ferdinand.

„Aber was für eins?“

„Es gibt das Giftkräutel. Die Großmutter sagt doch immer, dass man es den Hasen nicht zum Fressen geben darf, denn dann kriegen sie die Blähung und krepieren."

„Kennst du das Giftkräutel überhaupt?"

Ferdinand nickte. „Klar! Es hat kleine, gelbe Blüten und wenn man es bricht, kommt eine bittere, klebrige Milch aus dem Stängel."

„Ist dieser Saft wirklich sehr bitter?"

Ferdinand nickte wider.

„Woher weißt du das denn?"

„Ich habe ihn gekostet."

„Ja aber der ist doch giftig!"

„Ja."

„Und da hast du ihn trotzdem einfach gekostet?"

„Hab ich."

„Das hast dich getraut?"

„War ja nur ganz wenig. Hab mit dem Finger auf den Stängel mit der Milch draufgetippt und dann den Finger abgeschleckt."

„Und – war's bitter?"

„Saubitter. Den ganzen Tag hat man's noch nachgeschmeckt."

„Aber das werden die Leut' dann merken, wenn sie den Apfel essen und wenn's so bitter ist."

„Ich weiß es nicht."

„Wir müssen's halt ausprobieren. Komm, du holst's Giftkräutl und ich die Äpfel."

„Du", sagte da Ferdinand, „ich glaube, dass es jetzt kein Giftkräutl gibt."

„Warum denn nicht?"

„Weil es erst im Herbst wächst. Jetzt im Frühjahr gibt's noch keines."

21

In Mürzzuschlag mangelte es während der Vierzigerjahre – auch nach dem Krieg – an öffentlichen Veranstaltungen, insbesondere an Unterhaltungen. Es gab zwar ein Kino, später sogar vorübergehend zwei, von denen sich eines großartig Lichtspieltheater nannte. Aber die Filme waren für Kinder meist ungeeignet, Jugendverbot hieß das, was bedeutete, dass weder Ferdinand noch Anna – die immerhin um zwei Jahre älter war – sich einen Film ansehen durften, denn auf das Jugendverbot wurde sowohl vom uniformierten Saalwächter, dem Platzanweiser, und klarerweise von der Kartenverkäuferin streng geachtet. Die Kinder gingen zwar oft hin zum Lichtspieltheater und sahen sich die in einem Schaufenster ausgehängten Bilder an, auf denen streng dreinblickende Helden mit Gewehren oder Revolvern, wunderschöne, nicht gerade winterlich bekleidete Damen und exotische Landschaften eine Ahnung vermitteln sollten, wovon der Film handelte. Auch der Geruch aus dem Saal schien von einer anderen Welt zu kommen. Nur einmal alle paar Monate wurde eine Kindervorstellung gegeben, und zwar Sonntag vormittags, wo etwas ganz Neuartiges geboten wurde wie Onkel Heinrich erklärte, nämlich Zeichentrickfilme, in denen Käfer schifuhren, Mäuse den Katzen die lange Nase zeigten und Hunde von kleinen Enten gejagt wurden und dabei komische, unverständliche Worte ausstießen. Diese Zeichentrickfilme – so Onkel Heinrich – würden in Amerika hergestellt, und zwar von einem gewissen Mister Walt Disney, der in mühsamer Kleinarbeit diese Fantasiefiguren zu Papier brachte und dann Bild für Bild fotografierte. Damit sich die Figuren bewegten, musste Walt Disney sie bei jedem Bild um ein kleines bisschen verändert zeichnen, so wie das in den Daumenkinos üblich war, die man gelegentlich auf Jahrmärkten zu kaufen bekam und die vor allem Ferdinand immens liebte. Bei den Daumenkinos handelte es sich um kleine Büchlein mit elastischen Papierseiten, auf denen irgendwelche Witzfiguren draufgedruckt oder gezeichnet waren. Wenn man die Seiten rasch unter dem Daumen durchblättern ließ, sah es aus, als würden sich die Figuren bewegen. Ferdinand versuchte gelegentlich, solche Daumenkinos selbst herzustellen, indem er die Figuren mit den zur Bewegung notwendigen Veränderungen Blatt für Blatt zeichnete, aber es scheiterte daran, dass er die bebilderten Seiten dann nicht zu einem Büchlein zusammenheften konnte.

Also half er sich mit echten Büchern aus, die er heimlich aus den Regalen der Lenau'schen Bibliothek klaute, um auf die freien Ecken seine Figuren hinzuzeichnen, die sich dann beim raschen Überblättern zu seiner großen Freude auch tatsächlich bewegten. Dass dabei die Bücher beschädigt wurden, ärgerte die Erwachsenen sehr und man verbot Ferdinand derartige Aktivitäten aufs Allerstrengste. Er verstand also das Wesen des Zeichentrickfilms recht gut und versuchte später auch solche Filme aus Papier herzustellen. Er verfertigte ganze Geschichten auf Papierstreifen, die er zuvor wie einen Film in kleine Kästchen unterteilt hatte, welche er dann vollzeichnete, das bereitete ihm ungeheuren Spaß, aber es gab keinen Apparat, durch den man diese Papierfilme dann hätte durchlaufen lassen können.

Wie gesagt, in der Kleinstadt Mürzzuschlag war man darauf angewiesen, die Zerstreuung vorwiegend in den eigenen vier Wänden zu suchen. Man unterhielt sich über Gott und die Welt, man hörte ganze Opern im Radio an, Mozart, Richard Strauss und vor allem Richard Wagner, gelegentlich wurden im Salon Liederabende veranstaltet, wozu man auch Gäste einlud, besonders gerne hatten es die Kinder, wenn die Erwachsenen mit ihnen Brettspiele spielten wie Mensch ärgere dich nicht, Halma oder Mühle. Eigenartigerweise war das Kartenspiel bei den Lenaus nicht besonders beliebt, obwohl die Landbevölkerung in den Wirtshäusern mit Begeisterung schnapste, tarockierte oder Rummy spielte. Nur der neue Vater, Theodor Mohr, legte während der trägeren Nachmittagsstunden gerne ungestört und tief konzentriert seine Patiencen, wenn er in Mürzzuschlag auf Besuch weilte. Bei den Großeltern in Langenwang unterwies man

Ferdinand auch im Schachspiel, woran er aber keinen besonderen Gefallen fand, wohl weil es ihm dafür am notwendigen Talent mangelte. Hin und wieder durften die Kinder ein selbstverfasstes Theaterstück aufführen. Das Lusthaus im unteren Garten diente an lauen Sommerabenden als Bühne, die Stücke waren meist kurze Episoden wie zum Beispiel jene, in denen ein steirischer Bauer, der nur Dialekt spricht, den Arzt aufsucht, um ihm zu erklären, er habe d'Huascht, worauf ihm der Arzt, der nur Hochdeutsch spricht, rät, doch etwas zu trinken, denn dann würde der Durst vergehen. Irgendwann wird es dann klar, dass der Patient nicht über Durst, sondern über Husten klagt, ein Leiden, welches in der steirischen Sprache weiblich ist, also ‚die Husten' oder verkürzt d'Huascht. Etwas ähnliches führten die Kinder mit Tannenreisig und Gras vor, weil in ihrer Mundart das Reisig ‚Grass' lautete, was sich vom Hochdeutschen Wort ‚Gereise' = Reisig ableitet, wobei ein des Steirischen Unkundiger eben meint, es müsse sich um Gras handeln, doch dieses lautete auf Steirisch eben nicht Grass mit hellem, kurzem A, sondern Gras mit einem langen, dumpfen A. Ein anderes Mal kommt ein Mann zum Arzt, zeigt ihm jammernd und klagend die Hand, deren fünf Finger alle dick verbunden sind, wobei er erklärt, er habe sich beim Holzmachen versehentlich in den Daumen gehackt. Der Arzt wickelt jetzt umständlich den Daumen aus, aber der ist ganz in Ordnung. Dann war es der Zeigefinger, erklärt der Patient. Der Doktor wickelt daraufhin den Zeigefinger aus – wieder in Ordnung – und so weiter, bis alle Finger ausgewickelt sind, aber keiner eine Verletzung aufweist. Da hab ich eben daneben gehackt, verkündet der Patient und die Zuhörer lachen laut, obwohl sie die Geschichte natürlich gekannt haben.

Besonders gerne veranstalteten die Kinder Schattenspiele. Ein Leintuch wurde in einen Türrahmen gespannt, dahinter eine Lampe aufgestellt und zwischen Lampe und Leintuch gespielt. Von vorne sieht man nur den Schatten der Akteure. Einen Mann mit vier Armen, wenn Anna und Ferdinand hintereinander stehend ihre beiden Schatten zu einem verschmelzen ließen, wie der von Lili Marlene mit ihrem Liebhaber. Da konnte man Menschen mit Messern schneiden, erstechen, niederschlagen, ihnen die unglaublichsten Gegenstände mit der Hand aus dem Magen herausholen oder man konnte mit Händen und Fingern kleine Schattenfiguren zum Leben erwecken.

Zur Faschingszeit veranstaltete die Stadtgemeinde im Gemeindesaal im Hotel Post jedes Jahr einen Kostümball für Kinder, den keine Familie auslassen wollte. Ein besonderes Motto gab es nicht. Die Eltern bastelten Kostüme, malten die Gesichter ihrer Kinder mit Farben an, klebten ihnen Bärte an Wangen und Kinn, setzten ihnen Brillen auf die Nase und flochten ihnen bunte Bänder ins Haar. Man ging verkleidet als Bär, Pirat, Zauberer, Kasperl, Vogel, Arzt, König, Prinzessin, Krankenschwester, Mönch oder einfach als Fantasiegestalt undefinierbarer Art. Die Musik – Walzer, Polkas, Märsche, Volksweisen – wurde von einem Ziehharmonikaspieler produziert, der auch manchmal sang. Die Mutter verwandelte Anna in eine Prinzessin und Ferdinand in einen Seemann. Auf dem Faschingsball herrschte ein unglaubliches Gedränge. Ferdinand hatte sowohl Anna als auch die Mutter bald aus den Augen verloren.

Er hat nämlich unter den tobenden und vor Vergnügen kreischenden, tanzenden Kindern ein kleines Mädchen erspäht, das steht ganz ruhig an der Wand und erinnert ihn auf eine unerklärbare Weise an das schöne deutsche Kind, von dem die Mutter immer wieder sprach, ein Mädchen, das sein Gesicht nicht mit grellen Farben anmalt, sondern ganz natürlich belassen hat und gerade deswegen so wunderschön und betörend ernst aussieht. Ferdinands Herz schlägt wie rasend, als er zu ihr hingeht und sie bei der Hand nimmt. Beinahe willenlos lässt sie sich von ihm auf das Tanzparkett führen. Er schaut den älteren Kindern zu, wie sie es beim Tanzen anstellen und versucht, es ihnen nachzumachen. Sie hopsen und drehen sich, er imitiert das, aber das Mädchen fängt gleich an zu keuchen und muss bald eine Pause einlegen. Das Gedränge ist so groß und die Musik, die der Ziehharmonikaspieler seinem Instrument entlockt, so laut, dass Ferdinand mit dem Mädchen beim Tanzen nicht sprechen kann. Aber er merkt, dass sie sich ausrasten will. Er führt sie zur Wand hin, wo sie sich auf einen Hocker setzt. Ferdinand bleibt neben ihr. „Wie heißt du denn?“, fragt er sie.

„Emma Horwath“, sagt das Mädchen. Ihre Stimme ist ganz hoch, wie die von einer Maus.

„Ich bin der Ferdinand. Ferdinand Roth.“

Sie schaut ihn an. Sie hat ein flaches, von langem, glattem, rabenfarbenem Haar umrahmtes Gesicht mit großen, schwarzen Augen und hohen Backenknochen. Ihre Haut ist dunkler als die von Ferdinand, noch dunkler als Annas Haut, die in der Sommersonne auf den Schultern manchmal beinahe violett wird, sodass die Großmutter einmal gesagt hat, Anna sehe aus wie ein Zigeunerkinderl. Emmas Lippen, denkt Ferdinand, sind blau. Sie schauen so aus wie die Lippen der Kinder, die zu lange im kalten Wasser umhertollen. Und sie atmet schwer. Sie keucht, ringt nach Luft. Ferdinand möchte sie fragen, was sie hat, ob sie krank ist. Onkel Heinrich, erinnert er sich, hat öfter erzählt, dass er während seines Militärdienstes schlecht Luft bekommen, unter Atemnot gelitten habe, worauf er ärztlich untersucht worden sei. Der Arzt, so hat Onkel Heinrich berichtet, – ein besonders guter Diagnostiker – habe den Onkel nur abgehorcht, mit dem Hörrohr, um festzustellen, der Onkel habe Kavernen in der Lunge, er leide also an Tuberkulose. Das hatte der Doktor hören können. Danach sei eine Röntgenaufnahme angefertigt worden und da habe man dann die Lungentuberkulose auch wirklich gesehen und der Onkel war wegen der Lungentuberkulose für den Militärdienst untauglich geschrieben worden, weil er sonst andere Soldaten angesteckt hätte, und man hat ihn auf einen Höhenkurort geschickt. Dort, so hat Onkel Heinrich schon öfter den Kindern berichtet, haben ihm die Ärzte einen Pneumothorax gesetzt, das ist so eine Art Loch in der kranken Lunge, das mit einer Nadel gestochen wird. Dann fällt die Lunge in sich zusammen und man kann nur mit der anderen Lunge atmen. Aber die kranke Lungenseite kann sich jetzt in Ruhe erholen und dehnt sich später allmählich wieder aus und dann ist man gesund. Onkel Heinrich ist wieder ganz genesen und konnte wieder so gut Tennis spielen wie vor der Tuberkulose und an die Front hat er auch nicht müssen, das war ein Glück, denn die meisten Männer sind von der Front nicht mehr heimgekehrt. Bei Emma Horvath, so denkt Ferdinand, sieht es so aus, wie es bei Onkel Heinrich ausgesehen haben muss. Sie atmet schwer und manchmal hört man den Atem richtig aus ihrem Mund pfeifen.

„Hast du was?", fragt Ferdinand das Mädchen.

Sie versteht nicht, was er meint und blickt ihn mit ihren großen Augen an.

Er hätte ihr jetzt gern die Wangen gestreichelt. Die Mutter tut das manchmal bei ihm und flüstert dazu leise ‚ei, ei'. Vielleicht würde Emma das auch gern hören. Aber er traut sich nicht. Er wartet, bis sie sich erholt hat, dann nimmt er sie wieder an den Händen und zerrt sie zurück ins Gedränge der Kinder.

Sie hat wirklich eine dichte, nachtfarbene Mähne, die ihr bis auf die dünnen, nackten Schultern fällt. Sie ist als Fee verkleidet, mit kleinen Papierflügeln wie von einer Libelle, die hinten am grünen Krepp-Kleid angenäht sind. Die Haut ihrer Schultern ist dunkel und irgendwie blaustichig wie die Lippen. Er drückt Emma beim Tanzen sachte an sich und spürt, wie sie atmet, rasselnd, tief und langsam und mit offenem Mund. Sie riecht wie ein feuchtes Pelztier. Er schaut sie an, sie ist viel kleiner als er und ihre Brust ist aufgebläht. Aus den Krepppapierärmeln ragen dünne Arme und die Finger sind aufgetrieben wie die von einem Frosch.

„Möchtest du einmal meine Tiere sehen?", fragt er sie.

„Welche Tiere?"

„Zuhause haben wir ein Planschbecken. Da drinnen sind im Sommer Frösche mit Kaulquappen und Unken. Und an der Mauer sonnen sich die Eidechsen. Aber da muss man ganz ruhig lauern, sonst sieht man sie nicht."

„Eidechsen mag ich nicht. Und Frösche sind grauslich!"

„Warum? Ich fange immer Frösche. Die sind nicht grauslich."

„Bä – die sind so schlatzig."

„Aber beobachten kannst du sie ja. Man muss Tiere ja nicht fangen. Man kann ihnen zuschauen, wenn man dabei ganz ruhig bleibt und sich nicht bewegt."

Sie tanzen, aber jetzt braucht sie wieder eine Pause. Er führt sie zurück an die Wand zu dem Hocker. Er streichelt sie jetzt ganz kurz auf der Wange. Ei, ei jedoch sagt er nicht. Das würde Emma nicht verstehen. Das versteht nur er, wenn es die Mutter zu ihm sagt. „Gehst du schon in die Schule?"

Sie schüttelt den Kopf.

„Wie alt bist du denn?"

„Fünf", sagt sie und reckt ihm die fünf Finger mit den aufgetriebenen Fingernägeln der rechten Hand entgegen.

„Wo wohnst du denn?"

„In Hönigsberg."

„Wir wohnen ganz nahe von hier. In einem Haus mit einem großen Garten. Wohnst du auch in einem Haus?"

Sie schüttelt den Kopf. Das Reden hat sie wieder außer Atem gebracht. Ob sie auch Tuberkulose hat? Dann ist sie vielleicht ansteckend. Ihn haben sie auch untersucht, und zwar im Spital, dort ist er durchleuchtet worden und der Arzt hat bei ihm einen verkalkten Lymphknoten festgestellt. Das war auch eine Tuberkulose aber keine gefährliche. Was ein Lymphknoten ist, weiß Ferdinand, denn wenn er Zahnschmerzen hat, dann schwellen ihm am Unterkiefer die Lymphknoten an, die kann man gut mit den Fingern betasten und unter der Haut hin und her schieben. Den ganzen Nachmittag tanzt er nur mit Emma und fühlt sich glücklich mit ihr. Mit keinem anderen Mädchen tanzt er, nicht einmal mit Anna. Am Heimweg sagte die Mutter zu ihm: „Du warst aber ganz verliebt in das kleine Ding."

Ferdinand wusste nicht ob er verliebt war oder nicht, aber er wollte Emma gern wiedersehen. „Sie wohnt in Hönigsberg", sagte er.

„Wahrscheinlich hat ihr Vater bei Schöller und Bleckmann in der Fabrik gearbeitet."

Schöller und Bleckmann hatten im Krieg Teile für Waffen produziert. Bleche, Panzerplatten, Fahrwerke für Kanonen. Nach dem Zusammenbruch hatten die Russen alle Maschinen abtransportiert und seitdem lag die Fabrik still. Die dort angestellten Arbeiter waren alle arbeitslos geworden. Nach einer Pause sagte die Mutter: „Wahrscheinlich sind die Eltern von dem Mäderl Kommunisten. Dann geht es ihnen jetzt besser als uns."

Ferdinand verstand diese Bemerkung der Mutter zwar nicht, aber er wusste, dass die Kommunisten nach dem Krieg viele Sachen aus der Lenau-Villa gestohlen hatten. Einen Teil davon hatten die Großeltern wieder zurückbekommen. Außerdem hatten die Kommunisten den russischen Besatzern verraten, dass die Lenaus ihr Silber unter den Ribiselstöcken vergraben hatten, sonst hätten die es nicht einmal mit ihren Minensuchgeräten aufgespürt. Deswegen mochte Ferdinand die Kommunisten nicht. In der ersten Klasse waren fünfzig Schüler, lauter Buben. Die geburtenstarken Jahrgänge, pflegte man zu sagen. Ein paar Kinder wohnten in der Ziegenburg, einer Arbeitersiedlung bei Hönigsberg, und die Großeltern behaupteten, dass dort fast alle Zigeuner wären. Die drei vier Buben aus der Ziegenburg waren frech und lästig und machten immer blöde Sachen. Sie lernten nichts und schwätzten während des Unterrichts. Sie konnten nicht einmal besonders gut reden und benützten untereinander Wörter einer Sprache, die Ferdinand nicht verstand. Und wenn die große Amerikanerin die Klasse betrat, die immer Spielsachen aus Amerika mitbrachte und an die Schüler verteilte, weil es hier keine Spielsachen gab, dann bekamen die blöden Buben immer etwas Schönes, einen Ball, ein Stehaufmanderl, Zuckerln, Ferdinand hingegen ging jedes Mal leer aus. Zuhause erklärte man ihm, dass er aus einer wohlhabenden Familie stamme und daher kein Spielzeug aus Amerika brauche. Außerdem, so fügte Onkel Heinrich bissig hinzu, wissen die genau, dass alle Lenaus und ihre Verwandten Nazis waren. Ferdinand dachte darüber nach, ob auch er ein Nazi gewesen ist?

„Hast du das Mäderl gefragt, wie es heißt?", wollte die Mutter jetzt wissen.

Ferdinand nickte: „Emma."

„Und wie noch?"

„Horwath oder so."

„Hab's mir gedacht."

„Was?"

„Na – der Name." Ferdinand wusste nicht, was seine Mutter damit ausdrücken wollte. Aber er fragte nicht weiter. Zuhause hörte er, wie die Mutter ihrer Mutter, der Großmutter Sophie, von dem Kinderball berichtete und sie erwähnte dabei auch das kleine Mäderl aus Hönigsberg und dass Ferdinand richtig verliebt gewesen ist und die ganze Zeit mit ihr getanzt hatte.

„Wie hat es gleich geheißen?“, wollte die Großmutter wissen. Sie hatte den Namen nicht gut verstanden.

„Emma. Emma Horwath.“

„Na“, sagte die Großmutter mit einer wegwerfenden Geste, „sicher ein Zigeunerkind.“

„Sie hat schlecht Luft gekriegt“, sagte Ferdinand, „und sie hat ganz blaue Lippen gehabt.“

„Die ist krank. Wahrscheinlich lebt sie in der Ziegenburg. Dort sind alle Zimmer feucht und sie wohnen zu zehnt in einem Zimmer. Nein, Bub, das ist kein Umgang für dich.“

Er beteuerte aber, dass er Emma gerne mochte.

„Hör zu“, sagte Großmutter Sophie, „du findest dir sicher noch eine viel schönere. Und wenn die Kleine dazu noch krank ist und keine Luft bekommt – wer weiß, woran sie leidet. Besser du vergisst sie.“

Er wollte Emma aber nicht vergessen. Doch was sollte er tun? Zur Ziegenburg war es von hier aus viel zu weit, da müsste man mit dem Bus hinfahren. Anna hatte Schulkameradinnen aus der Ziegenburg. Vielleicht konnte die Schwester ihm helfen? Er würde mit ihr reden. Aber es kam ganz anders. Zuerst vergaß Ferdinand das Mäderl mit der olivfarbenen Haut und den blauen Lippen. Doch eines Tages belauschte er, wie sich die Erwachsenen, die nach dem Nachtmahl noch bei Tisch sitzen geblieben waren, miteinander unterhielten. Er lag bereits im Nebenzimmer im Bett und konnte jedes gesprochene Wort genau verstehen. Er lauschte gerne, denn oft redeten die Erwachsenen über Dinge, die für ihn geheimnisvoll und interessant waren. „Übrigens“, hörte er die Stimme von Onkel Heinrich, „ihr erinnert euch doch an dieses Zigeunerkind, mit dem der Ferdinand angeblich so viel getanzt hat.“

„Was ist mit der?", wollte die Mutter wissen.

„Sie hat ein angeborenes Lungenleiden. Ich hab gehört, sie haben das Kind nach Leoben ins Kinderspital transportiert. Der Kleinen soll es schlecht gehen. Man kann diese Krankheit nicht heilen. Das Mäderl wird bald sterben, so hat man mir jedenfalls erzählt. Ersticken, angeblich. Und da hilft nichts. Da gibt es kein Mittel dagegen. Da ist auch die moderne Medizin machtlos." Heinrich hatte es vom Schwager seiner neuen Frau Angela erfahren, denn der war Kinderarzt in Leoben.

„Mein Gott", hörte Ferdinand die Mutter ausrufen, „wie furchtbar, wie traurig! Wenn das der Ferdl wüsste …"

Der Schreck saß ihm tief. Ersticken! Wie grässlich! Er hatte vor dem Sterben Angst. Er wollte nicht verbrennen, nicht ertrinken, nicht von einem Meteor aus dem Weltraum erschlagen werden und schon gar nicht von wo herabstürzen. Aber ersticken wollte er auch nicht. Und Emma musste … ersticken? Warum denn nur? Weil sie eine Zigeunerin war?

„Ja, braun war sie ja wirklich", hörte er die Stimme der Mutter, „und ganz schwarz das Haar, die Augen, und klein, richtig znirchtig. Und dann das Gesicht, ich weiß nicht, was der Bub daran gefunden hat? So … flach, irgendwie … slawisch. Fremd jedenfalls. Nein, die ist sicher keine von uns."

„Keine von der dinarischen Rasse", stellte Großmutter Sophie fest. „Da sieht man es halt wieder: das minderwertige Menschenmaterial. Pressthaft, siech."

„Also Mutter", klang Onkel Heinrichs Stimme durch Tür und Wand zu Ferdinand hinüber, „übertreibst du nicht manchmal? Was haben dir denn die Zigeuner getan?"

„Sie stehlen. Und betrügen. Und sie sind unehrlich“, deklamierte die alte Frau.

„Sagst du. Aber muss das denn wirklich stimmen?“

Das Gespräch verebbt. Er hört Onkel Heinrich und die Mutter ‚gute Nacht‘ sagen. Nur noch die beiden Großeltern sind bei Tisch. „Bei der Anna“, hört er die Großmutter flüstern, „da denk ich mir manchmal – die hat auch was Zigeunerisches. So wie sie auch manchmal lügt, das Ding!“

„Aber Sophie“, klingt der Großvater streng, „was fällt dir denn ein! Was du für Unsinn daherredest!“

„Ich weiß nicht, ich weiß nicht. Den Ariernachweis haben sie auch nicht erbringen können, die Roths. Und der Name … und wenn du dir das Bild anschaust, von der Ururgroßmutter von der Anna und dem Ferdl, der Mutter vom Peter Roth, na bitte, wenn die eine reine Arierin war, fresse ich einen Besen!“

„Jetzt ist es aber genug“, verkündet der Großvater mit scharfem Ton. „Jetzt bist du augenblicklich still!“

Ferdinand fragt sich, was damit gemeint sei. Ist Anna auch ein Zigeunerkindl? Ein Findelkind? Ein Wechselbalg, wie sie die Mutter im Zorn manchmal bezeichnet? Nun, gelogen hat sie tatsächlich oft. Aber auch er log ja mehr als es jemand ahnt. Auch dass er es mit den Tieren so treibt … und er und Anna sind Geschwister … Dann denkt er nur mehr an das Mädchen, an ihre bitteren Augen und an die blauen Lippen und dass sie vielleicht schon bald tot sein würde.

22

1946. Der Krieg war längst vorbei. Österreich hungerte. Welches Glück war es, einen so großen Garten mit fruchtbarer Erde und ergiebigen Obstbäumen zu besitzen, dazu noch eine fleißige Großmutter, die nicht müde wurde, Beete anzulegen und zu pflegen. Da wurde umgestochen, gesetzt und gesät, gegossen, gejätet und geerntet. Die Obstbäume hatte Onkel Heinrich über, er beschnitt sie, pflegte die Rinde und stach mit einer Umstechgabel Baumscheiben rund um die Stämme, in die er Thomasmehl zu Düngung streute. So gab es fast das ganze Jahr hindurch trotz der schlechten Zeiten, die man allgemein beklagte, bei den Lenaus vergleichsweise reichlich zu essen: Bohnen, Beeren, im Herbst eingekochte Marmeladen, Säfte, Kompotte, Äpfel, Birnen, Erdäpfel, verschiedene Salatsorten, in Holzbottichen eingelegtes Sauerkraut und Sauerkohl, frischen Kohl, Sprossenkohl, Blumenkohl, den Großmutter Karfiol nannte, Rüben, Gewürzkräuter, ja sogar Tabakpflanzen hatte der Großvater gesetzt, obwohl das verboten war, denn die Tabakindustrie hatte man staatlich geregelt. Gelegentlich wurde eine alte Henne von der Frau Peck abgestochen und in Suppe auf kleiner Flamme in einer schier unendlich lange dauernden Prozedur weichgekocht, Eier legte die Großmutter in Wasserglas für den Winter ein und nur zu besonderen Anlässen ließ sie von Hehe einen fetten Hasen schlachten, dessen Fleisch als Feiertagsspeise verzehrt, dessen Fell abgezogen, getrocknet und gegerbt zu Muffen, Handschuhen oder Schals verarbeitet wurde.

Als die Englischen Offizierinnen in der Lenau'schen Villa einquartiert waren, hatte Großmutter Zuckerrüben angepflanzt, denn es gab keinen Zucker. Auch andere Grundnahrungsmittel waren nur sehr schwer zu ergattern wie Mehl, Schmalz oder gar Butter. Derlei konnte man nur auf dem Schwarzmarkt von den Bauern direkt erwerben, wobei solche Lebensmittel kaum je mit Geld bezahlt wurden, denn der neuen Währung, dem Schilling, der die Reichsmark abgelöst hatte, schenkten die Leute kein rechtes Vertrauen und ließen sich für Schmalz lieber wertvolleres geben: geknüpfte Teppiche, alte Ölbilder, Silber- oder gar Goldschmuck, lauter nutzlose, wenn auch nicht gerade wertlose Dinge, die manche mit List und viel Glück über den Krieg hinweggerettet hatten. Man hamsterte. Dass es keinen Kaffee gab, traf die Erwachsenen besonders arg und sie beklagten diesen Zustand fast täglich und halfen sich mit Ersatzprodukten aus. Ferdinand schien es, dass die Großeltern lieber gehungert hätten, als auf den Kaffee zu verzichten.

Zeitweise lebte eine ältere, beleibte, unverheiratete Dame in einem der Dachzimmer der Lenau'schen Villa, die resche, quirlige Frau, von den Kindern Tante Nora genannt, sprach mit einem ungewohnten Akzent, – sie stamme ursprünglich aus Vorarlberg, so Großmutter Sophie, – und sie hatte die Kinder allesamt in ihr großes Herz geschlossen, das hinter einem gewaltigen Matronenbusen pochte. Tante Nora konnte sehr gut zeichnen und brachte Anna und Ferdinand manche Tricks dieser Kunst bei. Am interessantesten aber waren ihre Geschichten über Brasilien. Sie hatte nämlich viele Jahre in einer riesigen Stadt, Rio de Janeiro, gelebt und dort in einer deutschen Kolonie gearbeitet, war dann vom Krieg überrascht worden und konnte nicht nach Deutschland zurück. Jetzt, nach dem Krieg, erzählte sie viel über dieses riesige, reiche, exotische, südamerikanische Land, in dem man Portugiesisch spricht – sie berichtete über Schlangenfarmen, wo Gifte gesammelt werden, um daraus Gegengifte herzustellen, vom Zuckerhut sprach sie und von der aufreizenden Sambamusik der Großstadt, die ihre zweite Heimat geworden war. Zucker war ein beliebtes Thema.

„Der Corcovado, der ‚Bucklige', den man zu Deutsch wegen seiner Form ‚den Zuckerhut' nennt", wie Tante Nora erklärte, „ist ein Berg mitten in der am atlantischen Meer gelegenen Stadt, auf dem im Jahr 1931 eine riesengroße Christusfigur als Wahrzeichen errichtet worden ist. Aber es gibt auch echte Zuckerhüte", sagte Tante Nora, „solche aus purem Zucker, denn Zuckerrohr ist neben Kaffee eines der Hauptprodukte Brasiliens und wird in alle Welt exportiert."

Erst als es – laut Tante Gerda – deutschen Wissenschaftern gelungen war, aus Zuckerrüben Zucker herzustellen, wurde dieses Monopol vieler fruchtbarer tropischer Länder gebrochen und Brasiliens Wirtschaft erlitt einen argen Einbruch. Zucker gab es nur mehr in Form kleiner Würfel, als Kristall- und Staubzucker. Zuckerhüte gehörten der Vergangenheit an. Ferdinand durfte manchmal Würfelzucker in einem Mörser zu Staubzucker zerreiben, den die Frauen für Strudel, Kuchen oder Potitzen und Kekse benötigten. Den selten servierten Kaiserschmarren süßte man aber mit Kristallzucker – sofern es überhaupt welchen gab. „Zuckerhüte", so Tante Nora, „gibt es heute nicht mehr, aber sie waren schön und jede bessere Familie hatte irgendwo einen solchen Zuckerhut auf dem Schrank stehen, von dem man bei Bedarf Stücke herunterbrechen konnte."

Wenn Tante Nora nun über den herrlichen brasilianischen Kaffee ins Schwärmen geriet, dann wurden die Mienen der Erwachsenen lang und länger, sie vermissten den Kaffee weit mehr als zum Beispiel den Zucker oder gar den Wein, den man in der Mürzzuschlager Gegend überhaupt nicht so regelmäßig zu trinken pflegte wie etwa weiter südlich in Graz oder gar in den Nachbarländern Jugoslawien, Ungarn und Italien. Es gab Kaffee-Ersatzprodukte wie Feigenkaffee oder Kaffee aus geröstetem Getreide, vorwiegend Gerste, die von den Männern zerrieben und mit siedendem Wasser zu einem bitteren Gebräu aufgesotten wurde, von dem sie sich vormachten, es schmecke wie Kaffee. Mit der ekelhaften Melasse aus Zuckerrüben vermischt schien dieser Kaffee Ferdinand eher eine grausliche Medizin, ein Brechmittel als ein Genussmittel zu sein. Dennoch hielten die Männer an der Einbildung fest und behaupteten, dieses Getränk sei besser als nichts – was ja durchaus seine Berechtigung haben mochte – und sie taten so, als hätten sie in ihren mit Blumenmustern verzierten Porzellantassen den herrlichsten brasilianischen oder kolumbianischen Kaffee vor sich.

Österreich – wieder von Deutschland getrennt, allerdings von den Alliierten besetzt – hungerte. Am schlimmsten soll es in Wien gewesen sein, hieß es, generell schlimmer in den Großstädten wie Linz und Graz und weniger schlimm auf dem Land. In der russischen Zone war der Hunger ärger als in der französischen, englischen oder amerikanischen Zone. So ging es den Salzburgern vergleichsweise besser als den Grazern.

Am ärgsten aber traf der Hunger die Kinder. Darüber wusste man in der westlichen Welt Bescheid und machte sich Gedanken. So soll etwa die ganze schwedische Bevölkerung – symbolisch gesehen – einen vollen Tag lang ausschließlich für österreichische Kinder gearbeitet haben. Das auf diese Weise erwirtschaftete Geld wurde zum Kauf von Lebensmitteln verwendet, die nach Österreich geschickt und an die Bevölkerung verteilt wurden.

Tack så mycket!

Aus dem reichen Nachbarland, der neutralen Schweiz, schickten Familien Pakete an selbsterwählte Patenkinder nach Österreich, an Kinder, die sie in ihrem Leben nie gesehen hatten und wahrscheinlich auch niemals sehen würden.

Ferdinand erhielt durch diese Organisation immer wieder Pakete von einer Wahltante namens Ida Wally, der er jedes Mal einen Dankesbrief schreiben musste, was ihn, der nur ungern schrieb, nicht mit Freude erfüllte. Die Pakete von Ida Wally enthielten vor allem Lebensmittel wie Zucker, Milch- und Eipulver, Mehl, Brot, Butterschmalz und zur allgemeinen Begeisterung die unglaublich wohlschmeckende Milchschokolade, ein Schweizer Nationalprodukt, mit dem man sehr streng haushalten musste. Denn obwohl Ida Wallys Pakete an Herrn (!) Ferdinand Roth in Mürzzuschlag persönlich adressiert waren, bestand kein Zweifel, dass der Inhalt der ganzen Familie zugutezukommen hatte und somit zu Ferdinands Missfallen gerecht aufgeteilt werden musste.

Um der Unterernährung Herr zu werden, hatte man in den Schulen Nahrungsprogramme implementiert, auch in der Volksschule von Mürzzuschlag, die Anna und Ferdinand pflichtgemäß besuchten. So erschien zum Beispiel in Ferdinands Klasse an mehreren aufeinanderfolgenden Tagen eine Amerikanerin, die mit einem Esslöffel Lebertran aus einer Flasche an die Kinder verteilte. Zuhause hatte man dem Buben erklärt, das Fischöl heiße auf Englisch cod liver oil, zu Deutsch Dorschlebertran. Der sei nicht nur reich an für heranwachsende Kinder lebensnotwendigen Fettstoffen, sondern vor allem an Vitamin A und Vitamin D, also besonders wichtig für den Knochenaufbau und die Blutbildung. Diese Amerikanerin machte mit ihrer Flasche die Runde durch die Klasse voller hungriger Buben und steckte jedem den Löffel mit einer Portion des gelben, klebrigen, intensiv nach Fisch riechenden und tranig schmeckenden Öls in den Mund. Viele Buben spuckten diese milde Gabe gleich wieder aus, manche verweigerten es, den Löffel in den Mund zu nehmen, einige übergaben sich sogar. Aber Ferdinand, den es kaum je vor etwas grauste, der auch Regenwürmer und Maikäfer für zehn Groschen in den Mund steckte und verschlang, der schluckte den Lebertran mit Begeisterung und bekam meistens sogar noch einen zweiten Löffel von der amerikanischen Frau nachgesteckt, vielleicht weil sie so froh war, dass sich wenigstens einer über diese Gabe freute. Allerdings blieb der Trangeschmack über viele Stunden im Mund kleben und manchmal stahl sich noch nach einer Weile eine Art tranigen Rülpsers direkt aus dem Magen hoch.

Als nach dem Krieg Millionen ohne Nahrung, Kleidung und Medikamente waren, gründeten amerikanische Wohlfahrtsverbände die private Hilfsorganisation CARE („Cooperative for American Remittances to Europe"), an der sich auch die US-Armee beteiligte und aus ihren Depots erste Lebensmittellieferungen zur Verfügung stellte – ehemalige ‚Eiserne Rationen' für die Soldaten. Das Verbot, Hilfslieferungen nach Deutschland zu senden, hatte nämlich im Dezember 1945 geendet und ab dem 5. Juni 1946 war es somit möglich geworden, CARE-Pakete zu schicken, von denen die ersten im August

1946 im Hafen von Bremen eintrafen. Insgesamt sollten bis 1960 fast zehn Millionen CARE-Pakete Deutschland, Österreich und andere europäische Staaten erreichen. Sie enthielten mehr Fleisch, mehr Fett und mehr Kohlenhydrate. Ferdinand bekam über einige Jahre lang CARE-Pakete. Die in olivgrün lackierten, viereckigen Dosen verpackten Lebensmittel waren für die ganze Familie von großem Nutzen, nur die Malariatabletten (Quinin) konnte man hierzulande nicht brauchen und entsorgte sie. Angeblich wurden Kinder von solchen Medikamenten taub, hieß es, und Malaria gab es in Österreich ohnehin nicht.

In manchen Geschäften bekam man nach dem Krieg für wenig Geld Erdnussbutter in Dosen, Ahornsirup in Gläsern und Trockenei-Pulver in Blechbüchsen. Allmählich weitete sich dieses Repertoire aus und man bekam Puddingpulver, Trockenmilch, Kakao und nach einiger Zeit – endlich – wieder Kaffee, doch der war sehr teuer. Südfrüchte gab es nur in besonderen Geschäften und seine erste Banane hat Ferdinand im Alter von zwölf Jahren gegessen.

23

Onkel Heinrich kam mit den Geschwistern Anna und Ferdinand immer gut zurecht. Zwar plagten ihn so wie die ganze Familie ständig Sorgen wirtschaftlicher Natur, denn die Auftragslage für die Hammerwerke verschlechterte sich während der Nachkriegszeit zusehends. Schuld daran seien nicht nur die hohen Löhne, besprach man hin und wieder bei Tisch, sondern vor allem die laufend ansteigenden Sozialabgaben, die man in Österreich für jeden Angestellten abzuführen habe. Dazu kam, dass Werkzeug von der Art, wie man es in den Lenau'schen Werken produzierte, aus Übersee weitaus günstiger angeboten wurde, sodass man hier die Preise für die Produkte senken musste, um überhaupt noch Abnehmer für die Ware zu finden.

Diese Sorgen und Probleme transportierte Onkel Heinrich aber nicht in die Privatsphäre der Lenau'schen Villa. Vielmehr erzählte er den Kindern lustige Geschichten oder er berichtete ihnen von fernen Ländern, die er, obzwar selber nie dort gewesen, lebensecht beschreiben konnte. Am liebsten hatte es Ferdinand, wenn Onkel Heinrich ihm die Sprechweise der Afrikaner nachahmte. Die Neger, so erfuhr Ferdinand, seien die schwarzhäutigen Bewohner Afrikas und sie lebten dort nackt in sogenannten Kralen oder Krals, aus Stroh und Zweigen gefertigten Hütten, vor denen kleine Lagerfeuer brennen, um die Löwen fernzuhalten. Die Neger seien kräftig gebaut, arbeiteten aber nicht viel und verbrächten den ganzen Tag mit Trommeln, Singen und Tanzen und dazu komme noch, dass sie ganz besondere Sprachen sprächen, die man nur dann verstehe, wenn der Sprecher seine Worte mit gewissen Handzeichen und Körperstellungen begleite. Diese lustigen Erzählungen demonstrierte Onkel Heinrich, indem er unartikulierte Laute ausstieß wie „Zungole bebele pappale, ungalla ungolla nihulla, ahuuwa, ahoowa, ahuuwa!", und dabei wie besessen im Zimmer umherhüpfte, den Kopf nach links und rechts riss, die Augen rollte und mit den Armen wild gestikulierte. Was diese Sätze bedeuteten, blieb den Kindern trotz der imposanten Mimik aber verborgen. Ferdinand wurde nicht müde, den Onkel bei diesen Demonstrationen zu beobachten und er forderte immer wieder: „Onkel Heinrich, bitte zeig mir wie die Neger reden!"

Der Onkel erklärte den Kindern aber auch, wie man die Tschechen erkennt, sobald sie Deutsch sprechen, denn sie haben einen ganz besonderen Akzent. Anstatt ‚Puppe' sagen sie nämlich ‚Pupää' und anstatt ‚deutsch' sagen sie ‚teitsch'. Auch das ließ sich Ferdinand vom Onkel immer wieder vormachen. Am meisten mochte er den Satz: „Aber schau Mädelee, du hast abeerrr ein schenees Puppää!"

Und noch etwas erklärte Onkel Heinrich dem kleinen Ferdinand: Man könne nämlich beim Radiohören genau erkennen, ob ein Sänger oder eine Sängerin schwarz oder weiß sei. Das liege an der Stimme, am Vibrato – also wenn die Stimme so zittert –, welches bei weißen Sängern einfach anders klinge als bei farbigen. Ferdinand hörte nämlich gerne Radio. Es gab im Wohnzimmer der Familie Lenau einen modernen Radioapparat mit grünem, magischem Auge, mit dem man sogar Kurzwellen empfangen konnte. Mit genügend Geduld gelang es dem Buben zu gewissen Zeiten – meist am späteren Nachmittag – Sender einzustellen, in denen nicht nur Englisch oder eine der vielen slawischen Sprachen gesprochen, sondern auch eine eigenartige, seltsame Musik aus dem Äther eingefangen wurde, etwas ganz anders als die klassische Musik, die man bei den Lenaus gewöhnlich zu hören bekam. Schwierig war es nur, diese Sendungen klar zu empfangen, denn sie kamen, gingen und wurden zeitweise von atmosphärischen Pfeiftönen beinahe ausgelöscht, und als Ferdinand den Onkel fragte, warum das so sei, erklärte der ihm, man nenne das ‚fading', das sei ein englischer Fachausdruck, der so etwa ‚verschwinden' bedeute und einen komplizierten, physikalischen Vorgang beschreibe, der etwas mit der Lufthülle der Erde, der Atmosphäre, der Reflexion und Interferenz von Radiowellen zu tun habe und der vor allem weit entfernte Kurzwellensender betreffe.

Diese seltsame Musik, zu der sich Ferdinand schon in jüngsten Jahren hingezogen fühlte, nannte der Onkel ‚Jazzmusik', die anderen Familienmitglieder hingegen bezeichneten das als ‚Negermusik' und es war vor allem Tante Gerda, die energisch dagegen wetterte.

„Ferdinand! Dass du dir so etwas Primitives und Kulturloses wie diese Negermusik anhörst!", rief sie entrüstet. „Wo dein Großvater Sigmund doch selber so schöne Opern und Symphonien komponiert! Was dir so gefällt, ist die Musik unserer Feinde", erklärte sie voller Eifer, „so etwas darfst du nicht hören. Du, das Kind einer so begabten Familie! Du solltest dich schämen! Die deutsche Musik ist ganz anders, die ist gut. Die Feindmusik ist böse, so wie die jüdische Musik."

Woran man denn erkenne ob eine Musik böse sei oder gut, wollte Ferdinand wissen, aber das konnte ihm die Tante nicht hinreichend erläutern, sie beharrte nur darauf, dass das schöne Volkslied ‚Sah ein Knab ein Röslein stehn' oder die Winterreise von Franz Schubert etwas ganz anderes sei als diese subversive Negermusik, überhaupt die Musik aus Amerika und sogar die aus England, denn diesen Musikarten fehle jeder Tiefgang, die seien nur gefällig, wie sie feststellte, verderblich, weil lügnerisch schmeichelnd, oberflächlich, nach Beifall heischend, während die deutsche Musik über Tiefgang und Charakter verfüge und Kitsch in jedweder Weise vermissen lasse und allein schon deswegen als hochstehende Kunst gewertet werden müsse! Über Johann Sebastian Bach geriet sie ins Schwärmen. Sie erklärte den Kindern, dass deutsche Männer wie Richard Wagner oder Richard Strauss als Tondichter in ganz andere Sphären vorgestoßen wären, in intellektuelle Sphären, wohingegen das einem gewissen Gustav Mahler – im Gegensatz zu Brahms oder Bruckner –, einem Herrn Felix Mendelssohn Bartholdi oder einem Oscar Straus – nur um Beispiele zu nennen – nie gelungen sei. Die amerikanische Musik, diese Negermusik, müsse im Vergleich zu den Produkten jener semitischen Komponisten noch viel weiter hinten angereiht werden, erklärte die Tante entrüstet, das Wort Jazzmusik erst gar nicht in den Mund nehmend.

Onkel Heinrich hingegen förderte Ferdinands Neigung zum Jazz. Er gab zu, dass auch er diese Rhythmen mochte, dass man sie jedoch während des Krieges kaum zu hören bekommen habe, ja, dass es sogar verboten gewesen sei, Feindsender abzuhören. In Berlin, so wusste er zu berichten, habe es auch so etwas wie Jazz gegeben, sehr gute Tanzmusik, Schlager wie die Lili Marlene oder berühmte Gesangsgruppen wie die Comedian Harmonists, doch habe der Diktator Adolf Hitler all diese exotischen, undeutschen Melodien und Rhythmen strengstens verboten, weshalb die Musiker zumeist ausgewandert seien, zum Beispiel nach Argentinien oder in die USA, wie auch massenhaft besondere Dichter und geniale Wissenschafter. Außerdem, so fuhr er fort, hätte jeder, der beim Abhören von Feindsendern ertappt worden wäre, mit einer Denunzierung rechnen müssen, und was eine Denunzierung damals bedeutet habe, das wusste jeder, auch Ferdinand.

Der Onkel erklärte dem Kind genau, wie man bei den Stimmen zwischen weiß und schwarz unterscheiden konnte, nicht nur bei einer schwarzen Sängerin wie Billie Holiday oder einem so markanten Interpreten wie Louis Armstrong, sondern auch bei weniger bekannten Musikern. In Amerika seien heutzutage die besten Musiker überhaupt Schwarze, ehemalige Sklaven oder aus Europa stammende Juden.

Ferdinand lauschte also in unbeobachteten Stunden unbeirrt den Klängen dieser Neger- und Judenorchester, die nur undeutlich aus dem Lautsprecher des Radioapparates zu ihm drangen. Er stellte sich dabei vor, wie eine Gruppe halbnackter, nur mit einem Lendenschurz bekleideter Schwarzer diese Töne produzierte, wobei vor allem der Rhythmus aus vollkommen rätselhaften Quellen herzurühren schien, die sich Ferdinand nicht erklären konnte, denn da gab es keine Geigen, kein Violoncello, kein Cembalo, keine Blockflöten, die er hätte heraushören können. Doch je öfter er das hörte, desto klarer wurde es ihm, dass diese aufpeitschenden Töne, nach denen er beinahe süchtig geworden war, nur von einem Maltersack herrühren konnten, und zwar folgendermaßen: zwei Afrikaner stehen einander gegenüber, mit einer Holzstange auf den Schultern, auf der ein mit Malter gefüllter Sack hängt. Dieser Sack wird nun von den zwei Männern mit der Stange im Takt hin und her, auf und ab geschüttelt und ergibt so das für diese Musik typische betörende, rhythmische Geräusch. Von da an nannte Ferdinand den Jazz einfach ‚Maltersackmusik'. Wenn er später einige Töne dieser Musik auf dem Klavier nachzuspielen versuchte, wurde er gleich von den Großeltern, der Mutter oder von Tante Gerda vom Flügel verjagt. Im Hause Lenau hatte Maltersackmusik keinen Platz, basta! Hier veranstaltete man gelegentlich Abende mit Hausmusik. Onkel Hartmut, Tante Gerdas Mann, begleitete am Klavier oder am Cembalo einen jungen Sänger, der die ganze Winterreise auswendig konnte. Oder er spielte gemeinsam mit Theodor Mohr vierhändig aus den Klavierauszügen Teile von Richard Wagners Opern nach oder den Fidelio von Ludwig van Beethoven oder sogar Auszüge aus der Zauberflöte von Wolfgang Amadeus Mozart.

24

Wie schon erwähnt, war Onkel Heinrich von seiner Frau Lena-Lotta geschieden. Die lebte weit weg in Graz mit den zwei Kindern, dem Manfred Lenau, dem Cousin von Anna und Ferdinand, der ein Jahr älter war als Ferdinand, und der Cousine Evelyne Lenau, die jünger war als Ferdinand. Die Geschwister kamen manchmal aus der Großstadt aufs Land zu den Großeltern und zu ihrem Vater in die Lenau'sche Villa auf Besuch. Das gab jedes Mal einen Aufruhr! Vier Kinder, die am Katzentisch essen durften, da brauchte man sich nicht so zu benehmen wie am großen Tisch, da konnte man nämlich lachen, sich den Rotz in den Ärmel wischen, reden wann und was man wollte und mit dem Manfred fand es vor allem Ferdinand sehr lustig, denn der wusste so viel zu erzählen, weil er ja aus der Großstadt kam und außerdem war er schon einmal in der Schweiz auf Erholung gewesen!

„In der Schweiz", so sagte er, „hat es keinen Krieg gegeben und dort haben die Leute immer genug zu essen! Und fast jeder dort besitzt ein Auto! Und ein Radio auch und manche haben sogar einen Plattenspieler! Und dann haben sie kleine Nüsse aus Amerika, die heißen Schwyzer Nüssli." Der neue Mann seiner Mutter, berichtete Manfred mit Stolz in der Stimme, habe auch ein Auto! Und der habe auch einen Apparat, mit dem man Filme an die Wand projizieren könne, Zeichentrickfilme, in denen sich gezeichnete Männchen bewegen. Das, so erklärte Manfred, hätten die Amerikaner erfunden! Ferdinand wusste das natürlich schon seit Langem.

Ferdinand bewunderte seinen Cousin Manfred über alle Maßen. Man sagte, er besäße ein ungemeines Talent für Sport und habe schon in jüngsten Jahren bei Kindertennis-Turnieren gewonnen – dies habe er von den Eltern geerbt, denn nicht nur der Vater, Onkel

Heinrich, sondern auch die Mutter, die in Graz lebende Tante Lena-Lotta, waren exzellente Tennisspieler.

Manfred war ein hübscher, zarter Bub von erstaunlichem Temperament. Er hatte aus Graz ein Saxofon mitgebracht, ein Spielsaxophon, bei dem aber echte Töne herauskamen, wenn man hineinblies. Das Instrument verfügte über Klappen, dass man eine Melodie drauf spielen konnte, wenn man die richtigen Klappen drückte. Ferdinand hätte das gerne ausprobiert aber Manfred hütete sein Blasinstrument und verweigerte es dem Ferdinand mit großer Entschlossenheit. Aber weil Ferdinand den Manfred so gern hatte, schluckte er seinen Groll hinunter und sie tollten friedlich auf der Wiese vor dem Haus umher, die vom Hehe, der in seiner Freizeit gegen zusätzlichen Lohn für seinen Dienstgeber gelegentliche Hilfsarbeiten erledigte, frisch gemäht war und intensiv nach Heu duftete.

Mit der Evelyne konnte man weniger anfangen, für Anna war diese Cousine noch zu klein, und Ferdinand zog es vor, mit seinem neuen Freund zu spielen, das war viel lustiger als mit dessen Schwester, die fand er nämlich langweilig. Wenn es warm war und die Sonne schien, konnte man zum Beispiel einen Schlauch auf den Weg legen, das Wasser aufdrehen und ein kleines Bächlein den Weg herabrinnen lassen, man konnte das Wasser zu kleinen Tümpeln aufstauen oder über Wehre aus übereinandergeschichteten Steinen fließen lassen. Am liebsten gingen die zwei Buben hinaus auf die Straße und manchmal wanderten sie gemeinsam mit anderen Buben und streunten weiter weg in der Gegend umher, denn dort gab es – übrigens so wie im Lenau'schen Garten – allerhand altes Kriegsgerät, was die beiden sehr interessierte und beinahe magisch anzog: komplette Motoren, Teile von Panzerketten, Handgranaten, und zwar Eierhandgranaten und solche mit Stiel, Gewehre, Patronen, Wrackteile abgestürzter Flugzeuge und weiter weg im Pretulgraben eine ganze FLAK-Batterie, wo man von unten her durch die langen, verkupferten Rohre mit ihren spiraligen Zügen in den Himmel schauen konnte. Auch standen dort noch ein paar von jenen riesigen Scheinwerfern, mit deren gespenstisch umherwandernden Lichtfingern die Deutschen im Krieg bei Nacht nach Feindbombern gesucht hatten. Erst Monate später wurden sowohl die Kanonen als auch die Scheinwerfer von den Engländern abtransportiert. Es war ein beliebter Sport, Patronen mit einem Krampen aufzuhacken, das Pulver herauszuschütten und anzuzünden, das machte einen Fluscher und schon war es verbrannt. Manche Buben warfen Eierhandgranaten hin und her. Gelegentlich kam es zur Explosion und dann wurde einer verletzt. Einem Buben hatte es gar beide Augen ausgerissen, der war blind und voller Granatsplitter. Aber er sagte, er würde bald neue, viel besser Augen eingesetzt bekommen, Glasaugen nämlich.

Im Winter unternahm die Familie Lenau Schiwanderungen in die Hügel und Berge der Umgebung. Die Großeltern blieben meist zuhause, für derartigen Wintersport seien sie schon zu alt, meinten sie. Wenn Manfred zufällig in Mürzzuschlag auf Besuch war, ging er zwar mit, aber eher ungern, denn er zog es vor, zu rodeln. Die Holzbrettln hatten keine Stahlkanten und keinen Belag, man musste sie wachsen, damit sie im Schnee nicht kleben blieben, die Bindung bestand aus Lederriemen, die man mittels einer Schnalle um die Fersenabsätze der Bergschuhe festzurrte. Schifahren hatten die Kinder am Hauptmannhügel gelernt, nur wenige Schritte von der Lenau'schen Villa entfernt, wo auch der einzige noch sichtbare Bombenkrater im Erdreich gähnte. Später machte man Touren auf die Schneealm, das Kaarl, die Pretul, den Semmering und jede der Abfahrten führte durch unverspurtes Gelände.

Unterwegs war man allein, denn Schifahren war nichts für die Allgemeinheit.

Dazu muss gesagt sein, dass der Schisport – obwohl in Österreich später so populär geworden – erst vor relativ wenigen Jahren von einem Mürzzuschlager aus Norwegen eingeführt worden war. Der Mann hieß Toni Schruf und hatte an einer Grönlandexpedition des Norwegers Fridtjof Nansen teilgenommen, wo er diese Schier kennen und lieben gelernt hatte. Noch heute erinnern in Mürzzuschlag die Schruf- und die Nansenstraße an diese Begebenheit. Auch die Mürzzuschlager Volksschule wurde nach dem berühmten Bürger und Schipionier dieser Stadt benannt. Das erste echte alpine Schirennen hatte in Mürzzuschlag stattgefunden, und zwar am Gans-steinhang. Damals bediente man sich noch der vom Wiener Alpinisten Zdarsky entwickelten Einstocktechnik und im Ziel hatte man etwas Schlacke aufgestreut, damit die kühnen Sportler bei ihrer rasanten Talfahrt gebremst würden und nicht über die Absperrung hinausschossen. Bei einem dieser Schirennen stieß sich der sportbegeisterte Kaufmann Hermann Öhler aus Graz – Mitbegründer der Kaufhauskette ‚Kastner und Öhler' – den Schistock im Ziel mitten durch die Brust und erlag dieser schweren Verletzung. Ihm zu Ehren hielt man dann jahrelang am Gansstein das Öhler Gedenkrennen ab. Außerdem gründete man in Mürzzuschlag in Erinnerung an die glorreiche Urzeit des österreichischen Schisports das einzigartige, höchst interessante, sehenswerte Schimuseum.

Besonders gerne versuchten sich die bewegungssüchtigen Buben im Radfahren. Manfred beherrschte diese Kunst schon, denn in Graz hatte er ein Kinderfahrrad, auf dem er sitzen konnte und trotzdem mit den Füßen bis zu den Pedalen gelangte. Hier hingegen gab es nur ein einziges Herrenfahrrad, das dem Großvater gehörte und mit dem er täglich ins Werk in die Kanzlei zu fahren pflegte. Auf der Waldgasse zeigte Manfred dem Ferdinand wie man mit so einem großen Fahrrad auch als Kind radeln konnte: man musste nur ein Bein unter der Querstange durch auf das Pedal stellen und sich seitlich am Lenker festhalten. Das führte der dem Ferdinand vor. Ja; es sah zwar wacklig aus, aber es funktionierte gut. Ferdinand probierte es aus, aber er riss gleich einen Stern und schabte sich das Knie auf, dass es nur so blutete.

Es gab in Mürzzuschlag einen Arzt, den Herrn Doktor Sensenschmied, zu dem wurde Ferdinand jetzt gebracht, weil er eine Tetanusspritze brauchte. Der Doktor untersuchte den kleinen Patienten, dann zupfte er mit einer Pinzette Steinchen aus der Wunde, riss kleine Hautfetzen ab, betupfte die ganze Wunde mit Jodtinktur, was höllisch brannte und legte dann einen Verband an. Zuletzt verabreichte er Ferdinand die Tetanusspritze. Jetzt war es vorerst mit dem Radln vorbei.

Wenn Manfred und Evelyne wieder nach Graz zurückfuhren, war Ferdinand traurig, denn mit dem Manfred spielte er so gerne und er vermisste ihn für ein zwei Tage. Aber dann war ja Gott sei Dank Anna da und mit der spielte er ja genauso gerne! Sie zierte sich zwar manchmal ein bisschen, weil sie sich ärgerte, dass ihr Bruder so viel mit dem Manfred zusammen gewesen war, aber dann vergaß auch sie ihren Groll und alles war bald wieder so wie vorher. Bis zum nächsten Mal. –

Eines Tages vereinbarten die zwei Freunde, aus dem Nachbargarten Äpfel zu stehlen. Es gab zwar im eigenen Garten genug Obst, aber nichts schmeckt so süß wie das Verbotene! Der riesengroße Nachbargarten grenzte im Osten an das Grundstück der Lenaus und war durch eine hohe Steinmauer davon getrennt. Dort gab es einen alten, aus Stein gemauerten Pavillon. Hin und wieder waren die Kinder bei den wohlhabenden, adeligen Nachbarn eingeladen, saßen dann bei Limonade und Keksen in dem Pavillon beisammen und die alte Urgroßmutter, die schlohweiße Baronin Marie Louise von Freiburg, erzählte ihnen Geistergeschichten. Zum Beispiel erzählte sie, dass in der alten Mälzerei, die zum Gebäudekomplex des nachbarlichen Palais gehörte, im tiefen Keller während des Dreißigjährigen Krieges unschuldige Leute von schwedischen Soldaten gefangen genommen und gefoltert worden seien. Man habe sie gefesselt, ihre Fußsohlen mit Salz bestrichen und Kälber dran lecken lassen; der Gefolterte schrie vor Schmerz und schrie und tobte so lange, bis er vor Erschöpfung gestorben war, meist mit einem Schaumpilz vor den Lippen. Angeblich hatte man aus diesem Schaum ein Mittel gewinnen können, mit dem sich die Zuckerkrankheit hatte behandeln lassen, so berichtete es jedenfalls die alte Urgroßmutter der adeligen Nachbarn. In der Mälzerei mit ihren schattigen Treppen hausten angeblich augenlose, weiße Giftschlangen und Olme, und deswegen hatten sich weder Anna noch Ferdinand je hineingewagt. Heute steht dort das Mürzzuschlager Kunsthaus, vom Architekten Konrad Frey geschaffen. Dieser Nachbargarten war also für den ersten Raubzug der zwei Buben auserkoren.

Manfred sagte zu Ferdinand: „Du kletterst über die Mauer, brockst die Äpfel, tust sie in das Körberl, kletterst wieder über die Mauer und bringst sie mir. Ich geh sie dann auf der Straße verkaufen, wie du das zusammen mit der Anna gemacht hast."

Ferdinand, der das in Ordnung fand, folgte den Direktiven seines Cousins und Freundes, überstieg die Mauer, schlich zu einem der mit Äpfeln schwer beladenen Bäume und holte sich von den rotbackigen Früchten so viel das Körbchen fasste, dann eilte er wieder zurück und war blitzartig oben auf der Mauer, aber die Nachbarn hatten es gesehen. Ferdinand war beim Stehlen ertappt worden!

Das gab einen Aufruhr!

Es ging den Nachbarn keineswegs darum, dass ihnen etwas Wertvolles geraubt worden war, denn die vielen Äpfel, die ihr Obstgarten hervorbrachte, brauchten sie ja wirklich nicht. Das meiste verrottete als Fallobst. Auch die Familie Lenau verfügte über genug Eigentum, wozu auch so viel Obst gehörte, dass es also keines der Familienmitglieder notwendig hatte, solches zu klauen. Das Problem lag in erster Linie darin, dass ein wohlerzogenes Kind wie der Ferdinand – wie man postulierte – aus einer angesehenen, anständigen und gut bürgerlichen Familie überhaupt dazu fähig war, ein derartiges Verbrechen zu begehen! Warf das nicht ein schräges Licht auf die Lenaus? Ein kleiner Apfeldieb in den eigenen Reihen?! Welche Schande!

Den Freibourgs machte es natürlich nichts aus, sie verziehen großmütig alles. Der Bub musste sich entschuldigen. Man bestrafte ihn außerdem, indem man ihn in die finstere Kleiderkammer sperrte und er danach auf Holzscheiten knien und auf ein Mittagessen verzichten musste. Strafpredigten wurden gehalten: Sag einmal, weißt du denn nicht, dass niemand von den Roths und niemand von den Lenaus je auch nur das geringste gestohlen hat? Deine Vorfahren würden sich im Grab umdrehen, erführen sie etwas davon! Nicht genug mit all dem – die Mutter rief ihn zur Vervollständigung der Strafe einige Tage lang mit dem verhassten Namen Karl!

Ja, Ferdinand war jetzt ein gemeiner Dieb. Er trug es jedoch mit Fassung, ja in gewisser Weise war er sogar stolz auf seine Tat und feierte das insgeheim mit seinem Freund Manfred. Nur ein einziges Mal fragte ihn die Mutter und ihre Stimme klang erstaunlich mild: „Sag, mein kleiner Bub, erklär mir einmal, was ist denn über dich gekommen, dass du so etwas gemacht hast?"

Da gestand Ferdinand: „Der Manfred hat es mir angeschafft. Er hat zu mir gesagt: Wir sind die Äpfeldiebe! Da bin ich halt rüber in den Nachbargarten geklettert."

25

Irgendwann war Tante Angela im Lenau'schen Haus in Mürzzuschlag aufgetaucht, und die Kinder hatten sie vom ersten Augenblick an geliebt. Man hatte ihnen erklärt, Tante Angela sei die neue Frau von Onkel Heinrich, denn seine erste Frau, Tante Lena-Lotta, die mit Manfred und Evelyne, in Graz lebte, war ja von ihm geschieden und hatte einen anderen Mann geheiratet. Dieser überaus energetische, in der Grazer Gesellschaft prominente, neue Gemahl Tante Lena-Lottas war Mitglied der Waffen-SS gewesen, hatte schwere Verwundungen an den Beinen durch Granatsplitter erlitten und hatte, da er nicht mehr kampftauglich war, noch während des Kriegs mit dem Medizinstudium begonnen. Wegen seiner in der frühen Nachkriegszeit von den Politikern negativ beurteilten Vergangenheit wurde ihm untersagt, sein Universitätsstudium fortzusetzen, sodass er sich und seine Familie durch Produktion und Vertrieb von Motorenschmiermittel über Wasser halten musste.

Onkel Heinrich, frisch verliebt und verheiratet, noch jung, kräftig, strotzend, ein begeisterter und sehr talentierter Tennisspieler, Sieger in Hunderten von Turnieren, hatte ganze Kisten voller Plaketten, Medaillen und Regale gefüllt mit Pokalen besessen, die er jedoch alle aus freien Stücken der Wehrmacht übergeben hatte, zur Produktion von Patronenhülsen wie es hieß, denn Buntmetall war teuer. Onkel Heinrich sah wirklich hervorragend gut aus, nie zeigte sich ein finsterer oder mürrischer Zug auf seinem Gesicht, die besten Witze konnte er machen und alle zum Lachen bringen, er war sicherlich ein Mann, den die Damen attraktiv fanden.

Und so war er plötzlich mit seiner neuen Frau, die die Kinder Tante Angela nennen durften, in der Villa eingezogen. Man hatte ihnen das ganze Hochparterre überlassen, samt Küche, Wohn- und Speisezimmer, Wintergarten, Schlafzimmer, Klo, Diele –natürlich durften alle anderen auch durch die Diele gehen, denn sonst wäre man ja nicht in den ersten Stock hinaufgelangt. Den Kindern wurde eingebläut, sie dürften von jetzt an die untere Küche nicht mehr betreten, nur wenn es ihnen Tante Angela erlaubte. Als Ersatz hatte man oben eine neue Küche eingerichtet, mit dem alten Kohleherd natürlich, ohne den die Großmutter sich das Kochen nicht vorstellen konnte. Auch die Dachzimmer hatte man neu eingerichtet und bezogen.

Tante Angela war jung, schlank, überhaupt traumhaft schön, vor allem ihr Gesicht, von vollem, dunklem Haar umrahmt, sie lachte gern und viel, wobei sie ihre makellosen Zähne aufblitzen ließ, sprach ein lupenreines, gestochenes Deutsch und hatte dazu noch einen großen Busen. Zu Anna und Ferdinand war sie von Anfang an lieb und beschäftigte sich gern und viel mit ihnen.

Übrigens sprach man den Namen Angela ein bisschen anders aus, nämlich Andschela, das sei Italienisch, erklärte sie den Geschwistern, denn sie war in Italien aufgewachsen, in Fiume, was heute nicht mehr zu Italien gehört, vormals aber schon, und sie sprach Italienisch genauso gut wie Deutsch. Sie machte den Kindern die Sprache vor, sagte zum Beispiel ‚ciao' anstatt ‚grüß Gott' oder nannte Anna ‚bella, piccola bambina', und erstaunlicherweise dachte Ferdinand, als er die wohlklingenden Laute dieser Fremdsprache erstmals so hautnah vernahm, überhaupt nicht an die Verse vom Katzlmacher, nein, wenn er bei Tante Angela war und ihren Erzählungen lauschte, dann bestand für ihn keine Verbindung zu diesen Bildern und Versen, die ihm die Mutter gezeigt und vorgelesen hatte. Aber der Krieg war ja längst vorbei, die ehemals von der Besatzung einquartierten, englischen Missen schon vor Monaten aus dem Haus, das jetzt wieder den Lenaus allein gehörte. Was sollte man da noch mit Katzlmachern anfangen?

Ferdinand liebte es besonders, zu Tante Angela ins Bett zu kriechen, was sie ihm gerne gestattete. Sie hatte einen weichen, sehr weiblichen Leib, aber das interessierte den Buben weit weniger als die schönen

Geschichten, die sie ihm erzählte, Geschichten über Dinge, von denen er zwar wusste, dass es sie gab, von denen er aber noch nie wirklich so lebensnah gehört hatte. Die schönsten Anekdoten wusste Tante Angela über das Meer zu erzählen. Ferdinand hatte in seinem ganzen Leben das Meer noch nie gesehen und eine schier unstillbare Sehnsucht danach erfüllte ihn, wenn er seiner Tante zuhörte.

„Weißt du", sagte sie, „dort wo ich als Kind gelebt habe, dort hat fast immer die Sonne geschienen und die Menschen waren gut aufgelegt. Sie haben viel Wein getrunken und das Brot war dort weiß und nicht so schwarz wie hier. Jeden Tag zeitig in der Früh sind die Fischer mit ihrem Fang in den Hafen eingelaufen und Fisch hat es bei uns sehr oft gegeben. Meeresfisch oder Seefisch, wie man auch sagt."

Ferdinand hatte einmal von einer Forelle gekostet, Forelle blau hatte die Großmutter das Gericht genannt, das aber nur für Onkel Heinrich und den Großvater serviert worden war, denn Forelle war teuer und daher nur für die Männer bestimmt. Seefisch, so wie die junge Tante es erklärte, hatte Ferdinand überhaupt noch nie gesehen, geschweige denn je davon gekostet.

„Man kann dazu Rotwein trinken", fuhr Tante Angela fort, während sich der Bub an ihre Seite schmiegte. Sie umarmte ihn und küsste seine Wangen. Mein Gott, wie er diese Tante doch liebte!

„Bei euch hier trinkt man zum Fisch nur Weißwein – wenn es überhaupt Wein gibt. Aber zu Meeresfisch kann man eben auch Rotwein trinken."

Ferdinand hatte nur einmal die Zunge in ein Weinglas stecken dürfen, das hatte ihm der Großvater erlaubt. Wein gab es bei den Lenaus nur selten, meist zu besonderen Anlässen wie Geburtstagen oder während der Kriegszeit, wenn ein großer Sieg gefeiert worden war. Den Kindern hatte man davon nichts gegeben.

„Dort wo ich als Kind lebte, haben Kinder auch Wein trinken dürfen, aber nur gewässerten, weißt du, denn Kinder vertragen puren Wein nicht."

Er wollte wissen, was pur bedeutet.

„Pur heißt rein, nicht rein wie frei von Schmutz, sondern unvermischt. Pur kann man auch auf Deutsch sagen. Die Italiener sagen ‚puro'. Das kommt aus einer alten Sprache, dem Lateinischen. Das Italienisch ist nämlich dem Latein ähnlich, es stammt davon ab, so wie ein Kind von der Mutter. Latein hatten die alten Römer gesprochen."

Latein, so lernte Ferdinand, war also die Mutter vom Italienischen. Dass es Römer gegeben hatte, wusste er aus Berichten seiner Großeltern und von Tante Gerda, aber sonst wusste er nichts darüber.

„Großmutter Ludmilla aus Langenwang", sagte Ferdinand, „ist mit Großvater Sigmund und den Kindern vor dem Krieg im Sommer auch immer ans Meer gefahren. Auf Sommerfrische, auf eine Insel. Loschin hat sie geheißen. Dort haben die Fischer Polypen aus dem Meer gefangen, hat sie uns erzählt."

„Das haben sie bei uns auch", sagte Tante Angela und lächelte vor sich hin wie in einer angenehmen Erinnerung.

„Was sind denn Polypen eigentlich?"

„Das sind Meeresbewohner, Kraken nennt man sie auch, mit acht Fangarmen voll mit Saugnäpfen."

„Und wozu haben sie diese – Kraken – gefangen?"

„Ach weißt du, die schmecken sehr gut. Die Fischer stellen das ganz schlau an: Sie lassen ein Bleigewicht, das mit einem roten Tuch eingewickelt ist, an einer Angelschnur vom Boot aus in Wasser hinunter. Das Wasser ist ja klar wie Glas und du kannst von oben aus bis hinunter auf den Meeresgrund sehen. Dort liegen bunte Steine, spitze Felsbrocken und dazwischen wachsen Seeanemonen und viel Seegras gibt es, das in den Wellen hin und her wogt. Dort leben die Kraken unter Steinen versteckt. Du siehst sie nicht, weil sie sich tarnen, so gut, dass du sie von den Steinen am Meeresgrund nicht unterscheiden kannst. Aber sobald sie das rote Fetzchen sehen, dann werden sie so neugierig, dass sie mit ihren Fangarmen danach greifen. Vielleicht glauben sie, es ist was zum Fressen. Jetzt haben die Fischer aber spitze Nadeln in das Gewicht gesteckt. Wenn der Polyp nach dem Fetzchen langt, dann reißt der Fischer an der Angelschnur an, dass sich die Nadeln in den Fangarmen verhängen und – schwupps – zieht er den Kraken hoch und hat ihn schon im Boot."

„Da lebte der Krake aber noch!"

„Ja natürlich", sagte Tante Angela, „und wie! Und der will natürlich wieder zurück ins Wasser, weil er an der Luft erstickt. Dann kriecht er mit seinen acht Armen am Bootsrand hinauf und wenn ihn der Fischer nicht schnell packt und ihm das Genick mit den Zähnen durchbeißt, dann entkommt er ihm. Die Kraken sind sehr schlau, musst du wissen."

„Der beißt ihm das Genick einfach so durch?"

Die Tante nickte. „Und das solltest du einmal sehen! Wenn der Fischer den Kraken packt, dann wehrt sich dieser natürlich und schlingt seine Arme um das Gesicht des Fischers. Der Fischer beißt jetzt fest in den Kraken hinein, dann muss er die Arme von sich abstreifen, denn herunterziehen geht nicht. Man kann diese festgesaugten Arme nur abstreifen. Und weißt du, was dann geschieht?"

Ferdinand wusste es nicht.

„Der Krake spuckt Tinte aus."

„Tinte? Echte Tinte?"

„Nein, keine echte Tinte, eine schwarze Flüssigkeit, die er zur Tarnung benützt. Deswegen nennt man Kraken auch Tintenfische. Diese Farbe stößt er jedenfalls in seiner Not aus. Aber das hilft ihm nichts mehr, denn der Fischer stülpt den Kraken jetzt einfach um und erst dann ist er wirklich tot."

Der Bub kannte sich nicht aus. Umstülpen?

„Kraken haben keine Knochen", erklärte die Tante, „deswegen kann man ihren Körper umstülpen. Erst dann verenden sie. Dann werden sie an Schnüren aufgehängt, in der Luft getrocknet und in den Restaurants kann man sie dann in Stücke geschnitten und in Weinsauce gebraten essen. Hmm! Wie das schmeckt."

Ferdinand hätte jetzt auch gerne einen Kraken gegessen. Vor allem aber hätte er nur zu gerne einen gesehen! Ihn interessierte alles, was in der Natur umherkroch, krabbelte, flog und schwamm. In der eiskalten Mürz und in der Fröschnitz hatte er mit anderen Buben zusammen kleine Fische, Koppen, mit der Hand unter den Steinen herausgefischt und zugeschaut, wie sie ihre Mäuler aufrissen, wenn sie erstickten.

Am liebsten hörte Ferdinand der Tante zu, wenn sie über das Meer ins Schwärmen geriet und davon sprach, wie die Abendsonne auf den Wellen glitzert und wie sich bei Sturm die Brandung gefährlich auftürmt oder wie das Meer glatt und ruhig wie ein Spiegel daliegt und du könntest glauben, die bunten Boote schweben in der Luft, so klar ist das Wasser und über all dem wölbt sich der azurfarbene Himmel, tief, unendlich weit und manchmal ziehen Möven darüber hinweg. Die Leute sind fröhlich, sie lachen und trinken ihren Wein und nachmittags sitzen sie in ihren Kaffeehäusern und schauen hinaus auf das Meer, das sich bis zum Horizont hin ausdehnt.

Schon die Großmutter hatte den Kindern von fernen Städten berichtet und von den fremden Gerüchen auf den Märkten in Sarajevo, wo sie einen Teil ihrer Jugend verbracht hatte, und dass es dort Moscheen neben den Kirchen gab, wo jeden Tag ein Mann namens Muezzin die Gläubigen zum Gebet ruft. Von derlei Dingen wusste Ferdinand schon, aber nie noch hatte eine Erzählung derartige Sehnsucht, derartiges Fernweh in ihm hervorgerufen, wie die Schilderungen seiner Tante Angela, wenn er neben ihr im warmen Bett lag und sich an sie schmiegte.

Manchmal meinte er, dass ihre Augen feucht waren, wenn sie bei solchen Geschichten ins Schwärmen geriet, wenn sie erzählte, wie sie in den warmen Wellen umhergetollt und hinausgeschwommen war, ganz weit, dass das Land nur mehr wie Spielzeug aussah. Manchmal sei sie auch in einen Schwarm von Quallen gekommen, die auf der Haut brannten wie Feuer und rote Striemen hervorriefen. Dann musste sie sofort zurück, denn wenn einen zu viele Quallen mit ihren Tentakeln berühren, kann das Fieber hervorrufen. Ferdinand war sich jedenfalls sicher, das Meer würde er eines Tages sehen!

Auch über das Italienische wollte Ferdinand mehr erfahren. Bereitwillig stillte die Tante diesen Wissensdurst. Immer wieder sagte sie ihm etwas auf Italienisch vor, denn er hörte die Melodie und den Rhythmus dieser Sprache so gern. Zuhause konnte sonst niemand Italienisch. Ein paar Brocken Englisch hatten zur Kommunikation mit den Missen gereicht. Französisch hatten alle Mädchen aus gutem Hause lernen müssen und die Langenwanger Großmutter Ludmilla, die in einem Pensionat für höhere Töchter erzogen worden war, beherrschte diese Sprache gut. Großmutter Sophie verstand wohl mehrere Sprachen, wenngleich auch nur bruchstückhaft, denn sie war ja in Bosnien aufgewachsen und ihr Vater, der berühmte Arzt, Ethnologe und Anthropologe, war mit seiner Familie durch alle

Länder der Österreichisch-Ungarischen Monarchie gezogen. Auch in Istanbul hatte er längere Zeit gelebt und Sammlerstücke aus den Bazaren mitgebracht, die jetzt zum Familienschatz gehörten, soweit sie während des Kriegs nicht abhandengekommen waren, Messingtassen mit seltsamen, eingravierten Schriftzeichen, die Großmutter als Arabisch bezeichnete, jedoch nicht lesen konnte, einen Samowar, Zinnteller, chinesische Bilder voller unglaublicher Schriftzeichen. Großmutter Sophie hatte aufgrund ihrer Sprachkenntnisse mit den Offizieren der russischen Besatzer sprechen können, als diese nach der Kapitulation über den Semmering gekommen waren und das Haus besetzt hatten. Die Soldaten, so hatte Großmutter Sophie berichtet, hätten gehaust wie die Schweine, alles vernichtet, die Obstbäume gefällt, das vergrabene Silber mit Mienensuchgeräten unter den Ribiselsträuchern geortet, ausgegraben und weggeschleppt, die Zimmer seien meterhoch angefüllt gewesen mit Kot und Unrat, und wenn die damals noch schwangere Ingrid nicht mit ihren Kindern nach Weitensfeld geflohen wäre, hatten die Soldaten ihr sicher den Bauch aufgeschlitzt. Schließlich war der Großmutter Sophie die Geduld gerissen und sie hatte sich wider jede Vorsicht auf Russisch bei dem Offizier bitter beklagt und ihm gesagt, Besatzung sei ja in Ordnung, immerhin hätten ja die Deutschen den Krieg verloren, aber dass die Soldaten jetzt die Heiligenbilder aus den Büchern rissen und in die Zimmer schissen, das hätte sie von einem Kulturvolk wie den Russen nicht erwartet.

Dass Großmutter Sophie nicht augenblicklich erschossen wurde, grenzte an ein Wunder und noch erstaunlicher war, dass der Offizier, offensichtlich ein Mann von Kultur und Bildung, seine Soldaten nach Großmutters entrüsteter Standpauke zur Ordnung aufrief, wodurch das Schlimmste verhindert worden war.

Eines Tages schlug Tante Angela den Kindern vor, eine Geheimsprache zu erfinden, sie wolle ihnen dabei helfen. Sowohl Anna als auch Ferdinand waren sofort Feuer und Flamme für diesen Plan und so setzten sich die drei in geheimbündlerischer Weise in der oberen Küche an einem kleinen Tischchen zusammen und fingen an, Wörter zu erfinden. Manche wurden einfach verkehrt gelesen so wie die Artikel ‚eid, red, sad', oder das Wort ‚tsi' für ist; andere hingegen waren echte Neuschöpfungen wie etwa ‚blu Dnalubi', was blöde Sau bedeutete, wieder andere wiesen Tante Angelas Einfluss auf, wie das Wort ‚grap' für groß oder ‚ena' für eine. Der Großvater hieß ‚grap-ella' und essen lautete einfach onomatopoetisch ‚snap'. So konnten die Kinder bald sagen: ‚Grap-ella snap', also Großvater isst. Oder ‚Grepe tsi ena grap blu dnalubi' was bedeutete, dass der an sich durchaus unbescholtene und anständige Herr Kreidbauer, der Fahrer der Lenau'schen Hammerwerke, eine blöde Sau sei. Aber niemand konnte verstehen, was die Kinder jetzt in ihrer Gemeinsprache, die sie ‚bli gosge' (wir gehen) nannten, zum Ausdruck brachten. Dies verlieh ihnen ein unbeschreibliches Hochgefühl, eine bisher unbekannte Art von Macht. Tante Angela erklärte den Geschwistern auch einige einfache Regeln der Grammatik, eine für beide Kinder interessante neue Materie, und sie lernten dabei sehr viel und mit großer Begeisterung.

Tante Angela war überhaupt ein nicht versiegender Quell des Wissens! Ferdinand fragte sie nämlich – so wie schon zuvor öfters seine Mutter – wie das denn mit den Kindern sei. Die kämen zwar aus dem Bauch der Mutter, aber wie das vor sich ging, hatte ihm noch niemand mitgeteilt, vor allem nicht, wie sie erst einmal dort hinein kamen.

„Du kennst das ja", sagte Tante Angela mit ihrer Stimme, die immer heiter klang, „die Blumen werden von den Bienen beim Honigsammeln befruchtet." Und nun lachte sie laut auf.

Klar, immerhin hatte die Mutter ihren Kindern die Biene Maja von Waldemar Bonsels vorgelesen, da kam das alles vor. „Dann kriegt die Blume einen Samen, aus dem eine neue Pflanze wird", ergänzte er.

Die Tante nickte. „Und wenn euer Schmied, der Hehe, die Häsin zu einem Rammler sperrt, dann befruchtet der Rammler die Häsin und die kriegt dann nach einiger Zeit Junge. Auch wenn der Hahn eine Henne rupft, dann brütet sie die Eier aus und die Küken schlüpfen aus."

„Ja aber was tut der Hahn, was macht der Rammler, damit dann Junge kommen?"

„Tja, mein Gott… hmm – wie soll ich es dir sagen, Ferdi, es ist nämlich wirklich schwer zu erklären", so die Tante, „einerseits. Andererseits aber, naja… wenn sich die Tiere paaren, dann wird das Weibchen befruchtet so wie die Blume durch die Biene, und kriegt dann Junge. Verstehst du's jetzt?"

„Ja! Aber wie befruchtet das Männchen das Weibchen? Wie ist das bei der Mutter gewesen?"

„Bei den Menschen sagt man sie lieben sich. Sie liegen miteinander im Bett und dann wird die Frau befruchtet und wird schwanger und nach neun Monaten – solange wächst das Kind im Mutterleib heran – wird das Baby geboren."

„Und wo kommt es heraus?"

Sie erklärte es ihm und damit war Ferdinand zuerst einmal zufrieden.

Als er wieder einmal mit der Mutter zum schönen Platzi wanderte, erzählte er ihr von diesem Gespräch mit Tante Angela.

„Wenn du einmal groß bist", sagte die Mutter wie schon öfter zuvor, „dann wirst du sicher auch eine Frau haben und dann auch Kinder. Aber du musst Acht geben, dass du eine liebe Frau heiratest! Keine Geschminkte, sondern eine, die ganz natürlich ist und die sich nicht das Gesicht anmalt."

Was hatte die Mutter wohl gegen geschminkte Frauen?

„Frauen, die sich das Gesicht anmalen, sind schlecht“, erläuterte sie kategorisch, als hätte sie die Gedanken ihres Sohnes erraten.

Ferdinand verstand das aber nicht.

„Der Führer hat gesagt, dass sich die deutschen Mädchen nicht anmalen sollen.“

Den Führer gab es nicht mehr. Das sprach Ferdinand aber nicht aus, weil es ihm nichts bedeutete. Das gesamte Herumgerede um den Führer hatte ihn niemals wirklich interessiert, war in ihm nahezu vorübergegangen, genauso wie der Hitlergruß, eine Geste, die er schon als Kleinkind intuitiv als grotesk und unwürdig eingestuft und deswegen auch stets verweigert hatte.

„Die deutschen Frauen“, fuhr die Mutter auch diesmal unbeirrt fort, „sind eben genau so, wie sie die Natur geschaffen hat.“

Erhitzt, das Haar zerzaust, lag er auf dem Bauch neben der Mutter auf der sonnigen Wiese und versuchte wieder einmal angestrengt, sich eine schöne deutsche Frau vorzustellen. Dass sie in seinem Kopf ungefähr so aussah wie die kleine Emma Horwath, und dass sie noch dazu einen Klumpfuß und einen Arm zu wenig hatte, das fiel ihm gar nicht besonders auf und er hätte es niemals irgendjemandem auf der Welt mitgeteilt.

26

Für die Bewohner der Lenau'schen Villa ging in der unmittelbaren Nachkriegszeit ein großer Teil des Sommers und Herbstes dafür auf, Nahrungsvorräte für die kalte Jahreszeit zu ernten, zu sammeln und haltbar zu machen. Schwammerlsuchen war aus dem Blickwinkel von Anna und Ferdinand betrachtet also nicht unbedingt ein reines Vergnügen, denn man stand unter Erfolgszwang, weil Pilze eine unverzichtbare Eiweißquelle darstellen, in jener Zeit, da Fleisch als Rarität galt und Soja in Europa nahezu niemand kannte. Schwammerl wurden zerschnitten, luftgetrocknet oder als Ganzes in Essig eingelegt. Die bevorzugten Sammelgründe der Familie Lenau lagen am Fuß der Raxalpe, einer von dichten Tannen- und Fichtenwäldern bedeckten Gegend, die man von Neuberg aus in längeren Fußmärschen erreichte. Das berühmte Stift Neuberg oder Neuberger Münster, der Ausgangspunkt vieler Wanderungen ins Raxgebiet hinein, ein ehemaliges Kloster der Zisterzienser, hat seinen mittelalterlichen Charakter weitgehend bewahrt. Der hölzerne Dachstuhl gilt als der größte und bedeutendste erhaltene Holzdachstuhl im deutschen Sprachraum.

Wenn das Wetter passte und man die richtige Zeit erwischte, konnte jeder Schwammerlsucher gut und gern seine acht Kilo einbringen, vorausgesetzt, er verstand etwas von diesem Metier. Am leichtesten zu finden – weil nahezu unübersehbar – waren die dunkelgelben Eierschwammerl, von den Deutschen Pfifferlinge genannt, die meist noch am selben Tag zu Suppe und Sauce verarbeitet wurden, weil sie sich nicht gut lagern ließen. Aber man sammelte auch die krause Glucke, Reizker, Butter- und Kuhpilze, Parasole sowie gewisse Röhrlinge, die am ehesten im Bereich schattiger Lichtungen gedeihen. Die echten Pilze, Herren- und Steinpilze, galten als wertvollstes Waldprodukt, und man bemühte sich, sie sorgsam aus dem Erdreich zu drehen und gleich am Fundort provisorisch zu putzen, weil behauptet wurde, dass dann im Folgejahr dort wieder Pilze wachsen würden. Hüten musste man sich in erster Linie vor dem Knollenblätterpilz, der zwar angeblich nicht schlecht schmeckte, jedoch ein heimtückisches, unzerkochbares Gift enthielt, welches bei einer genügend hohen Dosis durch Leberzersetzung unweigerlich zum Tode führt. Auch den rotkappigen, weißbepunkteten Fliegenpilz ließ man stehen, er enthalte nämlich ein Gift, so die Großmutter, welches einen verrückt mache.

Der Großvater wurde wegen seines besonders feinen Auges für edle Pilze gerühmt und wenn er einen fand, so ließ er – ungeachtet des Schweigegebotes im Wald – seine Stimme laut erschallen, indem er ausrief: „Holoteroter Meisslingpuff." Nie hat jemand erfahren, was das bedeutete, aber es hatte zweifellos etwas mit Herrenpilzen zu tun, obwohl der Großvater Stein und Bein schwor, der Herrenpilz heiße keineswegs Meisslingpuff. Großvater Hermann Lenau hatte nämlich seinen Enkeln einmal verraten, er beherrsche eine höchst seltene Sprache, das Minnenarabische. Auf die Frage, wo das gesprochen würde, hatte er ausweichend geantwortet, aber bereitwilligst eine Kostprobe aus dem Vokabular dieses Idioms gegeben. Es lautete „Kakurorbobelol-Zausapopfiffenon". Als die Kinder fragten, was das bedeutete, erklärte der Großvater bereitwillig: „Kurbelzapfen."

Ein Kurbelzapfen, so der Großvater, sei ein Teil einer Dampfmaschine, er nimmt ein Pleuel oder eine Treibstange auf und gewährleistet so den Kurbeltrieb. Bei Lokomotiven werden damit auch Kuppelstangen mit den entsprechenden Radsätzen verbunden. Obwohl weder Anna noch Ferdinand wirklich verstanden, was nun ein Kurbelzapfen sei, blieb ihnen doch die Übersetzung dieses Wortes ins Minnenarabische im Gedächtnis haften: Kakurorbobelol-Zausapopfiffenon – und damit war es sonnenklar, dass der seltsame Ausdruck Meisslingpuff auch aus irgendeiner seltenen Sprache herkam, die nur der Großvater beherrschte.

Tante Gerda allerdings lachte auf, als ihr Ferdinand davon berichtete, und sagte, ihr Vater wolle ihn damit doch nur zum Narren halten. „Schau", erklärte sie ihm, „es gibt unter Studenten viele solche Sprachen wie das Minnenarabische, die nur dem Spaß dienen. Zum Beispiel die Be-Be-Sprache: Die ist ganz einfach, denn du musst nur hinter jedem Selbstlaut ein B einfügen und den Selbstlaut noch einmal dranhängen. Anstatt ich sagst du i-bich und anstatt du du-bu. Anstatt Tante Gerda sagst du Ta-bante-be Ge-berda-ba. Versuch es einmal."

„Schwa-ba-mme-berl", rezitierte Ferdinand nach einigen Versuchen, und die Tante lobte ihn. Da fügte er hinzu: „A-banna-ba."

„Das heißt Anna. Du bist ja wirklich begabt! Ja, musikalische Kinder begreifen so was sehr schnell."

Daraufhin berichtete die Mutter, dass sie von ihrem verstorbenen Mann Ferdinand erfahren habe, ein polnischer Augenarzt habe eine Universalsprache erfunden, nämlich das Esperanto, was so viel wie Hoffnung bedeutete. Esperanto sei einfach zu erlernen und würde überall leicht verstanden. Die Wörter stammten aus verschiedenen europäischen Sprachen. So heiße zum Beispiel die Gaslaterne auf Esperanto gaslaterno und das Wort für niederlegen stamme vom Französischen coucher ab und laute auf Esperanto kuschas. Da mussten die Kinder laut lachten. Kuschas gefiel ihnen wirklich sehr.

Jetzt plusterte sich Tante Gerda auf und erklärte mit klingender Stimme Folgendes: „Ich kann euch einen Satz auf Altgriechisch sagen. Hört aber genau zu!", und sie deklamierte: „Mähn-Äbte-Heu? Äbte-mähn-nie-Häu, Mägde-mähn-Häu."

Natürlich hatten das die Kinder gleich verstanden.

Nun kam Onkel Heinrich daher und pflanzte sich mit wichtiger Miene vor den Kindern auf: „Ich sag euch einen Satz auf Latein, der Sprache des alten Roms! Aber gebt gut Acht: Vena laus amoris, pax, drux ungoris. Habt ihr verstanden?"

„Klar, klar!“, jubelte Anna.

„Dann sag ich euch noch etwas. Man hat einen Roboter gebaut, einen Maschinenmenschen, der hat dann einen gut klingenden, lateinischen Markennamen erhalten, und zwar folgenden: homo motor-rex artificus. Versteht ihr das?“

Nein, verstanden sie nicht.

„Es bedeutet: Der motorisierte, künstliche Mensch. Und wisst ihr, was sus rusticus vaporetestus tonsus auf Deutsch heißt?“

Wieder Kopfschütteln.

„Ist auch Latein und bedeutet auf gut Steirisch dampf-g’scherte Bauernsau!“

„Das hätte eurem Urgroßvater aber sicher missfallen!“, kritisierte Tante Gerda, an die Kinder gewandt, mit säuerlicher Miene ihren Bruder, der aber hämisch grinste und wie ein Affe zwischen den Fichtenstämmen umherhüpfte.

Da ergriff die Mutter neuerlich das Wort und deklamierte: „Dem Brunn naht si‘ die Krah, badt-si‘, die Kuh-rannte-bis-sie-fiel.“ Auch das war leicht verständlich.

„Und bei all dem Blödsinn vergesst ihr ganz aufs Schwammerlsuchen“, mahnte Großmutter Sophie.

„Die Russen“, sagte der Großvater, „haben Fliegenpilze gekocht und den Sud getrunken. Dann sind sie völlig verrückt geworden. Sie sind richtig in Ekstase geraten.“

„Haben sie dann den Frauen die Bäuche aufgeschlitzt?“, wollte Ferdinand wissen.

„Wieso? Haben sie das überhaupt jemals getan? Woher hast du das denn überhaupt, Bub?“

Ferdinand behauptete, die Mutter habe es ihm einmal erzählt. Doch der Großvater schüttelte nur den Kopf und machte sich mit einem leisen Lachen wieder auf die Pilzsuche.

Zuhause wurde dann die Beute geputzt, sortiert und verarbeitet. Dabei erzählte man sich Geschichten, der Großvater zum Beispiel berichtete, er sei als Student mit einem Kollegen per Tandem von Graz bis Rom geradelt. Dort angekommen hatten sie kehrt gemacht und waren den ganzen, weiten Weg wieder zurückgestrampelt. Angesehen hatten sie sich nichts in der Ewigen Stadt.

„Nicht einmal den Petersdom?“

Der Großvater schüttelte den Kopf.

„Typisch Hermann“, sagte sein Frau, Großmutter Sophie, „nichts im Schädel, der alte Schöps!“, wobei sie eine Handvoll knackiger Jungpilze in ein mit Essig gefülltes Einsiedeglas stopfte. Sie nannte Widder immer Schöpse und Schafsfleisch – welches sie verabscheute – Schöpsernes. Der Großvater aber lachte nur.

Tante Gerda verkündete, dass man in Graz die Johannespassion von Johann Sebastian Bach im Stefaniensaal aufführen wolle. Dann kam sie auf Richard Wagner und von ihm auf den von ihm so geschätzten deutschen Stabreim zu sprechen. Zu den Kindern gewandt sagte sie: „Im Sinne dieses großen Dichters und Komponisten wird manchmal folgende kleine Episode erzählt: Treffen sich zwei Musiker. Fragt der eine: Giegelst du Geige, du geifernder Gauch? Antwortet der andere: Ich schabe das Cello, du schäbiger Schuft.“

Man lachte. Ferdinand wollte wissen, was denn ein Gauch sei. Tante Gerda blieb ihm die Antwort schuldig.

Die Abende vertrieb man sich manchmal mit Gesprächen ernsteren Inhaltes, zum Beispiel wie es mit den Hammerwerken weitergehen sollte oder aber man spielte, was weit lustiger war. Dann gab es Rundfunkübertragungen der Salzburger Festspiele oder Übertragungen von Wagneropern, denen man im Wohnzimmer, um den großen, viereckigen Speisetisch versammelt, im warmen Schein des Deckenleuchters andächtig zuhörte.

Onkel Hartmut hatte irgendwann ein Grammophon dahergebracht, welches mit einer Kurbel aufgezogen wurde und auf dem man sogenannte Schellacks abspielen konnte. Jede Scheibe dauerte ungefähr dreieinhalb Minuten. Er hatte Platten mit Opernarien dabei, gesungen von Enrico Caruso und von Leo Slezak, über dessen Dialekt sich Tante Gerda gern lustig machte, indem sie erklärte: „Er singt gut, aber er bémaklt halt."

Auch Balladen des Deutschen Komponisten Johann Carl Gottfried Loewe bekamen die Kinder auf Schellacks zu hören: Die Uhr und Tom der Reimer, zwei Lieder, die Ferdinand besonders ins Herz schloss. Vor allem das zweite Lied, das auf Deutsch ungefähr so anfing: ‚Der Reimer Thomas lag am Bach, am Kieselbach bei Huntley-Schloss. Da sah er eine blonde Frau, die saß auf einem weißen Ross.' Und das erste ‚Ich trage, wo ich gehe, stets eine Uhr bei mir; wie viel es geschlagen habe, genau seh' ich an ihr.'

Onkel Hartmut ätzte: „Ich weiß nicht, Loewe, kommt das nicht vom hebräischen Lewi? War Levi nicht ein biblischer Patriarch, einer der zwölf Stämme Israels? Stammt von dort nicht der Ausdruck: Ich werde ihm die Leviten lesen?" Aber immerhin war es Onkel Hartmut, der diese Platten gekauft und mitgebracht hatte.

„Der Amerikaner Thomas Alva Edison hat das Grammophon erfunden", sagte Onkel Heinrich. „Zuerst hat er auf Wachszylindern Tonaufzeichnungen gemacht, weswegen heute noch in manchen Sprachen die Platte ‚Zylinder' genannt wird."

Manchmal – vor allem wenn Ferdinand ihn inständig darum bat – griff der Großvater nach seiner bauchigen, wohlklingenden Laute. Dann zupfte er einige Akkorde auf den Darmsaiten und sang mit leiser, reiner Männerstimme alte Lieder wie ‚Das war der Graf von Rüdesheim, mit Gütern reich beglückt, der hat des Winzers holder Maid, zu tief ins Aug' geblickt… und er saß und vergaß in seiner Burg am Rhein seinen Schmerz, denn das Herz tröstet Rüdesheimer Wein.' Oder ein anderes Lied, das sowohl Anna als auch Ferdinand besonders gefiel, das bucklicht Männlein: ‚Will ich in mein Gärtlein gehn, will mein Zwiebeln gießen; steht ein bucklicht Männlein da, fängt als an zu niesen.' Und so geht es weiter, immer stört das bucklicht Männlein, bis zum Schluss des Liedes, wo es da heißt: ‚Wenn ich an mein Bänklein knie, will ein bisslein beten; steht ein bucklicht Männlein da, fängt als an zu reden: Liebes Kindlein ach ich bitt, bet fürs bucklicht Männlein mit.' Und obwohl das Lied irgendwo lustig wirkte, bekam Ferdinand am Schluss immer feuchte Augen, weil er das bucklicht Männlein so arm – ‚osram' – fand.

Als Student war der Großvater bei einer schlagenden Burschenschaft namens Styria gewesen. Aus dieser Zeit rührten auch die Schmisse her, die seinem Gesicht ein charakteristisches Aussehen verliehen. Schlagend, das bedeutete, man hatte streng ritualisierte Duelle, sogenannte Mensuren, mit einer speziellen, scharfen Waffe, dem Schläger, zu fechten, eine Mutprobe, bei der man nur im Gesicht und auf dem Kopf verletzt werden konnte. Bevor die Wunden verarztet wurden, musste sich der Paukant mit Bier und Wein anästhesieren, damit er die Stiche des Arztes nicht so sehr spürte. Damals, so erzählte der Großvater, habe er noch viel gesungen, in der Kneipe und auf den Stiftungsfesten. Heute hingegen, nach zwei verlorenen Weltkriegen, sei alles Deutsche in Verruf geraten, vor allem die Burschenschaften, mit Ausnahme des CV, des sogenannten Kartellverbandes, seit 1933 eine katholische, nichtschlagende, farbentragende Studentenverbindung. Großvater hatte am selben Tag im Mai Geburtstag wie Ferdinand und sie feierten dieses Doppelfest mit großer Hingabe jedes Jahr.

Auch der Vater, der neue Mann von Ingrid, war ein Burschenschafter, er gehörte als Alter Herr der Sängerschaft Gothia zu Graz an, in der Schlägermensuren nicht zum zwingenden Ritual zählten, doch freiwillig gefochten werden konnten. Großvater Sigmund Roth und dessen Söhne, der verstorbene Ferdinand und der noch lebende Onkel Waldemar Roth, waren ebenfalls Mitglieder dieses Sängerbundes, Bundesbrüder, wie sie sich nannten. Onkel Waldemar hatte Schmisse im Gesicht, doch der tote Vater, der soll keine gehabt haben. Ja, so wiederholte der Großvater, vor dem Ersten Weltkrieg habe er im Kreise der Kommilitonen in der Kneipe noch viel gesungen, aber heute sei das deutsche Lied tot. Ob er das bedauerte, hat er nicht erwähnt.

Beete vorbereiten, säen, pflegen, ernten und haltbar machen des Ernteguts waren beinahe ritualisierte Bestandteile des Familienlebens in der Lenau'schen Villa in Mürzzuschlag. Die Kinder halfen dabei mit: Erdbeerbrocken, Himbeer-, Ribisel-, Stachelbeerernte. Alles einkochen, einrexen, Saft zubereiten, sterilisieren, einwecken, eindosen, Salat, Kraut und Kohl einsäuern, Kirschenpflücken – Kirschkompott – Marillenernte – Marillenkompott einkochen, Zwetschgenernte – Röster kochen, dazwischen die Wiese mähen lassen und das Heu zu Schobern auftürmen (Hehe), Schwarzbeerenklauben im Wald (mit einem Kamm riffeln war verboten!) und Schwammerlsuchen, dann Äpfel einlagern, Apfelmus einkochen. Es nahm kein Ende. Das viele Gemüse! Das Geflügel, die Hasen! Das ganze Haus roch nach Marmelade, Himbeersaft, jeder Winkel, jede Ritze war vollgesogen mit würzigen, süßen, zuckrigen Essenzen, Düften von Früchten, gekochtem Obst und Rauch aus dem Küchenherd, der Tag und Nacht beinahe ununterbrochen in Betrieb war. Nach der Mahd duftete der Garten nach frischem Heu. Im Sommer tanzten braune Junikäfer über die abgemähten, welkenden Wiesenblumen. Die Frauen arbeiteten fast rund um die Uhr und der Lohn war, dass es auch in der schlechten Zeit immer was zu essen gab, mehr jedenfalls als bei vielen anderen Familien und viel mehr als in der Großstadt, denn Theo Mohr berichtete, in Graz könne man nur unter großen

Schwierigkeiten Essbares ergattern. Wie gesegnet war man da auf dem Land, vor allem, wenn man einen so großen, schönen Garten besaß, der von den Besitzern so fleißig bearbeitet wurde! Erst wenn der Winter hereinbrach, der das Land mit seinem Frostatem erstarren ließ, kehrten Ruhe und Besinnlichkeit ein.

Als der Großvater wegen seiner Zugehörigkeit zur NSDAP in ein Englisches Lager in Wolfsberg interniert wurde, um dort fast ein Jahr lang schwere Waldarbeit zu verrichten, herrschte ein besonders strenger, schneereicher Winter über der Obersteiermark, der alles mit einer meterdicken Schneeschicht überzogen hatte, die jeden Rest von Lärm erstickte. Schweigend lagen die Hügel und Berge unter der flaumigen Schneedecke, die Bäume bogen sich unter der weißen Last und es hörte nicht auf zu schneien. Weihnachten näherte sich mit Riesenschritten, die Adventszeit war bereits angebrochen und die Kinder öffneten jeden Tag ein neues Fenster in ihrem Adventskalender.

Für Onkel Heinrich mit seinem sportlich gestählten Körper war es ein Leichtes, im oberen Garten einen riesigen Schneehaufen zusammenzuschieben, ihn festzuklopfen, um diesen dann Schicht für Schicht auszuhöhlen, wobei der aus dem Inneren des Haufens herausgeholte Schnee außen aufgetragen wurde, bis ein echter, geräumiger Iglu entstanden war, in dem die ganze Familie Platz fand. Lediglich der Eingang war niedrig gehalten, sodass man hineinkriechen musste. Aber drinnen hatte Onkel Heinrich entlang der gewölbten Wände Sitzbänke modelliert, auf dem Boden lag ein alter, aus zu Streifen geschnittenen Stoffresten gewebter Fleckerlteppich und zwei drei Kerzen spendeten genügend Licht und vor allem Wärme, dass es in dem Bau wirklich gemütlich war. Dort saßen sie alle beisammen im Warmen, während draußen die Sterne wie diamantene Nadelspitzen vom schwarzen, starren Nachthimmel funkelten. Sie sangen Lieder und erzählten sich Geschichten. Onkel Heinrich musste etwas holen gehen – die Großmutter berichtete inzwischen aus Sibirien, nämlich dass es dort Wölfe gebe, mit weißem Pelz, die auf Rentiere Jagd machten und gelegentlich sogar über einsame Wanderer herfielen. Während dieser Worte erscholl plötzlich von draußen her ein unheimliches, langgezogenes Heulen. Anna und Ferdinand zuckten vor Schreck zusammen und erstarrten: ein Wolf? Hier in Mürzzuschlag, im Garten? Sie wagten es nicht, zu fragen. Da heulte es zum zweiten Mal, deutlich näher. Vor lauter Angst konnte Ferdinand nicht einmal schwitzen. Warum er sich vor diesem Wolfsgeheul plötzlich so entsetzlich fürchtete, während er sich weder vor den Bomben noch vor dem Tiefflieger bei Treibach-Althofen gefürchtet hatte, diese Frage stellte er sich erst viele Jahre später, ohne jedoch eine Antwort darauf zu finden.

Es lag etwas Fleischliches, eine akute Bedrohung in dem Wolfsgeheul – und dann erspähte Ferdinand einen verschwommenen Fleck im nächtlichen Schnee außerhalb des Iglus. Er wusste, jetzt nahte das Ende! Er fing an zu zittern und mit den Zähnen zu klappern und wunderte sich, dass ihm niemand Mut zusprach und dass sich außer ihm und Anna niemand zu fürchten schien. Näher und näher kam der Wolf, genau auf den Eingang des Schneehauses zu. Schon konnte man seine Augen sehen, in denen sich das durch den Eingang nach draußen fallende Kerzenlicht spiegelte und darunter die schwarze Schnauze mit den spitzen Reißzähnen. Nur mit Mühe unterdrückte Ferdinand Angstschreie, schreien tun nur die Feiglinge, die Katzlmacher, hatte er einmal von der Mutter gelernt, nicht die tapferen Soldaten. Jetzt wollte er zumindest ohne Weinen wie ein Soldat sterben. Da steckte der Wolf den Kopf in den Iglu – und plötzlich, knapp bevor ihm das Herz stillstand, erkannte Ferdinand, dass es nur der alte Wolfspelz war, der gewöhnlich an der Wand im Heizkeller hing, ein Relikt aus vergangener Zeit, das sich Onkel Heinrich übergestülpt hatte, um damit Großmutters Geschichten über Sibirien etwas Wirklichkeit zu verleihen. Jetzt lachten alle, auch Ferdinand, und dann gab es für jeden ein Gläschen Glühwein …

Weihnachten! Die Kinder konnten Leute nicht leiden, die ‚fröhliche Weihnachten' sagten, denn bei ihnen zuhause sagte man immer

‚frohe Weihnachten'. Zu Weihnachten war man froh, keinesfalls fröhlich. Zu Ostern konnte man vielleicht fröhlich sein, weil Ostern ja die Gedächtnisfeier zur Auferstehung des Jesuskindes war, außerdem fing es an, in der Natur zu sprießen und zu blühen, während Weihnachten von allen Christen dieser Welt als Geburtstagsfest dieses himmlischen Kindes begangen wurde und die Welt im Frost stillstand.

Aber die Lenaus und Roths waren ja keine Christen im eigentlichen Sinne – zwar dachten die Kinder darüber nicht nach, doch besprach man derlei beim Abendessen hin und wieder. Gottgläubig nannte man sich, aber katholisch oder evangelisch? Wenn, dann schon eher evangelisch, denn der berühmte Poet, Peter Roth, der Vorfahre von Anna und Ferdinand, hatte immerhin den Bau der evangelischen Kirche in Mürzzuschlag ermöglicht und man überlegte es sich daher, die Urenkel dieses berühmten Mannes evangelisch taufen zu lassen. Aber wozu überhaupt Weihnachten? Diese Frage hing manchmal in der Luft. Dann erklärte Großvater Hermann Lenau etwas von den germanischen Bräuchen, von der Julfeier, die man in den skandinavischen Ländern auch heute noch begehe und die ein Fest des Lichtes sei, weil von nun an die Tage wieder länger würden. Dieses Länger- und Kürzerwerden der Tage habe im hohen Norden viel größere Bedeutung als hier in den südlicheren Mürzzuschlager Breiten, sagte der Großvater, weil dort oben der Unterschied der Tageslängen im Verlauf eines Jahres weit größer sei als hier. So feiere man in Dänemark, Schweden und Norwegen auch die Sommersonnenwende am 21. Juni mit ganz besonderen Festen, wo Feuerräder über Hügel talwärts gelassen würden. Auch in Finnland und Island, so der Großvater, folge man diesen Bräuchen. Am Polarkreis, so der Großvater, gehe die Sonne am 21. Juni überhaupt nicht unter und am 21. Dezember nie auf und am Nordpol dauere der Tag ein halbes Jahr und das andere halbe Jahr sei dort finstere Nacht. Die Finnen übrigens, erwähnte er, seien keine Germanen, sondern stammen aus der Mongolei und seien verwandt mit den Ungarn und vor allem mit den Menschen im ehemaligen Estland, das jetzt zur Sowjetunion gehörte. Die Finnen seien immer deutschfreundlich gewesen und zählten yksi, kaksi, kolme, nelje, viisi, kuusi, und finnisch heiße auf Finnisch suomaleinen und deutsch saksaleinen, das stamme vom Wort ‚Saxen' ab, mehr wusste er nicht und woher er das wusste, wusste er auch nicht mehr, es war so wie mit *čekaj malo.* Derlei Gedächtnisfetzen beherberge der Mensch eben in seinem Gehirn.

Also alle diese nördlichen Völker begehen das Fest der Wintersonnenwende und das falle eben zufälligerweise mit Weihnachten, dem Geburtstag Jesu Christi, zusammen. Deswegen gebe es als Symbol des zunehmenden Sonnenlichts auch den Christbaum mit den Kerzen. Aber das wunderschöne Lied ‚Stille Nacht', von Joseph Mohr im Salzburgischen verfasst, das gebe es nur in den Alpenländern, obwohl es mittlerweile auf der ganzen Welt gesungen werde, wenn auch nie so ergreifend wie hier. Es sei, sagte der Großvater mit Überzeugung, das bekannteste Weihnachtslied auf der Welt. Großvater Sigmund Roth, derselben Meinung, spielte es am Heiligen Abend in Langenwang auf seinem riesigen Konzertflügel immer in As-Dur, das hatte er Ferdinand einmal erklärt, weil diese Tonart etwas Weihevolles an sich habe.

In Mürzzuschlag hatte man schon früh damit angefangen, Lebkuchen zu backen. Der dunkelbraune Teig, nach einem Familienrezept aus vielerlei Zutaten angefertigt, musste lange ruhen, wonach man ihn auf einem ebenen Brett auswalzte; mit Metallformen wurden Figuren ausgestochen, mit farbiger Zuckerglasur bemalt, was die Kinder tun durften, und im Rohr gebacken. Sodann hatten diese Lebkuchenfiguren lange Zeit im Kühlen zu ruhen, damit sie schließlich am Heiligen Abend, wo sie erstaunlicherweise auf dem Christbaum hingen, richtig schmackhaft und würzig würden. Die Lenau'schen Lebkuchen waren so berühmt, dass sich alle Welt um das Rezept riss!

Einen aus Fichtenzweigen gewundenen Adventskranz pflegte man vier Sonntage vor dem Heiligen Abend über dem Speisetisch aufzuhängen. Jetzt brannten drauf schon drei Kerzen. An jedem Adventsonntag wurden Weihnachts- und Adventlieder gesungen, von der ganzen Familie, Ferdinand versuchte es bei manchen mit der zweiten Stimme, aber es gelang ihm nicht immer zur Zufriedenheit und er erfuhr erst Jahre später, dass dies etwas mit den unterschiedlichen Harmonien zu tun habe, die jeder Melodie zugrunde lägen und dass ein zweistimmiger Satz eine schwierige Sache sei, an der sich sogar berühmte Komponisten manchmal die Zähne ausgebissen hätten. Sie sangen ‚Es hat sich schon eröffnet, das himmlische-e Tor', ‚Heitschi-bum-beitschi bum bum', ‚O du fröh-höliche, o du seliege-e' und je näher der Heilige Abend rückte, desto mehr echte Weihnachtslieder waren darunter. Aber ‚Stille Nacht, heilige Nacht' und ‚Ihr Kinderlein kommet' wurde erst am vierundzwanzigsten Dezember gesungen, knapp bevor die Tür zum Christbaumzimmer aufging. An manchen Abenden las die Mutter aus dem ‚Weihnachtsstern' vor, wobei Ferdinand immer weinen musste, weil ihm die im Schnee zurückgelassenen Hampelmänner so leid taten, obwohl ja der Heini in Wirklichkeit das erbarmenswerte Opfer dieser Geschichte war.

Advent war auch die Zeit, wo Anna und Ferdinand Christbaumschmuck herstellten, am liebsten klebten sie lange Ketten aus Buntpapier, das es damals schon beim Kleinhans zu kaufen gab, sie fertigten auch Strohsterne an und Anna konnte sogar etwas häkeln. Ferdinand verstand nicht, warum nur Mädchen häkeln und stricken lernten und Buben nicht, denn er hätte auch gerne gehäkelt, aber niemand unterwies ihn in dieser Kunst, die den Frauen und Mädchen vorbehalten blieb. Die Mutter und vor allem Tante Gerda waren Meisterinnen im Stricken und Häkeln, sie fertigten aus den Fasern zerzupfter Mehlsäcke und Zellwolle wahre Wunder an Kleidungsstücken: Pullover, Strümpfe, Unterwäsche, Handschuhe. Sogar aus alten Mullbinden, für die es keine Verwendung mehr gab, zwirbelten sie Fäden, die sie zu Gestricktem verarbeiteten. Tante Gerda vermochte während dieser nahezu automatisiert ablaufenden Handarbeit sogar schwierige Geschichten frei aus dem Gedächtnis zu erzählen wie die Ilias, die Odyssee und die Germanischen Göttersagen.

Dann war es endlich so weit. Der vierundzwanzigste Dezember! Der Heilige Abend! In den Fenstern hatte die Mutter Kerzen aufgestellt, die an die Verstorbenen und vor allem an die Gefallenen und die Kriegsgefangenen im fernen Sibirien erinnern sollten, man gab sich der romantischen Vorstellung hin, dass diese unter erbärmlichen Umständen vegetierenden Menschen irgendetwas davon hatten. Onkel Heinrich wusste allerdings von einem berühmten russischen Gedicht, welches mit den Worten beginnt: „Schdji mjenjá i ja pernúss. Auf Deutsch: Warte auf mich und ich werde zurückkommen.“ Darin wird berichtet, dass einzig und allein das intensive Warten einen geliebten Menschen aus dem Höllenfeuer der Gefangenschaft errettet habe. „Hätte zuhause niemand gewartet, wäre der Gefangene gestorben. Aber die unangezweifelte Gewissheit, dass jemand so sehr auf seine Rückkehr hoffte, hat dem Gefangenen die Kraft zum Überleben verliehen.“ Aus dieser Sicht ergaben die Kerzen im Fenster auch für die Kinder einen Sinn: ein Symbol des Wartens und Hoffens, an dem man sich festhalten konnte – aber auch eines der Erinnerung an jene, die niemals mehr zurückkehren würden. Und hier, in der Lenau'schen Villa, warteten alle so sehr auf den Großvater, vor allem Ferdinand, der diesen alten Mann mehr liebte als sonst einen Menschen auf der Welt.

Viel später hatte sich Ferdinand gefragt, was den Zauber jener längst vergangenen Weihnachtsfeste ausgemacht haben könnte. Geschenke hatte es kaum gegeben, vielleicht einmal einen Baukasten, einen wunderschönen mit bunten Steinen, einen Matador, ein Aufziehauto, doch sonst fast immer nur praktische Dinge, die man in dieser Zeit ohnehin mehr als bitter benötigte: warme Socken, ein Paar von einer langen, gehäkelten Schnur zusammengefasste Wollfäustlinge, einen gestrickten Pullover… selten etwas zum Naschen. Aber die Zeit! Die Zeit war ruhig, innig, auf eine schwer fassbare Art und Weise tickten die Sekunden und Minuten weihevoll dahin, regte zum Nachdenken an. Natürlich dachte Ferdinand oft an das Christkind und an die Geburt des Jesuskindes im Stall von Bethlehem, zu Deutsch Haus des Brotes, er fragte sich ob das Christkind nicht auch zugleich das Jesuskind sei, und dass es dann eigenartig wäre, es als Mädchen darzustellen, wo Jesus doch eindeutig ein Mann war. Der bärtige Weihnachtsmann, der angeblich den amerikanischen und englischen Kindern die Geschenke auf den Kaminsims legt, war hierzulande fremd. Wohl gab es den Knecht Ruprecht, wer immer das auch war, und den heiligen Nikolaus, der am Krampustag mit dem gezähmten Teufel an der Kette die Familien besuchte und verhinderte, dass schlimme Buben vom Teufel in der Butte fortgetragen wurden. Dieser würdige, bärtige Heilige mit der hohen Bischofsmütze auf dem Haupt und seinem oben spiralig geringelten, goldenen Stab in der Hand, verlas laut aus einem dicken, in rotem Samt eingeschlagenen Buch die guten und schlechten Taten der Kinder. Das Christkind hingegen war nie sichtbar, man hörte es gelegentlich hinter versperrten Türen arbeiten, den Christbaum schmücken, die Geschenke zurechtlegen, aber sehen konnte man es nicht, denn es flog durch die Fenster aus und ein; und es urteilte niemals über die Menschen, schon gar nicht über die Kinder!

Der appetitanregende Geruch von Brathuhn schwelte durch das Haus. Zähe kroch die Zeit des Wartens dahin. Am Nachmittag sollten die Kinder schlafen – unmöglich bei dieser Aufregung! Die frühe Dämmerung brach herein. Schließlich versammelte sich die Familie in der Diele, Stille Nacht, heilige Nacht wurde intoniert. Irgendwann ertönte – endlich, endlich – ein helles Gebimmel, die Tür zum Wohnzimmer ging auf und es war so weit, das sehnsüchtige Warten hatte sein Ende gefunden. Das Zimmer war erfüllt vom warmen Licht der vielen Christbaumkerzen, erfüllt von einem Duft aus Wachs und Lebkuchen, und dort: der Baum! Diese wunderbare, leuchtende Tanne! Voller Buntpapierketten, Lebkuchen, Lametta, glänzender Kugeln und Strohsterne – und ganz oben auf dem Wipfel strahlte wie ein Symbol der goldene Weihnachtsstern! Andächtig starrten die Kinder auf dieses geschmückte Wunder, obwohl sich

Ferdinand am liebsten gleich über die Geschenke hergemacht hätte, aber er hatte gelernt zu warten und den so lange herbeigesehnten Augenblick nun auszudehnen, jetzt, wo das Warten im Angesicht der Gaben nur mehr ganz kurz währte, eigentlich schon vorbei und der Erfüllung gewichen war. So verweilte die ganze Familie vor dem Christbaum und Onkel Heinrich richtete in die große Ruhe hinein ein paar Worte, zuerst an seinen Vater, der im Straflager in Wolfsberg und fern von seinen Lieben diesen Abend verbringen musste, weil er Parteimitglied gewesen war, etwas, worin man hier keine Sünde, keine Straftat erkennen konnte. Er richtete Worte an den verstorbenen Schwager, den Vater von Anna und Ferdinand und dann Worte an die vor dem Weihnachtsbaum versammelte Familie, an die Anwesenden, die ihre Augen mit Taschentüchern trockneten. Wie viel hätte Ferdinand dafür gegeben, wäre der Großvater nur anwesend gewesen! Für einen Augenblick vergaß er über diesen Gedanken sogar seine Geschenke, die er schon längst ausgespäht hatte. Doch dann, auf einen kleinen Wink hin, löste sich dieses weihevolle Warten und der Weg zu den Gaben war frei …

27

Juli, – ein wolkenloser, schwüler Sommertag über Mürzzuschlag, der Himmel rahmte Hügel und Berge in Rauchblau und Blei.

„Ferdinand!“, rief Großvater Hermann. „Willst mit zu den komischen Schweindln? Rolf kommt auch.“ Rolf stand, die Leine im Maul, schon bereit.

Nichts liebte Ferdinand mehr als Spaziergänge mit seinem Großvater. Die unasphaltierte Straße war bequem, vom Haus weg verlief sie zuerst ein Stück bergan, an einer Nutriafarm vorbei – Ferdinand hatte irgendwann die dort in engen Gehegen gehaltenen Pelztiere ‚komische Schweindln‘ genannt und bei diesem Namen war es geblieben – von wo sie noch immer in leichter Steigung an mehreren Bauernhöfen vorbei bis in einen Mischwald führte, wo sie sich, schmäler werdend, zuerst nur mehr als Weg, bald kaum mehr als Pfad im Gehölz nahezu verlor. Von dort aus ließen sich mehrere ziemlich verlassene Gräben mit verfallenen Gehöften und Mühlen erreichen. In diesem Hinterland war auch während des Kriegs ein von der deutschen FLAK angeschossener, amerikanischer Bomber niedergegangen, dessen Wrackteile weit verstreut zwischen den Bäumen umherlagen. Diesen kühlen Mischwald bevorzugte die Familie Lenau als eines ihrer Reviere zum Schwammerlsammeln, auch Beeren oder Bucheckern fand man dort zur rechten Jahreszeit in großen Mengen. Großvater löste die Leine von Rolfs Halsband, damit der Hund frei umherlaufen konnte.

Das Wetter war richtig heiß, der Großvater krempelte sich schon in der Waldgasse die Hemdsärmel hoch, knüpfte sich aus dem Taschentuch eine Mütze, die er aufsetzte. Ferdinand zupfte am Wegrand wachsende Grashalme ab, spannte sie zwischen den hohlen Händen und blies hinein, dass ein durchdringender Pfeifton erscholl. Rolf war schon längst davon. Manchmal blieb er nach solchen Spaziergängen für mehrere Tage verschollen, kehrte aber immer wieder zurück.

„Im Wald wird es kühler", sagte der Großvater. Dem Ferdinand machte die Sonne nichts aus. Er sprang umher, manchmal einige Schritte hinein in eine Blumenwiese, in ein Flachs- oder Kornfeld.

„Gib Acht", mahnte der Großvater, „die Bauern mögen das gar nicht, wenn man ihre Felder niedertrampelt."

„Wie geht denn das", erkundigte sich Ferdinand, „dass in den Kühen aus Gras Milch wird?"

„Das kann ich dir nicht sagen, ich bin Ingenieur und kein Biologe – wenn die das überhaupt wissen."

„Was ist ein Biologe?"

„Einer, der Naturwissenschaften studiert hat."

„So von Käfern und Schlangen?"

„Ja, aber auch von Pflanzen und all das – alles eben, was in der Natur vorkommt."

„Auch die Medizin?"

Der Großvater nickte. „Die Medizin ist auch so eine Art Naturwissenschaft."

Er wurde nicht müde, die Fragen des Kindes zu beantworten, und das war auch einer der Gründe, warum Ferdinand so gerne mit ihm umherwanderte. Großvater zeigte nämlich niemals Ungeduld, nicht einmal bei den lästigsten oder unsinnigsten Fragen. So hatte er dem Ferdl einmal erzählt, dass es ein vollkommen flaches Land gebe, Holland, ganz ohne Berge. Das hatte den Buben sehr erstaunt, denn er konnte sich ein derart ebenes Land nicht vorstellen. Da können die Leute ja nie bergauf gehen, hatte er verwundert ausgerufen und der Großvater hatte das bestätigt. Ja, so der Ferdl, wenn nun so jemand aus Holland in die Steiermark kommt, kann der dann bergauf gehen? Nein, sagte der Großvater, das muss er erst lernen. Aber gehen lernt man doch nicht, widersprach Ferdinand, lernen tut man Lesen und Schreiben, doch nicht Gehen oder Bergaufgehen. Natürlich lernt man das auch, sagte der Großvater, alles muss man lernen, aber das Gehen lernt man schon als kleines Kind und man merkt das gar nicht. Muss man auch Bleistifte spitzen lernen, fragte Ferdinand. Der Großvater bestätigte das, ja, auch das müsse man lernen. Aber atmen, das braucht man nicht lernen. Jetzt lachte der Alte, und er konnte weiß Gott wirklich herzlich und ansteckend lachen, nein, sagte er, das geht von selber. Das ist angeboren. Ein Instinkt ist das. Was ist ein Instinkt? Etwas, was man nicht lernen braucht, was man schon von selber kann. Zum Beispiel die Wuserln können gleich laufen, wenn sie aus dem Ei schlüpfen, aber bei den Vögeln ist es doch so, dass sie das Fliegen erst lernen müssen. Dann müssen also auch die Tiere lernen – die gehen aber in keine Schule. Natürlich in keine Schule, aber ihre Eltern bringen ihnen gewisse Fähigkeiten bei. Bei den Menschen dauert das halt besonders lang. Zuerst lernen die Kinder von ihren Eltern und auch von den Großeltern und dann gehen sie in die Schule. Wenn sie gescheit sind und gute Noten haben, dann machen sie eine sogenannte Aufnahmeprüfung und wenn sie die bestehen, dürfen sie ein Gymnasium besuchen. Ferdinand wusste nicht, was ein Gymnasium ist. Der Großvater erklärte es ihm: Erst nach dem Gymnasium, nach der Reifeprüfung oder Matura, wie wir hier sagen, kannst du auf eine Hochschule gehen, auf eine Universität, und dort kannst du Medizin studieren oder Ingenieur oder was dich halt interessiert. Ferdinand wollte damals noch unbedingt Lokomotivführer oder Feuerwehrmann werden.

In Mürzzuschlag, am Fuß des Semmerings, über den man mit der berühmtesten und schönsten, von Carl von Ghega geplanten und

1854 eröffneten, ersten Gebirgsbahn der Welt nach Niederösterreich und Wien gelangt, gibt es einen großen Bahnhof, wo jeder Zug nach Wien am Ende eine zweite Dampflokomotive angekuppelt kriegt, die mithilft, die Garnitur über den Berg zu schieben. Den ganzen Tag hört man hier das Zischen der Dampfmaschinen und die Signalpfiffe, mit denen die beiden Lokomotiven sich beim Losfahren miteinander abstimmen. Auch das Durchrutschen der Eisenräder auf den Schienen kann man manchmal hören, aber vor allem das Pfeifen und Zischen; auch bei Nacht.

„Wenn man Doktor werden möchte", sagte Ferdinand, „dann muss man auf die Universität." Er sprach das Wort ‚Doktor' wie ‚Dokter' aus. Der Großvater korrigierte ihn, er sprach ein auffallend korrektes Deutsch. Großvaters Vorfahren stammten aus dem Rheinland. Großmutter Sophies Vorfahren kamen aus Böhmen. Sie sprach manchmal gewisse Wörter eigenartig aus, sagte zum Beispiel für Suppe ‚Sippchl' oder anstatt grün ‚griin', die Hühner nannte sie gelegentlich ‚Hinne' und ihren Mann bezeichnete sie gelegentlich als ‚alten Schöps', wenn er wegen einer Dienstreise – angeblich – mit der Bahn nach Wien musste, was sie stets mit Ärger erfüllte. Doch konnte sie, wenn es ihr wichtig war, diese Wörter auch korrekt aussprechen, wusste natürlich, dass ‚Schöps' auf Hochdeutsch ‚Schaf' oder ‚Hammel' lautete. Ferdinand hat nie erfahren, ob sie diese eigenartige Aussprache nur zum Spaß anwandte oder um ihren Mann ein bisschen zu ärgern. Denn Großvater verhielt sich ihr gegenüber manchmal lästig. So hieß es, das Mittagessen würde Punkt ein Uhr serviert. Alle hatten sich im Speiszimmer um den großen, schön gedeckten Tisch versammelt, nur Großmutter Sophie werkte noch in der Küche an ihrem Kohleherd. Das Essen kam und kam nicht. Dem Großvater riss die Geduld und er rief mit leicht erhobener Stimme: „Mutter! Wann kommt endlich die Suppe?" – Schweigen. „Mutter, wir sitzen seit einer halben Stunde am Tisch. Bring endlich das Mittagessen!", – Ihre einzige Antwort lautete in derartigen Fällen lakonisch: „Ja." Aber es dauerte dann doch noch eine gute Weile, bis die Suppe serviert wurde.

„Doktor ist ein lateinisches Wort", dozierte der Großvater jetzt, „das kommt von lernen, studieren. Auch studieren ist ein lateinisches Wort. Wer auf der Hochschule studiert ist ein Student."

„Welches Wort ist dann deutsch?"

„Lernen zum Beispiel."

„Und das Wort Schule?"

„Na ja, Schule kommt auch aus dem Lateinischen. Da gibt es einen Spruch, der heißt: Non scolæ sed vitæ discimus. Das heißt ‚Nicht für die Schule, sondern fürs Leben lernen wir'. Wenn man zum Beispiel Medizin studiert, muss man vorher im Gymnasium Latein lernen. Latein ist die Sprache der Wissenschaft. Es gibt unglaublich viele Wörter in unserer Sprache, die vom Latein abstammen. Solche Wörter lauten in manchen anderen europäischen Sprachen ähnlich, zum Beispiel das Wort Präsident, das kommt von *præ-sidere*, vorsitzen, das heißt auch auf Englisch so ähnlich und auf Französisch und Italienisch und sogar auf Spanisch. Das versteht man überall. Das kommt daher, dass die Römer ein so gewaltiges Weltreich geschaffen hatten."

Sie hatten nun den Wald betreten und suchten sich einen Weg durch das Unterholz. Die schattige Kühle wirkte erfrischend auf die zwei Wanderer. Großvater hatte eine Flasche Wasser im Rucksack mit und daraus tranken sie jetzt. Sie setzten sich auf einen Stein zur Rast. Ein leichter Wind strich durch die Baumwipfel und ließ das Laub rascheln. Es roch nach Feuchtigkeit und Moos.

„Weißt du", sagte der Großvater, „die heiligen Männer aus Indien haben gesagt: Auf den Bergen wohnen die Götter."

„Tante Gerda hat erzählt, dass die griechischen Götter auch auf den Bergen gewohnt haben. Auf dem Olymp."

„Die germanischen Götter haben auch auf Bergen gelebt, in einer gewaltigen Burg, der Walhall, das heißt auf Germanisch Wohnung der Gefallenen. Dort war Wotan der Herrscher, so wie Zeus bei den Griechen und Jupiter bei den Römern. In Walhall lebten nicht nur Götter und gefallene Helden, auch die Walküren waren dort zuhause. Die waren so eine Art Engel, die den tapferen Helden im Kampf beigestanden haben. Am Tag kämpften die Götter miteinander und abends tranken sie Met, das ist Honigwein."

„Und unser Gott?", wollte Ferdinand wissen, „wohnt der im Himmel? Oder im Paradies?"

„Gott?" Großvater dachte länger nach. Es fiel ihm schwer, die Frage seines jungen Begleiters zu beantworten. „Unser Gott – nun, weißt du, da haben schon viele drüber nachgedacht. Aber keiner weiß wirklich, wo dieser Gott wohnt."

„Und das Paradies?"

„Das kann ich dir auch nicht sagen. Bei den alten Göttern hat man immer gewusst, wo sie zuhause sind und was sie tun, ja sogar ihre Namen kannte man und einige haben sogar mit Menschen Kinder gehabt, vor allem bei den Griechen, das waren dann die Halbgötter wie Achilles oder Herkules. Aber unser Gott? Der lässt sich nicht beschreiben. Man weiß nichts über ihn."

„Und warum? Vielleicht weiß der Herr Pfarrer das?"

„Da muss ich dich leider enttäuschen, aber dieser Gott, von dem die Bibel, das Heilige Buch, so viel erzählt, der ist abstrakt." Das verstand Ferdinand überhaupt nicht.

„Nun", scheinbar unbequem rückte der Großvater auf dem Stein hin und her, „er lässt sich eben überhaupt nicht beschreiben. Manche

Künstler haben ihn als alten Mann mit weißem Rauschebart dargestellt, aber das stimmt sicher nicht, das ist nur so eine Vorstellung, welche sich die Menschen von ihm machen. Die Menschen sind immer verwirrt, wenn sie sich etwas nicht vorstellen können. Unser Führer … äh … hat daher ehemals nicht besonders viel von Religionen gehalten. In unserer Familie sind wir deswegen alle konfessionslos. Also weder katholisch noch evangelisch."

„Warum?"

„Wir glauben sozusagen an einen Gott, ja, aber nicht an den, den die Religionen, die Katholiken oder die Evangelischen vorschreiben."

„Deswegen sagt die Mutter immer, wir sind ‚gottgläubig'."

Das bestätigte der Großvater. „Das mit dem Gott ist halt so eine Sache", knurrte er nach einiger Zeit, das Kinn auf die Hand gestützt, „manchmal wünscht man sich einen, vor allem einen, der gerecht ist, aber dann denkt man sich wieder, wofür ist der Gott denn überhaupt gut? Er zeigt sich nicht, man kann ihn nicht einmal beschreiben und gesprochen hat er zu den Menschen nur ganz selten, und zwar vor sehr, sehr langer Zeit und zu einem uns fremden Volk. Und wenn man nicht an ihn glaubt, wird man bestraft und kommt in die Hölle."

Die Hölle! Davor hatte Ferdinand doch Angst. Er wusste, dass er als Strafe fürs Tiere quälen einmal in die Hölle kommen würde. Trotzdem war da noch Unsicherheit dabei.

„Du, Großvater, wenn es eine Hölle gibt, dann muss es auch ein Paradies geben. Jesus hat ja davon gesprochen. Und wo ist denn sonst das Christkind zuhause und die Engel?"

„Ach, mein Bub, das sind Fragen! Ich denke mir, das mit den alten Göttern war einfacher. Aber dieser eine Gott, den haben die Alten erfunden, in Ägypten war es ein Pharao, der ihn schon erfunden hat, später dann die alten Israeliten, sagt man. Sie haben ihn sich ausgedacht und er war sehr streng, doch dann ist Jesus gekommen, schon zur Römerzeit, der hat den Menschen erzählt, Gott sei barmherzig."

„Deswegen ist er gekreuzigt worden?"

Großvater schüttelte den Kopf und zupfte sich am Schnurrbart. „Deswegen wohl nicht", sagte er, „sondern er hat behauptet, er sei der Messias, auf den die Menschen mit Mosaischem Bekenntnis heute noch warten. Messias heißt auf Hebräisch der Gesalbte und die Griechen haben ihn Christus genannt, das heißt auch der Gesalbte. Man hat damals im Orient wichtigen Menschen beim Betreten eines Hauses die Füße gewaschen und gesalbt. Das war eine Art von Höflichkeit. Ob das wahr ist, weiß ich allerdings nicht."

„Er wurde gekreuzigt, weil er gesagt hat, er ist der Gesalbte?"

„Ja, und außerdem hat er behauptet, er sei der König der Juden und der Sohn Gottes, das war bei den Gläubigen Blasphemie, also – äh – Gotteslästerung und darauf stand der Tod! Du hast das ja schon oft gesehen – über dem Haupt Christi steht auf einer Tafel INRI. Du weißt nicht, was das bedeutet …"

Ferdinand schüttelte den Kopf.

„Das ist Latein und heißt: Iesus Nazarenus Rex Iudaeorum– zu Deutsch: Jesus, der Nazarener, König der Juden. Deswegen hat ihn Pontius Pilatus, der römische Statthalter der Provinz Judäa, auf den Wunsch der Hohepriester schließlich zum Tode am Kreuz verurteilt. Cruci fixus, ans Kreuz fixiert, hat das geheißen, so haben die Römer damals ihre Feinde hingerichtet. Deswegen sagt man bei uns heute noch Kruzifix. Echte Römer sind geköpft worden. INRI war eine Spottschrift, musst du wissen."

„Also waren es die Hohepriester, die Jesus getötet haben."

„Ganz richtig. Und das ist wahrscheinlich auch der Grund, warum es die Juden so schwer haben. Auch heute noch. Wenn es ihren Gott wirklich gibt, so hat auch der sie bestraft, denn sie haben kein Heimatland, ziehen von einem Ort zum anderen, und wenn sie sich einmal irgendwo für längere Zeit niedergelassen haben, werden sie immer wieder vertrieben und finden niemals Ruhe. Nein, Ruhe werden sie niemals finden."

So redeten sie noch eine Weile, dann wurde Ferdinands Aufmerksamkeit von einem großen Ameisenhaufen abgelenkt; der Großvater hatte ihm nämlich schon lange vorher einmal gezeigt, dass man auf den aus Tannen- und Fichtennadeln gebauten Haufen nur kurz mit der flachen Hand draufzuklopfen braucht, dann spritzen die Waldameisen aus ihrem Hinterleib Ameisensäure und die Hand riecht stechend sauer, aber irgendwie gut. Der Großvater hat behauptet, das sei gut gegen Rheumatismus. Und wenn die Finger vom Schwarzbeerbrocken blau waren, dann wurden sie durch die Ameisensäure ganz rot.

Auf dem Heimweg dachte Ferdinand über die vielen Probleme nach: warum man Gott nicht beschreiben kann, wo Himmel, Hölle und Paradies liegen, was nach dem Tode mit einem geschieht und warum man sich die Unendlichkeit nicht vorstellen kann. Ob es überhaupt jemanden gab, der einem das alles erklären konnte?

Und Rolf, der Schäferhund? Der blieb wieder einmal verschollen. –

28

Die Lenau'sche Villa galt in Mürzzuschlag schon immer als gastfreundliches Haus und viele Besucher kehrten dort ein, nicht mit eingerechnet jene Menschen, die von höherer Stelle einquartiert in dem Haus lebten und von denen etliche hofiert, gemocht, geschätzt, als Freunde zum Essen eingeladen wurden, manche jedoch Fremde blieben und bestenfalls geduldet waren, jedoch nie am Mittagstisch der Familie saßen. Die Besucher hingegen wurden von Großmutter Sophie stets mit freundlichen Worten empfangen, in die Diele geleitet, die an heißen Julitagen angenehm kühl, während der frostigen Winterzeit temperiert und gemütlich war, wenngleich auch nicht so warm wie die Wohnzimmer im Haus. Die Großmutter wies den Besucher zur Sitzgarnitur mit einem niedrigen, runden Tischchen als Zentrum, auf dem eine große Messingtasse mit seltsamen Ornamenten und fremdartigen Schriftzeichen lag. Ölbilder schmückten die Wände, Teppiche auf dem Bretterboden dämpften die Schritte und auf einem Regal prangte wie ein Schmuckstück ein verschnörkelter Samowar, den ein Bruder der Großmutter, welcher Korvettenkapitän gewesen war, irgendwann – so wie viele andere Gegenstände – von einer Reise aus Ostasien mitgebracht hatte. Das Licht fiel spärlich durch ein zum oberen Garten hin orientiertes, vergittertes Fenster, weswegen diese Diele den Geschwistern immer schattenhaft vorkam. Nur selten drangen einige Sonnenstrahlen herein, zeichneten grelle Vierecke auf den braungebeizten Dielenboden und auf den bunten Teppich.

Onkel Hans war einer der regelmäßigen Besucher. Er wohnte im Zentrum der Stadt und marschierte von dort beinahe täglich bis zur Lenau'schen Villa in der Waldgasse, für den Weg brauchte er zirka fünfzehn Minuten; er war gut zu Fuß, ein Jäger, der trotz seines fortgeschrittenen Alters auch in weit schwierigerem Gelände bestens vorwärts kam. Sein treuer Begleiter, der Hund Blitz, ein gut ausgebildeter Jagdhund, der aber auch schon in die Jahre gekommen war, schlummerte lieber friedlich eingeringelt neben seinem Herrn am Boden als dass er mit ihm auf die Pirsch ging.

Onkel Hans war studierter Magister der Pharmazie und betrieb die größte Apotheke der ganzen Region, die im Erdgeschoß eines stattlichen Wohnhauses im Stadtzentrum untergebracht war. Dort roch es nach Pflanzenextrakten, aromatischen Essenzen, fremdartigen Pulvern und Seren, die in Flaschen und Fläschchen unterschiedlicher Größe meist aus Braunglas auf dunkelbraunen Holzregalen fein säuberlich geordnet standen, jedes mit einer eingeätzten Aufschrift in großen, deutlichen Lateinbuchstaben. Der Kunde wurde an einem länglichen Verkaufstisch mit einer Platte aus poliertem, rosarotem, gelblich geädertem Marmor vom weiß bemäntelten Apotheker, dem jungen Magister Veytl, den Onkel Hans bei seiner Pensionierung eingestellt hatte, nach seinen Wünschen befragt und bedient. Das Geld lag in kleinen Fächern geordnet in einer barock anmutenden Kassa aus vernickeltem Gusseisen. Emaillierte Druckknöpfe mit schwarzen Ziffern dienten zum Eintippen der Zahlen, eine Papierrolle speiste ein mechanisches Druckwerk, welches auf den Streifen die Rechnung ausdruckte, sobald der Apotheker die seitlich an der Kassa angebrachte Kurbel betätigte, wobei gleichzeitig mit einem unüberhörbaren Klingelton die Geldlade aufsprang. In einem Hinterzimmer vermittelten Porzellantiegel, Mörser, Feinwaagen, Eprouvetten, Pipetten und eine große Menge von Geräten und Gefäßen, in denen getrocknete Pflanzenteile, auch gröbere Substanzen, zerstampft, genau abgewogen, vermischt zu Pastillen gepresst oder zu Salben verarbeitet werden konnten, den Eindruck wissenschaftlich-geheimen, ja beinahe priesterhaften Wissens.

„Der Apotheker darf sich nie irren“, belehrte der alte Mann die Kinder in strengem Ton, wobei er den Zeigefinger erhob, „sonst stirbt der Patient. Viele Medikamente sind nämlich zugleich auch Gifte und wirken nur in den vom Doktor verordneten Mengen. Deswegen haben wir Pharmazeuten auch die genauesten Waagen, die es gibt, deutsche Waagen sind die besten auf der Welt, so wie die Schweizer die besten Uhren erzeugen. Und euer Großvater das beste Werkzeug, weil er ein eigenes Härteverfahren für Eisen entwickelt hat. Eine Axt, beispielsweise, darf weder zu weich noch zu spröde sein, sonst kriegt sie entweder Kerben oder sie zersplittert beim Hacken." Doch was immer er auch sagen mochte, irgendwie nahmen es Anna und Ferdinand nie ganz ernst, denn immer glitzerte dem Wahlonkel bei seinen Reden der Schalk aus den Augen …

Onkel Hans, für die Kinder ein alter Mann – vielleicht fünfundsechzig oder etwas darüber – der stets mit seinem Spazierstock ging, verfügte über ein schier unerschöpfliches Repertoire an furchtbar interessanten, aufregenden Geschichten aber auch Witze erzählte er mit großer Leidenschaft und die Geschwister freuten sich schon immer auf den Besuch; der Schoßplatz war privilegiert, das andere Kind hockte sich zu des Onkels Füßen neben dem Hund Blitz auf den Teppich. Und dann ging es los. – Meist waren es Jagderlebnisse, die der Onkel – der in Wirklichkeit ja kein echter Onkel war – zum Besten gab, wie er Steinböcke erlegt, Fasanen im Flug aus der Luft geschossen, Wildhasen in vollem Lauf getroffen, Rehe, Nieder- und Hochwild vom Hochstand aus angesessen und zur Strecke gebracht hatte, ja sogar dem wilden Eber hatte er sein Blei mitten ins Herz gejagt, sodass er auf der Stelle tot umgefallen war, denn wenn man so ein Tier nur verwundet, greift es augenblicklich an und kann den Schützen mit seinen Hauern die Beine aufschlitzen und es soll schon vorgekommen sein, dass der Verwundete dann viel Blut verliert und schließlich stirbt. Wenn man hingegen einen Hirschen weidwund schießt, dann ist es die Pflicht jedes Weidmannes, das Tier mit dem Hund so lange zu verfolgen, bis man es in seinem Wundbett stellen und endgültig erlegen kann. Am schwierigsten, so der Onkel, sei die Jagd auf den Auerhahn, denn dieser wunderbare, große Vogel verfügt über ein ungemein scharfes Gehör und kann daher nur während der Balz beschlichen und geschossen werden. Dazu muss man dessen entlegenes Hochwaldrevier gut kennen und sich ihm mit allergrößter Vorsicht und vor allem mit Geduld und Ausdauer nähern. Nur ein falscher Schritt, das Knacken eines dürren Zweigs am Waldboden, das Rascheln eines dürren Blattes und fort ist der Vogel. Doch wie herrlich ist es, wenn man den großen Hahn zu Gesicht bekommt! Ja, schwärmte Onkel Hans, der Anblick sei weit, weit höher einzuschätzen als ihn zu erlegen, ein Erlebnis, welches sich ins Gehirn, in die Erinnerung einbrennt, sodass man es niemals mehr vergisst!

Auch von der österreichischen Jägersprache erzählte er. So fließt in den Adern des Wildes nicht Blut, sondern Schweiß, und das angeschossene Stück schweißt – und blutet nicht. Die Augen nennt der Jäger Lichter, den Hals Träger, das Gedärm Geräusch, die Kacke Losung, die Beine Läufe, die Ohren des Hasen Löffel, dessen Schwanz Blume, den Hinterteil der Rehgeiß Spiegel und so weiter. Die Deutschen, so der Onkel, besäßen kein derartiges Vokabular und würden deswegen von ihren österreichischen Kollegen auch belächelt.

Onkel Hans war ein Freund der Familie. Er war mittelgroß, schlank, ein wangenstärkendes Lächeln im fein geäderten, rötlichen Gesicht, hellblau strahlende, fröhliche Augen und ein tabakfarbener Schnurrbart über dem Mund. Immer trug er einen Steirerhut mit Gamsbart auf dem Kopf, dazu einen Steirerjanker, grau oder grün aus feinem Loden, eine Knickerbocker und handgestrickte Halbstrümpfe, die mit einer grauen Kordel um die Wade festgeschnürt waren. Seine ebenfalls handgemachten, braunen Schuhe glänzten und in der Rechten hielt er den unvermeidlichen Spazierstock.

Zum Unterschied von Tante Gerdas Mann, Onkel Hartmut, behandelte Onkel Hans die Roth-Kinder immer mit Respekt, wodurch sie den Eindruck erhielten, überaus bedeutende Persönlichkeiten zu sein. Was der Großmutter oder der Mutter an den Geschwistern nicht gefiel, ließ ihn ganz kalt. Er machte sogar Komplimente und sagte einmal zu Anna, sie sei ein hübsches Mädchen, was sie mit allergrößtem Stolz erfüllte. Weder verhielt er sich gewollt kindisch noch belehrend oder gar kritisierend, biederte sich niemals an, besaß aber eine gehörige Portion Humor, mit dem er nicht sparte und den sowohl Anna als auch Ferdinand liebten.

Da war zum Beispiel die Geschichte mit dem Dackel:

„Vor vielen Jahren habe ich einen Dackel gehabt, einen guten Jagdhund, eine treue Seele, das war noch vor dem Blitz“, erzählt er den Kindern, „den hab ich immer auf die Pirsch mitgenommen. Einmal sind wir hoch hinauf auf den Dachstein zur Gamsjagd. Die Gams lebt in den steilsten Felsklüften, müsst ihr wissen, und wenn du sie nicht beim ersten Schuss erlegst, flieht sie und niemand kann diesen Kletterkünstlern folgen. Also wir sind schon im Revier, über der Waldgrenze, ein Prachttag, da rauscht es in der Luft und herab kommt ein gewaltiger Steinadler! Der größte Vogel Europas! Er stößt nieder, packt den Dackel mit seinen krallenbewehrten Fängen und entführt ihn mit kräftigem Flügelschlag hinauf in den Himmel. Kleiner und kleiner wird der Raubvogel. Ich reiße die Waffe von der Schulter, justiere das Zielfernrohr und visiere den Steinadler an. Den Dackel in seinen Klauen kann ich genau erkennen. Ich drücke ab. Es knallt, der Steinadler stürzt aus großer Höhe wie ein Stein und schlägt unweit von mir auf dem felsigen Boden auf – mausetot.“

„Und? Was war mit dem Dackel“, fragt Ferdinand, rot vor Aufregung im Gesicht.

Jetzt lacht Onkel Hans: „Der Dackel? Aaaah – der ist weitergeflogen.“

Gelegentlich wurden die Lenaus mit den Roth-Kindern zu ihm eingeladen. Dann ging es durch die Apotheke in ein kühles Stiegenhaus, dessen Wände mit unzähligen Jagdtrophäen geschmückt waren. Über jedes einzelne Stück wusste Onkel Hans genau Bescheid, da hingen tatsächlich Hirschgeweihe – Trophäen, wie er sie nannte – von Sechzehnendern und der berühmte Auerhahn fehlte natürlich auch nicht. Im ersten Stock befand sich die Wohnung. Dort residierte seine Frau, welche die Kinder Tante Anni nennen durften. Sie hatte selber nie Kinder gekriegt und das war wohl eine schmerzliche Tatsache für die Familie – vielleicht rührte daher ihre große Zuneigung zu Anna und Ferdinand. So wie der Onkel, kam auch Tante Anni aus Wien – sie sprachen ein wunderschönes Wienerisch – übrigens redeten auch die Roth-Kinder nicht in der steirischen Mundart, denn die Großeltern Lenau stammten nicht aus dieser Gegend, sondern kamen aus dem Rheinland und aus Böhmen. Onkel Hans und Tante Anni kamen aus Wien. Die Steiermark war für ältere Wiener der gehobenen Gesellschaft ein ersehntes Lebensziel. Viele Wiener, die es sich leisten konnten, wanderten von ihrer Geburtsstadt in das wilde Waldland hinter dem Semmering aus und erfreuten sich an der urigen Natur, die der berühmte Vorfahre von Anna und Ferdinand, der Poet Roth in aller Welt bekannt gemacht hatte.

Im Wohnzimmer, vollgeräumt mit Kostbarkeiten, befand sich in einer Vitrine, ruhend auf einem Kästchen, ausgeschlagen mit rotem Samt, eine wunderschön gewundene Muschel, außen bräunlich gesprenkelt und innen ganz seidig glänzend und rosarot. Dieses Gehäuse hatte es den Kindern angetan. Denn wenn man es ans Ohr hielt, konnte man darin das Meer rauschen hören, so hatte es der Onkel jedenfalls erklärt.

„Die Muschel!“, bettelten die Kinder, kaum dass sie das Wohnzimmer betreten hatten.

„Eigentlich ist es ja keine Muschel“, erklärte Onkel Hans, während er die Vitrine aufschloss und das begehrte Objekt sachte heraushob, „sondern das Gehäuse einer großen Meeresschnecke aus dem Indischen Ozean, ein sogenanntes Tritonshorn. Muscheln haben nämlich zwei Schalen, Schnecken hingegen ein Haus – die Nacktschnecken haben gar nichts. Die werden bei Regen nass.“

Nachdem die Kinder das Meer lange genug rauschen gehört hatten, nahm der Onkel das Schneckenhaus an den Mund und blies durch ein Loch am spitzen Ende des Gehäuses fest hinein: aus den Öffnungen und Windungen quoll ein unheimliches Röhren.

„Damit lockt man den Hirsch an", sagte er. „Wahrscheinlich glaubt er, ein Nebenbuhler ist in sein Revier eingedrungen. Deswegen kommt er und sieht nach, woher dieses Röhren stammt. Und dann hast du ihn schon im Visier. Es klingt so täuschend echt in den Ohren des Tieres, er kann nicht widerstehen."

Anna tat der Hirsch leid.

In einem anderen Schrank hingen matt glänzende, frisch eingeölte Jagdgewehre, die der Onkel mit unterschiedlichen Namen benannte: Büchsen, Stutzen, Flinten, Bockbüchsflinten, je nachdem ob sie Kugeln, Schrot oder beides verschossen. Alles von feinster österreichischer Produktion: Mauser, Steyer, Ferlacher …

In einem mit Decken und Pölstern ausgestopften Lehnstuhl saß die Mutter des Apothekers, eine alte, faltige, abgemagerte, schlohweiße Dame, die Urgroßi. Sie sprach nur selten und das mit leiser Stimme und erzählte dann ein wenig von der den Geschwistern unbekannten Großstadt Wien, in die Großvater Hermann Lenau hin und wieder zu Verhandlungen reisen musste, und manchmal berichtete die Greisin auch von der Stadt New York, Metropolis, wohin Mary, die Schwester von Tante Anni ausgewandert war. Mary lebte also in Amerika, in der unermesslich großen Stadt der Wolkenkratzer, wo Maltersackmusik gespielt wurde und wo die Häuser tatsächlich so hoch sind, dass man von unten manchmal ihr oberes Ende nicht sehen kann, weil es in den Wolken verschwunden ist. Es war für Ferdinand nahezu unmöglich, sich derart hohe Gebäude vorzustellen, ihm genügte das musikalische Wort Wolkenkratzer.

„Auf Englisch heißt das Himmelskratzer", sagte die alte Frau mit fadendünner Stimme, „sky scraper."

Diese Tante Mary schickte aus Amerika Zeitschriften, wie sie hierzulande vollkommen unbekannt waren. Am liebsten schaute Ferdinand ein Magazin an, das ‚LIFE' hieß. Da gab es bunte Bilder, abgedruckte Fotografien von Kriegsschiffen, Flugzeugen und von schönen Frauen, von denen fast alle einen großen Busen hatten. „In Amerika", sagte die Urgroßi, „gibt es jetzt so etwas ähnliches wie ein Radio, aber man kann damit Bilder aus dem Äther empfangen und zuhause auf einem Bildschirm ansehen, das ist so etwas wie Kino."

„Die erste Fernsehübertragung", sagte Onkel Hans, „hat bei den Olympischen Spielen 1936 in Deutschland stattgefunden."

„Wie kann man denn einen Film senden?", fragte Ferdinand.

„Ach, mein Lieber, das geht so wie mit der Musik durch den Äther. Das erfolgt mit Radiowellen und damit kann man alles senden, was man will. Man braucht nur die richtigen Geräte dafür."

Ein Zwiespalt plagte Ferdinand: Hielt er nicht die Deutschen für die Besten? Wer war es, der im Krieg die ersten Lenkwaffen gegen den Feind geschickt hatte? Wer hatte das erste Staustrahlflugzeug namens V 1 konstruiert und die ersten Kampfflugzeuge, die von Turbinen angetrieben wurden? Immer die Deutschen!

Aber die Amerikaner waren auch gut und die Engländer auch. Die Engländer hatten das RADAR gebaut und damit den deutschen Kaperschiffen und vor allem den U-Booten größten Schaden zugefügt. Und sie hatten alle deutschen Geheimschriften entziffert, sogar diejenige, welche mit der berühmten, vom deutschen Elektroingenieur Arthur Scherbius erfundenen Enigma-Maschine verfasst worden war und als absolut unentzifferbar galt, doch von Polen und später Engländern mit einer speziellen elektromechanischen Maschine, genannt die Turing-Bombe, geplant vom englischen Mathematiker Alan Turing, doch geknackt wurde! Und die Amerikaner hatten das Fernsehen, Jazzmusik und die schönsten Frauen mit den größten

Busen und die besten Filme und dort – so hatte Tante Anni berichtet – durften Mädchen bereits ab sechzehn schon ohne männliche Begleitung in ein Kaffeehaus gehen, sie durften auch Zigaretten rauchen und den Krieg hatten sie obendrein noch gewonnen mit ihren fliegenden Festungen und die Deutschen hatten ihn trotz aller ihrer technischen Errungenschaften verloren. Also irgendetwas konnte da mit den Geschichten vom braven deutschen Michel und den bösen Feinden, den Amis und den Plumpudding mampfenden Tommis und den feigen Katzlmachern nicht stimmen, dachte Ferdinand, aber er verfolgte diesen Gedanken nicht weiter.

Die Tante Mary schickte auch amerikanische Kinderzeitschriften nach Österreich, welche Onkel Hans bei seinen regelmäßigen Besuchen in der Lenau-Villa Anna und Ferdinand mitbrachte. Das eine Magazin war für Volksschüler und hieß ‚Wee Wisdom', das andere namens ‚Progress' richtete sich an Teenager – Tante Anni erklärte, dass das auf Englisch ‚Ein bisschen Weisheit' und ‚Fortschritt' bedeute. Da die Hefte reich bebildert waren, konnte sich Ferdinand viele Geschichten zurechtlegen, ohne dass er sie – des Englischen unkundig – zu lesen vermochte. Vor allem ein Kapitel hatte es ihm angetan, es lautete ‚Add your colour' und beinhaltete Strichzeichnungen von Gegenständen oder Personen, die man mit Buntstiften anmalen konnte. Der Großvater übersetzte es dem Buben: ‚Gib deine Farbe dazu'. Es kam aber auch eine Geschichte darin vor, wo ein Knabe einen Fuchs fängt und ihn heimlich unter seiner Jacke versteckt heimschmuggelt. Obwohl ihn das verschreckte Tier die Brust blutig beißt, lässt er keine Miene des Schmerzes erkennen, um sich nicht zu verraten.

„Das ist eine Geschichte aus Sparta", erklärte der Großvater, der die alten Griechen ebenso verehrte wie die alten Germanen. „Sparta war ein Teil des alten Griechenlands. Die Spartaner waren berühmt dafür, ungeheuer tapfer zu sein, keinen Schmerz zu fühlen und alles zu erdulden, was es zu erdulden gab. So wie die Indianer in Nordamerika."

„Das mit dem Fuchs ist ein Beispiel?“

„Genau! Bei der Schlacht gegen die übermächtigen Perser hat deren König Xerxes angeblich ausgerufen: ‚Unsere Pfeile werden den Himmel verdunkeln!‘, worauf der Anführer der Spartaner, Leonidas, antwortete: ‚Dann werden wir eben im Schatten kämpfen!‘ Tatsächlich sind alle Spartaner damals auf den Thermopylen gefallen, aber sie haben die Perser so lange aufgehalten, dass ihr Heer und ihre Flotte letztlich von den Griechen besiegt werden konnten. Wenn du einmal zu den Thermopylen kommen solltest“, fuhr der Großvater fort, „dann wirst du dort folgenden Satz in Stein gemeißelt finden“: Und er zitierte die berühmten Verse in der Übersetzung von Friedrich Schiller: „Wanderer, kommst du nach Sparta, verkündige dorten, du habest uns hier liegen gesehn, wie das Gesetz es befahl.“

Daraufhin deklamierte Tante Gerda den Vers auf Latein:

„Dic hospes Spartae nos te hic vidisse iacentes,
dum sanctis patriae legibus obsequimur.“

Sie erklärte auch, dass das Versmaß ein Elegischer Distychon sei, zuerst ein Hexameter, gefolgt von einem Pentameter und gleich bemühte sie wieder Schiller, der das mit folgendem Beispiel erklärte: ‚Im Hexameter steigt des Springquells flüssige Säule, im Pentameter drauf fällt sie melodisch herab.‘

Die griechische Originalversion sah Ferdinand wirklich erst Jahrzehnte später, als er während einer denkwürdigen Griechenlandreise in den Thermopylen badete:

„Ὦ ξεῖν', ἀγγέλλειν Λακεδαιμονίοις ὅτι τῇδε

κείμεθα τοῖς κείνων ῥήμασι πειθόμενοι.“

29

Es waren schwere Zeiten. Kein Geld kam herein. Der neue Schilling war nicht viel wert. Die roten Nachbarn spuckten auf die Lenaus. Auch das Wetter war beschissen und tat das Seine, dass man sich nicht wohlfühlen konnte. Es goss in Strömen. Die Tür flog auf, eintrat wie ein Wirbelwind Anna in ihrem Regenmantel, gerade, als Frau Novak, die auf Besuch erschienene Nachbarin, zugeben musste: „Schwere Zeiten! Wirklich wahr. Schlimm ist es, schwere Zeiten … ja grüß dich, Anna!“ Sophie stand wie zumeist am Herd, Frau Novak saß am Küchentisch und rührte, in Gedanken und diverse Betrachtungen versunken, in einer Tasse Malzkaffee.

Anna erklärte atemlos, sie habe eine wichtige Einladung erhalten.

„Aber geh! Eine Einladung? Gehst’ denn bald auf deinen ersten Ball?“, erkundigte sich Frau Novak und starrte Anna neugierig lächelnd an.

„Nein! Die Urgroßi hat mich zur Maiandacht eingeladen!“

„Fein, wie schön! Wie geht’s ihr denn überhaupt, der alten Frau Danzer? Die Frau Mama des Apothekers muss ja schon über achtzig sein … und so gebrechlich.“

„Ich möcht in die Kirche mitgehen!

„In die Maienandacht?“ Großmutter Sophie stellte sich mit vor der Brust verschränkten Armen vor Anna auf, die an ihr wie an einem Baum emporblickte, so lange, bis sich ihr Blick in den hellblau strahlenden Augen der Großmutter verhakten. Da oben sah sie stille Ablehnung wie Nadelspitzen. Die Großmutter ließ etwas Atemluft aus ihrer Lunge und legte den Kochlöffel auf einen angesprungenen

Teller. Die dumme Frage Annas zehrte an ihren Kräften. Dauernd wollten die Kinder etwas, was man ihnen verwehren musste. Die Großmutter ließ ihren Kopf nachdenklich hin und her schaukeln. Annas Herz wurde von aufsteigender Panik verschnürt. „Bitte!“, flehte sie, „bitte. Die Urgroßi wünscht es sich so sehr …“

Sophie schaute auf ihre Enkelin hinab und krächzte: „Was? In die …!“

Doch Frau Novak hob den Arm, um sich am linken Ohr zu kratzen, lächelte milde wie ein erblühender Rosenbusch und säuselte. „Wie schön! Die Maiandacht wird dir bestimmt gefallen! Ich bin früher auch sehr oft gegangen. Ist ja so ergreifend.“

Sophie Lenau dachte das nicht. Im Gegenteil, denn sie schnaubte: „Was? Du in die Maiandacht? Was willst du denn dort? Das ist nichts für dich!“

Und Anna: „Aber Großmutter, wieso denn nicht?“

„Weil eine Maiandacht nur für Katholiken ist, und die gehen in die katholische Kirche, aber du bist ja gottgläubig.“

„Ah!“, hauchte Frau Novak mitfühlend, „hab gar nicht gewusst, dass Anna und der liebe Ferdi konfessionslos sind.“

„Wir haben es wie alle anderen auch in der Nazizeit so beschlossen“, erklärte die Großmutter sehr kategorisch, „damals war das richtig, die einzige Lösung, was sollen wir denn mit der Religion, sie ist Opium für das Volk, hat ja auch unser Führer gesagt, und der war doch aufgeklärt und nicht gerade von gestern. Doch jetzt sollen die beiden Kinder in der evangelischen Kirche angemeldet werden. Sonst könnten sie ja nicht einmal zur Ausspeisung ins evangelische Pfarrhaus gehen! Schon deshalb können wir sie jetzt nicht auf einmal in eine katholische Messe schicken. Das gehört sich einfach nicht.“

„Aber Großmutter, bitte, ich möchte so gern einmal in die Maiandacht!“ Die Urgroßi, so Anna mit jammernder Stimme, habe sogar gefordert, Anna müsse sich besonders schön kleiden. Sei doch die Feier zu Ehren der Muttergottes und Lieder würden in der Kirche gesungen, die Kirche sei herrlich mit duftenden Pfingstrosen und Jasmin geschmückt. In allen Himmelsgegenden wären am Abend Sterne aufgefädelt, sie blinkten in der Nacht wie Juwelen, und sie, Anna, sie müsse das unbedingt sehen.

„Na ja. Vielleicht, na ja, warum nicht, frag du doch deine Mutter, sie wird schon nichts dagegen haben, mein liebes Kind, komm zu mir…“ Und die Großmutter nahm ihre Enkelin in die Arme. Eine Weile verharrten sie so in dieser herzlichen Umarmung, bis die Alte die Kleine los ließ und mit etwas brüchiger Stimme sagte: „Na ja und wenn schon, ist ja schließlich nichts Böses dabei, im Gegenteil! Und geh jetzt und kümmere dich um deine Hausaufgaben! Wie du siehst, habe ich Besuch!“

„Danke, Großmutter!“, rief Anna, indem sie aus der Küche rannte.

„Was für ein liebes Kind, die Anna!“, erklärte Frau Novak. Sie saß mit übereinandergeschlagenen Beinen in ihrem schwarzen Rock und den feuchten Stiefeln dampfend am Küchentisch bei einer Schale Malzkaffee, den ihr die Großmutter angeboten hatte. Frau Novak, eine ältliche und sehr rundliche Frau mit dunklen Augen, üppigem Busen, festen Schenkeln und herbstgelbem Haar, das in kleinen Locken an ihrem Schädel klebte, lebte in der imposanten grauen Villa etwas oberhalb der Lenau'schen mit ihrem Bruder Hansi zusammen, einem Mann, der jetzt angeblich dubiosen Geschäften nachging.

In der Stadt wurde gemunkelt, der Novak-Hansi habe am Krieg oder am Zusammenbruch irgendwie mitverdient, Gerüchte, über die niemand etwas Genaueres wusste. Herr Novak, ein freundlicher Mann von eher kleiner Gestalt war zumeist in einen dunklen, gestreiften Seidenschlafrock gekleidet, wenn Anna auf Besuch kam, und er schlurfte leise in ledernen Pantoffeln durch das riesige Haus mit den vielen hohen Zimmern, rauchte lange Filterzigaretten und trank immer wieder schwarzen Kaffee aus winzigen Tassen. Manchmal saß er vor einem schwarzen Flügel, auf dem er mit flinken Fingern Schlager oder Wienerische Melodien spielte. Sein dunkles, fremdländisches Gesicht strahlte etwas Geheimnisvolles aus, etwas wie Schwermut aber auch Listigkeit, wie Anna und Ferdinand vernommen hatten, wenn im Hause Lenau über die Bewohner der Villa Novak geredet wurde. Ob es mit der Nase des Nachbarn zu tun hatte, oder mit dem schwarzen, etwas öligen Haar, vielleicht auch wegen des Schlafrockes, konnte nie geklärt werden, denn ein solches Kleidungsstück am helllichten Tag zu tragen wäre weder Onkel Heinrich noch den Großvätern jemals in den Sinn gekommen. Einmal war Ferdinand dem Hansi Novak auf dem Heimweg von der Schule begegnet. Ferdinand ging immer mit einwärts gedrehten Füßen, das war eines seiner Markenzeichen. Da fragte ihn der Hansi ob er Kinderlähmung gehabt hätte und Ferdinand antwortete mit einem ja. Das sprach sich herum und Großmutter Sophie fragte den Ferdinand einmal, warum er das mit der Kinderlähmung gesagt habe. „Damit er mich nicht weiter fragt“, hatte Ferdinand daraufhin geantwortet.

Frau Novak kümmerte sich um ein blondes Mädchen namens Lillibeth, Tochter ihrer eigenen geschiedenen Schwester. Lillibeth zählte zu Annas Freundinnen. Anna und Ferdinand gingen oft hinauf in die Novak-Villa, um mit Lillibeth zu spielen, und Frau Novak durften sie Tante nennen. Am liebsten spielten sie zurzeit Nach-Italien-Fahren. Auf einer Decke lagen sie im Gras der Novak'schen Villa unter einem Kirschbaum, und Frau Novak erzählte mit der lebhaftesten Fantasie vom Meer in Rimini, das man die Adria oder das adriatische Meer nenne. Anschaulich schilderte sie die leuchtende Fläche eines Strandes, und erklärte, derselbe bestehe aus Milliarden weißer Sandkörnchen, feiner als das beste Mehl, sodass es keine große Sache sei, darauf barfuß zu laufen. Auf diesem Strand könne man auch stundenlang in bunten Liegestühlen weilend das Meer beobachten, dieses schöne Spiel von Licht und Schatten auf dem graublauen Wasser. Das Meer, so wusste die Tante zu berichten, sei angenehm warm, man könne auch mit Segelbooten oder Dampfern weit hinaus bis an den dunkelblauen Horizont reisen, wo Delphine aus dem Wasser sprängen. Ach, bella Italia! „Dorthin fahren wir alle drei, die Lillibeth, du und ich, sobald die Zeiten besser sind!", sagte die Tante Novak und blickte den Sommerwolken nach. Ob sie nach Italien zogen?

„Aber den Ferdinand nehmen wir auch mit!", bat Anna.

„Das ist wohl selbstverständlich."

Frau Novak, – ob sie nun an das Italienspiel, an die Maiandacht oder an was auch immer dachte, trank nun genießerisch den Malzkaffee aus und ließ ihren Blick durch die Küche wandern. „Ja", wisperte sie mit sanfter Stimme, „schlecht sind die Zeiten schon. Es ist schwer heutzutage. Auch uns geht es nicht besonders. Wenn man doch Geld hätte!" Und sie sah die Großmutter interessiert an. Denn sie erwartete sich eine klare Antwort.

„Ich habe geglaubt, Sie hätten welches", antwortete diese.

„Wenig, liebe Frau Gewerke Lenau, so gut wie nichts. Das meiste davon hat ja mein Bruder Hans während des Krieges verloren. Weil er Häuser in Prag hatte." Frau Novak sog Luft durch ihre fremdländische Nase, sonst sagte sie nichts.

„Ach so? Wirklich?"

„Wenn ich es sage, leider. Und wie geht es bei Ihnen, jetzt … ich meine, wo der Herr Gewerke doch in Wolfsberg … wie schrecklich!"

„Ja, schrecklich!", gab die Großmutter entrüstet zu. „Mit dem

Hammer ist alles schief gelaufen", erklärte sie ihrer Nachbarin, die sich interessiert die Leiden und Sorgen der Frau Gewerke anhörte, nickte dabei geduldig mit dem blond dauergewellten Kopf zu jedem Wort, das die nun so gedemütigte Frau Gewerke zu ihr sagte. Gierig schlürfte Frau Novak jede Klage der Frau Lenau in sich hinein. Ob die Großmutter die fundamentale Unaufrichtigkeit, das geheuchelte Mitgefühl der Nachbarin als solches empfand? Ihre Hände machten sich wieder an die Arbeit. Sie rührte in einem Topf. „Ja, er sitzt in Wolfsberg!"

„Was für eine Schande! Aber man ist eben machtlos. Ganz und gar machtlos ist man."

Ergriffene Stille senkte sich eine Weile über die beiden Nachbarinnen, bis Frau Novak zu bedenken gab: „Auch mein Bruder Hansi sagt es immer und der kennt sich aus", und sie führte die Tasse mit dem Kaffee vorsichtig zum Munde, „es sind geradezu bleischwere Zeiten!"

„Stimmt. Mit dem Hammer geht es den Bach hinunter. Aufträge sind zwar eingelaufen, aber gleich wieder ausgelaufen, sozusagen, und Verbesserungen an den Öfen haben wir uns keine mehr leisten können, ja kaum die notwendigsten Reparaturen, wissen Sie! Mein Sohn, der Heinrich, der sich ja so um den Hammer kümmert, behauptet ja, dass im Bereich der Verwaltung nichts richtig läuft, vor allem, weil unser Betriebsleiter, dieser Herr, den uns die Roten aufgezwungen haben, keinerlei Kompetenz besitzt, sein Beruf ist ja eigentlich ein ganz anderer, er ist Schmied, Frau Novak!", Sie betrachtete ihre Gesprächspartnerin prüfend. Die erwartete Antwort interessierte sie. Sie hoffte, die Nachbarin möge ähnliches denken. Deshalb erklärte sie nun: „Man hat den Eindruck, dass alles verloren ist, glauben Sie nicht auch, Frau Novak?"

„Ja, mein Gott, wie schön, wenn es wie vorher wäre."

„Horden von wilden Russen haben alles an Zivilisation bei uns zerstört. Wie unglücklich meine Töchter Ingrid und Gerda waren und auch mein Sohn Heinrich, als die wieder nach Hause gekommen sind, denn hier ist ja zur Zeit ihr Zuhause, obwohl Ingrid mit den Kindern ja nach Graz will, zu Theo Mohr, sobald dessen Wohnung frei wird … na ich sage Ihnen … und die Nachbarn!"

„Auch bei uns haben sie in der Villa gewütet. Wenn Sie wüssten. Ich kann es ja selber kaum glauben. Meine schönen weißen Leinenkleider gestohlen, die Vorhänge zerfetzt. Die Fenster und alles Porzellan zerschlagen. Wie die Barbaren gehaust. Waffen im Garten … einfach so hingeschmissen, Handgranaten, Gewehre … Diebe, Mörder! Aber wissen Sie, Frau Lenau, vielleicht haben wir uns das alles selber eingebrockt."

„Wie meinen Sie das?" Blicke flogen zwischen den beiden Damen hin und her.

Frau Novak sog ein bisschen Feuchtluft durch ihre breiten Nüstern, schaute danach auf ihre gefalteten Hände, so lange, bis sie mit fester Stimme antwortete: „Weil wir schließlich den Krieg angefangen haben. Manche behaupten jetzt, wir hätten es nicht anders verdient."

„Tut mir leid, da komm' ich nicht mit. Haben Sie denn die Zustände von vorher vergessen? Und dass uns der Führer Arbeit gebracht hat, Aufträge … Und jetzt sitzt mein Hermann in einem KZ wie ein Schwerverbrecher."

„Welche Schande!"

„Und noch dazu tut der neue rote Betriebsleiter so, als ob mein Mann ein Gauner wäre, ein Mörder. Und was diese Diebereien betrifft … mein Sohn Heinrich hat das ja alles aufgedeckt und Strafe angedroht, aber das kümmert heutzutage keinen im Werk. Diese Unredlichkeit!"

„Ach ja, hab ich gehört“, antwortete die Besucherin automatisch, „wie unangenehm!“

„Ein Lahmer ist er, ein roter Prolet, dieser feine Herr, ein Dieb außerdem, weil er ja zugeschaut hat, als kistenweise Werkzeug von den Arbeitern … Sie verstehen … weggetragen und auf eigene Faust verkauft worden ist. Ja, wir haben ganz großen Schaden erlitten. Dass sich der Herr Betriebsleiter darüber freut, sich die Hände reibt, seh ich vor mir. Weil sich der üble Kerl an uns rächen will, erinnert sich ja gern an die Hitlerzeit, damals war ja auch nicht alles schlecht, wie die Leut' jetzt behaupten.“ Die Großmutter legte eine Pause ein, um die Wirkung ihrer Tirade auf die Nachbarin zu analysieren.

Frau Novak lächelte wortlos, ohne Stellung zu nehmen. In der nun herrschenden Stille hörte man draußen den Regen rauschen. Der Regen klang wie das Murmeln vieler Stimmen oder das Brutzeln von Fett in eine Pfanne. Irgendwie stimmte es traurig. Die Berge blieben hinter grauer Nässe verschwunden.

Die Großmutter fügte noch hinzu: „Wenn Sie sich nach den Folgen all dieser Missstände erkundigen wollen, ja ja, aber … es ist halt so, dass zur Zeit keine Bestellungen mehr durchgeführt werden können. Es herrscht quasi Betriebsstillstand. Noch dazu hat wegen all dieser Missstände die Qualität der Hacken, Schaufeln und Krampen zu wünschen übrig gelassen, es ist zu Reklamationen der Kunden gekommen und daraus ergibt es sich ja, dass niemand mehr bei uns bestellen will. Mangelnder Weitblick, heißt es heute, und die Meister haben alles uns in die Schuhe geschoben. Wie soll das überhaupt jemals weitergehen? Nicht einmal mehr am Bach gibt es das Wasserrad, man muss sich das einfach vorstellen! Und wissen Sie was, Frau Novak? Die Zentralkanzlei haben sie jetzt nach Mürzzuschlag in den Kreuzhammer verlegt, in Grautschenhof machen sie nur mehr die Lohnverrechnung …“ und sie fügte noch hinzu: „Wie lange noch?“

30

Dass Anna, die zu einem hübschen, brünetten Mädchen mit knospenden Brüsten herangewachsen war, manchmal so sonderbare Neigungen wie Lügen, Stehlen und Leute zu verleumden kultivierte, und dass ihr Bruder Ferdinand mit großer Leidenschaft Tiere quälte, davon wusste im Hause anscheinend niemand recht Bescheid. Kann sein, dass die Geschwister Roth eine Kunst darin entwickelt hatten, ihre asozialen Neigungen vor der Welt, in der sie lebten, geschickt zu verbergen, einer Welt, in der sie der Einfachheit halber eher als artig, folgsam und liebenswert, auf alle Fälle als herzige Kinderchen eingestuft wurden, wobei man manchmal verständnisvoll über kleinere Vergehen hinwegsah, zum Beispiel, wenn man Anna bei einer offensichtlichen Unwahrheit oder Ferdinand mit verstümmelten Käfern ertappte. Natürlich wurde zumeist hart bestraft und das war es auch schon.

Nach den Ursachen solchen Fehlverhaltens hatte sich nie jemand erkundigt, hatte man doch genug zu tun mit den eigenen, den wirklichen Sorgen, sodass sich keiner über den Zustand Gedanken machte, in dem die Kinder von Ingrid und Ferdinand irgendwie verwildert aufwuchsen. Es wäre für die Erziehenden vielleicht auch eine erschreckende Erkenntnis gewesen, in die kleinen Monster hinein zu blicken, nur um etwas zu entdecken, was dem schönen Schein nicht entsprach. Hätten sie dann vielleicht gedacht, sie hielten sich zwei gar nicht so liebenswerte, unheimliche Fremdlinge aus einer unbekannten Unterwelt im Haus? Dass sich die zwei, wenn auch nur halb spielerisch immerhin mit dem Gedanken an ein Experiment die Zeit vertrieben, das darin bestand, wirkliche Menschen zu ermorden, ja, dass sie es sogar ausprobiert hatten, und dass sie von Natur aus gedankenlos der Grausamkeit manchmal zugetan waren, hätte keiner mit verständnisvollem Nicken oder abgestandenen Formeln abgetan. Die herzige kleine Anna in ihren dünnen Riemchensandalen, den braunen Locken, den zu sogenannten Ringelschwänzchen hochgebundenen Zöpfen, die Onkel Heinrich gelegentlich ‚Affenschaukeln' nannte, und dem blauweiß gepunkteten Kleid! Dass sie so ausgiebig log wie andere atmeten, dass sie sich wie der schwarze Todesengel ab und zu mit den Gedanken an einen schnell ausgeübten Mord unterhalten konnte, statt Liebe, Ehrfurcht und Respekt für die Menschen zu empfinden? Wer hätte es schon geglaubt? Die Zeit für solche Überlegungen war noch nicht reif. Für die Kinder galten noch keine Paragraphen. Und wenn Anna so spielerisch ans Morden dachte, spürte sie allerdings sehr wohl, dass sie so etwas keinesfalls tun durfte, ob es ihr anerzogen bewusst geworden war, ob sie es durch Beobachtung erlernt hatte, nur imitierte oder ob sie aus dem Herzen kommend, aus eigenem Streben, so empfand, bleibt fraglich. Sie dachte: Und was, wenn dann Menschen wirklich sterben? Es lag aber abseits, weit jenseits ihres Horizontes. Sowohl das eine als auch das andere.

Und Ferdinand, der so schön singen konnte, wenn er dazu aufgelegt war, der sich so sehr für Tiere interessierte, diese aber heimlich quälte, und der zu dieser Zeit wie die meisten Kinder Läuse in seiner schimmernden Mähne mit sich trug? Ingrid, seine traurige Mutter, musste sein Haar daher mit Petroleum behandeln. Der arme Bub stank von Kopf bis Fuß nach Petroleum, so lang, bis sich die Läuse als tot erklären ließen. Bei der Prozedur im Badezimmer hielt Ferdi stöhnend die Arme so steif wie Schaufelstiele, sein Rücken zitterte, wenn er bei der Behandlung weinte. Die Mutter drehte ihren Kopf weg, damit er ihr die Mutlosigkeit nicht aus dem Gesicht läse.

Als sie schweißüberströmt aus dem Badezimmer ging, ließ sie müde die Füße schleifen. „Mein armer Bub", flüsterte sie, „du mein gutes Büblein!" Ja, wie offen ist der Mensch doch für alle Arten der Täuschungen. Oder floh sie einfach vor dem, was sie nicht sehen wollte?

Doch wer weiß, vielleicht lag es nicht allein in ihren Genen begründet, sondern auch in dem sozialen Umfeld, von dem sie bisher geprägt worden waren, von der Welt des Krieges, der Zerstörung, mit all den giftigen Parolen, dem Hass und der Angst, die sie erlebt und in die sie hineingeboren waren. Hätten sie sich eine andere Zeit des Geborenwerdens aussuchen können, dann bestimmt nicht diese Zeit des Wahnsinns und des Hasses. Gern hätten sie auf die feindselige Propaganda verzichtet, auf verleumderische Parolen, denen ihre Köpfe ausgesetzt wurden wie ansteckende Krankheiten. Hätten sie dann weniger an ihre eigene Bedeutung geglaubt wie vielleicht an ihre arische Makellosigkeit, ihre geradezu göttliche Herkunft, zu verdanken der eigenen Familie? Sie gehörten zu den oberen Zehntausend. Zu einer eigenen Kaste. Zu den arischen Herrenmenschen. Und standen die nicht über all den Gesetzen? Bewusst konnten sie derlei damals nicht überdenken, daher auch nicht in Frage stellen.

Die ewigen Tiraden von der Ungleichheit der Menschen, denen Anna und Ferdinand in ihrer Kindheit und frühen Jugend ausgesetzt waren, mochten ja tatsächlich zu ihrem Verhalten mit beigetragen haben. Jene von Verachtung durchtränkten Anschuldigungen gegenüber anderen, den Fremden, den sogenannten Proleten, solchen, die einen fremdländischen Akzent hatten wie ihre geliebte Sonni, oder gegenüber denen, die sehr arm waren oder gar eine andere Sprache als ihr österreichisch gefärbtes Deutsch sprachen!

Intoleranz hatten sie täglich in dieser oder jener Form gelernt, allen und allem gegenüber. Erst viel später erkannte Anna, dass es grundfalsch war, über andere Menschen aufgrund ihrer Rasse zu urteilen, und dann fiel es ihr zuerst schwer … denn damals, als sie klein war, hatte man ihr das Gegenteil in perseverierender Eintönigkeit eingebläut. Hatten sie also unter Dämonen gelebt? Ferdinand konnte nicht wissen, dass skythische Könige sich geblendete Sklaven hielten. Von Tierversuchen konnte er auch noch nichts ahnen. Und nichts von den Versuchen an Kranken und geistig Behinderten, die während der Nazidiktatur unter dem scheinheiligen Deckmantel wissenschaftlichen Forschergeistes gewissenlos ausgeübt wurden. Nein, er wusste davon nichts, wie er auch nichts von den Gräueln ahnen konnte, die Menschen einander oder auch Tieren antaten – er erfuhr es erst viel später. Aber im Menschen –, auch im vielgerühmten Arier – wohnt eben doch eine sadistische Neigung. Und der gaben sich die beiden immer wieder hin.

Aber wie anders geartet war eines Tages Annas plötzlich entstandene Sehnsucht nach Schönheit, nach Musik, nach den bunten barocken Skulpturen in der katholischen Kirche, die anzusehen sie nicht müde wurde. Warum besaß eine kleine Landkirche so viel Pracht? So glühend und beflissen liebte sie die abendlichen Maiandachten, zu denen sie die uralte Mutter des Apothekers begleiten durfte.

Es war Mai geworden, der Mond leuchtete silbern auf den alten Apfelbäumen, und der Duft von Jasmin und Lindenblüten durchwehte den Garten, wo Vögel tagsüber ihre Gesänge schmetterten, Woche für Woche, schon bevor es Mai geworden war, zwischen pfirsichrosa Blüten, oder im lila Fliedergebüsch. Anna erinnerte sich dann unweigerlich an den Herbst, wenn die Luft gefror und Feuchtigkeit das Laub auf den schwarzen Bäumen überzog. Im Herbst fielen seltsam geformte, breitfächrige, papierdünne Blätter in raschelnden Wolken von den Bäumen. Bald stand alles Gartengehölz nackt im grausamen Herbstlicht wie dunkles Gerippe, jeder Ast hob sich scharf von einem bleichen Himmel ab, aus dem bald Schnee in lichten Flocken fallen sollte. In den eisigen Wintern ihrer frühesten Kindheit liebte sie den Garten in seiner marmornen Fremdheit wie an jedem anderen Tag. Am schönsten aber war ihr wie vielen anderen doch der Mai, der Geburtstagsmonat des Großvaters Lenau und ihres Bruders Ferdinand.

Die Mutter strich ihr das Haar aus der Stirne. „Gut steht dir das blaue Seidenkleid, wirklich, du siehst heute ja wie eine Prinzessin aus!“

Ja, heut war sie tatsächlich schön, die kleine Anna, das Kleid aus blassblauer Seide war am Saum mit rosa Röschen bestickt und es raschelte beim Gehen über den Knien und schmiegte sich weich an die Haut. Dazu die kleinen Sandalen aus schwarzem Lack, – noch alte, aus der Zeit von irgendwann vorher, mit einem winzigen runden Knopf an einem Bändchen um Annas dünne Knöchel, mit dem der Schuh geschlossen wurde. Ja, sie hatte Glück an sich selbst, sie freute sich über das.

Aus der offenen Tür blickte ihr die Mutter winkend nach. Die Mutter trug diesmal ein buntes Kleid, an ihren Hals schmiegte sich eine goldene Kette, sie lachte und freute sich. Anna winkte ihr zu und wanderte den Gartenweg hinauf, öffnete das Türchen, ließ es hinter sich zufallen und strebte entschlossen die Straße entlang, Richtung Stadtmitte, um die alte Dame, die Urgroßi, Onkel Hans' Mutter, zur Maiandacht abzuholen.

Die uralte, schon durchscheinende Dame wartete bereits nervös vor der Apotheke. Sie war in einen langen Rock aus feinem Stoff gekleidet, darüber trug sie eine schwarze Seidenjacke, um den Hals ein Spitzenjabot und auf dem schneeweißen Haar ein freches Hütchen mit gitterartigem Schleier, der das Faltengesicht in ein verwegen mondänes Licht tauchte. Die Alte und die Junge spazierten fröhlich plaudernd Arm in Arm durch die Straßen bis sie vor der Kirche ankamen. Gemeinsam betraten sie die Kirche. Die alte Dame verneigte und bekreuzigte sich, besprengte sich mit etwas Weihwasser, sie setzten sich in eine unbequeme Bank aus poliertem dunklem Holz und warteten. Vorne, am Altar, standen Vasen, aus denen büschelweise frische Blumen quollen, sodass es nach süßem Flieder duftete, einem Duft, in dem man vor lauter Glück baden konnte. Leute kamen, suchten sich einen Sitzplatz, die beiden setzten sich eng nebeneinander. Von überallher wurde die Urgroßi freundlich gegrüßt. Wohin der Blick auch fiel, entdeckte Anna Bilder, Statuen, Skulpturen, lauter Pracht. Ein Priester trat auf in einem märchenhaft schönen Spitzengewand. In einer Hand hielt er ein goldenes Gefäß, schwenkte es hin und her und auf einmal quoll daraus betörender Rauch, ein Duft, süßer noch als der der Blumen.

„Weihrauch!", murmelte die Urgroßi entrückt, „ach, wie gut der riecht! Das ist aus dem Morgenland, himmlisch!" Und die Orgel, die Königin der Musikinstrumente, begann. Niemand räusperte sich mehr, kein Husten. Anna flüsterte: „Ach wie schön!"

„Nicht wahr? Du solltest öfter in die Kirche gehen!"

„Aber warum gehen wir nie?"

Die alte Dame zuckte mit den Schultern. Ihr Gesicht veränderte sich ein wenig. Sie sah so ernst aus. „Der liebe Gott wird es schon wissen! Vielleicht, weil ihr nicht mehr aus meiner Zeit seid. In meiner Zeit sind wir immer in die Kirche gegangen. Mit dem Heiligenkalender haben wir gelebt, die Feste geachtet, Weihnachten, Ostern, Pfingsten, Fronleichnam, die Auferstehung des Herrn … es ist halt heute eine andere Zeit, und unsere lieben alten Heiligen haben hier nichts mehr verloren!"

Anna, die zwar versuchte, den hinter dieser Aussage liegenden Sinn zu begreifen, begriff aber trotzdem nichts und deutete stattdessen auf die aus Holz geschnitzten Heiligenfiguren in ihren bunt gefärbten Wamsen oder orientalisch wallenden Purpurmänteln, auch studierte sie interessiert Männer und Frauen aus Gips, oder sie betrachtete bunte Gemälde, verlor sich in Darstellungen zumeist grausamer Folter- und Kreuzigungsszenen oder tränenreicher Frauen mit ekstatischem Blick und erkundigte sich leise, wer all diese Leute den seien.

„Die dort ist die heilige Therese, eine Märtyrerin. Gestorben für ihren Glauben!", flüsterte die Urgroßi.

An den kalten Seitenwänden des Kirchenschiffes hingen unzählige Gemälde, der Kreuzweg Christi, wie Anna erfuhr, auf einem brach Jesus, der so gequält dreinblickte, unterm Kreuz zusammen. Kerzen brannten. Wenn gesungen wurde und aus dem goldenen Gefäß, das der Priester schwenkte, der zauberische Weihrauch quoll, so meinte Anna vor Glück im Boden zu versinken. Von der alten Dame erfuhr sie so manches über Jesus Christus, – von dem zu Hause kaum je gesprochen wurde. Dort ging man allem Religiösen aus dem Wege.

„Aber Achtung, jetzt müssen wir still sein, die Andacht beginnt. Denken wir an Unsere Liebe Frau, die Muttergottes!“ Und sie hatte Tränen in den Augen, als sie umständlich aus ihrem schwarzsamtenen Täschchen ihr Gebetbuch zog, es auf die Kirchenbank legte, um dann leise darin zu blättern. Endlich stimmte auch die Urgroßi mit ihrer zittrigen Stimme im Chor ein altes Kirchenlied an.

‚Maria durch ein Dornwald ging, Kyrie eleison. Maria durch ein Dornwald ging, der hat in sieben Jahr kein Laub getragen. Jesus und Maria.‘

Anna saß da wie erstarrt. Gierig sog sie den fremden, aromatischen Duft des Weihrauches ein, der die Kirche erfüllte, und sie versank tiefer und noch tiefer – wie hypnotisiert – in den Anblick des goldgeschnitzten Altars mit dem Gemälde darüber, einer rotblaugewandeten Madonna, die, obwohl auf einer Wolke schwebend, ein furchtbar trauriges Gesicht machte, wo sie doch ein rosiges Baby in den Armen wiegte. Dies sei die Muttergottes, flüsterte die Urgroßi, und das Baby unser lieber Heiland.

Weihrauch, Gold über dem Altar, die vielen Menschen in den hölzernen Kirchenbänken, die mit ungeübten Stimmen das Kirchenlied zur Orgel sangen oder auf die Knie sanken und Gebete murmelten, wenn es der Priester vorn am Altar verlangte, all diese Zeremonien bewegten Anna bis in ihr Innerstes. Sehnsucht vielleicht.

Und so kam es, dass Anna eines Abends bei so einer Maiandacht flugs ein Gebetbuch nahm und es flink wie eine Katze in ihren kleinen samtenen Beutel steckte. Zu Hause bettete sie das kostbare Stück unter ihr Kopfpolster. Darin, in diesem Märchenbuch wollte sie nächtens ausführlich lesen, sich den hohen Gefühlen hingeben, träumen vielleicht, angeregt durch diese zauberisch pietistischen Verse von Mitleid und Tränen der Jungfrau Maria und dem lieben Gott, den man auch fürchten solle, bei dem ihr Vater wohnte, von dem, den sie den Allmächtigen nannten. Und der alles sah, auch Kinder, die stahlen, logen oder sonst Böses taten.

Der Mond war aufgegangen und erfüllte das Kinderzimmer mit seinem magischen blassen Licht, als Anna, schon im Nachthemd, das Gebetbuch vorsichtig unter dem Kissen hervorholte. Sie drehte sich auf den Bauch und schlug neugierig die erste Seite auf. Eine Bibel, ein altes Testament… mit interessanten Geschichten, die sie alle lesen würde. Auch die Lieder und Gebete. Doch plötzlich spürte sie die Hand der Mutter auf ihrer Schulter und hörte deren Stimme: „Was hast du denn da? Ein Gebetbuch? Woher hast du das?"

„Von der Urgroßi…"

„Du lügst!"

„Ich lüge nicht!"

„Ich kenne dich, ich weiß, wer du bist. Kind! Anna! Was bist du denn für ein abscheulicher Wechselbalg! Hier steht es!" – die Mutter deutete auf die auf der ersten Seite angebrachte Inschrift, die dieses Büchlein als Eigentum der katholischen Kirche von Mürzzuschlag auswies. „Du bringst es morgen sofort zurück! Hast du verstanden? Dass du so etwas wie ein Gebetbuch stehlen kannst… also wirklich! Ich bin entsetzt! Von nun an ist mit diesem schwülstigen Kirchengerenne jedenfalls Schluss. Ich werde es der Urgroßi sagen. Das ist nichts für dich. Übt nur schlechten Einfluss auf dich aus. Und jetzt hör auf zu weinen!" Und die Mutter nahm sie in die Arme und gab ihr einen Kuss.

31

Aus ihrem Leben hätte Anna so manche pikante Anekdote erzählen können, es fehlte nicht an Gefahren und Versuchungen, nur wurde ihr das Berichtete kaum je geglaubt. Und weil sie sich Lob, Anerkennung, Interesse ersehnte, das sie in den Augen ihrer Angehörigen, vor allem in denen der Mutter, zu einer glänzenden Heldin machen würde, wie sie glaubte, so konnte es durchaus geschehen, dass sie dann und wann Geschehnisse erfand, um dieselben als Erlebtes zu präsentieren, in denen sie selbst als Heldin, andere jedoch als Besiegte oder schlechte Menschen dargestellt wurden. Die Familie war mittlerweile durchaus vorgewarnt und fiel nicht mehr so leicht auf alles herein, was Anna ihnen berichtete. Auch die Sache mit dem unheimlichen Schattenmann wollte ihr niemand abnehmen, obwohl dessen Verfolgung im Gegensatz zu anderen Ereignissen der Wahrheit entsprach.

Der Mann erschien auf einmal auf der Waldgasse, kam aus dem Keller irgendeines Hauses ans Tageslicht gekrochen. Zwar hatte Anna zuhause sofort erzählt, was der Mann, der ihr schon des Öfteren auf dem Heimweg begegnet war, unter dem fleckigen Lodenumhang mit sich trug, aber man wollte ihr keinen Glauben schenken. Ein verstörender Anblick, als der nicht mehr junge Mann mit steifen Schritten den Weg entlang immer näher kam. Er war dick, ein ungepflegter roter Vollbart umwucherte sein Gesicht und seine feiste Gestalt steckte in einem weit fallenden Steirerumhang. Schwer atmend pflanzte er sich vor Anna auf und ließ im Ausatmen Schwaden von Schnapsgerüchen aus dem zahnlosen Mund quellen. Sie musste den Blick senken und sah, dass seine kurzen Beine in grauen Kniestrümpfen steckten, dass die Schuhe schmutzig und grob genagelt waren und dass der Schattenmann um den Hals ein grünes Tuch gelegt hatte, und zwar so, dass sein kurzer Hals fast vollkommen darin verschwand. Anna wusste, dass er es tun würde. Und dass sie, obwohl es schlecht und bestimmt verboten war, wieder hinschauen würde. Es war aufregend. Und sie begann zu kichern.

Mit lose herabhängenden Händen stand der Bärtige da, grunzte etwas, nahm einen tiefen Atemzug und riss endlich den Lodenumhang auf, sodass es sichtbar wurde, das große, geschwollene, violett aufgepumpte Ding, das in einem unwirklichen Winkel aus seinem Schritt in die Höhe ragte und das er nun packte wie die Bauern das Euter einer Kuh, und dass er dann dieses fremdartige Ding zu reiben begann, bis weißer Schaum daraus quoll. Ob Anna ihn anfassen wolle, schlug er vor, nein, sie schüttelte den Kopf, stumm, wie gelähmt und doch auch fasziniert die rote Wurst mit den zwei behaarten Kugeln betrachtend, die zwischen schwarz wucherndem, lockigem Pelz an dem Ding hingen, das er als seinen Schwanz bezeichnete. Bei diesem Anblick empfand Anna nicht nur Neugierde, sondern auch Angst und Grauen. Doch erstarb ihr grelles Kichern, als der Mann näher tretend wie ein Wolf knurrte, und meinte, dass er sich Anna bald schnappen werde, und dass sie dann ihre blauen Wunder erleben werde – und ob sie ihn denn nicht doch da unten anfassen wolle …

Anna erstarrte. Sie wusste, dass nun die Vorstellung vorbei und dass der Alltag wieder einkehren würde, weil sich der Steirerumhang wie ein Vorhang im Theater schlösse, womit auch das Ding wieder in seiner Verpackung verschwand, als der Mann vor sich hin knurrend weiterschlurfte, bis er nicht mehr zu sehen war. Anna blieb stehen, sah ihm aber nicht nach.

Doch endlich zu Hause berichtete sie von ihrem Erlebnis mit dem Schattenmann. Das Erzählen kam an erster Stelle. Dass sie Angst gehabt habe, aber auch Neugierde, davon wollte sie erst gar nicht sprechen, das sollte an zweiter Stelle folgen. Sie ließ ihre Blicke über ihr Auditorium schweifen. Tante Angela und Onkel Heinrich, der Großvater, die Mutter und Tante Gerda. Die Diele, in der sie herumstanden, lag wie immer im Schatten. Der Boden knirschte unter ihren Füßen. Anna hob den Blick. Man schaute sie an. Man begann zu lächeln. Ungläubigkeit legte sich alsbald über die meisten Gesichter, als Anna ihre Erzählung beendet hatte.

„Aber Anna!", murmelte der Großvater, den sie so liebte, „wie kannst du nur ..." und er sah tatsächlich verwirrt aus. Schockiert.

„Mein Gott! So eine schmutzige Fantasie!", stellte die Mutter errötend fest, „Kind! Ja schämst du dich denn gar nicht? Das kann doch unmöglich sein ... und überhaupt ..."

„Wieso schämen ...?", stieß das Mädchen hervor. Anna dachte: warum glaubt mir denn niemand? Nur weil ich von dem Schattenmann erzählt habe und warum soll ich mich deswegen schämen?

„Weil ... über solche Schweinereien ... spricht man nicht", stellte Tante Gerda fest, „ja, deine Mutter hat Recht, es ist überaus schmutzig und zeugt von einem miesen Charakter, so etwas zu erfinden, noch dazu in deinem Alter ... schämen sollst du dich wirklich!"

Da meldete sich Tante Angela: „Also, meine Lieben", sagte sie in ihrer beruhigenden Altstimme, „was kann die Kleine denn dafür? Habt ihr vielleicht noch nie einen Exhibitionisten gesehen?" Und sie kicherte mit vorgehaltener Hand in sich hinein.

Anna hätte ihre Tante umarmen können, aber sie schämte sich trotzdem intensiv, jetzt, wo man es von ihr verlangte, fühlte sich kurz vor dem Zusammenbruch. Warum nur wollte ihr niemand glauben? Warum behandelte man sie – so? Aus großen, schon tränenfeuchten Augen starrte sie ihre Familie an, alle die, die sie liebte, und die sie schon wieder einmal so ungerecht behandelten. Ihr Herz schlug wie wild in ihrer Brust und ihre Fingerspitzen wurden klamm. „Aber es ist die Wahrheit! Ich habe wirklich ..."

„Wer einmal lügt, dem glaubt man nicht, und wenn er auch die Wahrheit spricht!“, rief Onkel Heinrich aus und lachte laut.

„Meiner Seel!“, so die Mutter den Kopf schüttelnd, „jetzt hat dieses Kind schon wieder etwas erfunden! Sie mit ihrer schmutzigen Fantasie! Woher sie das nur her hat?“ Und man warf einander Blicke zu und flüsterte hinter vorgehaltenen Händen etwas von einem perversen, aus Polen gebürtigen Pulverfabrikanten namens Helfer, einem entfernten Verwandten der Großmutter Ludmilla Roth, geborene Helfer, dem derartige oder zumindest ähnliche Neigungen nachgesagt wurden.

Dann schüttelten sie sich wie nasse Hunde vor heftigem Lachen, vor allem Tante Angela, die hatte Anna nämlich oft genug durchschaut. Tante Gerda, die sogar murmelte, Anna spreche beinahe wie eine Hure, hatte ihr missbilligendes Gesicht aufgesetzt. Die beiden Tanten konnten einander übrigens nicht ausstehen. Keine von beiden ließ es sich nehmen, über die andere irgendetwas Herabsetzendes mit überlegenem Lächeln auszusprechen. Hält sich wohl für was Besseres, weil sie Italienisch kann, diese eingebildete Person! Der arme Heinrich wird sich noch wundern! – Oder: Nazibraut. Hat auch nichts dazugelernt und hält sich wegen ihrem Cellogekratze für den Nabel der Welt. Eine Schande ist es, auch wie sie die Kinder behandelt.

Lügen und Stehlen gingen Anna aber immer noch leicht von der Hand, es ließen sich durch diese Methoden so rasch , ohne besondere Anstrengungen Erfolge erlangen, und überhaupt, es stahl ja ohnehin so gut wie jeder, dachte sie, warum sollte sie es daher bleiben lassen? Einmal legte sie, um sich bei der Lehrerin lieb Kind zu machen, einen großen roten Apfel aus dem Garten auf den Katheder. Wo auch ein Haufen bereits bezahlter Kinokarten lag, – für den Film Schneewittchen. Leider hatte Anna kein Geld für Kinokarten gehabt und die Lehrerin hatte möglicherweise nur schlampig Buch geführt, – jedenfalls griff Anna ungesehen zu und steckte blitzschnell zwei

Kinokarten, die ein anderes Kind bezahlt hatte, in ihre Schürzentasche, eine für Ferdinand, die andere für sich. Dass sie ein schlechtes Gewissen verspürte, weil nicht sie, sondern ein Proletenmädchen aus der Ziegenburg verdächtigt wurde, das schon des Öfteren – wie Anna auch – gestohlen hatte, beim Klauen aber im Gegensatz zu ihr erwischt worden war, tat ihr zwar leid, war aber nicht mehr rückgängig zu machen. Hoch aufgerichtet in ihrer Schulbank hielt sie dem inquisitorischen Blick, dem ein Verhör der Lehrerin folgte, stand: konnte es sein, dass die Lehrerin Anna Roth verdächtigte, obwohl dieses braunbezopfte Mädchen doch aus so gutem Hause stammte? Anna konnte nichts nachgewiesen werden und sie genoss die Vorstellung mit Ferdinand im Kino, obwohl die Verdächtigte, die ihre Unschuld verzweifelt beteuerte, bald darauf in eine Erziehungsanstalt kam.

Der Wahrheit entsprachen hingegen wieder die Berichte von der ständigen Verfolgung durch einen in der Nähe wohnenden blonden Teufel, der Baier Sepperl genannt wurde. Diese Ereignisse, da in der Gegend bekannt, wurden Anna zwar geglaubt, obwohl die Mutter meinte, dass trotz all der bekannten Umstände viel Übertreibung mit im Spiel sei, denn Anna könne eben nicht anders, wer weiß, vielleicht habe sie nicht nur Helfer'sche Neigungen, sondern auch etwas von der überbordenden Fantasie ihres Urgroßvaters Roth geerbt …

Der weiß-blonde Sepp, ein sehniger, starker Bub in Annas Alter, wohnte in einem verkommenen gelben Haus mit wüstem Garten, in dem statt einer gepflegten Wiese giftiges, kniehohes Unkraut wucherte. An diesem Haus musste man vorbei, unabdingbar, denn es lag auf dem unvermeidlichen Weg zur Schule, den sich Anna gern erspart hätte. Täglich mussten Ferdinand und sie diesen gefahrvollen Weg nehmen, zweimal pro Tag, einmal hin, dann zurück, sodass sie der Gefahr, vom Baier Sepperl verprügelt zu werden, ständig ausgesetzt waren. Unweigerlich trafen sie auf den sie erwartenden Buben. Der stürmte, schwer bewaffnet, aus seinem Hinterhalt, er hatte ja nichts anderes zu tun, weil er pflichtbewusst die Schule schwänzte und sich niemand um ihn kümmerte. Sein Vater, hieß es, sitze irgendwo im Zuchthaus ein und die Mutter sei tot. Mit Ästen rannte er hinter allen jenen her, die das Unglück hatten, schwächer als er zu sein und diesen Weg zu nehmen, er jagte die Kinder, er jagte auch ältere Erwachsene, er jagte alle aus blindem Hass oder Spott, wobei er unflätiges Zeug brüllte, während er wie ein vom bösen Geist Befallener um sich schlug. Sollte sich das Mädchen Anna ungesehen am Haus des blonden Sepp vorbeigedrückt haben, um aufatmend die letzte Biegung den Weg bergab Richtung Schule zu nehmen, so konnte es doch geschehen, dass der gefährliche Teufel aus einem Versteck auftauchte, mit Stangen, Brennnesselstauden, die auf der Haut wie Feuer brannten, Anna verfolgte, um ihr ein paar heftige Schläge zu verpassen. Ja, sogar in der Kunst des Steinigens hatte es der Bub zu besonderer Meisterschaft gebracht. Anna fiel bei solchen Attacken jedes Mal beinah in Ohnmacht. Er wusste bestimmt um seine bedrohliche Macht, und übte sie gnadenlos aus. Durch seine Herrschaft verbreitete er Furcht und Schrecken so lange, bis die Klagen zu den Behörden vordrangen und er schließlich von einer staatlichen Autorität gefasst und zur Erleichterung aller in ein Heim für Schwererziehbare gesteckt wurde.

Auf dem Heimweg von der Schule ging Anna jedes Mal an einem uralten brüchigen Steinhaus vorbei, das immer im grauen Schatten lag. Darin wohnten die Svatouseks. Über die Svatouseks, deren eine Tochter Helga mit Anna zusammen die Schulbank drückte, war zu Hause des Öfteren in abfälligem Ton gesprochen worden: Dass man von diesem roten Proletenpack zum Narren gehalten werde. Dass man von diesen oder jenen Leuten gehört habe, die Svatouseks wären auch beim Ausräumen der Villa Lenau mit dabei gewesen. Dass man bei dieser furchtbaren Familie garantiert allerlei finden könne, Dinge, die den Lenaus lieb und wert gewesen und die nicht seit jeher im Besitze der Svatouseks gewesen sein konnten, denn wer suchet, der könne ja auch finden. Anna war sich daher fast sicher, dass die Alte mit dem dünnen weißen Haar und der ausgemergelten Gestalt, oder auch die kleine Helga ebenso wie ihre Eltern Bogdan und Fritzi

Svatousek sich in der Villa Lenau selbst bedient hätten, während sie in der Weitensfelder Baracke, und die Großeltern in Admont vor den Russen Schutz gesucht hatten. Die Alte sprach Anna auf dem Schulweg gerne an, denn stundenlang lungerte sich am Fenster, untätig, faules Pack eben. Die Alte hatte einen sonderbaren Akzent, rollte die R, verschluckte Silben oder stellte die Verben an die falsche Stelle.

In dieser Haltung lehnte das uralte, runzlige Weib wie ein gerupfter Vogel auf Nahrungssuche lauernd an der steinernen Brüstung im kalten Schatten des Gemäuers, und hinter ihr in der Fensterhöhlung war alles schwarz. „Da kommt ja die kleine Anna Roth", keifte sie mit hämischer Stimme, „kannst mi net grüßen, du eingebildeter, ungezogener Fratz? Kommst dir wohl besser vor, was? Nazipack seid's, das kannst auch ausrichten deiner eingebildeten Oma, du freches Balg."

Anna entgegnete nichts. Mit solchen zerlumpten, ungewaschenen Leuten sprach man einfach nicht. Sie schaute, während sie das dachte, stur geradeaus auf den ansteigenden Weg.

Doch die Alte fuhr mit hoher Stimme geifernd fort: „Und dein Großvater, der ist gewesen Nazikreisrichter, hat geschickt mein Bum (Buben), den Bogdan, in Gefängnis. Und jetzt habt's nix mehr, ka Geld, ka Teppich … und euer silber Besteck is a weg. Verbrecher seid's, auf'blasenes Scheißpack! Die Helga sax ja a. Geht ja in dei' Klass, mei' Enkerl!"

„Die Helga! Die hat doch meine Schafwolljacke geklaut!", rief Anna beim Gehen, dabei tatsächlich Mut beweisend, denn derlei auszusprechen gelang nicht jedem.

Jetzt wurde die Hexe richtig wild und erhob kreischend die Stimme und bannte Anna mit dem bösen Blick fest. Die Beine gehorchten ihr nicht mehr. Verzaubert und gelähmt stand sie nun da und fing an so sehr zu zittern, dass es alle ihre Glieder schüttelte. Die Alte hing geifernd im Schattenfenster wie eine Mumie und bohrte ihren grauen Blick in Annas Augen. Aus dem Finsteren hinter ihr zog sie langsam einen ihrer dürren Arme heraus, und mit dem begann sie wie wild zu fuchteln, wobei sie kreischte: „Halt's Maul, du Balg, verdammtes, na wart' nur …, dreckert's Luder …", wonach sie das Fenster zuknallte.

Anna zog den Kopf ein, atmete tief aus, versuchte sich zu bewegen, setzte Schritt vor Schritt und fühlte im Weitergehen neben Erleichterung auch Wut in sich kochen. Was hat sich diese alte Hexe erlaubt, dachte es in ihr, dieses grausige Proletenweib? Ich werde es ihr und ihrer gesamten Brut zeigen, dachte Anna, die sogleich einen Plan entwarf, denn das konnte sie, auch sie konnte austeilen, – sie wusste ja nur zu genau, worum es eigentlich ging. Von Kopf bis Fuß ausgestattet war die kleine Anna mit jener entschlossenen Grausamkeit, sich für entstandene Beleidigungen zu rächen. Und so kam es, dass sie sich auf dem Heimweg vorbei am Haus des Baier Sepperl schon zurechtzulegen begann, wie sie ihre Geschichte vorbringen würde. Sie fühlt sich jetzt plötzlich gut. Stark und gut! Gerechtigkeit wollte sie üben, egal wie! Denn die Wünsche sind es, die Sehnsucht ist es, die unsere Seele nähren und nicht die Erfüllung, und der Sinn unseres Lebens ist ja der Weg und nicht das Ziel.

Die beste Gelegenheit bot sich Anna bereits während des gemeinsamen Mittagsmahles. Als die Mutter sich freundlich erkundigte, was es denn Neues in der Schule gebe und ob sie wohl brav gewesen sei, begann sie mit ungewohnter Vorsicht so: „Die Helga hat es mir erzählt."

„Was? Welche Helga?" Löffel klirrten, Teller klapperten, Ferdinand schlürfte Suppe, Tante Angela kicherte vor sich hin, weil Tante Gerda den Buben sofort rügte und ihm sagte, beim Essen zu schlürfen sei schlicht unerzogen und Ferdinand müsse sich endlich gute Manieren angewöhnen, sonst könne niemals ein echter Herr aus ihm werden.

Anna empfand ein berauschendes Gefühl der Macht, als sie den Löffel artig auf den Tellerrand legte, ja sogar die Hände faltete und treuherzig in die Gesichter ihrer Leute blickte. „Die Helga Svatousek hat gesagt, dass sie, der Bogdan und die Fritzi alle Teppiche genommen haben. Und das Silberbesteck im Garten ausgegraben!"

„Hat sie das wirklich?" Großmutter Sophie blickte von Anna zu Ingrid und von Ingrid zu Heinrich und den beiden jungen Tanten. „Wieso hat sie dir das erzählt? Das ist doch absurd."

„Doch!", entgegnete Anna treuherzig, „ja, das hat sie mir wirklich erzählt."

„Und sicher auch deine graue Schafwolljacke!", stieß die Mutter aus, entrüstet.

„Ja, ich glaub', die hat sie auch gestohlen."

„Glaubst du es nur oder bist du sicher? Das ist ein großer Unterschied. Zwischen dem, was man glaubt und dem, was man weiß!", sagte Tante Gerda streng.

„Ich weiß. Ich weiß nicht."

„Himmel noch einmal, kannst du dich nicht klar ausdrücken, Anna? Man kann doch nicht einfach so mir nichts dir nichts Leute beschuldigen, aus welchen Gründen auch immer, selbst, wenn du sie nicht magst", erklärte Onkel Heinrich, der sich in vielen Dingen auskannte, „Anna, du musst bei der Wahrheit bleiben!"

Anna beteuerte, sie wisse es. Sie bestand darauf. Sie könne es sogar beschwören. Dass sie dabei bleibe und hiermit auch bei der Wahrheit bleibe. Es sei vollkommen klar, wer all die schönen Lenau'schen Sachen habe mitgehen lassen. Die Singer-Nähmaschine abtransportiert, die Teppiche geholt, das Silber unter den Ribiselstöcken ausgegraben. Die graue Wolljacke mit dem Zopfmuster. Die silbernen Vasen aus der fernen Stadt Konstantinopel, Bilder in golden glänzenden Rahmen, welche die Großmutter von ihrem ordenbehängten Vater geerbt habe, den graublauen Seidenschal Tante Gerdas. Sie seien notorische Diebe. Anna gefiel sich in der Beschreibung all der schönen Sachen, die im Hause Lenau abgängig waren. Diese Leute hatten genommen, einfach zugegriffen, um sich fremdes Gut in die eigenen Taschen zu stopfen. Während sie das dachte, sprach sie es auch schon aus. Damit gab sie den Erwachsenen den Marschbefehl.

„Die Teppiche haben sie also auch geholt?", so Onkel Heinrich in eifrigem Ton, denn nun begann er Anna tatsächlich zu glauben.

„Ja, der Bogdan. Mit seiner Frau, der dicken Fritzi. Sie sind im Jeep gekommen. Zusammen mit den Russen."

„Der Bogdan gehört ins Zuchthaus!", zischte Onkel Heinrich. „Wir müssen es melden. Der Polizei. Anna, du musst es bezeugen. Ich meine, was du da gehört hast. Bist du dir auch ganz sicher?"

Nun bekam es das Mädchen mit der Angst zu tun. Sie erschrak bis ins Mark. Ihre Absicht war doch nicht die gewesen, der alten Hexe die Polizei auf den Hals zu hetzen, was sie wollte war, denen eins auszuwischen, einfach so und ohne besondere Nebenabsichten, von der Rache für die erlittenen Beleidigungen durch das alte Weib abgesehen.

Doch es war zu spät, der Stein ins Rollen gebracht, die Affäre nahm ihren Lauf. Onkel Heinrich bewältigte es glänzend. Bei den Svatouseks gab es tatsächlich bald eine Hausdurchsuchung. Und Annas Worte wurden durch das bestätigt, was man dort tatsächlich im Keller fand. Teppiche aus der Villa Lenau, silberne Gefäße, ja sogar Annas graue Wolljacke konnten dort sichergestellt werden. Die Qualität des Zusammenlebens der Svatouseks mit den Lenaus wurde dadurch allerdings nicht gefördert.

Graz

1949 – 1954

32

Es stand fest: im Frühjahr 1949 wird nach Graz übersiedelt! Der jüngste Bruder, der im Krankenhaus Mürzzuschlag geborene Markus, war gerade zwei Jahre alt, Schwester Sissy, die in Weitensfeld Geborene, vier, Anna würde demnächst die Volksschule in Mürzzuschlag abschließen und in Graz das Gymnasium besuchen, Ferdinand, im Allgemeinen Krankenhaus zu Wien geboren, müsste in die vierte Klasse einer Volksschule der Landeshauptstadt wechseln. In Mürzzuschlag gab es kein Gymnasium, deswegen war der Übersiedlungszeitpunkt zwingend. Besaß der Stiefvater von Anna und Ferdinand, der Zahnarzt Dr. Theodor Mohr, der ‚echte Vater' von Sissy und Markus, nicht eine ganze Etage in einem zentral gelegenen Stadthaus in der Glacisstraße, direkt neben dem Kaiser-Josef-Platz? Schräg gegenüber befand sich das Opernhaus mit der großen Kuppel, welches für mehrere Jahre nach dem Krieg das größte deutschsprachige Opernhaus bleiben sollte, weil es nur einen einzigen Bombentreffer erhalten hatte und bald instand gesetzt seine Funktion als Bühne wieder aufnehmen konnte, während alle anderen, weit berühmteren, größeren Bühnen in Wien, Berlin und in ganz Deutschland solche Schäden aufwiesen, dass an Aufführungen in diesen Ruinen in absehbarer Zeit nicht zu denken war.

Da Anna schon einmal in Graz gewesen war, beschloss man noch im Frühjahr, jetzt einmal dem Buben die Großstadt zu zeigen. Mit seinem Stiefvater, den er von nun an Vater nannte, sollte er per Bahn nach Graz reisen, dort zwei Nächte verbringen, die neue Wohnung ansehen, um dann wieder in die Lenau'sche Villa nach Mürzzuschlag zurückzukehren. Allerdings gab es auch einen anderen Grund für diese Reise.

Es war Ferdinands erste längere Eisenbahnfahrt. Man saß auf Pritschenbänken in von Zigarettenrauch gebeizten, zugigen Waggons, die von einer schweren Dampflokomotive ratternd und schaukelnd über die Schienenstränge dahingeschleppt wurden. Ferdinand durfte das Schiebefenster öffnen, doch warnte ihn der Vater, er solle sich ja nicht zu weit aus dem Fenster lehnen, denn da gäbe es zwei Dinge zu beachten, die man gleich zu lernen habe: 1. wenn man in die Fahrtrichtung schaut, könne man sicher sein, Kohlesplitter, welche von der Dampflokomotive ausgespien werden, in die Augen zu bekommen, was sehr schmerzhaft sei, ja gelegentlich sogar den Besuch bei einem Augenarzt notwendig mache, und 2. wenn man die Hand zu weit aus dem Fenster streckt, könne diese von einem Telegrafenmasten, der zu nahe am Schienenstrang steht, abgeschlagen werden. Derlei Unfälle seien schon öfter vorgekommen, betonte der Vater mit ernster Miene, und Ferdinand prägte sich diese wichtigen Regeln für zukünftige Zugsfahrten genau ein.

So wie die meisten Männer, die Ferdinand kannte, rauchte auch der Vater und er hatte oft erzählt, wie schwer es war, halbwegs rauchbare Zigaretten zu beschaffen, weswegen er dazu übergegangen war, sie sich selber zu stopfen, wobei er fein geschnittenen Tabak, der damals gerade wieder erhältlich war, in eine aufklappbare Metallhülse füllte, diese zuklappte, eine leere Röhre aus Zigarettenpapier vorn dransteckte und mit einem Stempel den Tabak aus der Hülse in die Papierröhre schob. Das sei billig, das könne er sich leisten, erklärte er dem Ferdl, denn heutzutage verdiene man sogar als Zahnarzt wenig. Amerikanische und englische Zigaretten erkannte Ferdinand am Geruch. Auch wenn der Raucher gar nicht mehr sichtbar war, schwebte der parfümierte, würzige Duft dieser Zigaretten noch längere Zeit in der Luft und man hätte ohne Probleme der Duftspur, die der Raucher hinterlassen hatte, folgen können.

Der Zug – ein sogenannter D-Zug – hielt nur an den wichtigeren Stationen wie Kindberg, Kapfenberg, Bruck an der Mur, Frohnleiten und schließlich in Graz am Hauptbahnhof. Dort war Endstation. Denn die nächste größere Stadt, Marburg, gehörte jetzt zu Jugoslawien und hieß fortan Maribor. Unermüdlich schaute Ferdinand aus dem Fenster. Er sah die leerstehenden Werkshallen in Hönigsberg, zerbombte Häuser in Kapfenberg, wo Tante Angela als Mädchen in einer Munitionsfabrik hatte arbeiten müssen. Dort wütete gerade eine der schwersten Kinderlähmungsepidemien. Hunderte Kinder, aber auch zahllose Erwachsene waren erkrankt, so berichteten die Zeitungen, viele starben, noch mehr überlebten mit mehr oder weniger ausgeprägten Lähmungen und manche genasen vollkommen oder erkrankten nur ganz leicht, ohne dass man wusste, woher diese Unterschiede im Krankheitsverlauf herrührten. Es gab natürlich auch jene, die scheinbar immun gegen dieses heimtückische Polio-Virus waren, und man hörte, dass es amerikanischen Forschern gelungen sei, einen Impfstoff dagegen herzustellen, den man allerdings vor der Erkrankung als Schutzimpfung zu verabreichen habe, während sich der Verlauf – war man einmal vom Virus befallen – nicht mehr beeinflussen ließ. Für viele bedeutete Polio die ‚eiserne Lunge' auf Lebenszeit, weil ihre Atemmuskulatur gelähmt war und sie ohne dieses ungeschlachte, elektrisch motorisierte Rohr, in dem ihr Leib steckte, sodass nur der Kopf vorn herausragte, elendig erstickt wären. Anna hatte – später im Gymnasium – eine Schulkameradin namens Eva, die in Graz nur wenige Häuser entfernt von den Mohrs wohnte. Ihr war ein gelähmtes Bein zurückgeblieben, schlaff, dünn, nahezu funktionslos und im Knie bizarr, verkehrt, rückwärts durchgebogen. Zeitlebens musste sie am Stock gehen … Als der Zug Kapfenberg passierte, hielt Ferdinand so lange als möglich den Atem an, um sich nicht mit dem Virus zu infizieren.

Bei Bruck an der Mur, wo Onkel Waldemar Roth mit seiner Familie lebte, zeigte der Stiefvater dem Buben zum ersten Mal den schwarzen Fluss, ein in den Augen des Buben tristes Gewässer, das bis Graz fließt und weiter in die Untersteiermark, die heute Slowenien heißt, wie der Vater erklärte.

Die Mur, so der Vater, entspringt in den Niederen Tauern im Lungau, fließt durch die Steiermark und teilt die Landeshauptstadt Graz in zwei Hälften. In der Südsteiermark bildet sie heute – seit

Kriegsende – die Grenze zu Jugoslawien, genauer gesagt, zu Slowenien. Sie mündet bei Legrad an der kroatisch-ungarischen Grenze in die Drau. Die Drau wiederum entspringt in Südtirol, durchquert Osttirol und Kärnten sowie die nunmehr slowenische Untersteiermark, wo Onkel Hartmut ehemals seinen Weingarten hatte, danach ist sie für eine gewisse Strecke der Grenzfluss zwischen Kroatien und Ungarn, um dann, samt den Gewässern der Mur, in der Nähe der Stadt Osijek in die Donau zu münden. An der Drau liegt auch die ehemals steirische Stadt Marburg, die auf Maribor umbenannt worden war, so wie Laibach, welches heute Ljubljana heißt, Zilli Celje und Pettau Ptuj, überhaupt seien nach dem Krieg viele Städte umbenannt worden, auch solche mit ehemals italienischen Namen wie Capo d'Istria in Koper, Fiume in Rijeka (beides bedeutet Fluss), Ragusa in Dubrovnik, Agram in Zagreb. In Kärnten, sagte der Stiefvater, trügen etliche Ortschaften Doppelnamen, einen deutschen und einen windischen, weil es in Kärnten in den Grenzgebieten so viele Windische gebe.

„Der Kärntner Abwehrkampf" – hier seufzte der Vater tief, um dann fortzufahren – „ja, das solltest du wissen, der hatte sich am Ende des Ersten Weltkriegs gegen die Ansprüche Jugoslawiens gerichtet. Denn dieser aus mehreren ehemals selbstständigen Ländern zusammengeleimte Staat hatte trotz eines Waffenstillstands Rechte auf österreichisches Gebiet geltend gemacht. Aber unsere Soldaten schlugen – nach Kriegsende wohlgemerkt – die Partisanen und die ganze jugoslawische Armee zurück, und zwar nicht nur einmal, sondern mehrmals! Sogar Klagenfurt war damals schon jugoslawisch besetzt gewesen! Doch auf Befehl der Alliierten mussten sie es wieder räumen." Der Vater machte ein nachdenkliches Gesicht. „Im ungerechten Friedensdiktat von Saint Germain", sagte er, „welches, wie wir alle glauben, Schuld daran trägt, dass es überhaupt zum Zweiten Weltkrieg gekommen ist, in diesem Friedensdiktat wurde unter anderem eine Volksabstimmung angeordnet, die schließlich den Grenzverlauf zwischen Österreich und Jugoslawien ein für alle Mal festlegte."

„Aber eines solltest du jedenfalls auch noch hören", belehrte der Vater mit Eifer den etwas gelangweilt dreinschauenden Ferdinand weiter, „schon viel früher, nämlich nach der Eroberung Jugoslawiens durch die Deutschen im Jahre 1941, wurden zigtausende Slowenen ausgesiedelt. Sie wurden einfach vertrieben, könnte man sagen, nach Serbien, also ziemlich weit weg von ihrer Heimat. Auch viele Kärntner Slowenen, Windische, hat man damals von ihren Bauernhöfen verjagt. Manche von ihnen wurden als Zwangsarbeiter nach Deutschland deportiert. Das hat allerdings sogar unter den Deutschen für einigen Wirbel gesorgt, habe ich gehört, denn damit waren nur wenige einverstanden. Wahrscheinlich liegt darin der Grund für die feindliche Stimmung zwischen uns und unserem südlichen Nachbarn. Das wäre zumindest verständlich, denke ich. Stell dir nur vor, Ferdinand, uns hätte jemand ausgesiedelt – einfach so – in ein fremdes Land, wo dich niemand haben will."

„Aber wir waren doch auch auf der Flucht."

Der Vater nickte. „Das schon, aber es hat nur kurz gedauert und war von niemandem angeordnet."

Draußen zischte die Landschaft vorbei. Der Zug näherte sich Frohnleiten.

„Von hier weg sind es nur mehr 25 Kilometer bis Graz", sagte der Vater. Er deutete aus dem Fenster des Waggons und zeigte seinem Begleiter die Gleinalpe und das Massiv des Hochlantschs. „Auch hierher haben die Deutschen im Krieg Slowenen verschleppt", murmelte er, als könne er von diesem Thema nicht genug kriegen, „und zwar Kinder von Widerstandskämpfern, die es natürlich auch auf der anderen Seite, also auch bei den damaligen Feinden, gegeben hat." Er schaute nachdenklich in den bewölkten Himmel, es war schon ziemlich dunkel draußen. Seine Gedanken aber weilten noch immer bei jenen Ereignissen, die sich im Kärntner Grenzland damals wohl abgespielt hatten.

„Weißt du", fuhr er nach einiger Zeit des Schweigens fort, „Kärnten hat vom Krieg insgesamt nicht so viel abgekriegt wie wir in der Steiermark, wie zum Beispiel Graz, wie du ja noch sehen wirst, die Luftangriffe auf Kärnten setzten erst ziemlich spät ein und dann, im Mai 1945, wurde es von den Engländern besetzt. Du erinnerst dich wohl daran, denk nur an Weitensfeld. Das war vielleicht ein Glück, sage ich dir, denn wieder sind die Jugoslawen damals – ähnlich wie nach dem Ersten Weltkrieg – gegen Österreich vorgerückt und wollten sogar Klagenfurt besetzen, das war offensichtlich Marschall Titos Traum, ja, ja." Neuerlich verfiel er in nachdenkliches Schweigen. Dann stopfte er sich eine weitere Zigarette mit seiner Hülse. Als sie brannte und er die ersten Züge getan hatte, sagte er: „Und eines kannst du mir glauben, Bub, auch damals wurden Leute verschleppt und abgeknallt, unsere Leute halt diesmal. Es gab ziemlich heftige Kämpfe mit den Partisanen, auch nach der Kapitulation, soweit ich das weiß, und da war noch eine arge Geschichte, die den Engländern nicht gerade zum Ruhm reicht."

Was das wohl wäre, wollte Ferdinand wissen, der insgesamt für diesen historischen Abriss keinen großen Enthusiasmus an den Tag legte. Er hätte lieber ungestört in die vorbeisausende Abendlandschaft geschaut und an etwas anderes gedacht, zum Beispiel an die Kinderlähmung in Kapfenberg. Der Krieg war für ihn abstrakt, er hatte ihm nie Furcht oder Angst eingeflößt. Und dank der guten Gartenwirtschaft in Mürzzuschlag hatte er auch niemals wirklichen Hunger leiden müssen. Auch verschleppt oder gar getötet war aus der Familie niemand worden, wenn man von Großvaters Internierung im Arbeitslager Wolfsberg absah …

„Nun, auf der deutschen Seite haben auch ausländische Truppen mitgekämpft. Kroaten, Slowenen und Serben. Die galten jetzt in ihrem Land Jugoslawien als Verräter und Kriegsverbrecher. Die Engländer, die das Ganze sicher geahnt hatten, die haben diese entwaffneten Milizen in Lagern zusammengetrieben und den Jugoslawen übergeben. Und was, glaubst du, ist dann mit ihnen geschehen?"

„Was denn?"

„Sie sind allesamt von den Jugoslawen umgebracht worden! Alle. Erschossen, mit Bajonetten erstochen, jedenfalls alle, alle."

„Und warum haben die Engländer das dann getan?"

„Wenn ich dir das sagen könnte …"

Weiter ratterte der Zug.

„Jetzt kommen wir bald an", sagte der Vater – um nach einem tiefen Zug aus der Zigarette hinzuzufügen: „Ja, ja, eines ist jedenfalls sicher, wenn sich unsere Leute in Kärnten nach dem Zusammenbruch nicht ordentlich gewehrt hätten, dann wäre – so wie beinahe nach dem ersten Krieg – Klagenfurt heute nicht mehr bei Österreich, das kannst du mir glauben." Dann erklärte er: Windisch, eine Art Dialekt des Slowenischen, sei in manchen Regionen Kärntens sozusagen schon immer die Zweitsprache gewesen. „Aber eins ist gewiss: Geholfen hätte den Österreichern damals nämlich niemand, nur der Entschlossenheit und Tapferkeit der Aufständischen, von denen später einige hingerichtet wurden – die letzten Todesurteile in Österreich übrigens –, diesen mutigen Männern ist es zu verdanken, dass die schönen Kärntner Seen und Städte bei Österreich geblieben sind. Anderenfalls wäre das alles kommunistisch geworden wie Ostdeutschland und die ganzen Länder im Osten Österreichs, sogar das Kronland Ungarn ist kommunistisch geworden und wird mehr oder weniger von Russland aus regiert."

Und was von den Russen zu halten war, das hatte Ferdinand nur zu gut gelernt! Niemand hat je widerrufen, dass russische Soldaten schwangeren Frauen den Bauch aufschlitzen! Nein, selbst Ferdinand verstand, dass es viel, viel besser war, nicht von den Russen regiert zu werden.

Österreich war jetzt zwar kein Teil mehr von Deutschland, wenn auch noch von den Siegermächten besetzt, von den Amerikanern, Engländern, Franzosen und Russen. Überall dort, wo die Besatzung russisch war, litten die Bewohner unter besonderen Mängeln …

„Du hast vielleicht einmal davon gehört", dozierte der Vater weiter, „dass die Amerikaner Deutschland – und damit meine ich auch Österreich – so arg zerbomben wollten, dass von den Millionen Menschen nur mehr ganz wenige übrig geblieben wären, dass es keine größeren Städte mehr gegeben hätte und vor allem keine Industrie, also keine Fabriken oder Bergwerke. Aus Deutschland sollte eine Art Bauernstaat werden, ein in kleine Provinzen zerstückeltes und bedeutungsloses Land. Und weißt du, warum das geplant war?"

Ferdinand wusste es nicht.

„Weil alle Welt vor den Deutschen Angst hatte und heute noch immer hat, weil die Deutschen so unglaubliche Wunderwaffen erfunden und gebaut haben, die den Feind das Fürchten gelehrt haben. Aber auch die besten Chemiker hatten sie, die haben das Aspirin erfunden, die Sulphonamide und Anilinfarbstoffe, haben Benzin aus Kohle hergestellt, Zucker aus Rüben und die besten Ärzte haben sie auch gehabt wie den Professor Sauerbruch, der als erster Arzt der Welt beim Menschen Operationen an der offenen Brust durchgeführt hat. Von den Atomphysikern rede ich gar nicht. Die Kernspaltung haben sie entdeckt, der Nobelpreisträger für Physik, Professor Schrödinger, der übrigens auch in Graz gelehrt hat, und Otto Hahn und die Liese Meisner, und an der Herstellung einer Atombombe hat man auch schon gearbeitet. Deswegen, solltest du wissen, hat der Amerikaner Morgenthau diesen Plan ausgeheckt, der aber zu unser aller Glück nie verwirklicht worden ist. Wenn Hitler noch länger an der Macht gewesen wäre, hätten wir wahrscheinlich die erste Atombombe fertiggestellt."

Zu entscheiden, ob Letzteres ein Unglück oder ein Glück war, traute sich Ferdinand nicht zu. Von der Atombombe wusste er nur, dass sie eine ungeheure Zerstörungskraft aufweist und dass das getroffene Gebiet durch radioaktive Strahlungen viele Jahre lang verseucht und unbewohnbar bleibt, wie es die zwei Abwürfe auf die japanischen Großstädte Hiroshima und Nagasaki gezeigt haben.

Als der Zug im Grazer Hauptbahnhof einrollte, war es bereits finstere Nacht. Das Bahnhofsgebäude sah ziemlich ramponiert aus.

„Hier haben einige Sprengbomben eingeschlagen", erklärte der Vater seinem Stiefsohn, der Bahnhof war nämlich eines der Hauptziele für die Bombenangriffe gewesen. „Graz hat arg gelitten. Sieh dort drüben, der Trümmerhaufen war einmal ein Hotel, das Hotel Daniel – Volltreffer. Auch unser Nachbarhaus in der Glacisstraße hat einen Volltreffer abbekommen und ist jetzt nur mehr eine Ruine. Gott sei Dank haben die Kellergewölbe der Explosion standgehalten und den Leuten ist nichts passiert."

Ferdinand war schon neugierig auf diese Bombenruinen. Sie bestiegen eine Straßenbahn, die Elektrische oder Tram, wie der Vater sagte, während er beim Schaffner zwei Fahrkarten löste, dann fuhren sie durch die arg zerstörte Annenstraße in die Stadt hinein. Hier sah Ferdinand zum ersten Mal in seinem Leben Neonbeleuchtungen und er war verzaubert von der Eleganz und Schönheit dieser Leuchtbuchstaben über den Geschäften. Dass man so etwas überhaupt fabrizieren konnte, hätte er für unmöglich gehalten. Ganze Schriftzüge in leuchtender Schreibschrift, sogar in Kurrentschrift entdeckte er, die meisten waren violett, manche weiß und einige wenige rot. Vor lauter Staunen vergaß er den Mund zu schließen. Irgendwann ratterte die Tram über eine mächtige Brücke und gleich drauf hörte er den Vater sagen: „So, Ferdl, aussteigen. Wir sind am Hauptplatz."

Sie verließen die Elektrische. Der Hauptplatz war riesengroß, viel, viel größer als der Hauptplatz in Mürzzuschlag. Laternen auf hohen Masten beleuchteten ein wahres Menschengewimmel. Ferdinand konnte sich nicht erinnern, jemals so viele Menschen scheinbar ziellos hin- und herlaufen gesehen zu haben. Männer und Frauen, alle in dunkle Mäntel gehüllt, die Männer trugen Hüte, die Frauen Kopftücher. Viele Männer hatten Aktentaschen unter dem Arm geklemmt, einige Frauen schleppten schwere Körbe oder Netze mit sich – Kinder sah man kaum, für Kinder war es wahrscheinlich schon zu spät am Abend. Viele Männer gingen auf Krücken. Einige Automobile fuhren vorbei, aber der motorisierte Verkehr hielt sich in Grenzen. Vor einem Stapel Zeitungen stand ein Mann und rief in einem fort: Steirerblatt, Steirerblatt, Neue Zeit, Arbeiterzeitung! Die Weltpresse! An einen Laternenpfahl gelehnt hockte auf einem zusammengefalteten Kartoffelsack ein Buckliger mit einer Kapitänsmütze am Kopf und rief: Schuhputzen gefällig, wobei er mit seiner Bürste auf eine Holzschachtel klopfte. Auch zwei Bettler sah Ferdinand und einen Mann mit einer gelben Armbinde, in der drei schwarze Punkte waren.

„Das ist ein Kriegsblinder“, sagte der Vater. „Wir gehen jetzt ein paar Schritte durch die Herrengasse bis zu meiner Ordination. Das ist nicht sehr weit. Bist du schon müde?“

Ferdinand verneinte. Er war vor Aufregung hellwach.

„Gut, dann machen wir uns in der Ordination noch eine gute Eierspeise! Hast du schon einmal eine gegessen?“

Nein, so etwas hätte die Großmutter aus ihren Hühnereiern niemals zubereiten lassen. Dafür waren ihr die Eier viel zu kostbar. „Na, jetzt kriegst du eine!“, sagte der Vater, der sich freute, dem Buben so eine Überraschung bereiten zu können.

Ferdinand verspürte plötzlich gewaltigen Hunger. Vor seinem inneren Auge sah er die blonden Eier schon in der Pfanne schmurgeln. Schweigend schritten sie die spärlich beleuchtete Herrengasse entlang in Richtung Jakominiplatz, wo jede Straßenbahnlinie anhielt.

Die Herrengasse sah nicht so arg zerstört aus wie die Annenstraße, dachte Ferdinand, aber die Häuser wiesen auch hier Schäden auf und in manchen Geschäftslokalen waren die Auslagenscheiben mit Holz zugenagelt. Das seien Geschäfte jüdischer Besitzer gewesen, sagte der Vater, und Ferdinand wollte wissen, warum gerade diese Geschäfte verbarrikadiert waren.

„Ach, mein Lieber", seufzte der Vater, „das ist eine lange Geschichte. Aber kurz gesagt, Graz war schon immer politisch aktiv, man nannte Graz auch die Stadt der Volkserhebung. 1938, im Geburtsjahr von Anna, da fand die sogenannte Reichskristallnacht statt, und zwar in ganz Deutschland – also auch in Österreich. Damals wurden Tausende Synagogen und jüdische Friedhöfe zerstört, Geschäfte geplündert, angezündet und viele jüdisch-stämmige Österreicher wurden vertrieben oder gar ermordet. Hier, in Graz, zündeten sie die Synagoge an, du kannst die Brandruine noch am Grieskai direkt an der Mur sehen."

Ferdinand erkundigte sich nach der Bedeutung des Wortes Synagoge und der Vater erklärte ihm, es handle sich dabei um Gebets- und Versammlungshäuser der Juden, am ehesten mit den christlichen Kirchen vergleichbar, doch dienten sie nicht ausschließlich dem Gebet und der Predigt, wie der Vater meinte.

„Warum haben die Leute die Synagoge angezündet?"

„Weil sie eine Wut auf die Juden gehabt haben. Aber in Ordnung war das nicht, das ist meine Meinung, genauso wenig wie die Enteignungen und die Plünderungen, das war wirklich nicht richtig gewesen, das muss ich schon sagen, Bub. Doch alles hat auch seine Ursachen, verstehst du. Steht nicht im Alten Testament: Wer Wind sät, wird Sturm ernten? In der Kristallnacht ist der Sturm losgebrochen. Aber merkt dir eins: die Juden haben mehr als nur Wind gesät …"

„Was haben sie denn getan?"

„Das ist viel zu kompliziert, um es dir zu erklären."

„Wegen der Kreuzigung?"

„Na ja, das ist vielleicht auch ein Grund, aber heute spielt der keine wichtige Rolle mehr. Es war schon eher so, dass sie alles unter ihre Kontrolle gebracht haben, praktisch alles, was ihnen irgendwie nützen konnte, die Presse, das gesamte Bankwesen und so weiter – und sie haben massenweise Geld gehortet oder gar ins Ausland geschafft, das war – soweit ich es weiß – einer der Gründe, warum es Deutschland und uns hier in Österreich in der Zwischenkriegszeit so miserabel gegangen ist. Erst der Füh … – ich meine Adolf Hitler, der hat das geändert. Doch inzwischen haben die Alliierten in Nürnberg allen ehemaligen Reichspolitikern, die den Krieg überlebt haben, den Prozess gemacht. Und dort wurde auch festgelegt, dass den Juden ihr Eigentum wieder zurückgegeben werden muss."

„Die kriegen dann ihre Geschäfte wieder!"

Der Vater nickte. „Wenn sie noch leben", fügte er murmelnd hinzu.

Sie waren beim Haus Herrengasse Nummer 9 angelangt, betraten es und stiegen über eine nahezu unbeleuchtete, steinerne Treppe hinauf in den ersten Stock, wo der Vater eine massive, doppelflügelige Holztür aufschloss, auf der ein Emailschild mit der Aufschrift ‚Dr. Theodor Mohr und Dr. Heribert Daghofer, Zahnärzte', angebracht war. Doktor Daghofer war der Kompagnon des Vaters.

„Das ist der Warteraum", sagte der Vater zu Ferdinand, während er das Licht andrehte und sie gemeinsam das weitläufige Zimmer mit dem sauber geriebenen Bretterboden betraten. Er sperrte eine weitere Tür auf und erklärte, dies sei die sogenannte ‚Technik', also jene Räume, wo ein Zahntechniker nach genauen Angaben des Arztes all die Füllungen, Kronen und Zahnprothesen aus Gips, Kunststoffen, Amalgam, Gold und Silber produzierte, die er für seine Patienten benötigte. Dort sah Ferdinand auch einen Bunsenbrenner, der mit Leuchtgas gespeist eine unglaublich heiße, bläuliche und durchsichtige Flamme ergab.

„Auf dem braten wir uns jetzt die Eierspeise, und zwar mit echter Butter“, sagte der Vater. Er stellte den kleinen Koffer, in dem er seine Habseligkeiten und das Schlafzeug von Ferdinand mitführte, in einer Ecke ab, holte aus einer Schachtel mehrere Hühnereier und aus einem Wandschrank eine außen stark verrußte, innen jedoch blankgeschabte Aluminiumpfanne. „Wart nur, das wird dir schmecken!“ Er hatte Recht: Ferdinand meinte, noch nie in seinem ganzen Leben so etwas Gutes verzehrt zu haben.

Der Vater hatte im Warteraum ein Notbett für den Ferdinand hergerichtet, doch der Bub schlief nicht besonders gut, was vielleicht an den vielen Eindrücken lag, wegen der Kinderlähmung, vor der er sich fürchtete… – wer konnte schon wissen, ob er sich auf der Fahrt nicht doch angesteckt hatte? Vielleicht lag es aber auch an den Erzählungen über die Vertriebenen, die Plünderungen und die Abfackelung der Synagogen. Wenn er aus seinem Haus vertrieben würde, dachte er, würde er sich wehren. Oder die Mutter würde protestieren. Warum haben sich die Juden nicht gewehrt? Angeblich sind es ja so viele gewesen. Nein, das ganze blieb unverständlich. Trotzdem wichen die Bilder brennender Häuser nicht von ihm und er gedachte der kleinen Renate Schwarz, die er und Anna oft Spinate genannt hatten und wie sie im Feuer des väterlichen Farbengeschäfts zu Tode gekommen war.

Am nächsten Morgen wusch sich Ferdinand über einem kleinen Waschbecken den Sand aus den Augen, kleidete sich an und bekam vom Vater eine Tasse heißen Kakao und eine Scheibe Weißbrot zum Frühstück serviert. Weißbrot hatte er zwar schon gesehen – in Weitensfeld hatte es Anna von den Engländern geklaut –, aber seit damals nie mehr davon gekostet. Bei den Großeltern gab es ausschließlich Schwarzbrot und in Gscheiterboden, bei den Keuschlern, die ihn manchmal auf Kost genommen hatten, gab es ein kohlrabenschwarzes Bauernbrot, in dem der Sand der Mühlsteine mit eingebacken war, was man beim Kauen am Knirschen zwischen den Zähnen merkte, und drauf hatte ihm die Bäuerin mit dem riesigen Kropf jedes Mal eine dicke Schnitte Butter gelegt, die sie selbst aus der Milch ihrer Kühe hergestellt hatte und aus der Wassertropfen quollen, und sie freute sich, wenn es dem Buben gut schmeckte.

„Mit dem Zähneputzen nehmt ihr es in Mürzzuschlag wohl nicht sehr genau!", stellte der Vater fest, „aber wie ich gesehen habe, sind deine Zähne zwar vermoost, aber noch in Ordnung. Wir werden Zahnpasta und Zahnbürsten in der Drogerie besorgen und nach Mürzzuschlag mitnehmen. So, und jetzt zeig ich dir die Stadt und die Wohnung, in die wir bald einziehen werden. Und dann haben wir einen Termin bei Doktor Hesse." Das war der Augenarzt, dessen Ordination nicht weit von der zukünftigen Wohnung lag.

Das grau verputzte Haus in der Glacisstraße mit der Nummer 67 war drei Stockwerke hoch und sah sehr schön aus. Alle Fenster flankierten grüne Fensterläden. Daneben an einer Straßenkreuzung befand sich die vom Vater schon gestern erwähnte Bombenruine, ein ehemals wohl stattliches Eckhaus. Genau an der Ecke dieser Ruine lehnte ein in schwarz gekleideter, älterer Blinder mit einem Stapel Zeitungen im Arm und rief mit jämmerlicher Stimme in einem fort: Steirerblatt, die Zeit, die Wunderwelt, eine Substreiung.

Ferdinand fragte: „Was bedeutet Substreiung?"

Der Vater verstand die Frage zuerst nicht, dann musste er lachen: „Das heißt doch nicht Substreiung, sondern Zerstreuung. Die Zeitschrift Wunderwelt ist eine Zerstreuung für die Kinder. Ich werde dir später eine kaufen. Da sind lauter lustige Geschichten drinnen. Vom Zwerg Bumsti und solche Sachen. Und der blinde Mann, der war vorher Anwalt, einer der vielen, die alles verloren haben im Krieg: Haus, Frau, zwei Söhne an der Ostfront gefallen, da hat er sich mit seiner Wehrmachtspistole erschießen wollen. Er hat den Lauf an der Schläfe angesetzt, hier", der Vater demonstrierte es dem Buben mit dem ausgestreckten Zeigefinger, „und – bumm – die Kugel ist hier rein und auf der anderen Seite wieder raus und hat ihm den Sehnerv durchtrennt. Er ist zwar nicht gestorben, aber jetzt leider blind. Hätte er den Lauf in den Mund gesteckt und abgedrückt, hätte es ihm das halbe Gehirn hinten herausgeblasen."

Ferdinand merkte sich diese Lektion in Sachen Selbstmord.

Im Erdgeschoß des Hauses Glacisstraße 67 befand sich ein wundervoller Blumensalon, neben dem man durch eine schmiedeeiserne, innen verglaste, schwere Doppelflügeltür den mit blassgelben Fliesen ausgelegten Hausflur betrat. Der Flur führte durch eine gewölbte Holztür hinten hinaus in einen Hof, wo die Hausmeisterei angrenzte. Durch eine Schwingtür gelangte man vom Flur ins enge Stiegenhaus, welches sich zu den Wohnungen hinaufwand. Im zweiten Stock, in den die ganze Familie bald einziehen würde, hielten sie an.

„Noch weiter oben", informierte der Vater Ferdinand, „im dritten Stock, wohnen die Kaisers, die Tante Lena-Lotta war ja vorher mit deinem Onkel Heinrich verheiratet und ihre zwei älteren Kinder, Manfred und Evelyne, die waren ja oft bei den Großeltern in Mürzzuschlag."

Jetzt schloss der Vater eine lichtbraun lackierte Tür mit eingelassenen Milchglasscheiben auf und forderte Ferdinand auf, einzutreten. „Die Wohnung umfasst die gesamte zweite Etage, aber leider haben sie uns Leute einquartiert. Deswegen haben wir vorerst nur drei Zimmer zur Verfügung. Zwei große Salons sind jetzt noch abgetrennt, dort wohnt zurzeit der Chefdirigent des Opernhauses. Und hier", der Vater deutete nach rechts, „wohnen noch zwei Ausgebombte, aber die ziehen bald aus, dann wird es besser werden mit dem Platz. Am Anfang werden wir es halt ein bisschen eng haben."

Sie schauten sich die Küche und die zwei Zimmer ihrer zukünftigen Wohnung an, dann verließen sie das Haus wieder, überquerten den Kaiser-Josef-Platz mit seinen Standln und Buden, wo Bauern ihre Produkte feilboten, und gingen bis zur evangelischen Kirche, der Heilandskirche, wie der Vater sie nannte. Ferdinand war im Alter von sechs Jahren in der evangelischen Kirche von Mürzzuschlag gemeinsam mit seiner Schwester getauft worden. Als Stehchristen wurden sie seitdem manchmal verspottet. Sie marschierten durch die Gleisdorfergasse bis zum Jakominiplatz, der zentralen Umsteigestation für die Straßenbahnen, dann machten sie einen kleinen Umweg vorbei am Dorotheum über den Opernring und den Tummelplatz, wo Ferdinand einige weitere Bombenruinen bewunderte. Interessant fand er es, dass die Kamine den Explosionen am besten standgehalten hatten. Wie verfaulte Zähne ragten diese zerbombten Häuserreste hoch, an manchen dieser Gebäudeleichen erkannte man noch Teile der Zimmer mit Tapeten oder Wandbemalungen, leeren Fensterhöhlen, aus den Schuttmassen spießten sich zerborstene Dachstühle und Trambäume. Frauen mit Spitzhacken bearbeiteten da und dort Mauerreste und sortierten intakte Ziegel aus. Schutt wurde mit Lastwägen, Traktoren, Handkarren und Scheibtruhen fortgeschafft.

„Und eines sag ich dir mit aller Deutlichkeit", sprach der Vater, „versprich mir und geh mir nie in so eine Ruine hinein! Die sind alle einsturzgefährdet. Wenn die Mauern zusammenbrechen, bist du im Nu verschüttet. Da birgt dich kein Mensch."

Ferdinand versprach es. Die zerborstenen Zinnen und Grate flößten ihm gehörigen Respekt ein.

Da sie bei Doktor Hesse einen Termin vereinbart hatten, mussten sie nicht lange warten. Der Augenarzt, ein älterer, weißhaariger Herr, sah gutmütig aus und reichte Ferdinand die Hand. „Na, dann schauen wir uns das einmal an", sagte er, nachdem er auch den Vater, den er ‚Herr Kollege' nannte, begrüßt hatte.

Ferdinand musste sich in einen bequemen Stuhl setzen. Während der Vater dem Arzt erklärte, der Bub habe beim Schreiben und Zeichnen immer so nahe geschaut und beim Blick in die Ferne die Augen zugekniffen und in der Schule nichts von der Tafel ablesen können, registrierte Ferdinand die Geräte mit den vielen Linsen, Lampen, Drähten und Skalen, mit denen nahezu jeder verfügbare Raum in dieser Ordination vollgestopft war.

Nun lenkte der Arzt Ferdinands Aufmerksamkeit auf ein Plakat an der seinem Sitz gegenüberliegenden Wand, deutete mit einem Stab auf einen großen Buchstaben und fragte, ob Ferdinand das lesen könne.

„Es ist ein E“, antwortete er, und schon rutschte der Zeigestab eine Zeile tiefer, angefüllt mit kleineren Lettern, die Ferdinand noch alle problemlos vorlesen konnte. Doch irgendwann kam eine Zeile, wo die Buchstaben anfingen zu verschwimmen, und noch weiter unten war es dann mit dem Lesen aus.

Doktor Hesse kritzelte etwas auf einen Zettel, dann setzte er seinem Patienten ein Brillengestell mit gerändelten Schrauben und mehreren leeren Fassungen auf und verdunkelte ein Auge mit einer schwarzen Scheibe, die er in das Gestell schob, wonach er eine metallgefasste Linse aus einem großen Kasten nahm, um sie vor das freie Auge in das Gestell zu stecken.

„Kannst du diese Zeile jetzt lesen?“, fragte er.

Tatsächlich, welch ein Wunder, mit dieser Linse ging das viel besser. Der Arzt tauschte nun die Linse gegen eine andere aus und Ferdinand sah immer genauer, und als er endlich vor beiden Augen Linsen trug, offenbarte sich ihm die Umwelt beinahe unnatürlich und wie gestochen scharf.

Doch Doktor Hesse hantierte mit Schrauben am Gestell, frage

immer wieder, ob Ferdinand nun schärfer oder weniger scharf sehe, murmelte hin und wieder Unverständliches und schien jedenfalls nicht ganz zufrieden mit dem Ergebnis zu sein. Er wandte sich an den Vater: „Der Bub ist zweifellos stark myop, so wie Sie es vermutet haben. Ohne sechs minus wird er meines Erachtens nicht auskommen. Doch fürchte ich, dass er zusätzlich astigmatisch ist. Das bedeutet, er benötigt speziell angefertigte, zylindrisch geschliffene Gläser, die man nur aus Deutschland bestellen kann und die ziemlich viel kosten."

„Wenn es sein muss …", sagte der Vater.

„Ich denke wohl. Aber um ganz sicher zu gehen, möchte ich Ihren Sohn doch noch von einem Kollegen ansehen lassen, wenn Sie einverstanden sind." Der Vater war es.

„Dann werde ich für ihn einen Termin bei Professor Hoffmann an der Augenklinik vereinbaren. Professor Hoffmann beherrscht ein spezielles Untersuchungsverfahren, die Skiaskopie, mit der sich Brechungsfehler des Auges objektiv messen lassen. Darauf würde ich keinesfalls verzichten."

Daraufhin tätigte Doktor Hesse mehrere Telefonate und erklärte schließlich, dass Ferdinand in einem Monat einen Termin an der Klinik habe. Zum Abschluss strahlte der Arzt dem Buben mit einem runden, in der Mitte durchlöcherten Spiegel, den er mit einem Stirnband auf dem Kopf geschnallt trug, grelles Licht mitten ins Auge und untersuchte das Augeninnere, indem er durch das Loch durchschaute. „Ja", murmelte er, „wie vermutet, ausgeprägter Fundus myopicus, war zu erwarten. Hoffentlich schreitet das nicht vorwärts. Es gibt nämlich so etwas wie die maligne Myopie, und die nimmt fast immer in jungen Jahren ihren Anfang."

Beim Hinausgehen musste sich Ferdinand tappend den Weg ertasten, er sah nur grelle Blitze und grüne Figuren umhertanzen, so geblendet war er von dem Licht des Arztes. Später löste der Vater noch sein Versprechen ein und erstand bei dem Blinden eine ‚Wunderwelt', die Ferdinand später im Zug nach Mürzzuschlag durchblättern wollte.

33

Mit dem Einzug in das Grazer Stadthaus begann für sie alle ein neuer Lebensabschnitt – die Grazer Geschichte. Für Ingrid und Theo, für Anna und Ferdinand, und für ihre sehr jungen Geschwister Sissy und Markus. An einem Tag Anfang Mai fuhren sie vom Bahnhof Mürzzuschlag ab und erreichten nach längerer Fahrt den arg zerbombten, nur notdürftig hergerichteten Grazer Hauptbahnhof, wo sie, schwer mit Koffern und allerlei Taschen bepackt, den Einser nahmen, um durch eine Ruinenlandschaft bis zur Haltestelle Kaiser-Josef-Platz zu fahren, wo sie ausstiegen.

Das war ein besonderer Tag, an dem nichts misslingen durfte, ein Festtag mit blühenden Kastanien, deren Zweige, mit weißen Kerzen bestückt, sich sanft in diesem neuen, hellen Himmel bewegten, als wären sie ein Teil von ihm. Grau schimmernde Wege säumten den Rand des Stadtparks, – ein noch unerforschter Teil gebändigter, kultivierter Natur, und schräg gegenüber der Haltestelle, wo sie mit ihren vollgefüllten Koffern ausgestiegen waren, tauchte das Haus plötzlich zwischen anderen Gebäuden auf, in den Farben Grau und Grün. Hoffnungsvoll betraten sie, einer hinter dem anderen, dieses ehrwürdige Stadthaus durch das von schmiedeeisernen Ranken und Blüten verzierte gläserne Portal und gingen beinahe andächtig durch den kühlen Flur, dann sehr schnell eine Stiege hinauf bis in den zweiten Stock.

Den Eingang zum Reich des Stadthauses flankierten links ein Blumensalon, rechts die Schaufenster einer mit bunten Plüschmöbeln ausgestatteten Tapeziererei, die sich im Lauf der Jahre in ein modisches Innenausstattungsgeschäft verwandeln sollte. Der breite Flur ist bis zum heutigen Tage unverändert geblieben, und wie damals duftet es auch heute noch nach Moos und all den Blumen, zu Weihnachten nach frischem Tannengrün, mit dem die Blumenbinder des Salons Adventkränze herstellen. Dieser von den Aromen feuchten Reisigs oder zarter Lilien erfüllte Gang galt sehr bald als Flur der Verliebten im Jugendleben Annas und Ferdinands, als geradezu mythischer Ort, denn dort gaben und bekamen sie in der Dunkelheit ihre ersten Küsse und andere Zärtlichkeiten – was sie aber noch nicht ahnen konnten beim Eintritt in diese neue Welt, denn gerade erst war hinter ihnen mit leisem Schnappen das Tor zugefallen und ihr neuer Lebensabschnitt war ja eben dabei zu beginnen.

Aufgeregt hastete Ingrid hinter Theo die Stiege in den zweiten Stock hinauf, während draußen in der Glacisstraße die Elektrische über verkrüppelte Schienen vorüberholperte, dass alle Fensterscheiben leise zitterten. Markus, schon ein blonder Dreijähriger mit kantiger Stirn, bemerkte interessiert den Hinterhof mit einer Teppichstange, die zum Klettern und Turnen einlud. Der kleine Hof, zu dem man durch den Flur gelangte, war innen bucklig, vollgeräumt mit Mülltonnen, alten Fahrrädern und da und dort von Unkraut und hüfthohen Brennnesseln überwuchert, die aus den winzigsten Rissen im Beton sprossen. Von den Grundstücken dahinter war der Hof durch eine eineinhalb Meter hohe Mauer abgetrennt, mit verwilderten Gärten, uralten Linden und Rosskastanienbäumen. Weiter weg schon und doch zum Greifen nahe leuchteten weitere Stadthäuser mit steilen Giebeln in hellem Schönbrunnergelb, doch mit zerbröckelndem Stuck, ein Gewirr steil in den Himmel ragender Dächer mit Rauchfängen, Dachluken, in denen unzählige, gurrende Tauben nisteten, sich haltlos vermehrende Stadttauben, die jeden Dachboden, jeden Kamin, jede Dachrinne bevölkerten.

Im Hof sah man von nun an immer Kinder. Ferdinand, Markus, Manfred, der im dritten Stock wohnende Cousin und viele andere. Der Hof ersetzte ihnen von nun an den Garten. Wie die Affen turnten sie laut schreiend und lachend auf der Teppichstange oder kletterten über die Mauer in die fremden Gärten, um verschossene Bälle zurückzuholen oder auch dort ein paar Äpfel zu stehlen. Es durften auch Kirschen sein. Lärm und Gelächter. Fußbälle knallten gegen Mauern oder donnerten in Fensterscheiben.

Theo Mohr griff nun in die Hosentasche, zog einen Schlüsselbund hervor, um die neue Wohnung aufzusperren, die sie im Gänsemarsch durch einen langen Gang betraten.

„Gott sei Dank sind die Zimmer jetzt alle frei geworden", sagte er gut gelaunt und nicht ohne Stolz, obwohl er selber niemanden der ehemals Ausgebombten, Asylsuchenden aus der Etage vertrieben hatte, „mit euch allen an der Hosenfalte wäre es hier sonst ziemlich eng geworden!"

Rechts ein weiß lackierter Einbaukasten, links der Eingang zur Küche und an der Stirnseite des Ganges das Klosett, über dessen Eingang ein ausgestopfter Auerhahn auf seinem Brett aus Holz schwarz und drohend, tot für alle Zeiten, den Blick auf sich lenkte. Sogleich erinnerte sich Anna an die Geschichte, die Onkel Hans über die Auerhahnjagd erzählt hatte.

Kaum hatten sie die Wohnung mit den knarrenden Parkettböden und den Stuckgirlanden an den hoch oben schwebenden Plafonds betreten, rannten sie auch schon, Schreie der Begeisterung ausstoßend, an die unzähligen Doppelfenster, um auf die Straße, den Stadtpark und die Oper zu schauen, deren rote Kuppel so exotisch aussah, märchenhaft, fremd wie ein indisches Grabmal. Straßenseitig gab es vier große Wohnzimmer – Gott sei Dank endlich wieder für sie frei –, während die Wirtschafträume der Wohnung auf der sonnigen Hinterseite des Hauses lagen, dort, wo man von einem kleinen Balkon den Blick auf die Dächer und Bäume der vielen Gärten genießen konnte, und wo die Luft gesättigt war vom zarten Hauch einer Stille, die so lockend war, dass sich Anna manchmal mit einer Art von Gier in sie hinein begab.

Ingrids Reich aber war die Küche. Ein großer, viereckig geschnittener Raum mit allem, was zu jener Zeit – der Zeit nach dem Zweiten Weltkrieg – zu einer halbwegs modern ausgestatteten Küche dazugehörte, wie zum Beispiel ein neuer Gasherd, eine jener außergewöhnlichen Errungenschaften modernster Zivilisation, über die Ingrid ins Schwärmen geriet, eine wunderbare Abwasch mit Heißwasser aus einem mit Leuchtgas beheizten Boiler, ein mit blassgelbem Schleiflack gefärbter Kasten und der aus ihrer ersten Ehe in die zweite hinübergerettete Küchentisch mit grüner Fläche, auf der Ingrid unzählige Kilo Salatblätter und Erdäpfel schneiden würde. Von dieser Küche aus ließ sich ein Koksofen beheizen, der zwei angrenzende Zimmer in der kalten Jahreszeit wohlig temperierte, sofern er richtig gehandhabt wurde. Die übrigen Zimmer wurden bei Bedarf durch Kachelöfen gewärmt. Das Amt des Heizers sollte bald Ferdinand innehaben. Das bedeutete, er hatte nicht nur für das Hochtragen von Brennstoff aus dem Keller zu sorgen, sondern er musste auch Schlacke und Asche entfernen und immer frischen Koks aus der Kiste am Balkon zum Nachlegen holen, damit die Glut nicht verlosch.

Abgetrennt durch eine schalldichte Doppeltür lagen die vier gut dimensionierten Zimmer. Im letzten hatte Theo Mohr sein Bett und seinen Stutzflügel, jenen schwarzen Bösendorfer aufgestellt, der einstmals aus Sicherheitsgründen nach Mürzzuschlag transportiert worden war und auf dem Ferdinand seine ersten Klavierübungen absolviert hatte, im nächsten Zimmer stand ein schwerer, aus glänzenden Hölzern und feiner Einlegearbeit gefertigter uralter Maria-Theresien-Schrank, und zwischen zwei Fenstern eine Biedermeiervitrine mit Teeservice und alten, schimmernden Gläsern. Vor allem aber befand sich im mittleren Zimmer auch der Mittelpunkt der Wohnung, das Netz, wo alles zusammenlief und wo sich die wichtigsten Szenen abspielen sollten: der viereckige Tisch, an dem die Familie von nun an ihre Mahlzeiten einnahm. Durch grauweiß gestrichene Doppeltüren, die man auch weit öffnen konnte, sodass herrliche Zimmerfluchten – ehemals von den Ausgebombten besetzt – mit einer hübschen Perspektive entstanden, gelangte man in ein weiteres zweifenstriges Gemach mit zwei Betten, eines für die Mutter, das zweite für Anna. Sonst stand dort noch eine Frisierkommode (genannt ‚die Psyche') und ein Diwan, der furchtbar quietschte, ließ man sich darauf fallen. Die bunten Kissen hatte Ingrid selbst bestickt. Betten für Ferdinand, Sissy und Markus befanden sich im schmalen Zimmer danach, von wo man durch eine Doppeltür in die Küche gelangte. Ein kleines Badezimmer gab es natürlich auch mit einem gasbetriebenen Durchlaufboiler.

Den Balkon, wo an die Wand gerückt auch eine hölzerne Kohlenkiste stand, betrat man durch eine verglaste Doppeltür gleich rechts vom Klo. Von dort genoss ein an das Geländer gelehnter Betrachter den Blick über Wäscheleinen hinweg auf die vielen Hinterhöfe oder über den tief unterhalb gelegenen Hof mit der Teppichstange, wie auch den Blick hinauf zur Dachterrasse im dritten Stock, wo die Familie des Cousins Manfred wohnte. Links unterhalb des Balkons, an der Hausgrenze erstreckte sich eine große mit Dachpappe abgedeckte Terrasse, gleichsam das Dach bildend für eine Waschküche und ein Zimmer, einer Notbehausung, wo für lange Jahre eine ausgebombte Familie ihre Unterkunft gefunden und für die Bewohner des Hauses die Funktion der Hausmeister ausgeübt hatte.

Bevor die Grazer Geschichte aber richtig losgehen konnte, wurde Anna von ihrer Mutter zur Seite genommen. Ingrid hatte ein ernstes Gesicht aufgesetzt, was Anna sofort mit einem gewissen Argwohn erfüllte. „Wirst du mir etwas versprechen?", fragte sie ihre Tochter, vor der sie sich etwas niedergebeugt hatte. „Du weißt ja, dass euer neuer Vater euch hier aufgenommen hat, und daran, dass er auf einmal eine so große Familie mit vier lauten Kindern hat, ist er einfach nicht gewöhnt. Es wird nicht immer leicht für ihn sein. Er ist immerhin neunundvierzig Jahre alt, also nicht mehr der Jüngste. Vorher hatte er die ganze Wohnung für sich allein. Mein Gott… du musst mir versprechen, auf ihn Rücksicht zu nehmen… auch auf Onkel Herbert, seinen Zwillingsbruder, der von nun an immer bei uns zu Mittag essen wird. Der Vater, du verstehst es doch, wünscht sich auch, dass du, wenn du ihn begrüßt, einen Knicks machst. Ich habe ja bemerkt, dass du nicht knicksen magst. Wie oft hat es deshalb schon fürchterliche Szenen zwischen ihm und dir gegeben … Anna! Ich versteh nur nicht, warum du dich sosehr dagegen sträubst! Ist doch nichts dabei. Sieht doch reizend aus, so ein ganz junges Mäderl, das vor dem Vater ein bisschen in die Knie geht und damit Ehrfurcht und Respekt erweist. Weißt du, früher, als er jung war, ist es so üblich gewesen. Und bitte, sei immer höflich zu ihm und benimm dich bitte bei Tisch!"

„Ja, jaja", nickte Anna, dem Lärm ihrer Geschwister nachhorchend, die sich in den neuen Zimmern austobten, „ich werde schon. Und warum schimpfst du schon wieder mit mir! Mit dem Ferdinand schimpfst du nie." Ob es bedingungslose Kapitulation sein sollte? Selbstverständlich. Es wäre einfacher gewesen. Anna stand innerlich nicht stramm. Aber nachgeben musste sie doch.

„Der Ferdinand? Er ist ja immer so brav!"

„Der – und brav?"

„Aber ja. Versteht sich auch so gut mit dem Vater. Du aber machst mir Sorgen. Warum du ihm immer widersprechen musst, begreife ich nicht. Übermorgen führe ich dich in deine neue Schule. Bitte, mache mir keine Sorgen! Und keine Schande! Bedenke nur immer, aus welcher Familie du kommst!"

„Ich verspreche es!", sagte Anna. Sie meinte es ehrlich und war plötzlich ganz erfüllt von ihrer Güte. Doch das Gewicht dessen, was sie da versprach, konnte sie weder ermessen noch vorhersehen und halten leider auch nicht …

34

Obwohl die Schule aufgrund mangelhafter Leistungen für Ferdinand ein ihn stets begleitendes Problem blieb, genoss er beinahe jeden Tag des Lebens und ließ sich durch die schlechten Beurteilungen in Mathematik, Englisch, Latein und Geschichte zwar irritieren, doch keineswegs grundlegend erschüttern. Immerhin glänzte er in Zeichnen, Musik, Physik, Chemie, Naturgeschichte und Turnen, und in Deutsch schrieb er zwar gute Aufsätze, hatte aber infolge einer ausgeprägten Legasthenie eine derart miserable Orthografie, dass ihm der Deutschprofessor schweren Herzens auf die Schularbeiten oft ein ‚Nichtgenügend' erteilen musste, obwohl er seiner Meinung nach aufgrund des Inhalts und der Formulierungen eine bessere Note verdient hätte. Aber so war es nun einmal: die Rechtschreibung alleine zählte und die Beistrichfehler, denn die ließen sich quantifizieren, während sich die Evaluierung von Stil und Inhalt weit schwieriger gestaltete, vor allem weil es sich dabei auch um eine Geschmackssache handelte. Legasthenie war für die Pädagogen jener Epoche grundsätzlich kein Thema.

Anna hatte in dieser Hinsicht überhaupt keine Probleme: Sie verfasste die besten Aufsätze, die fast immer als beispielhafte Arbeiten von der Lehrerin der staunenden Klasse vorgelesen wurden, aber vor allem hatte sie während ihrer bisherigen Gymnasialzeit noch keinen einzigen Fallfehler und nur ganz selten Rechtschreibfehler gemacht, die eher auf Schlamperei beruhten als auf Unfähigkeit. Sie ist eben ein Mädchen, meinten die Eltern, sie liest ununterbrochen, und man weiß, dass sich Mädchen bei der Rechtschreibung viel leichter tun als Buben. Das Gehirn von Mädchen tickt halt anders. Anna glänzte auch in Englisch, war gut in Latein und in anderen Fächern, während sie – so wie Ferdinand – trotz eifriger Bemühungen und teurer Nachhilfestunden keinen Sinn für die Mathematik zu entwickeln vermochte. Doch leider wog das überwiegend Positive die mangelhafte Leistung in Mathematik – und es war ausschließlich die Mathematik – nicht auf, denn bei dieser handelte es sich um das Hauptfach schlechthin, um den Beweis, logisch denken zu können, und die ausgezeichneten Zensuren in den vielen Nebenfächern machten dieses Manko nicht wett. Diese Ansicht vertrat man nicht nur in der Schule, sondern auch zu Hause. Deswegen hatte es Anna schwer. Deswegen wurden ihre Leistungen in so vielen anderen Bereichen von der Familie auch nie anerkannt!

Ferdinand, dem man seine schwachen Leistungen aus unerfindlichen Gründen eher nachzusehen geneigt war, fand sich mit seinen Schulproblemen in guter Gesellschaft. Fast allen seinen Gymnasialkameraden erging es nämlich ebenso. In erster Linie betraf das seinen besten Freund und Cousin, den um ein Jahr älteren Manfred Lenau, der zwar eine andere Schule besuchte als Ferdinand, jedoch am Lernen genauso wenig Lust empfand wie dieser und viel lieber im Stadtpark Fußball spielte oder mit Ferdinand gemeinsam lauter Schabernack betrieb. Dieser Manfred, der Sohn des Bruders der Mutter Ferdinands, war zu einem ungemein gut aussehenden Burschen herangewachsen, feingliedrig, gewandt, sportlich und mit einem Humphrey-Bogart-Blick in den braunen Augen, der alle Menschen, mit denen er zu tun hatte, dahinschmelzen ließ. Der Blick war es auch, dem schon jetzt die Mädchen scharenweise erlagen, während er ihm in der Schule nichts half. Manfreds Noten waren – sehr zum Leidwesen dessen Mutter, die Ferdinand und Anna Tante Lena-Lotta nannten, – mindestens ebenso schlecht wie diejenigen Ferdinands. Diese Dauermisere beeinträchtigte jedoch Manfred ebenso wenig wie Ferdinand die seinige. Beide Freunde fanden es beinahe schon schick, schlecht in der Schule zu sein, und bezeichneten die guten Schüler aus tiefer Überzeugung abwertend als Streber. Mit Gleich- oder zumindest Ähnlich-Gesinnten schloss man sich zu einer Bande zusammen, zu deren Hauptquartier sich nach und nach das zentral gelegene Haus Glacisstraße Nr. 67 entwickelte.

So wie zu allen Grazer Häusern gehörte eben auch zur Glacisstraße

67 jener Hinterhof, der mit seiner knapp mannshohen Mauer von der weit größeren, von einem weitläufigen Gebäudekomplex umschlossenen Gartenlandschaft abgegrenzt war. Die nachträglich an das Haus angebauten Balkone, von denen jedes Stockwerk einen besaß, blickten zum Hof, die Wohnungen lagen alle zur Straße hin orientiert.

Sowohl Manfred als auch Ferdinand hatten es bald zu wahrer Meisterschaft gebracht, über die Terrassen und Balkone vom Hof hinauf bis in den dritten Stock zu klettern. Hinauf war Ferdinand der schnellste, hinunter Manfred, denn der besaß Mut genug, um gewisse Passagen der Klettertour einfach springend zu bewältigen. Gelegentlich stürzte einer ein Stockwerk tief ab, aber das machte nichts aus. Auch der jüngere Bruder Ferdinands, Markus, beteiligte sich bald am Wettklettern. Die Nachbarn der gegenüberliegenden Häuser beobachteten die wagehalsigen Touren der Jünglinge mit großer Sorge und verliehen dieser in Form mehrerer Telefonate an die Eltern von Manfred und Ferdinand auch Ausdruck. Als sie jedoch einmal Tante Lena-Lotta vom Hof über die Geländer und Balkone bis hinauf in den dritten Stock, wo sie wohnte, turnen sahen, denn sie hatte die Wohnungsschlüssel vergessen, gaben sie diese Anrufe auf.

Tante Lena-Lotta, die erste Frau von Manfreds Vater, Ferdinands Onkel Heinrich, kannte man in Graz als fantastisch aussehende Erscheinung: schlank, sportlich, elegant, ein Gesicht schöner als Greta Garbo, eine Dame durch und durch, aus bester Familie, der Traum jedes Mannes, und sie war trotz ihrer Scheidung und trotz des neuen Mannes noch immer mit Ferdinands Mutter eng befreundet, was nach dem Familienzwist, welcher der Scheidung vorangegangen war, nicht unbedingt hätte der Fall sein müssen. Tante Lena-Lotta gestand in späteren Jahren dem Ferdinand, den sie sehr gerne hatte, öfter, dass sie sich davor gefürchtet habe, ihre Exschwägerin, Ingrid Mohr, verwitwete Roth, geborene Lenau, im selben Haus wohnen zu haben; doch – wie sich bald herausgestellt hatte – war diese Befürchtung unnötig gewesen, denn die zwei Frauen verstanden einander zeitlebens sehr gut, eine Harmonie, die auch auf die Kinder der beiden Familien abfärbte.

Üblicherweise gelangte man vom Flur aus über eine in Abschnitte unterschiedlicher Länge relativ steil hinan führende Treppe zu den drei Stockwerken – Ferdinand entwickelte nach und nach eine besondere Sprungtechnik, wo er zuerst die kürzeren, später aber auch die längsten Teilstücke dieser Treppe in einem einzigen Sprung treppab bewältigen konnte, indem er den im Abwärtssprung aufgenommenen Schwung am jeweiligen tieferliegenden Treppenabsatz mit den Armen an der Wand abfing. Einen Fehlsprung konnte er sich nicht leisten, dann hätte er sich die Knöchel gebrochen oder wäre mit dem Schädel gegen die Wand geknallt. Jetzt verbanden Manfred und Ferdinand die Klettertouren mit dem Stiegenspringen: bergab gewann immer Manfred das Balkonklettern, obwohl Ferdinand durch seine Sprünge auf der Treppe sehr schnell war, treppauf hingegen wurde fast immer Ferdinand der Sieger, das heißt, er war im Klettern schneller als Manfred im Stiegenhaus.

Der annähernd quadratische Hinterhof war eng und wurde auf der hausabgelegenen Seite durch die Mauer, an den drei anderen Seiten durch Hauswände eingefasst, in die doppelflügelige Fenster eingelassen waren. Eine große, verglaste Holztür führte vom Hof in den Hausflur. Eine Zeit lang hatte die Limousine des Mannes von Tante Lena-Lotta im Hof geparkt, später hatte man den Hof jedoch an die Leute vom Blumensalon vermietet, die den Platz zum Lagern ihrer Ware und zur Verrichtung floristischer Arbeiten dringend benötigten. Dass Manfred und Ferdinand gerade diesen Hinterhof zum Ballspielen auserkoren, war den Hausbewohnern ein Dorn im Auge!

Es gab drei Arten Ballspiele: normalen Fußball, Fußtennis und Köpfeln, letztere Spielart wurde auch ‚Mitte' genannt. Am meisten Fensterscheiben zerbarsten beim Fußballspielen. Die Burschen mussten den Schaden mit ihrem Taschengeld bezahlen. Einmal knallte ein

Freund Manfreds den Ball mit derartiger Wucht gegen ein Fensterkreuz, dass gleichzeitig vier große Scheiben zerplatzten! Man verbot diese Kickereien, aber das half nichts. Es blieb dabei, es wurde nach wie vor gekickt und nach wie vor splitterte Glas zum Leidwesen der Hausbewohner. Beim Fußtennis – mit einem Tennisball gespielt, der nie den Boden berühren durfte, – und beim Köpfeln, außer bei der ‚Angabe' ausschließlich mit dem Kopf gespielt – entstand zwar weniger Sachschaden am Haus, aber die Spieler schrien und brüllten vor Eifer und Begeisterung derart, dass sich die Hausbewohner dadurch ärgstens gestört fühlten und daher auch diese Spiele verbieten wollten – vergebens. Manfred und Ferdinand entwickelten sich zu echten Meistern im Köpfeln und trugen diese Sportart auch in die Freibäder von Graz, wo regelrechte Turniere abgehalten wurden.

Einer der Freunde, ein kräftiger, blonder Hüne namens Olaf, überbot alle im Kastanienwerfen: er schleuderte im Herbst die Rosskastanien vom Hof aus über das hohe Hausdach bis auf die Glacisstraße, wo gelegentlich irgendetwas oder jemand getroffen wurde. Auch mit Tennisbällen beherrschte er diesen Kraftakt. Vom Balkon der Mohrs aus warf Olaf Kastanien über die ganze Gartenlandschaft bis zu den weit entfernten, gegenüberliegenden Häusern hin und traf dort einmal sogar eine Fensterscheibe, welche von dem rasanten Geschoß glatt durchschlagen wurde.

Wenn es regnete, beschäftigten sich Manfred und Ferdinand am liebsten mit Kreuzerpecken, wo es galt, Zehngroschenstücke aus einer Entfernung von mehreren Metern möglichst nahe an eine Linie zu werfen. Wessen Münze am nächsten lag, der hatte gewonnen, der kassierte das ganze Geld ein. Die zwei Freunde spielten dieses Wettspiel am liebsten im Hausflur – sie hatten es schon so weit gebracht, dass sie als Zielort nur mehr eine kleine Kiste mit etwas Sand benötigten, in den sie die Ziellinie einzeichneten. Kaum je warf einer seine Münze neben diese Kiste. Auch ‚Schuberln' erfreute sich großer Beliebtheit. Dabei handelte es sich um ein dem Fußball nachempfundenes, mit Münzen gespieltes Spiel, bei dem man den Ball, meist ein Zweigroschenstück aus Aluminium, durch den Spieler (eine größere Münze) in ein Tor befördern musste. Die Spielermünzen schubste man mittels eines Hornkammes in Richtung ‚Ball'. Dieser billardähnliche Sport erfreute sich großer Beliebtheit und war daher weit verbreitet, ja es wurden regelrechte Meisterschaften ausgetragen, mit vielen Zuschauern, die auch Wetten abschlossen. Jede halbwegs glatte Fläche eignete sich als Spielplatz, wie Tische, Schulbänke oder Linoleumböden …

Die Mädchen hatten es vor allem dem Manfred schon seit frühester Jugend angetan. In dieser Hinsicht war der um ein Jahr ältere Cousin seinem Freund deutlich überlegen. Annas Freundinnen interessierten ihn besonders, denn die zeigten schon ganz eindeutige Zeichen der Reife – allerdings hatten sie für die jüngeren Knaben nichts übrig. Ein hochgewachsenes, schlankes, blondes Fräulein mit berlinerisch angehauchtem Dialekt namens Doro hatte es ihm besonders angetan, und immer wieder schwärmte er seinem jüngeren Freund von ihr vor und drängte ihn, er solle sich doch auch ein weibliches Objekt zur Anbetung suchen. Eine Freundin Annas, ein ernstes, sehr hübsches Mädchen aus reichem Haus hatte eine jüngere Schwester, die, meinte Ferdinand, sehr schön sei und der auch schon der Busen recht ordentlich wachse, und sie sei es, die ihn anrege. Dass er in den Sommerferien in Mürzzuschlag seine Cousine Waltraud gerne an der nackten Brust begrapscht hätte und dies auch gerne in Graz fortsetzen würde, wenn sie einmal pro Woche nach ihrem Violinunterricht zu den Mohrs zum Mittagessen kam, verschwieg er vorläufig aus Sicherheitsgründen, obwohl er nahezu gewiss war, dass ihn sein Freund da niemals verraten würde. Aber irgendwie schämte er sich seiner heimlichen Gedanken und Gelüste und wollte nicht zugeben, dass er es gleich bei der Cousine versuchen wollte. Es blieb demnach vorläufig bei der Anbetung der schönen Schwester von Annas Freundin und Schulkameradin auf Distanz.

35

Graz war eine schöne Stadt, trotz der unzähligen Ruinen, die der Krieg als Andenken hinterlassen hatte. Vor allem vom Schlossberg bot sich ein atemberaubender Blick über rote Dachlandschaften, Kirchtürme, den Fluss, bis hinüber zu den im Dunst verschwimmenden Hügeln bei Wildon und bei Leibnitz, wo Tante Gerda mit ihrer Familie hingezogen war. Auch in Graz wurde es immer wieder Frühling. Jedes Jahr rann der geschmolzene Schnee in glitzernden Bächen längs des Trottoirs dahin, feucht glitzerte es an den Straßenrändern, stärker und stechender wurde die Sonne, die Tage länger und wärmer. Im Stadtpark, auch in den Hinterhöfen, die man vom Balkon aus sah, platzten eines Tages die schwellenden Knospen an den Rosskastanienbäumen auf, und bald trugen sie rosa oder weiße Blüten. Der Frühling lebte überall. Gelb leuchteten die Forsythien und rosa loderte die japanische Kirsche. Ende Mai Anfang Juni blühten der Holunder, der weißgelbe Pfeifenstrauch, üppige taufeuchte Pfingstrosen, auch der Flieder hatte sich schon geöffnet und verströmte seine betörenden Düfte in der ganzen Stadt. Dann folgten die ersten Hortensien, blau, rosa, weiß, jedes Jahr. Jedes Jahr kehrte auch der Sommer wieder und Schwalben flogen zwitschernd im Himmel hin und her. Doch glich kein Sommer dem vorhergegangenen, obwohl es immer eine heiße, blaugoldene Zeit war, in der man sich trotz einer gewissen, unerfüllten Sehnsucht, die sich Anna nicht erklären konnte, glücklich fühlen konnte.

Bis zu diesen Tagen war Anna über Mariatrost noch nicht hinausgekommen. Kaum jemand besaß ein Auto. Die Reisen, die Anna unternahm, machte sie mit der Trambahn oder zu Fuß. Viele Nachmittage verbrachte sie mit ihren Freundinnen im Margarethenbad, auf hölzernen Pritschen ausgestreckt, die Sonne und das schmutzige, mit Chlor versetzte, braune Wasser genießend. Zuhause, beim

Mittagessen, gab es zumeist Stunk mit dem Vater, der ihr sagte, lange Haare, kurzer Verstand, weil er sie schon während der klaren Suppe in Mathe prüfte.

So ging die Zeit dahin, manchmal langsam und zäh, dann wieder rasant. Anna war längst ein Teenager – Burschen schauten ihr mit frechem Pfeifen nach, drehten sich nach ihr um, aber sie errötete über das ganze Gesicht bis hinab zu ihrem aufblühenden Busen. Von Burschen hielt sie nichts, noch nicht. Trotzdem war es geschehen. Im Schwimmbad. Dort hatte sie ein Kerl mit blondbehaarter Brust und starken Schenkeln in einer knappen Badehose, die sich in seinen Schritt wie ein Handschuh hineinzwängte, in eine Kabine gelockt. Wie ein Schaf war Anna ihm gefolgt, mit einem unwissenden Lächeln im Gesicht und gespannt auf die eigene Reaktion. Im halbdunklen Verschlag herrschte so höllische Hitze, dass es elektrisch zu knistern schien, es roch nach Holz und Chlor und nach dem starken Jüngling und dessen heißem Blut, dem seine zunehmende Gier durchaus anzusehen war. Er heiße Rick, erklärte er, bevor er sofort zur Sache kam. Er streifte Anna das Oberteil des rotweißen Badeanzuges von den Schultern, sodass sie halbnackt vor ihm stand und nicht genau wusste, wie oder was ihr da geschah, bis sich sein Gesicht mit feuchten Lippen über Annas Mund stülpte, er packte und küsste und biss sie auch, und dabei stöhnte er, als ob er furchtbare Schmerzen hätte.

„Im Bett bin ich wild!“, flüsterte er ihr ins Ohr. „Du weißt ja gar nicht, wie!“

Während er dies sagte, während in Annas Kopf oder Leib sich die verschiedensten Gefühle in die Quere gerieten, – sie dachte ja daran, diesem Rick so schnell wie möglich zu entwischen, laut um Hilfe zu schreien, – so empfand sie noch dieses andere, viel stärkere Gefühl wie Zucker, das auf einmal ihren Körper durchströmte wie viele vollgehäufte Löffel Honig oder Sonnenschein. Der Jüngling hatte hübsche Hände, er benützte sie auch unmäßig, und Anna schloss die Augen und ließ es voller Wohlbehagen geschehen. Ihre Haut war glatt und golden.

Doch Plötzlich, irgendwann in dieser Badekabine, vielleicht, weil irgendetwas, wovon sie nachher nichts mehr wusste, schiefgelaufen war, stieß sie Rick, den wildesten steirischen Hengst, heftig vor die blond behaarte Brust, raffte das Oberteil ihres Badeanzuges hoch und stürmte, wie vom Teufel gehetzt, aus der Kabine weg und davon. Seine Küsse, die Spuren seiner scharfen Zähne brannten noch auf ihrem Mund.

Oft plagten Anna elegische Gefühle. Ich bin ein Versager, dachte sie dann, wenn sie ins Grübeln geriet und Angst bekam. Ich kann nichts. Ich schaffe nichts. Ich bin dumm. Und hässlich. Und niemand mag mich. Ich habe nicht einmal einen richtigen Vater wie die meisten meiner Freundinnen. Und vor dem Stiefvater fürchte ich mich manchmal. Er mag mich vielleicht nicht besonders …, dabei hab ich ihm doch gar nichts getan. Ich bin ein Nichts und ein Niemand. Alle lieben den Ferdinand, mich liebt niemand. Ich bin nur eine Plage. Frech und dumm, langes Haar, kurzer Verstand.

Aber dieser Stiefvater war es, der sie zur Liebe von Opernmusik verführte. Dieser gesetzte, universal gebildete, ältere Herr, der mit Waldemar Roth am Flügel ganze Opern vierhändig nachspielte und der über Musik so viel wusste wie ein Universitätsprofessor, bemühte sich seit einiger Zeit um Annas Verständnis für Kunst, weil er zu fühlen meinte, sie habe Begabung oder zumindest Interesse geerbt. War der Großvater dieses Mädchens nicht Komponist gewesen, der an seinem riesigen Konzertflügel die kompliziertesten Partituren mit träumerischer Leichtigkeit herunterzuspielen verstand? Einer, der sogar selbst Tondichtungen verfasst hatte! Auch besagter Onkel, sein Freund und Bundesbruder aus Bruck an der Mur, mit dem er sich so prächtig verstand, zeichnete sich durch kreative Musikalität aus. Die herrlichsten Arien, – aus Ariadne auf Naxos oder aus Mozarts Don Giovanni oder aus Puccini-Opern, die durfte Anna mit ihm oder auch allein in seinem Zimmer hören. Sie konnte bald alle nachsingen, so ungefähr, jedenfalls. Diese Musik! Sie war wie dunkle, unerreichbar schöne, feierliche Inseln. Der Vater saß, eine Partitur auf den Knien, neben dem Plattenspieler und drehte die Arie mit einer wunderbaren Sopransängerin lauter. Manchmal summte er leise mit.

Wieder einmal ging Anna, halb in Trance, mit dem Staubtuch im Zimmer umher, während er eine Wagnerplatte aufgelegt hatte und dem Feuerzauber lauschte. Sie fegte Wolken grauen Staubes zum Plafond und strich über die schwarze Fläche des Flügels. Das Stück war aus, der Vater seufzte, und dann belehrte er sie wieder über Wagner, den Göttlichen, oder über Richard Strauß, den er bedingungslos verehrte, über dessen vier letzte Lieder, über das Zauberhafte der Oper überhaupt oder über das artifiziell Wienerische im Rosenkavalier.

Er wollte eben mit Schubert fortfahren, meinte aber plötzlich zu erkennen, dass Anna in ihrer Begeisterung nur eine gewisse Oberflächlichkeit zu verbergen versuchte, ja dass sie ihm diesen Enthusiasmus nur vormachte, um ihm zu imponieren, denn um Werke wie Ariadne auf Naxos, den Rosenkavalier oder die Walküre in ihren Strukturen und der herrlichen Orchestrierung von Grund auf begreifen zu wollen oder sich in sie zu vertiefen, schien es ihr an Geduld und der nötigen Hingabe zu fehlen, dachte er bekümmert. Vielleicht hatte sie nicht die richtigen Fragen gestellt? Heuchelte sie bloß Interesse, um ihm damit zu imponieren? Und wenn dem tatsächlich so wäre – was konnte dieses Mädchen dann überhaupt noch beeindrucken, wenn nicht gerade diese Musik?

Wie froh wäre er gewesen, hätte er klar erkennen können, mit seinen Erläuterungen und Musikbeispielen jenen Funken in dem begabten Mädchen entfacht zu haben, der schließlich zum Vollbrand für die Kunst hochlodern würde. Aber er hatte – aus irgendeinem Grund, den er sich selber nicht gut erklären konnte – den Eindruck, eben dies sei ihm misslungen. War er vielleicht nicht behutsam genug bei dem Kind vorgegangen? Oder könnte sie ihr Interesse tatsächlich nur inszeniert haben?

Er seufzte müde, klappte die Partitur zu, betrachtete Anna missbilligend, vielleicht enttäuscht und empfahl ihr – um seine Verärgerung los zu werden – schließlich in ironischem Ton, sich wenigstens im Staubwischen und Bodenputzen, auch im Annähen von abgerissenen Hemdknöpfen zu vervollkommnen, denn diese Fähigkeiten, so führte er aus, indem er die Fingerspitzen beider Hände wie ein Dach aneinander legte, jawohl, die würden ihr im späteren Leben, zum Beispiel in ihrer Ehe, garantiert von Nutzen sein.

In Anna, der diese Äußerungen unglaublich ungerecht erschienen, und die nicht wusste, was ihm über die Leber gelaufen sein konnte, erwachte Widerstandsgeist. Um den Vater, der ihren Stolz so unerwartet und schwer verletzt hatte, zu reizen, rief sie bewusst aufsässig aus: „Immer nur klassische Musik? Ich weiß nicht recht…“ Dann versagte ihr aber doch die Stimme.

„Sicher, sicher“, meinte er daraufhin mit gesenktem Blick, „man kann ja durchaus ohne klassische Musik auskommen, genauso wie man sein Leben ohne irgendwelches Interesse für die Kunst verbringen kann, ja ohne Interesse überhaupt. Obwohl: ohne Kultur leben? Willst du das denn, Anna? Ich kann es mir nicht vorstellen!“ Hier nahm seine Stimme einen ernsten Tonfall an und er blickte seiner Stieftochter in die Augen: „Wie denn? Wie sollte das für ein denkendes, fühlendes, talentiertes Wesen, für das ich dich trotz allem halte, liebe Anna, denn möglich sein? Kein Fra’ Angelico, kein Raffael, weder die Sixtina noch die deutsche Gotik, nichts, keine alten Griechen, auch kein Goethe, was ist denn das für eine barbarische Tradition ohne den Hang zum Großen, zum Überirdischen, dem Genialen?“ Er schüttelte wie resigniert den Kopf mit dem grauen Haarkranz.

Anna schwieg betroffen, das Staubtuch klebte an ihren Händen fest.

„Mit ein paar seichten Schlagern willst du also leben?"

Sie zuckte mit den Achseln. Sie wurde blass, es ging ihr nicht gut. Was hatte sie hier bloß angestellt…

„Na bitte sehr, von mir aus", brummte er abschließend, „sei's drum." Er fragte sich, war sie nun begabt oder nicht? War ihre anfängliche Begeisterung nur Theater gewesen? Er hoffte, sich in diesem Punkt geirrt zu haben. War er auf eine Schauspielerei hereingefallen? Er fühlte Traurigkeit, Leere und bekam einen bitteren Geschmack auf der Zunge. Doch merkte er nicht, dass er sie, die noch im Werden war, mit seinem immensen Wissen, das er bei gebildeten Menschen, auch Jugendlichen, offenbar voraussetzte, nur einschüchterte? Und dass er ihre Seele mit solchen ungewollt scharfen Predigten verletzte, ihr noch unentwickeltes, mangelhaftes Gefühl zur Huldigung an das Schöne damit nicht formte, nicht positiv beeinflusste, war ihm nicht bewusst, vielleicht weil er zu lange alleine und vor allem ohne Kinder gelebt hatte.

Anna entfernte sich wie erstarrt mit einem steinschwer gewordenen Herzen und ließ den alten Mann allein in seinem Zimmer zurück.

Nach und nach begab sie sich immer mehr auf die Suche nach sich selbst. Sie brauchte diese Suche, die sie letzten Endes gar nicht als solche wahrnahm, schon einmal um zu überleben, sich zu orientieren auf der Suche nach dem Glück oder was auch immer es sein konnte.

Eines Tages, als der Vater aus der Ordination nach Hause kam und er besonders guter Stimmung schien, sodass sich Anna nicht vor ihm zu fürchten brauchte, da sagte er, als sie alle bei Tisch saßen: „Ich habe eine Überraschung für euch! Diesen Sommer fahren wir alle zusammen nach Kärnten. Ich habe ein kleines Haus am Ossiacher See gemietet, in Steindorf. Es wird euch dort gefallen." Ein herrliches Projekt. Ferien am See! Wer hätte das je gedacht und wer hatte das vor ihnen schon erlebt…

Graz gefiel Anna sehr. Sie hatten sich gut eingelebt. Die Mutter hatte den Haushalt organisiert, sie ging auf den Kaiser-Josef-Platz zum Einkaufen, Sissy musste trotz ihres verzweifelten Geschreis in den Kindergarten gebracht werden, der kleine Markus blieb noch zu Hause, doch Ferdinand und Anna, die Schultasche auf dem Rücken, wanderten täglich eher missmutig die Glacisstraße entlang, weil sie leider zur Schule mussten.

Die Erzieher oder auch Annas Peiniger meinten es nicht immer gut mit ihr. Zum Glück gab es unzählige liebenswerte, lustige Mädchen, die in dem ehrwürdigen Schulgebäude mit ihr die hölzernen Bänke drückten. Bald hatte Anna Freundinnen, Mädchen aus Graz und Umgebung, und sie alle hatten einen Vater mit irgendeinem Rang oder Titel und eine zärtlich besorgte Mutter. Annas Freundschaften erweckten ein großes Gefühl. Und doch erfuhr sie auch, wie es ist, sollte man sich mit dem Gesicht gegen die Welt stellen. Im Gymnasium lief nur das Wenigste so, wie es hätte laufen sollen. Anna entwickelte sich mit den Jahren in schulischer Hinsicht zum totalen Versager, – und dass es so geschah, hatte mit allem zu tun, mit den beherrschenden Umständen genauso wie mit den Gefühlen, der ersten und der zweiten großen Liebe, die Anna traf wie ein Blitz! Bis es dann irgendwann in den noch kommenden Jahren zu spät war.

Anna ließ das Haustor hinter sich zufallen, sobald sie die Straße betrat, um den Weg zur Lichtenfelsschule anzutreten, und trabte, weil sie zumeist spät dran war, zuerst in schnellem Schritt, bis sie das Parkhotel in der Leonhardstraße erreichte, wo sie zumeist eine kurze Pause einlegte. Dieses Hotel mit den spiegelnden Fenstern und der Drehtür erschien ihr als verführerische, mondäne Welt, beinahe als eigener Kontinent, an dem sich ihre Einbildungskraft entzündete. Es gefiel ihr, durch die Fensterflächen in eine unbekannte, parfumgeschwängerte, rote Pracht aus Plüsch zu schauen. Es war bestimmt ein Restaurant, ein sehr elegantes, wo abends goldene Lämpchen mit rosa Schirmen auf weiß gedeckten Tischen helle Lichtkreise zeichneten und wo in schwülem Dämmer auf Seidenkissen Damen in engen Röcken, mit hauchdünnen Nylons und Schuhen mit schwindelerregend hohen Absätzen wie hingegossen saßen: Ob man mit solchen Schuhen überhaupt gehen konnte? Die Damen mit knallrot bemalten Lippen und frischer Dauerwelle saßen wohl lässig lächelnd, die Beine übereinander geschlagen, beinahe bewegungslos an ihrem Tisch, und Anna meinte in ihrer Fantasie von draußen zu sehen, dass sie gierige Münder hatten wie fleischfressende Blumen, und dazu Arme mit glatter Haut, schimmernd wie Schnee oder gar wie glatter Marmor, und die Armbänder aus Gold klingelten bestimmt, wenn die Damen doch irgendwann nach dem Champagnerkelch langten. Eine zog sich vielleicht den Träger des schwarzen Büstenhalters diskret zurecht, eine andere zupfte mit ihren rotlackierten Krallen den Rock bis zum Knie. Anna begann diese Damen, die sie gar nicht wirklich sah, heftig zu beneiden. Was für ein herrliches Leben! Keine Arbeit, keine Schule, speisen in einem eleganten Hotel, du wirst bedient von hinten und von vorn, du befiehlst, der Herr dir gegenüber macht dir schöne Augen, weil du selber schön bist, makellos, du hast ja eine Haut wie reife Pfirsiche, glatt wie die Amerikanerinnen in den bunten Illustrierten oder im Film, und erst, wenn du einmal alt und schrumpelig bist, wirst du dich neidvoll an all dies erinnern. Das möchte ich auch einmal erleben, dachte Anna, in einem Hotel sitzen und schön sein, reich sein und ein prächtiges Kleid anhaben und von hinten und vorne bedient werden. Mein Gott!

Wie vor einer glänzenden Folie stand Anna und starrte unermüdlich, schwelgerisch auf den ihr unerreichbaren Luxus. Aber sie sah sich auch selbst seitenverkehrt gespiegelt und betrachtete sich mit Interesse oder auch Verwunderung wegen der Veränderungen, die sie an ihrem Körper beobachten konnte, die ihr in den Fensterscheiben des Hotels besonders auffielen. Und so wurde sie erst im Halblicht des Spiegels zu einer fest umrissenen Person, die ihr irgendwie gefiel, und die sie für sich selbst erfand, obzwar diese Person ihr gleichzeitig sehr fremd geworden war, denn sie wunderte sich, dass sic nun so aussah, wie sie aussah: ein aufgeschossenes Mädchen mit braunen Zöpfen, eckigen Knien und einem frechen Grinsen im Gesicht mit schmalen, langgeschlitzten grünen Augen.

Damals war die Milch bläulich und dünn und sie wurde im Gemischtwarenladen bei der Frau Manninger noch aus voluminösen, grauen Behältern geschöpft, um in einer Milchkanne nach Hause getragen zu werden, und das Brot schmeckte eher wie Stroh, und Zigaretten kosteten viel, der Vater stopfte sie sich weiterhin selbst. Kaffee gab es nur im Parkhotel und Fleisch bekam man nur selten, vielleicht manchmal im Schwarzhandel. Wer nach Wien wollte, benötigte einen in vier Sprachen ausgestellten Identitätsausweis, Englisch, Französisch, Russisch, aber auch Deutsch. Immerhin hatte es bereits Hochschulwahlen gegeben, auch beim Rundfunk tat sich einiges, der Sender Dobl durfte halbtags wieder deutsch senden und nicht, wie von den Briten geplant, ausschließlich auf Englisch. Auch gab es eines Tages wieder Grazer Festspielwochen, – Graz war ja vor dem Krieg eine Stadt der Kunst gewesen und musste selbstverständlich wieder eine solche werden. Anna lernte den Jakominiplatz und den Hauptplatz kennen, danach den Südtirolerplatz und den Freiheitsplatz, den Griesplatz, der in üblem Rufe stand, erst viel später. Sonntags spazierten sie am Schloss Eggenberg vorbei oder sie fuhren mit der Elektrischen bis nach Mariatrost, stiegen zur doppeltürmigen Wallfahrtskirche hinauf, um beim Kirchenwirt auf einem bekiesten Vorplatz unter einer mächtigen Kastanie ein Kracherl zu trinken. Voller Neugier auf der Suche nach sich selbst durchwanderte Anna die zu entdeckende Stadt mit den hohen gelben Häusern, den Bombenruinen, den hässlichen Neubauten und den vielen Kirchen, querte über die Mur gespannte Brücken, und wenn sie ans Geländer gelehnt in das tief unten dahinströmende braune Wasser schaute, atmete sie scharfen, bitteren Geruch nach Moder ein, der vom Fluss nach oben geweht wurde. Die Mur, hatte man ihr erklärt, sei der schmutzigste Fluss Europas überhaupt.

Abends saßen die Eltern beisammen, sich über die Ereignisse ihres Tages unterhaltend, der Vater las die Tagespost, die Mutter strickte oder sie kommentierte den letzten Brief aus Mürzzuschlag, Gott sei Dank waren die Großeltern fleißige Briefeschreiber. Anna musste früh schlafen gehen, las aber unter der Decke – mit einer Taschenlampe – die Abenteuer Winnetous und Old Shatterhands. Sobald das Lampenlicht erlosch, wurden die Möbel schwer, dunkel, beinahe befremdlich, sodass Anna manchmal leise Angst beschlich, wie wenn sie von diesen toten, aus abgestorbenem Holz gemachten Gegenständen wie der Frisierkommode oder dem Bücherregal bedroht würde. Sie lag mit unterm Kopf verschränkten Armen in der nach ihrem Haar riechenden Mulde des weiß bezogenen Kissens, bis sie den Blick auf die Blumengirlanden aus Stuck richtete, die oberhalb des Bettes an der Decke schwebten, über die manchmal vorbeifahrende Autos durch die Fenster Lichtfinger wandern ließen. Ab und zu ratterte die Straßenbahn unten vorbei und ließ den Fußboden erzittern. Die Mutter schlief neben ihr, denn der Vater brauchte seinen Schlaf allein. Und wenn die Mutter leise ins dunkle Zimmer trat, sich auszog und ins Nachthemd schlüpfte, dann atmete Anna auf. Sie war doch in Sicherheit …

36

In den hohen Dachböden der Grazer Stadthäuser nisteten seit Generationen Taubensippen. In Nischen, Gaupen und Höhlungen unter den Ziegeln brüteten die Vögel ihre Eier aus. Der Klinkerboden, die schweren Trambäume, Sparren, Balken, die ganze, mächtige Holzkonstruktion des Dachstuhls im Haus Glacisstraße 67 war über und über mit getrocknetem Taubenkot bedeckt.

Irgendwann schlug Ferdinand vor: „Gehen wir eine Taube fangen.“ Manfred fand die Idee gut.

Auf dem Dachboden hingen in einem vollkommen verstaubten Schrank Teile ehemaliger Paradeuniformen, die Gott weiß wem einmal gehört hatten, dort lehnten in einer Ecke auch zwei Schlagwaffen, Ferdinand hielt sie für Degen, Manfred für Schwerter, vielleicht waren es aber Säbel, keiner kannte sich da wirklich aus. Mit je einer dieser Waffen ausgerüstet kletterten sie in das hohe Gebälk und turnten im Dachstuhl umher, wobei immer einer die Tauben aus ihren Verstecken scheuchte und der andere versuchte, eine von ihnen im Flug zu treffen – es gelang nicht, denn die Vögel waren viel zu gewandt und wichen den Schlägen jedes Mal aus.

„Die erwischen wir nie“, stellte Manfred enttäuscht fest.

„Weißt du was?“, sagte Ferdinand.

„Was?“

„Wir schleichen bei Nacht mit Taschenlampen hinauf, blenden sie und fangen sie mit der Hand. Vögel können im Finstern nicht fliegen.“

„Und was machen wir dann mit ihnen?“

„Wir haben einen Vogelkäfig, den nehmen wir mit auf den Dachboden und sperren sie dort ein.“

„Und dann?“

„Am Tag bringen wir sie um, rupfen sie und braten sie uns.“

„Wie willst du sie denn umbringen?“

„Den Kragen umdrehen.“

„Das kannst du?“

„Ja wie soll man es denn sonst machen?“

„Den Hals durchschneiden.“

„Das geht auch. Oder wir können ihnen den Kopf abhacken.“

„Wenn du es machst …“

Ungeduldig warteten sie auf den Einbruch der Dunkelheit.

Dann schlichen sie auf den Dachboden, jeder mit einer großen Stablampe bewaffnet, kletterten zu den Gaupen hinauf, wo die Tauben nisteten und leuchteten hinein. Es ging leichter als erwartet, und im Nu hatten sie ein paar ergriffen und in den Käfig eingesperrt. Dass angebrütete Eier und frisch geschlüpfte Junge allein zurückblieben, war ihnen gleichgültig. „Morgen nach der Schule“, sagte Ferdinand.

Nach einem schier endlosen Schultag fuhren sie – jeder von seiner Schule – mit dem Fahrrad nach Hause und eilten sofort hinauf ins Dach. Die Tauben hockten vollkommen verängstigt in dem viel zu engen Käfig, den Ferdinand am Henkel packte und hinunter in den zweiten Stock trug, wo seine Familie wohnte. Auf dem Balkon gab es neben der Kohlenkiste einen Stoß Feuerholz und einen Hackstock sowie zwei scharfe Beile, mit denen Ferdinand geschickt umzugehen wusste, denn er war ja schon seit längerer Zeit für die Beheizung der Wohnung verantwortlich. Das beinhaltete nicht nur das herbstliche Koks- und Kohlentragen vom Keller bis in den zweiten Stock und das Befeuern des Dauerbrandofens, sondern auch Spandeln machen, Öfen einlegen und so weiter.

Die erste Taube, die er aus dem Käfig griff, entkam ihm und flog hurtig davon. Bei der zweiten gab er Acht, packte sie fest um den Körper, dass sie nicht mit den Flügeln schlagen konnte. Der Vogel hatte vor lauter Panik den Schnabel halb geöffnet und die Augen verdreht, als Ferdinand ihn auf den Hackstock legte und mit der Axt ausholte. Er traf, der Kopf fiel zu Boden und Blut spritzte aus dem Hals des getöteten Tieres. Mit den zwei restlichen Tauben verfuhr er auf gleiche Weise, dann übergoss er die Körper mit heißem Wasser und rupfte die Federn säuberlich aus, wie er es die Großmutter Sophie in Mürzzuschlag bei den von der Nachbarin, Frau Peck, geschlachteten Hühnern hatte tun sehen. Die federlosen Körper sahen armselig aus, Ferdinand schlitzte sie auf und entnahm ihnen die noch warmen Eingeweide, stopfte Leber und Magen in die leeren Kadaver, dann bettete er sie in eine Bratpfanne, gab Butter dazu, etwas Salz und Knoblauchzehen, schob sie ins Backrohr und drehte das Gas mittelstark auf.

Die Mutter, der die Aktivitäten ihres Sohnes nicht entgangen waren, kam in die Küche und fragte, was er denn hier treibe. „Tauben braten“, erklärte er und erzählte ihr dann alles haargenau.

Der Mutter gefiel diese Idee, denn Fleisch war noch rar und gebratenes Geflügel kam bei den Mohrs nur selten auf den Mittagstisch. Gelegentlich brachte der Zwillingsbruder des Vaters von der Jagd einen Fasan heim: das war jedes Mal ein Festessen, vor allem seit die

Mutter von Bekannten gelernt hatte, wie man so einen Vogel richtig zubereitet, denn Wild hatte es in Mürzzuschlag trotz der Bekanntschaft mit dem Jäger Onkel Hans nie gegeben, und sie musste sich erst alles erklären lassen, das Abhängen, Beizen, Würzen, Braten, die rechte Mischung für den Saft; sollten diese Tauben gut schmecken, dann könnte man ja in Zukunft mehrere von diesen Plagegeistern fangen und zubereiten, vielleicht etwas raffinierter als es Ferdinand jetzt gerade machte, damit ließe sich der Speisezettel aufbessern, und da die gebratenen Tauben, von denen alle kosteten, wirklich gut schmeckten, wenngleich sie auch zäh waren, ermunterte die Mutter ihren Sohn, doch bald noch mehr zu fangen, diese Vögel seien ohnehin Schädlinge, die alle Gebäude mit ihrem Kot verdreckten und außerdem Krankheiten wie Tuberkulose übertrugen.

37

Sobald Ingrid den Gemischtwarenladen der Frau Manninger betreten hatte, wurde sie höflichst mit einem „Küss die Hand, Frau Doktor“, begrüßt, obwohl sie ja Zeit ihres Lebens nie den Fuß in einen Hörsaal gesetzt hatte. Doch war das Titelsüchtige zu jenen Zeiten – vielleicht als Überbleibsel aus der Monarchie – noch üblich, ist es vielleicht auch heute noch. Es hat mit den sozialen Strukturen dieses Landes zu tun, egal, wie man sie in dieser Hinsicht auffassen mag, ob als liebenswert oder als Ausdruck einer strengen Rangordnung, die allerdings total auf den in den Familien herrschenden Mann bezogen ist. Gebräuche sind als Gewohnheiten anzusehen und man hat sich an dieselben zu halten, so bekommt man daran seinen Nutzen oder gar einen gewissen Genuss.

Die Mutter betrat also den engen, von diversen Aromen erfüllten Laden mit einer Einkaufstasche, stellte sie irgendwo ab und kramte aus dem Mantel mit Fischgrätmuster den Zettel aus der Tasche, auf dem sie alles notiert hatte, was sie kaufen wollte, doch kam ihr Frau Manninger rasch zuvor: „Heute hätten wir ein feines Schweineschmalz, frisch vom Bauern hereingekommen, und auch extra Schweinefleisch, soll ich der Frau Doktor ein paar Schnitzerln zur Seite legen …?“ Ingrid dachte nach, um gleich darauf ein Kilo zu fordern. Dazu Milch und Erdäpfel. „Ich schicke dann den Ferdinand zum Abholen vorbei. Und bitte, Frau Manninger, schreiben Sie alles auf.“

Ingrid blickte zur Seite. Frau Manniger, die Gemischtwarenhändlern tat das auch, beide Damen wirkten ziemlich verlegen. Die Greislerin stand da in ihrem grauen Kittel mit dem hinters Ohr gesteckten Bleistift und langen, wie zum Lachen gebleckten, sehr gelben Zähnen, und immer schien die kleine, korpulente Frau wie eingeklemmt zwischen bauchigen Milchkannen aus Blech, in ihrem Rücken auf den Regalen türmten sich bunte Schachteln und Kartons mit Mehl, Bröseln, Zucker, mit duftendem russischem Tee, abgefüllt in roten Dosen, gehortet hatte sie auch Dosenmilch, Sardinen in Olivenöl aus Portugal, und vor sich die gläserne Theke mit Extrawurst, Schinkenwurst, Krakauer, sauren Gurken, ja sogar frischen Eiern aus der Weststeiermark, und irgendwo stand auch die Waage mit glänzenden Messinggewichten, großen und kleinen. Frau Manninger, über deren gelber Lockenpracht sich all diese Gerüche vereinten, sodass sie wie in einer Duftwolke stand, griff sich den Bleistiftstummel hinterm Ohr, zückte das an einem Spagat befestigte Schreibheft, um die Schulden der Frau Doktor Ingrid Mohr gewissenhaft einzutragen.

Sie wusste ja, wen sie vor sich hatte, eine Dame aus der besseren Gesellschaft, verheiratet mit einem echten Doktor, dem Zahnarzt aus dem zweiten Stock des Hauses nebenan, und diese Dame mit ihrer vielköpfigen Familie hatte sie ehrerbietig zu behandeln, selbst dann, sollte besagte Gnädige wieder einmal in Zahlungsnöten stecken, was ja leider die Regel und daher auch an diesem Tage der Fall war. Ingrid verfügte nur über geringe Beträge von Haushaltsgeld, weil Theo Mohr trotz seines an und für sich einträglichen Arztberufs nicht allzu viel verdiente; sie hatte viel harte Arbeit und große Sorgen, und die hatte sie auch mit Anna und Ferdinand, denn beide taten nicht so wie man es sich von ihnen als Kinder aus guter Rasse und Familie eigentlich erwartet hätte. Vielleicht merkte sie gar nicht, dass ihr das eigene Leben immer mehr entglitt. Der Mann, dessentwegen sie in Graz lebte, der im letzten Zimmer schlief, allein, der abends in seinen Partituren las oder später, als man über einen Plattenspieler verfügte, lieber dem Puccini lauschte, als sich mit Ingrid unter der Hängelampe zu unterhalten, wo er sich langweilte, während sie schweigend strickte, nähte oder stopfte, der Ehemann verhielt sich nicht immer so, wie sie es sich erhofft hatte. Beide hatten sich unter dieser Ehe etwas anderes vorgestellt. Dass er sich jedoch an seine eigenen Gesichtspunkte und Regeln hielt, an denen er nicht rütteln ließ, führte dazu, dass sich zwischen ihr und ihm, vor allem aber zwischen ihm und Anna ein Spalt auftat, der sich mit der Zeit zu einer Kluft vertiefte. Anna machte nur Probleme.

In der Schule ging bei ihr bald gar nichts mehr, und Ingrid verdächtigte ihre Tochter, das Lügen nicht aufgegeben zu haben, vor allem, wenn es die Noten betraf. Oft schon hatte man sie beim Beschönigen ihrer schulischen Resultate ertappt und dann gab es große Katastrophen, Tränen, Strafpredigten und so weiter. Zu allem Überfluss hatte sich Anna Hals über Kopf mit der Urkraft der Jugendlichen in eine Lehrerin verliebt, in eine junge, zarte und schöne Person mit kastanienbraunem Haar und grünen Augen, die Mathematik unterrichtete. Nichts sonst, es sei denn die Huld jener Frau zu erlangen, einen ihrer Blicke oder ein Lächeln, ein beflügelndes Lob, schien die nunmehr Zwölfjährige im Leben zu interessieren. Junge Burschen ließen sie trotz der Blicke, die sie ihr nachsandten, kalt, doch auch dieses Kapitel stand ihr noch bevor und auch dieses sollte ein besonders schmerzliches werden, wie es sich mit der Liebe ebenso zu verhalten pflegt.

Auch hatte sie sich – wie immer in Auflehnung gegen die elterliche Autorität – ausgerechnet mit Tante Mimi, der Schwester des Vaters befreundet. Sowohl der Vater als auch dessen Zwillingsbruder Herbert hatten sich mit eben dieser interessanten Schwester zerstritten, die im dritten Stock bei ihrer Tochter Lena-Lotta und daher auch in so angenehmer Gesellschaft wie der von Manfred und Evelyne wohnte. Tante Mimi führte genau das Leben, von dem zu träumen Anna noch nicht einmal gewagt hätte. Abends besuchte sie die Oper, wo sie in der eigenen mit roter Seide ausgekleideten Loge saß und Hof hielt, und nachher ging sie am Arm eines Smoking tragenden Herrn, zumeist einem Künstler, denn sie kannte vor allem Dirigenten, Sänger, Schauspieler, auch Abenteurer und andere interessante Herren, in ein voll besetztes Restaurant, wo man für sie den besten Tisch reserviert hatte. Dort speiste sie extra rosa gebratenes Roastbeef mit Worcestersauce oder sie bekam ein Viertel Backhuhn serviert, dazu trank sie spritzigen Weißwein und vor allem konnte sie in einer fröhlichen Gesellschaft sitzen, essen und lachen, während bei Anna zu Hause schlechte Stimmung herrschte.

Rannte Anna atemlos nach dem Unterricht, an sich und ihrer beschränkten Welt verzweifelnd, die Stiege hinauf, kam Tante Mimi wie eine erquickende Erscheinung von oben herab. Im Winter in einem leuchtenden Nerz, im Sommer in elegantem Grau, den Lockenkopf frisch frisiert, stets dezent geschminkt, duftend, in schwarzen hohen Pumps, am Arm eine Handtasche aus echtem Krokodil, Brillanten im Ohr, – und Anna dachte mit offenem Mund, dass diese ältere Dame geradezu atemberaubend sei. Die führte doch genau das Leben, nach dem Anna angefangen hatte, sich zu sehnen.

„Grüß dich, liebe Anna! Machst ja heute wieder ein ganz trauriges Gesicht. Tun's dich wohl wieder plagen in der Schule? Die Schule sollte verboten werden, vor allem für ein so herziges Mäderl wie dich“, sagte Tante Mimi, und damit teilte sie Annas Meinung voll und ganz. „Wann kommst mich denn einmal besuchen? Auf ein Glaserl Vermouth? Oder darfst‘ am End noch gar nicht… komm halt einfach auf einen Türkischen!“ Da Anna aber zögerte, dachte die Tante nach, bevor sie dann zugab: „Ich weiß, der Theo und der Herbert haben es dir verboten. Wir haben leider Gottes miteinander Differenzen. Vielleicht erklär' ich's dir später einmal… Servus!“, und sie rauschte davon, bergab, Richtung Boulevard.

Während sich Anna also in totaler Liebe nach ihrer Lehrerin verzehrte, was immerhin längere Zeit in Anspruch nahm, und zwar so intensiv, dass dieses neue Gefühl Anna von allem anderen Lebendigen ausschloss, wurde sie zunehmend unglücklicher und glücklicher zugleich, vielleicht war sie niemals vorher – von einer Ausnahme abgesehen – so lebendig wie zu dieser Zeit. Ihr Leib, ihre Seele war bereit geworden, zu lieben, und diese physisch-psychische Notwendigkeit hatte sich als Objekt jene wunderbare Frau ausgesucht. Sich derartig heftigen Gefühlen hinzugeben, war jetzt ihre Art zu leben geworden.

Nach Neujahr kam eine Neue in die Klasse, Doro. Sie war schlank, blond und sprach, obwohl Österreicherin, leichtes Berlinerisch. Mit ihr befreundete sich Anna sehr. Oft durfte sie ihre neue Freundin, die sich auch sehr schnell in besagte Lehrerin verliebte, zum Mittagessen einladen, und weil beide Mädchen von ihrer reizenden Professorin schwärmten, verfügten sie auch über besonders interessanten Gesprächsstoff, der wiederum die anderen total kalt ließ. Dass Annas Cousin Manfred für Doro schwärmte, hat diese nie in ihrem Leben erfahren.

Da saßen sie nun alle um den viereckigen Tisch: der Vater Theo Mohr im grauen Anzug mit Brille, seine beiden Kinder Sissy und der kleine Markus, Ingrid im Dirndl, Ferdinand und Anna, neben der dann eben Doro sitzen durfte, und Onkel Herbert, des Vaters Zwillingsbruder in perfekter Haltung mit kaum merkbarem Lächeln im Gesicht. Was so ein Mittagsmahl betraf, so ging es in diesen Zeiten sehr spartanisch zu: Es gab klare Suppe, nur hin und wieder Frittaten-, Nudel- oder Grießnockerlsuppe, nachher irgendein einfaches Gericht wie gekochte Erdäpfel, Erdäpfelgulasch, abgeschmalzene Kohlsprossen und nur ganz selten graugekochten Tafelspitz, den der Vater besonders schätzte. Brathuhn mit Reis und fetter Sauce wurde nur an besonderen Feiertagen zusammen mit grünem, mit steirischem Kernöl abgemachtem Blattsalat serviert und sorgte jedes Mal für Festtagsstimmung.

Der Vater bot das Bild eines älteren Herrn, den das vorher recht angenehme Leben eines Junggesellen nun, da er auf einmal eine so große Familie hatte, vor eine Wand von Problemen stellte, die zu bewältigen er weder den Willen noch die Kraft besaß. Wenn er sich zwar mit Ferdinand verstand und es mit ihm seltener Konflikte gab, so verhielt es sich mit der aufmüpfigen Anna genau umgekehrt. Sie lehnte sich gegen die eisernen Regeln auf, die der neue Vater aufgestellt hatte. Alles nur, weil sie unglücklicherweise ein Mädchen war. Eine Schürze tragen wollte sie nicht. Den Tisch täglich decken auch nicht, niemals im Leben wollte sie so eine biedere Hausfrau wie ihre Mutter werden, nein! Einkaufen! Kochen! Geschirrspülen! Nein!!!

Für Anna war jede tausendmal wiederholte Geste des eintönigen, täglichen Lebens nun ein Problem. Klavier üben – die Lehrerin war autoritär und roch nach Schweiß, und Anna schwänzte die Stunden beinahe regelmäßig. Keinen Jazz durfte sie hören, keine lustigen Gespräche mit dem Dienstmädchen führen, das in der Küche am grünen Resopaltisch essen musste, verboten die Freundschaft mit Tante Mimi, verboten das längere Ausbleiben, verboten die teuren Luftpostbriefe mit unbekannten jungen Mädchen aus Puerto Rico oder Australien, verboten die Schauspielschule, von der Anna träumte, nichts war erlaubt, weil alles aus einem unverständlichen Prinzip verboten war, wie sie dachte, weil sie nur ein Mädchen war, sogar die Stirnfransen, die sie sich so sehnlich wünschte, – verboten! Denn es stand fest: Kein ordentliches Mädchen aus guter Familie geht so herum wie du herumgehen möchtest. Weil aus dir doch einmal eine richtige Dame werden soll, begreifst du das nicht! Eine gute Partie! Und eine Haarklammer musste her und Anna begann wie eine Wilde zu toben. Niemand hatte ihr vorzuschreiben, wie sie sich frisieren oder anziehen sollte, dennoch wurden die elterlichen Absichten und Vorstellungen mit eiserner Hand durchgesetzt.

Irgendwann, so wurde ihr beigebracht, würde doch auch sie eine Frau und Mutter sein, eine deutsche Mutter, eine richtige, echte, vielleicht sogar eine mit sehr vielen Kindern, sie würde einen Haushalt führen und dem Mann aufs Wort gehorchen. Einem, der so blöd wäre, eine Person wie sie geheiratet zu haben, wie der Vater gelegentlich betonte. „Du musst erst einmal lernen, deinem Zukünftigen die Hemdknöpfe anzunähen. Und stricken und stopfen. Ausgehen verboten …“ wurde ihr bei jeder Gelegenheit eingebläut. Onkel Herbert hörte sich die Belehrungen schweigend an. Er pflegte meist mit einer amüsanten Bemerkung den gemeinsamen Mittagstisch zu verlassen. Sobald er fertig gegessen, die Serviette eingerollt und in den Silberring zurückgestopft hatte, stand er auf, verneigte sich mit einem Schmunzeln, wobei er mit verschmitztem Lächeln zu Ferdinand gewandt äußerte: „Tischmanieren wird der Bub nie lernen!“, oder er richtete seine Worte an Anna, indem er sagte – wie schon vorher so oft der Vater: „Lange Haare, kurzer Verstand!“, wonach die Wohnungstür hinter ihm mit dem üblichen Geräusch zufiel und man wieder unter sich war.

Und wieder einmal erhob die Mutter den Zeigefinger: „Ferdinand! Du isst wirklich wie ein Schwein! Bei Tisch stochert man nicht mit dem Finger zwischen den Zähnen herum. Und du, Anna, so kann das mit dir nicht weitergehen! Du musst dich zu einer gewissen Disziplin zwingen. Du benimmst dich fürchterlich. Bei dir ist Hopfen und Malz verloren. Schau dir den Ferdinand an. Der hat wenigstens tausend Interessen. Und ist sogar halbwegs gut in der Schule, wenn man von seiner blöden Rechtschreiberei einmal absieht. Und wie du dich frisierst, das ist echt abscheulich. Und ich wünsche nicht, dass du noch einmal mit meiner Schwägerin Mimi sprichst. Und ich habe dir gesagt, dass du den Tisch abzuräumen hast, das ist Mädchenpflicht, verstanden?“

Von plötzlicher Wut wie von einer Krankheit überfallen stampfte Anna mit dem Fuß so fest auf den Boden, dass es krachte.

Da packte sich der Vater mit zwei Fingern Annas Ohr, an dem sich sein aus diesem weiblichen Ungehorsam unerwartet und spontan entzündeter Hass entladen konnte und an dem er die Widerstrebende, an der weder Zucht noch Ermahnungen etwas auszurichten vermochten, aus dem Speisezimmer zerrte, den ganzen langen Weg durch die Zimmerflucht, das zweite und dritte, in dem Ferdinand schlief und der mit verlegenem Grinsen vom Mittagstisch aus der Strafe zusah, bis in die Küche, wo sich das Mittagsgeschirr schon in der Abwasch türmte. „Hier!“, stieß der Vater aus, „und wenn ich dich noch einmal beim Lügen, bei Faulheit, Dummheit, Resistenz erwische, dann … wirst du etwas erleben und das wird dir noch leidtun!“

Statt ein paar gute Lehren aus derlei Bestrafungen zu ziehen, hielt Anna heimliche Séancen vor der ‚Psyche', dem Schminktischchen der Mutter ab. Zuerst setzte sie sich zeremoniell vor den großen Spiegel, – sie musste dazu natürlich allein sein, – dann knöpfte sie ihr braunes Winterdirndl mit dem weißen Kragen auf. Sie trug keinen BH und konnte ihre Brüste ausgiebig betrachten. Sie waren fest und schön gekuppt und fühlten sich angenehm an, wenn in die eigene Hand genommen und gestreichelt. Ihr Herz fing an zu rasen. Sie wusste nicht, warum. Irgendwo fiel eine Tür ins Schloss. Wenn jetzt Ferdinand hereinkäme, könnte sie ihn ja darum bitten …, aber er kam nicht, Anna blieb allein. Sie streifte alle Kleidung ab, und nach kurzem Zögern, denn um Himmels Willen, was tat sie denn da, – tat sie es doch. Mit gegrätschten Beinen saß sie vor ihrem Spiegelbild und schaute benommen an, was sie da sah. Unwillkürlich musste sie an den Schattenmann in Mürzzuschlag denken. Ein Schauder lief ihr über den Rücken. Schnell bedeckte sie sich wieder.

38

Die alten Grazer Stadthäuser ruhen auf kunstvoll gemauerten, stabilen Gewölbekonstruktionen aus hartgebrannten Ziegeln, welche sogar den amerikanischen Sprengbomben des Zweiten Weltkrieges widerstanden hatten, sodass man nach Kriegsende Ruinen abtragen und auf den intakten, alten Gewölben neue Häuser errichten konnte. Auch das Haus Glacisstraße 67 verfügte über so einen prächtigen, mittels hässlicher Holzwände in Kompartiments unterteilten Keller. Zu jeder Wohnung gehörte so ein Kompartiment.

Irgendwann keimte in Ferdinands Gehirn die Idee, die Passanten vor dem Haus durch einen inszenierten Trick zu irritieren. Er gewann seinen Freund Manfred für dieses Vorhaben – die beiden Buben begaben sich in eines der Abteile, in denen das Heizmaterial – Koks oder Kohle – für die kalte Jahreszeit gebunkert lag. Jedes Jahr im Spätsommer lieferten Lastwägen vier oder fünf Tonnen Brennstoff pro Familie an, schüttete diesen vor das Haus auf den Gehsteig, und es war Aufgabe der Buben, das ganze Material durch schmale Fensterschlitze über einen Schacht hinunter in den Keller zu schaufeln. Bei Bedarf wurde es dann buttenweise die drei oder vier Stockwerke am Rücken hochgeschleppt, in Kohlenkisten gekippt und Kübel für Kübel in den Öfen verheizt. Zuerst erledigte ein kleiner Hilfsarbeiter, den man den Kohlenwuckel nannte, diese Arbeit, später waren die Kohlen- oder Koksträger natürlich wieder die Buben.

Durch diese schmalen Fensterschlitze im Straßenniveau sickerte nur spärliches Tageslicht über die schräg abwärtsführenden, aus hartgebrannten Tonziegeln gemauerten Einfüllschächte hinab in die Gewölbe mit den großen Kohlehaufen. In einen dieser Schächte kletterte jetzt Ferdinand und fing an wie ein Hund zu bellen, was durch das Fenster nach draußen auf die Straße drang und für ahnungslose Fußgänger, welche die schön dekorierten Auslagen des Florasalons bewunderten oder einfach nur vorbeigingen, den Eindruck erweckte, dort drunten sei ein Hund eingeschlossen. Aber dabei ließen es die beiden unten nicht bewenden. Manfred begann nun, mit einer Peitsche gegen die Wand zu schlagen, dass es nur so klatschte, wobei er laut schrie: „So, du Sauvieh, du blödes, du Sauhund, verdammter, da kriegst es jetzt von mir!“, und so weiter, während Ferdinand in der Rolle des misshandelten Köters anfing, jämmerlich zu jaulen und erbärmlich zu japsen, was man auf der Straße deutlich hörte, wenngleich es durch den engen Schacht, den der Schall auf seinem Weg nehmen musste, etwas verwaschen und abgeschwächt, dadurch aber umso echter klang. Bald rottete sich eine Menschenmenge zusammen. Rufe drangen hinab in das Kellergewölbe: „Da wird ein Hund gequält! Da! Hört ihr es nicht? Es ist ein Kind, das schlägt einen kleinen Hund. Ja, ein Bub ist es, das erkennt man an der Stimme. Na warte du Rohling! Dem Tierschinder, dem werden wir's aber zeigen! He, Leute, ruft's die Polizei!“

Immer ärger klangen die Drohungen, immer größer wurde der Tumult; allmählich kriegten es die Freunde mit der Angst zu tun und sie hörten mit dem Theater auf. Sie verließen den Keller und betraten nach einer Weile die Straße, wo sich die aufgebrachte Menge wild gestikulierend und lautstark beriet, was jetzt wohl zu geschehen habe. Scheinheilig fragte Manfred mit seiner unschuldigsten Miene einen älteren Mann, der mit seinem Spazierstock demonstrativ die Luft zerhackte – ja, genau so wolle er den Missetäter verprügeln –, was hier eigentlich los sei.

„Ja Buam, habt's des net g'hört? An Hund ham's im Keller gequält und das arme Viecherl hat si net derwehr'n können. Fratzn elendige, aber die wird'n scho no g'straft!“ Und er hieb mit seinem Stock gegen den Asphalt des Gehsteigs.

„Einen Hund?“, rief Manfred erstaunt aus, „hier bei uns? Im Keller?“

„Jawohl", ereiferte sich eine Frau, die eine Einkaufstasche trug, „so eine Schande! Eing'sperrt g'hörn's, die einem Tier so was antun!"

„Aber", so Manfred, jetzt ganz ruhig, „hier im Haus? Da hat niemand einen Hund. Ich wohne hier und mein Freund auch. Wir kennen keine Familie hier, die einen Hund hat."

Verwirrt blickten diejenigen, die das gehört hatten, umher, aber es dauerte geraume Zeit, bis sich die Empörung legte. Als zufälligerweise Tante Lena-Lotta vom Einkaufen zurückkam und die vielen Leute vor dem Haus sah, fragte sie ihren Sohn, was denn hier eigentlich los sei. Manfred berichtete der Mutter alles haargenau, die nun ratlos in die Menge blickte und bestätigte: „Es stimmt, hier gibt es keinen Hund!" Aber dann fiel ihr Blick auf Manfred, der das Lachen nur mühsam unterdrückte – und sie wusste mit einem Schlag genau, was sich ereignet hatte. Lachte sie innerlich? War sie erzürnt? Jedenfalls hob sie den Zeigefinger und wedelte damit zwei- der Male hin und her, worauf sie wortlos im Haus verschwand. Sowohl Manfred als auch Ferdinand verstanden sehr wohl, wem diese mahnende Geste gegolten hatte, aber die versammelten Bürger konnten es nicht deuten und schüttelten die Köpfe. Ein Mann rief:

„Was hat sie denn, die Frau? Ein Hund war es gewiss und verdroschen ist er auch worden. Warum darf man sich da net aufregen?"

39

Es wurde Dezember und eiskalt. Grau sickerte das Tageslicht durch die grünen Jalousien, wenn alle aufstanden, und je weiter das Jahr fortschritt, desto finsterer wurde es in der Frühe, stockdunkel, was auf die Stimmung drückte. Nachts sah man das gelbe Licht der Straßenlaternen durch die hohen Fenster schimmern, und das langsame Einschlafen wurde durch die Geräusche vorüberrollender Straßenbahnen ab und zu erschwert. Weder Ferdinand noch Anna durften im Bett noch etwas länger als die erlaubte Viertelstunde lesen, – beide lasen geradezu begierig, – es ging aber auch unter der Bettdecke mittels einer Taschenlampe. Wurde man jedoch dabei erwischt, so gab es eine Strafe: Kopfnüsse oder striktes Leseverbot für den Abend darauf. Kurz wurden die winterlichen Tage, in den dunklen Nächten fielen die letzten Blätter von den Bäumen, welche die nebelfeuchten Gehwege im Stadtpark flankierten. In der Frühe stieg eine schwere Dämmerung aus dem Himmel, gegen Abend färbte er sich rosarot oder in Gelb, bevor er sich zu einem kalten Schwarzblau verdunkelte, in dem die auf schwarzen Masten angebrachten Straßenlaternen schwebten.

Der Winter erwies sich als neblig und frostig, die Wohnung musste geheizt werden. Für die ersten zwei Zimmer gab es einen von der Küche aus mit Koksbriketts zu beheizenden Kachelofen. Wurde der Koks geliefert, so musste er durch ein straßenseitig halb offenes Fensterchen in den tiefen Keller geschaufelt, danach aber kübel- oder sackweise hinauf bis in den zweiten Stock geschleppt werden, wo auf dem Balkon die Kohlenkiste stand, in die der Inhalt der schweren Rupfensäcke geleert wurde.

Diese Schwerarbeit übernahm in den ersten Jahren der Kohlenwuckel, ein vom Kohlenstaub geschwärztes kleines Männlein unbestimmbaren Alters in schwarzen Klamotten. Erst später avancierte

Ferdinand zum Kohlenträger. Wenn der Kohlenwuckel den Koks heraufschleppte, wobei er nicht umhin konnte, den neuen Küchenboden zu beschmutzen, gab es immer etwas zu lachen, denn der kleine Arbeitslose verstand sich aufs Späße machen, obwohl er seine witzigen Sprüche in einem für die Obersteirer oft nicht leicht verständlichen Dialekt vorbrachte. War er mit seiner schweißtreibenden Arbeit fertig, durfte er sich Gesicht und Hände waschen, um sich danach an den grünen Küchentisch zu einer Jause zu setzen, er bekam eine frische Extrawurstsemmel und ein Krügel Bier. „Vergelt's Gott, Frau Dokta", sagte er unter einigen Bücklingen, bevor er verschwand.

Die Winter in Graz waren zwar nicht so streng und dauerten nicht so lang wie die in Mürzzuschlag, aber dennoch froren alle stehenden Gewässer für mehrere Wochen zu. Auf den Eislaufplätzen herrschte dann Hochbetrieb.

Manfred und Ferdinand gingen am liebsten auf die Landesturnhalle am Fuß des Schlossbergs, wo der große Fußballplatz in eine einzige Eisfläche verwandelt war, auf der zu blechern klingender Lautsprechermusik Hunderte Kinder, Jugendliche und auch Erwachsene ihre Runden drehten. Es ging fast immer nur in eine einzige Richtung, im Uhrzeigersinn, und gegen diese Richtung zu laufen war wegen der Unfallgefahr streng verboten, aber viele hielten sich nicht daran, auch nicht die zwei Freunde. Manfred besaß echte Eishockeyschuhe, Ferdinand anfangs hingegen nur sogenannte Schraubendampfer, Schlittschuhe, die mit Hilfe von Klammern und eines speziellen Schlüssels auf Bergschuhe montiert werden mussten. Natürlich war jeder mit Schraubendampfern einem, der mit Jackson- oder Hockeyschuhen lief, rettungslos unterlegen. Vor allem in den engeren Kurven bekamen die Klammern mit der Eisfläche Kontakt, hebelten den Fuß aus, der Läufer rutschte aus und stürzte. Ferdinand flehte seine Eltern an, ihm auch Hockeyschuhe zu kaufen, alleine schon des Aussehens wegen, aber dazu fehlte es an Geld. Meist kletterte Ferdinand über den Eisenzaun des Eislaufplatzes, um sich das Eintrittsgeld zu ersparen, erwischt wurde er dabei nie. Dann legte er die Kufen an und mischte sich unter das Volk. Kaum hatte er seine Freunde ausgemacht, fingen sie an Abfangen zu spielen. Es dauerte nicht lange, bis die mahnende Stimme des Platzwartes aus dem Lautsprecher ertönte: „Abfangen spielen verboten. Zuwiderhandelnde werden vom Platz verwiesen!“ Aber derartige Drohungen scherten die wenigsten, sie stürmten weiter gegen die allgemeine Laufrichtung, kreuz und quer, und natürlich kam es hin und wieder trotz aller Wendigkeit zu Kollisionen, die aber fast immer glimpflich verliefen. Manfred war ein hervorragender Schlittschuhläufer und beabsichtigte, einem Eishockeyverein beizutreten. Deswegen nahm er manchmal einen Hockeyschläger mit auf den Platz und trainierte dort mit einem echten, kanadischen Puck aus Hartgummi, indem er möglichst schnell zwischen den anderen Läufern samt der Scheibe durchzukommen versuchte. Das war natürlich auch verboten.

Nun gab es aber ein Eisvergnügen der ganz besonderen Art, ein von den Platzwärtern gerade noch toleriertes Spiel namens Drittabschlagen. Ein großer Kreis wurde aus möglichst vielen Paaren gebildet, die jeweils hintereinander standen, zwei Läufer, ein Fänger und ein Gejagter, mussten innerhalb des Kreises umherlaufen. Stellte sich der Gejagte vor ein Paar, so hatte der hintere desselben nun als Gejagter loszulaufen. Erwischte der Fänger den Gejagten, dann durfte er sich vor ein Paar stellen, während der ehemals Gejagte nun zum Fänger wurde. So ging das immer weiter und erforderte einiges an Geschick. Das Gute an dem Spiel war, dass auch Mädchen mittaten. Wenn nun ein Mädchen stürzte, dann war es klar, dass ihm jemand wieder auf die Beine half. Manfred und Ferdinand waren bei dieser Art von Hilfestellung besonders eifrig, denn wenn man sie richtig ausführte, wenn man entschlossen hinlangte und die Gestürzte mit den Armen richtig umfing, um sie aufzurichten, konnte man bei den älteren Mädchen sogar durch die dickste Winterkleidung hindurch schon den Busen spüren! Nie hatte sich ein Mädchen deswegen beklagt – vielleicht, so dachte Ferdinand, – fielen manche mit Absicht nieder, nur um sich von Knabenarmen wieder hochheben zu lassen. Ob das wirklich zutraf, hatte er allerdings nie feststellen können, jedenfalls aber herrschte beim Drittabschlagen immer großes Gekuder und Gekreische.

Dann wurde es endlich wieder Weihnachten. Welch herrliches Fest! Sehnsüchtig erwartet. Tagelang vorher konnten sie sich freuen. Anna wünschte sich ein Paar Schlittschuhe und eine Armbanduhr. Am Vierundzwanzigsten besuchten sie den Kindergottesdienst. Anna ließ die kleine Sissy auf ihrem Schoss sitzen, Ferdinand hatte Markus eng an sich gedrückt. Im dunklen, kalten Kirchenraum stand eine hohe Tanne, auf der Kerzen leuchteten, darunter eine kunstvoll gefertigte Miniaturkrippe, die eine ganze Szene im alten Betlehem darstellte. Dann trat der Pfarrer auf, verlas einige Stellen aus den Evangelien, die Flucht nach Ägypten, der Stall zu Bethlehem, danach sangen sie Weihnachtslieder zum Klang der Orgel. ‚Ihr Kinderlein kommet', ‚Vom Himmel hoch', ‚Leise rieselt der Schnee', ‚Es ist ein Ros' entsprungen', und endlich ‚Stille Nacht'. Und dann stürmten sie in den Schnee hinaus. Der Kaiser-Josef-Platz eine fremde Fläche aus unberührtem Schnee unter einem niedrigen Himmel, die Dächer kaum zu sehen, trübe schaukelten hoch oben an dünnen Drähten oder Stangen Lampen, matte Lichtkegel ausstrahlend, während vom Turm der evangelischen Kirche die letzten Glockenschläge verklangen.

Im Speisezimmer hatte die Mutter den Tisch besonders schön mit einem schweren, alten Tuch aus schneeigem Damast und dem blauweißen Zwiebelmusterporzellan aus Meißen gedeckt, dazu alte böhmische Kristallgläser, Erbstücke von der Großmutter Sophie, deren Vorfahren eine Glasfabrik in Steinschönau besessen hatten. Über einem hautengen Kleid aus schwarzem Taft trug die schöne Mutter eine weiße Schürze, – arbeitete sie doch noch in der Küche vor Tellern und dem Fettpapier mit den feinen gelben Semmelbröseln, und panierte den in viele Schnitten geteilten Leib eines Karpfen, den sie in siedendem Fett knusprig herausbacken und zu dem sie gemischten Salat reichen würde. Dieser Salat stand schon in einer Schüssel angerichtet. Annas Magen knurrte. Gebackenem Karpfen und mit steirischem Kernöl angemachtem gemischtem Salat konnte sie nicht widerstehen.

Endlich, als die Mutter fertig war, ging auch die Tür zum letzten Zimmer auf, wo der herrlich geschmückte Christbaum stand. In langen, stillen Flammen brannten die vielen goldenen Kerzen, und zwischen duftenden Nadeln schaukelten rote Äpfel, bunte Schnüre, silberne Vögel mit langen seidigen Schwänzen, Glöckchen und Lametta. Und was lag unter all dieser Pracht? Tatsächlich ein Paar metallisch leuchtende, messerscharfe Schlittschuhe, und Anna stürzte sich mit einem Freudenschrei auf dieses wunderbare Geschenk. Freudenschreie konnte jeder hören, alle jubelten, waren bester Stimmung. Nach dem Karpfen kamen die Verwandten aus dem dritten Stock herabgestiegen, gemeinsam wurde die Kastanientorte verzehrt.

„Kennt ihr übrigens die Mohr'sche Geschichte von der Kastanientorte?", fragte der Vater in die Runde, „wenn nicht, dann erzähle ich sie euch. Es ist eine wahre Geschichte und die geht so …", und er begann zu erzählen: „Es ist schon lange her …"

Die Mohrs galten als alteingesessene Grazer Familie. Dr. Theodor Mohrs Vater hatte das größte Bestattungsunternehmen der Stadt besessen, mit dem Hauptsitz in der Grazbachgasse, die Familie hatte mehrere Häuser ihr Eigen genannt, darunter auch ein besonders wertvolles Objekt, ein Eckhaus in der Maiffredygasse, und natürlich das Haus in der Glacisstraße, in dem die Familie gegenwärtig lebte. All diese Reichtümer waren – mit Ausnahme des Hauses Glacisstraße 67 – während der großen Inflation vor dem Krieg verloren gegangen.

Dr. Theodor Mohrs Zwillingsbruder, den alle Kinder Onkel Herbert nannten, ein Jurist, hatte nie geheiratet und lebte im ersten Stock, wo er auch seine Kanzlei führte. Zum Unterschied von Vater Theodor besaß er ein Automobil – so wie die Kaisers im dritten Stock.

Die Mohrs im zweiten Stock hatten keines, was vor allem Ferdinand ärgerte, denn sein Cousin und Freund Manfred hatte schon mehrmals mit dem Auto von Kurt Kaiser, seinem Stiefvater, fahren dürfen, während Ferdinand noch nie am Volant eines Fahrzeuges gesessen war. Gerade einmal einen Plattenspieler hatte sich Theodor Mohr als moderne Errungenschaft zugelegt, einen von jenen, mit dem man Vinyl-Langspielplatten abspielen konnte und nicht bloß die Schellacks mit nur Platz für dreieinhalb Minuten Musik. Die Schwester der Zwillingsbrüder, die Mutter Tante Lena-Lottas und eines Sohnes namens Robert, der ebenfalls Anwalt war und gut verdiente, eben jene ältere Dame mit beachtenswertem Umgang, an der Anna einen Narren gefressen hatte und die ihrerseits Anna sehr gerne mochte, jene Tante Mimi bewohnte ein kleines, vollgeräumtes Zimmer in der Wohnung der Familie Kaiser im dritten Stock. Dass sie mit ihren Brüdern Theodor und Herbert aus unerfindlichen Gründen zerstritten war, hinderte weder Ferdinand noch Anna, mit ihr zu verkehren, denn sie wusste viele interessante Geschichten zu erzählen, vor allem solche über Graz und seine Oberschichte, soweit diese nicht durch den Krieg ausgerottet worden war, und ihren exzentrischen Lebenswandel fand vor allem Anna attraktiv.

Das Interessante an den im Haus Glacisstraße 67 lebenden Familien bestand unter anderem darin, dass es infolge weit auseinanderliegender Geburten zu einer Generationsverschiebung gekommen war, in der zum Beispiel der jüngste Bruder Ferdinands, Markus, verwandtschaftsmäßig der Onkel der um viele Jahre älteren Tante Lena-Lotta und deren Bruder, also des Anwalts, war. Bemerkenswert fand Ferdinand aber auch die Tatsache, dass für seinen Cousin Manfred, mit dem er ja über die Mutter verwandt war, auch mit dem Halbbruder Markus Mohr eine Verwandtschaft bestand, und zwar über seinen Vater, dem Bruder von Tante Lena-Lotta, Manfreds Mutter also, sodass man Markus und Manfred in doppelter Weise als Cousins bezeichnen konnte. Wenn man diese Beziehungen Außenstehenden zu erklären versuchte, winkten diese fast immer verwirrt ab, indem sie lachend feststellten, die Familien der Mohrs, Kaisers und Lenaus wiesen derart komplizierte Verhältnisse auf, dass sie niemand wirklich verstehen könne.

Es war Tradition bei den Mohrs, das Weihnachtsfest auch in lukullischer Hinsicht stets feierlich zu begehen, das bedeutete: niemals ohne panierten Karpfen, den man sich auch in den mageren Nachkriegsjahren jedes Mal zu beschaffen wusste. Die Mutter hatte inzwischen gelernt, Geflügel aller Arten wie Fasanen, Hühner, Enten, Neujahrstruthähne und sogar Tauben in mehreren Variationen zuzubereiten. Eine schwere Gans braucht im Backrohr natürlich länger als ein Huhn, doch kürzer als ein etwa gleichschwerer Truthahn, und sie schmeckte jedes Mal ausgezeichnet, vor allem wenn sie bei niedriger Temperatur stundenlang durchgegart war, sodass das butterweiche Fleisch förmlich von den Knochen fiel und die Mutter großes Lob von den Männern Theodor und Herbert erntete, die in ihrer Kindheit, als die Mohrs noch reich gewesen waren, von böhmischen Köchinnen verwöhnt worden waren, wahren Meisterinnen ihres Handwerks. Zu Weihnachten gab es jedoch kein Geflügel, sondern traditionellerweise einen fetten, in Stücke geschnittenen, panierten Karpfen, der längere Zeit in schlammfreiem Wasser gehalten worden war, ehe ihn der Fischhändler getötet hatte – damit er nicht nach Schlamm schmeckte, nicht ‚lettelte', wie man hier zu sagen pflegte.

Traditionellerweise wurde nach dem Karpfen als Dessert eine Kastanientorte serviert. Anders als in Mürzzuschlag bekam man in Graz Edelkastanien, in den Straßen wurden sie von Maronibratern angeboten, man konnte sie auch roh kaufen, die glänzend-braune Schale mit einem kleinen Messer einschneiden und sie dann auf Holzkohlenglut rösten, oder man kochte sie, schälte sie in mühevoller Handarbeit und passierte die schalenlosen Früchte durch ein feines Sieb – dieses Kastanienpüree stellte die Grundlage für eine Kastanientorte dar. Man musste es mit Staubzucker und Dottern vermengen, dann Eiklar zu steifem Schnee schlagen, einen Tortenboden mit Backpapier auslegen, die Masse einfüllen und bei 150 Grad ansteigend auf 180 Grad 60 Minuten backen. Danach ließ man die Torte im Ofen nachtrocknen, holte die Tortenform aus dem Rohr, stürzte und durchschnitt sie, füllte sie mit Kastanienobers, setzte sie wieder zusammen und überzog sie mit Schlagobers, dem gesottene Kastanien beigemengt waren. Die Fülle bestand aus mit Wasser dick eingekochtem Zucker, zu dem Rum, Kastanienpüree und steif geschlagenes Obers eingerührt wurden.

Die Zubereitung war also eine furchtbar langwierige Prozedur, vor der sich die Mutter jedes Mal fürchtete, zumal sich sowohl ihr Mann Theodor, als auch Onkel Herbert als ausgesprochen kritisch erwiesen, was diese typisch Mohr'sche Speise anlangte. Einen Fehler durfte sie sich dabei wahrlich nicht erlauben, aber sie hatte glücklicherweise das Talent zum Kochen von ihrer Mutter, der Großmutter Sophie Lenau, geerbt. Besonders wichtig war es, ja kein Mehl zur Torte beizumengen, weswegen es die Mohrs im Scherz eine ‚Ka-Me(h)l-Speise' (= kein Mehl – Kamel) nannten; darüber freuten sich vor allem die Kleinen, Sissy und Markus, weil sie diesen Wortwitz im Grazer Jargon schon verstanden.

Es gehörte zur Mohr'schen Familientradition, zu Weihnachten nach dem Karpfen eine Kastanientorte zu essen, ein Kunstwerk aus Zucker und Schlagrahm. Während diese Torte verzehrt wurde, erzählte Theo Mohr jedes Mal zu Weihnachten eine alte, lustige Familiengeschichte, die sich um eine solche Torte drehte, und er erzählte sie, obwohl die gesamte Familie sie zwar kannte, die amüsante Erzählung aber immer wieder aufs Neue gerne hörte. Was Theo zu berichten wusste, hatte sich allerdings vor vielen Jahren zugetragen, zu seiner eigenen Kinderzeit, und er hatte die ganze komische Szene als Augenzeuge miterlebt.

„Damals bewohnten wir den ganzen ersten Stock dieses Hauses", erklärte der Vater, der sich für diesen Bericht extra von seinem Stuhl erhoben hatte, das randvoll mit Weißwein gefüllte, geschliffene Stielglas in der Hand. Alles lauschte gespannt der hinlänglich bekannten Geschichte: die Mutter, Anna, Ferdinand, Sissy, Markus, der Zwillingsbruder und Gäste, so welche geladen waren ...

„Weihnachten galt uns seit eh und je als die wichtigste Familienfeier, wie ihr inzwischen wohl wisst, zu der damals traditionsgemäß immer alle, denen es möglich war, hier in diesem Haus zusammengekommen sind: Brüder, Schwestern, Onkeln, Tanten, Cousins, Cousinen – wir waren ja eine große, weit verstreut lebende Sippe, von der heute nur mehr wenige übrig sind – leider. Krankheiten, Krieg, Hunger – es waren schlechte Zeiten!" Er genehmigte sich einen Schluck Wein, ehe er fortfuhr: „Das enfant terrible in unserer Familie – wer war das?" (Kurze Pause nach dieser rhetorischen Frage) „Natürlich die Mimi! Wer wohl sonst? Mimi war nicht nur die Älteste von uns Kindern, sondern auch die Unabhängigste – zumindest aus heutiger Sicht betrachtet; doch dazumal hatten Mädchen ganz allgemein, – Töchter aus gutem Hause wie dem unsrigen insbesondere – ihren Eltern bedingungslos zu gehorchen, und Vater war ein gerechter, doch strenger Mann, ein echter pater familias. Nichts konnte ihn so zur Weißglut bringen wie der ständige Ungehorsam dieses Mädchens, Mimi, die immer nur das tat, was ihr behagte und keine Rücksicht auf die Familie und deren Ruf nahm. Fesch war sie ja damals schon, hat allen Männern den Kopf verdreht, und das war auch ihre Lieblingsbeschäftigung, sie hat allen schöne Augen gemacht, die Mimi, und alle haben sie verehrt, angebetet, an jedem Finger hat sie zehn gehabt. Sehr zum Missfallen des Vaters, wie gesagt. Nun, die Stimmung war – was Mimi anlangte – gespannt. Und was passiert jetzt? Ausgerechnet jetzt, wo das Mohr'sche Hochamt des weihnachtlichen Karpfenessens zelebriert wird?"

Vater legte eine weitere Pause ein. Alle wussten es natürlich, warteten aber gespannt auf seine Worte. Das gehörte ebenso zum alljährlichen Weihnachtsritual.

„Nun, als die Suppe aufgetragen wurde – wer fehlte? Die Mimi! Da ging man noch drüber hinweg; auch als der Karpfen serviert wurde, erwähnte niemand Mimis Abwesenheit. Vater teilte die Stücke aus, dazu gab es kleine Bratkartoffeln und frischen, knackigen Blattsalat – schwer zu beschaffen im Winter. Zum Abschluss des Mahles wurde schließlich in feierlicher Manier auf einer Porzellanplatte die Kastanientorte aus der Küche in das Speisezimmer getragen. Und genau in diesem Augenblick platzt wie ein Wirbelwind Mimi herein, murmelt etwas, und als der Vater sie mit strafendem Blick wortlos anschaut, weiß sie nichts Besseres zu sagen als: ‚Was? Ihr habt den Karpfen schon gegessen? Ihr hättet doch auch auf mich warten können!'"

„Da reißt dem Vater endgültig die Geduld: Er entwendet die Platte samt Torte dem Dienstmädchen, ist schon am offenen Fenster und – so schnell kann niemand schauen – schleudert beides in einer einzigen Bewegung hinaus, wo das Kunstwerk aus Kastanienpüree, Schlagobers, Eiern und Zuckermasse flach zwischen Porzellanscherben auf dem Bürgersteig zu liegen kommt.

Schweigen. Betroffene Blicke. Niemand wagte etwas zu sagen. Selbst der Mimi, die um Worte nie verlegen war, hatte es die Rede verschlagen.

Plötzlich erhob sich einer meiner Onkel, Martin mit Namen, schritt gravitätisch durch das Speisezimmer zur Tür hin, wo das böhmische Dienstmädchen noch mit aufgerissenen Augen zum Fenster hinstarrend wie festgefroren stand, er ging an der Erstarrten vorbei und kurz darauf hörte man seine Schritte von der Straße durch das Fenster hereinhallen. Nun war Schreck der Neugier gewichen. Was tat Onkel Martin draußen auf der Straße? Hatte ihn die aus Zorn geborene, spontane Aktion des Vaters beleidigt? Wollte er die Familienfeier deswegen voreilig verlassen?

Nein! Man hörte ihn auf dem Bürgersteig anhalten, dann ertönten Geräusche des Schabens und Klirrens und kurz darauf erschien er wieder im Speisezimmer, in der Hand einen großen Teller, in dem sich die Trümmer der Porzellanplatte samt der zerstörten Kastanientorte befanden.

Ein Aufatmen ging durch den Raum, selbst das versteinerte Dienstmädchen schloss die Augen, wandte sich um und begab sich mit einem gehauchten Seufzer zurück in die Küche. Onkel Martin stellte den Teller mit der Torte auf den Tisch, langte sich mit der Tortenschaufel ein großes Stück des mit Porzellan vermischten Tortenbreis und begann genüsslich zu kauen, wobei man gelegentlich das Knirschen hörte, wenn er einen Scherben zwischen die Zähne bekam. ‚Exzellent!', sagte er mit vollem Mund."

Der Vater nahm einen weiteren Schluck Wein, ehe er zum Abschluss der Erzählung kam: „Nun, als unser Vater seinen Bruder so seelenruhig essen sah, so als sei überhaupt nichts geschehen, da wich auch der letzte Funken Zorns aus ihm und er fing an zu lachen, er lachte, dass es im Speisezimmer nur so widerhallte, und bald stimmten die anderen bei Tisch in das Gelächter ein, auch Mimi, die Schuldige, lachte mit, und so war es gekommen, dass Dank der Eigenwilligkeit meiner Schwester Mimi diese Weihnachtsfeier die denkwürdigste aller ähnlichen Weihnachtsfeiern in unserer Familie geworden ist, und Vater erzählte seitdem die Geschichte jedes Mal. Diese Sitte hat sich fortgepflanzt, und das ist der Grund, warum auch ich sie jedes Mal erzähle, und ich darf wohl annehmen, dass auch Markus sie einmal weitergeben wird, wenn ich nicht mehr bin."

40

Als sie schon längst in Graz lebten und sich dort heimisch fühlten, verbrachten Anna und Ferdinand doch immer wieder einen Teil der Schulferien bei den Großeltern in Mürzzuschlag. Dass es daher auch Besuche in Langenwang bei der Großmutter Ludmilla gab, gehörte mit dazu.

Großvater Sigmund ruhte schon einige Jahre in seinem Grab und Großmutter Ludmilla bewohnte mit ihrer Schwester Hedwig die nun viel zu große Villa, von der während der kalten Jahreszeit nur wenige Räume im ersten Stock beheizt wurden, während in den anderen eisige Kälte herrschte. Wenn Ferdinand und Anna dann im Sommer auf Besuch kamen, – sie legten die Strecke zumeist auf dem Rad zurück, wirkte die traurige Großmutter überglücklich. Vielleicht war sie auch deshalb eines Tages bereit, sich von einigen Gegenständen ihres verstorbenen Sohnes zu trennen, die sie wie Heiligtümer bewahrte. Es handelte sich dabei um seine wissenschaftlichen Arbeiten, die in verschiedenen, vor dem Krieg weltberühmten medizinischen Journalen in deutscher Sprache abgedruckt zu lesen waren und vom Fleiß des so jung Dahingegangenen wie auch von seinem scharfen Verstand Kunde gaben. Ein Teil dieses Nachlasses bestand in medizinischen Büchern und die interessierten den Ferdinand sehr, denn die meisten dieser Werke enthielten Fotos, welche die verschiedenen Leiden, aber auch die Anatomie des menschlichen Körpers zum Thema hatten. Nach Mürzzuschlag durften die Bücher vorerst aber nicht mitgenommen werden, doch im Haus der Langenwanger Großeltern ließ man Ferdinand darin blättern, soviel und solange es ihm beliebte. Das war auch einer der Gründe, warum er sich in letzter Zeit auf die Rad-, Bus- oder Zugsfahrten von Mürzzuschlag nach Langenwang mehr freute als vorher, denn ohne diese Doktorbücher war es dort meistens etwas steif zugegangen, vor allem in den jüngst vergangenen Jahren, seitdem Großvater Sigmund bettlägerig gewesen war und sich Großmutter Ludmilla stets äußerst besorgt verhielt.

Die Kinder erinnerten sich, dass Großvater Sigmund zeitlebens stark geraucht und an einem Lungenleiden laboriert hatte, das niemand zu kurieren vermochte und das sich schnell verschlimmerte. Hinter vorgehaltener Hand munkelte man bald, er werde daran sterben. Er sah wirklich schlecht aus, wie sowohl Anna als auch Ferdinand intuitiv feststellten, oft ruhte er während ihres Besuchs mit eingefallenen Wangen und gelblich-bleicher Gesichtsfarbe nur halbwach im Bett und reichte den Kindern müde und mit einem angedeuteten Lächeln die Hand zum Gruß. Er spielte nicht mehr Klavier und aß nur mehr sehr wenig. Abgemagert und ständig hustend lag er da, beinahe wie aufgebahrt. Gelegentlich kam auch Onkel Waldemar aus Bruck angereist. Onkel Waldemar, der Bruder von Annas und Ferdinands Vater, lebte mit seiner schönen, sehr zurückhaltenden Frau in Bruck an der Mur, arbeitete jedoch als Jurist in Graz. Sie hatten vier Kinder, den Cousin Gerd, zehn Jahre älter als Ferdinand, und die drei Cousinen Christine, Kunigunde und Ingigerd, die allesamt den Namen Roth trugen, so wie Anna und Ferdinand.

Onkel Waldemar hegte eine tiefe Zuneigung zu den beiden Kindern seines Bruders, deren gesetzlicher Vormund er auch war, besonders schien ihn die Tatsache zu interessieren, dass sich der Bub auch für die Musik der ehemaligen Feinde, der Amerikaner, interessierte, jene Musik, die Ferdinand vor Jahren noch als ‚Maltersackmusik' bezeichnet hatte und von der er inzwischen wusste, dass es sich um den Jazz handelte. Onkel Waldemar empfand nämlich ebenfalls Sympathie für diese Musikart, wagte es aber nicht, darüber vor seinen Eltern offen zu sprechen. Immerhin war der Vater, Dr. Sigmund Roth, neben seinem Arztberuf ein anerkannter Komponist klassischer Musik gewesen. Er hatte zahllose Lieder verfasst, Symphonien und sogar Opern, von denen einige in Graz im Opernhaus vor dem Krieg aufgeführt worden waren. Zu seinem Freundeskreis zählten berühmte Männer wie Richard Strauss und Wilhelm Kienzl, der

Komponist des ‚Evangelimann', einer Oper, die 1895 uraufgeführt und deren Arie ‚Selig sind, die Verfolgung leiden' Weltruhm erlangt hatte und im Hause Roth in Langenwang oft mit Klavierbegleitung gesungen wurde. Wie sollte man vor einem Mann mit derartigem kulturellem Hintergrund über Jazzmusik sprechen, die jetzt von den kulturlosen Amerikanern in die Alte Welt exportiert wurde, um das hohe, musikalische Niveau hier zu untergraben? Von Übersee etwas anzunehmen, würde in einer so feinsinnigen Familie selbst nach dem Krieg nicht goutiert werden. Also schwieg Onkel Waldemar. Aber wenn er mit Ferdinand alleine war, erzählte er ihm, dass sich seine Kinder für solche Musik leider nicht erwärmen konnten. Im Gegensatz zu ihnen verstand er aber sehr viel von dieser fremden Kunst und zeigte dem Ferdl am großen Konzertflügel des Großvaters einige Akkorde und summte ihm dazu Melodien vor, denn er war in Musik generell sehr bewandert. Ferdinand versuchte sich jede Note zu merken, um es dann später in Graz am Klavier nachzuspielen.

„Viele nennen diese Stücke verächtlich leichte Musik oder Unterhaltungsmusik", sagte Onkel Waldemar, „aber, denk doch nach, soll Musik den Menschen nicht unterhalten?"

Ferdinand stimmte dem Onkel zu.

„Wonach sollten die Leute denn tanzen? Auch Johann Strauss haben sie zuerst verachtet, weil er Tanzmusik geschrieben hat. Heute, freilich, ist er rehabilitiert, der Walzerkönig konnte einfach nicht entthront werden. Schon gar nicht in Österreich. Und den Richard Strauss haben sie auch verachten wollen, weil er im Rosenkavalier zu seicht komponiert hat, aber solche dummen Urteile sind natürlich nicht von Dauer, wenn man bedenkt, was der Mann noch alles geschrieben hat. Du solltest einmal die Salome hören oder Elektra …"

Onkel Waldemar wusste natürlich auch um die tödliche Krankheit des Großvaters und war deswegen sehr traurig, denn er liebte seinen Vater und verehrte ihn, selbst wenn er mit dessen strikten nationalsozialistisch gefärbten Ansichten in keiner Weise übereinstimmte. Onkel Waldemar hatte während des Krieges einige Zeit in Berlin gearbeitet und war dort mit der vorwiegend jüdischen Kleinkunst- und Musikszene in Berührung gekommen. Als die Zeiten für deutsche Juden immer schlechter wurden, hatte er einigen von ihnen Papiere besorgt – als Jurist war ihm das möglich gewesen –, sodass sie aus Deutschland ausreisen konnten. „Weißt du, Ferdl", sagte er, „du kannst ja über den Großvater einiges sagen, dass er da und dort im Unrecht ist, aber eins sollst du dir unbedingt merken:" –

„Sie werden dich sicher einmal darüber ausfragen, denn dein Großvater ist ein berühmter Mann und dein Urgroßvater, der war noch berühmter, der hat beinahe den Nobelpreis für Literatur bekommen. Aber das ist eine andere Geschichte. Was ich dir sagen will, ist Folgendes: Gewiss hast du von den Gräueltaten gehört, die während des Kriegs hier und in Deutschland geschehen sind. Ich meine die KZs des Naziregimes, die Judenmorde. Fünfhunderttausend Juden sollen in den Konzentrationslagern umgebracht, erschossen, vergast worden sein, stell dir nur vor, wie viele Menschen das sind! Alte, Frauen, Männer, Kinder, Arbeiter, Künstler, Ärzte. Doppelt so viele Menschen als in Graz leben. Fünfhunderttausend – und manche behaupten, es seien noch viel, viel mehr gewesen, viel mehr! Und sie alle, die vernichtet worden sind, haben uns nichts getan! Sie waren alle unschuldig, ja schlimmer noch, sie waren gute Deutsche und ehrliche Österreicher, die für ihre Heimat gestorben wären! Dein Großvater Sigmund ist zwar ein erklärter Antisemit, das heißt, er mag die Juden nicht, aber merke dir, getan hat er ihnen nichts! Ja ich schwöre dir, niemand in unserer Familie hat auch nur die Bohne einer Ahnung davon gehabt, was da so vor sich gegangen ist. Das ist alles im Geheimen abgelaufen. Man hat wohl von einer neuen Heimat für die Juden gesprochen, Madagaskar war angeblich dazu auserkoren, aber das weiß niemand so genau. Das alles musst du mir unbedingt glauben, auch wenn ich es nicht beweisen kann! Ich habe viele jüdische Freunde gehabt, damals in Berlin", fuhr er fort, „und die haben auch nichts davon gewusst. Vielleicht haben es manche geahnt, aber sicher gewusst hat niemand was. Man hat damit begonnen, sie zu enteignen, sie zu schikanieren, zu verfolgen, zu deportieren, zu ermorden ... ach, es tut mir weh, davon zu sprechen, denn es war ein ungeheures Verbrechen! Und wir? Wir werden noch bitter dafür büßen, sag ich dir! Auch ihr, die Nachkriegsgeneration, werdet damit konfrontiert werden, obwohl ihr ja noch viel zu klein wart, um auch nur das Geringste davon zu begreifen."

Und dann fing er an über Schuld zu sprechen, er sagte beinahe flüsternd, auch die würden Schuld auf sich laden, welche zu verstehen versuchten, was in der Nazizeit vorgefallen ist. „Ihr werdet nach Gründen suchen, uns zu verzeihen, euren Großeltern, Eltern, Verwandten, ja dem ganzen Volk, und dadurch werdet ihr schuldig, obwohl ihr selbst am Gräuel keinen Anteil habt. Vae victis haben schon die Römer gesagt, wehe den Besiegten, und einer behauptet, die Scham für das, was das Kulturvolk der Deutschen – er betonte den Begriff wie ein Schimpfwort – verbrochen hat, werde bis ins siebte Glied andauern. Bedenke, Ferdinand, ihr seid erst das erste Glied!" Hier machte Onkel Waldemar eine Pause, um dann mit ganz leiser Stimme, kaum hörbar, hinzuzufügen: „Ich weiß nicht, Ferdl, ob ich damit weiterleben kann!"

So und ähnlich sprach Onkel Waldemar zu Ferdinand des Öfteren, wenn auch nicht immer mit derartigem Pessimismus wie dieses Mal, der aber auf den schlechten Zustand seines Vaters zurückzuführen sein mochte; die Unterrichtsstunden in Musik waren dem Ferdinand da viel lieber, denn er konnte sich unter der Judenverfolgung nichts vorstellen, er verstand den Sinn einer derartigen Aktion nicht und dachte deswegen auch nicht darüber nach. Außerdem hatte er ja gelernt und immer wieder hören müssen, dass die Deutschen tapfere Soldaten waren und dass sie die irrsinnigsten Waffen konstruiert, die ersten Düsenjäger, sogar Raketen entwickelt und an einer Atombombe gearbeitet haben, aber da waren die Amerikaner schneller gewesen und haben zwei Atombomben auf Japan geworfen. Vielleicht waren die Amerikaner doch noch besser als die Deutschen, in Europa galten jedenfalls die Deutschen als die Besten, das war klar, und dass sie den Krieg verloren haben, war auf Verrat zurückzuführen und auf den Kriegsbeitritt Amerikas. Aber die Armeen der Franzosen und Engländer waren schon besiegt gewesen, Norwegen, Holland, Belgien, Polen, Tschechien besetzt, ihre Heere geschlagen, die hatten keine Chance, und mit den Raketen konnten die Deutschen von Helgoland aus London bombardieren und wenn der Krieg nicht aus gewesen wäre, hätten sie noch eine Stufenrakete gebaut, die bis nach New York geflogen wäre, die lag auf dem Reißbrett schon fertig vor. Das stelle sich einer einmal vor!

Ja, Ferdinand war damals stolz auf die Deutschen und er wollte auch stolz sein: auf ihre Kultur, ihre Leistungen und auf ihre Sprache.

Von der Schuld, die Onkel Waldemar so eindringlich besprochen hatte, verstand Ferdinand nichts, er wollte sich auch nicht schuldig fühlen, das lehnte er vehement ab, und so verdrängte er das alles so sehr, dass er es schließlich ganz vergaß.

Onkel Waldemar schien von Technik nicht viel zu halten und die enormen Erfindungen und Leistungen der Deutschen auf diesem Sektor erwähnte er nie. Ihm bedeutete die Musik alles, vor allem die Tanzmusik, die Schlager, die leichte Muse, wenngleich er auch Anton Bruckner und Wagner mochte und den Russen Rachmaninow und sogar Gustav Mahler, obwohl der gezwungen worden war, zum christlichen Glauben überzutreten, damit er Chef der Wiener Staatsoper werden konnte. Interessant fand es Ferdinand auch, dass Onkel Waldemar nur wenig über das ärztliche Wirken seines Bruders zu erzählen wusste. Die Doktorbücher erwähnte er nie und auch nie die vielen wissenschaftlichen Arbeiten, die sich im Nachlass des Verstorbenen fanden.

In diesen Doktorbüchern zu blättern war Ferdinand allmählich zu einer Sucht geworden. Dort entdeckte er akribische Zeichnungen der sonst so geheimnisvollen, verborgenen Körperregionen von Mann und Frau. Der Mann interessierte ihn zwar nicht so besonders, aber die Frau schaute er sich genau an: vor allem das Bild des weiblichen Unterleibes, der mit gegrätschten Schenkeln ganz ungeniert zur Schau geboten wurde, hatte es ihm angetan. Zwar hatte er das alles beim Doktorspielen mit den Schwarz-Mädchen und bei Anna schon gesehen, aber damals hatte es ihn noch nicht so interessiert. Die Beschriftung auf den Bildern war Großteils auf Latein.

In einem anderen Buch fand er höchst aufschlussreiche Darstellungen des weiblichen Körpers, der ein Baby in sich trug. Das Baby lag verkehrt darin, also mit dem Kopf nach unten, und zwar steckte es in einer Höhle, der Gebärmutter, die unten einen Ausgang aufwies, der über eine Art Rohr, der Scheide, direkt zu den Schenkeln hinführte. Auch Bilder von Zangengeburten sah er. Großvater Sigmund hatte einmal erzählt, er habe selber so eine Zangengeburt bei einer Bäuerin machen müssen, obwohl er es nicht wirklich gut konnte. Der Bauer sei nämlich mitten in der Nacht gekommen, weil das Kind von selber nicht heraus wollte, dann haben sie Großvaters Pferd, die Fanny, vor die Kutsche gespannt und seien über eine Stunde lang bis hin in einen abgelegenen Graben zu einer Bauernkeusche gefahren, wo er die sich in Schmerzen windende Frau vorgefunden habe. Das habe schlimm ausgesehen. Wenigstens verstand Ferdinand jetzt weit besser, wie eine Geburt ablief. Dass die Geburt der Mutter weh tat, wusste er schon von Weitensfeld seit der Geburt seiner jüngsten Schwester Sissy, bei der er die Mutter hatte stöhnen und dann mehrmals laut aufschreien hören. Nur woher sie kamen, die Babys, wie diese Befruchtung der Frauen funktionierte, das fand er in diesen Büchern nicht. Zumindest entdeckte er keine Bilder davon.

Er vermutete allerdings, dass es etwas mit dem Ding des Mannes zu tun hatte, denn einmal hatte er den Onkel Heinrich an einem Spätsommernachmittag unten beim Planschbecken mit der Tante Angela überrascht, da war er auf ihr draufgelegen und hatte sich schnell von ihr heruntergewälzt, als er den Buben herankommen hörte. Beide waren nackt und die Tante legte ihre Hände lässig zwischen die Schenkel auf ihr behaartes Dreieck und der Onkel stülpte sich mit einer wie beiläufig wirkenden Handbewegung eine Wollsocke über sein Ding. Sie schauten nur ganz kurz verlegen drein, doch gleich lachten sie und die Tante war ja überhaupt nicht prüde, der schien das Ganze nicht viel auszumachen. Auch dass ihr Busen so groß und voll war und nackt und prall im Sonnenlicht glänzte und dass Ferdinand gebannt drauf starrte, schien sie nicht zu stören. Sie war überhaupt so wunderschön und zeigte sich deswegen auch freizügig her, und er erinnerte sich, wie gerne er ihren warmen Leib gespürt hatte, als er in jungen Jahren neben ihr im Bett gelegen war, und er liebte sie, vor allem wenn sie ihm vom Meer erzählte, was sie auch heute noch gelegentlich tat. Irgendwann, vor Jahren, hatte die Mutter einmal zugegeben, dass der Mann sein Ding in die Spalte der Frau stecken müsse, was man dann Liebe nennt.

„Aber Liebe ist es doch nur, wenn man jemanden sehr gerne hat", hatte Ferdinand gesagt.

„Wenn ein Mann und eine Frau sich im Bett lieben, dann haben sie sich ja sehr gerne." Die Mutter war bei solchen Gesprächen immer verlegen.

Tante Angela entpuppte sich da als viel bessere Informationsquelle. Sie erklärte ihm mit einfachen Worten, wie es funktionierte … und wie eine Frau schwanger wird. „Ich zum Beispiel", fügte sie nach einer Pause hinzu, „bin gerade schwanger. Da, schau auf meinen Bauch. Der ist schon ziemlich dick."

„Du kriegst ein Baby?" Er erinnerte sich daran wie dick der Bauch der Mutter in der Flüchtlingsbaracke in Weitensfeld vor der Geburt der jüngsten Schwester Sissy gewesen war. Es hatte ausgesehen als würde er gleich aufplatzen und das hatte Ferdinand damals auch geglaubt. Er hatte damals geglaubt, dass die Babys durch Platzen des mütterlichen Bauches zur Welt gebracht würden. Jetzt wusste er es natürlich viel besser.

Er fragte Tante Angela: „Tut das bei der Geburt wirklich so weh?“

„Ziemlich“, sagte die Tante.

„Hast du keine Angst?“

„Weißt du, daran denkt man als Frau nicht. Man freut sich nur auf das Baby.“

„Und wann kommt es?“

„In drei Monaten ist es soweit“, sagte Tante Angela mit einem Lächeln. Sie hatte einen großen, freundlichen Mund mit roten Lippen und dahinter wunderschöne, regelmäßige Zähne.

Aber nicht nur Doktorbücher über Frauen schaute sich Ferdinand in Langenwang an, es gab da vor allem ein dickes, dunkelgrün gebundenes Buch, das nannte sich ‚Spezielle Chirurgische Diagnostik für Studierende und Ärzte‘ und war von einem Herrn Dr. F. De Quervain verfasst worden, einem Professor für Chirurgie von der Universitätsklinik in Bern, wie Ferdinand lesen konnte. Auf dem Deckblatt entzifferte der Bub eine mit Tinte in Kurrentschrift verfasste Widmung: Meinem lieben Ferdinand. Weihnachten 1926. Vater. Dieser dicke Band war eine unerschöpfliche Fundgrube an interessanten Bildern, die Ferdinand nicht müde wurde anzusehen. Da waren die unglaublichsten Geschwülste abgebildet, riesige Kröpfe oder Schwellungen am Kopf, am Nacken, ungeheure Krebswucherungen an den weiblichen Brüsten, schon aufgeplatzt, gewaltig tumorös aufgetriebene Schenkel an total abgemagerten, ausgemergelten Patienten, nur mehr Haut und Knochen, geschwollene Knie, Geschwüre unter der Achsel, verrenkte Gelenke, gebrochene Knochen, vereiterte und amputierte Finger, Arme und Beine, ausgestochene Augen, Fisteln,

Buckelbildungen bei Alten und Kindern, verbogene Wirbelsäulen, gelähmte Arme und Beine, Brüche der Bauchwand und Leistenbrüche, angeborene Fehlbildungen bei Säuglingen – all das stand unter den Bildern zu lesen und vieles davon in für Ferdinand verständlichen Worten.

Am liebsten hatte Ferdinand aber ein ganz besonderes Bild. Es stellte ein Mädchen dar, welches an einer Krankheit litt, die tuberkulöse Koxitis hieß, so jedenfalls stand es unter dem Bild geschrieben, das in dem Kapitel über Erkrankungen des Hüftgelenks eingereiht war. Das vollkommen nackt abgebildete Mädchen mochte etwa fünf Jahre alt sein, hatte mehr als schulterlanges, volles, dunkles Haar, von dem ihm eine gute Portion nach vorn auf die magere Brust herabfiel und bohrte aus großen Pupillen den aus Trauer und Trotz gemischten Blick bei leicht gesenktem Kopf direkt in die Augen des Betrachters dieses Bildes. Ferdinand konnte alles in diesem Blick spüren, als ob das Mädchen direkt vor ihm gestanden wäre. Die dünnen Arme hatte sie vor der Brust verschränkt, das Becken hielt sie ganz schief, denn sie stand praktisch nur auf einem Bein. Das andere, das erkrankte, hing nach innen geknickt und rotiert mit leicht gebeugtem Knie nahezu schlaff, nutzlos herab, sodass nur die Zehen den Boden berührten. Auch die weibliche Spalte im Schritt zwischen den Oberschenkeln zeigte das Bild ganz deutlich. Er stellte sich dieses Mädchen so intensiv vor, wie sie sich beim Humpeln schwer tat, weil sie ja praktisch nur ein Bein hatte, wie sie nicht mit den anderen Kindern umhertollen und auf der Wiese spielen konnte, aber er würde hingehen zu ihr und sie lieb haben, er spürte bei diesen Vorstellungen das süße Gefühl in den Lenden aufkeimen und hinabziehen in die Schenkel, ja diese kleine Kranke erinnerte ihn in einer gewissen Weise an das Mädchen auf dem Faschingsball, das so schlecht geatmet hatte und sicher schon seit vielen Jahren tot war. Diesem Mädchen schaute das Kind auf dem Bild ähnlich.

41

Musik hatte er schon immer geliebt, und es war gerade die Art Musik, wie schon gesagt, die man in seiner Familie nicht schätzte, weil man sie für primitiv, wertlos, dekadent hielt, sie ursprünglich sogar als ‚Negermusik' und Musik des Feindes schlechthin zu bezeichnen pflegte. War es in Ferdinands Vorstellung zuerst die ‚Maltersackmusik' gewesen, so hatte er schon bald von Onkel Waldemar erfahren, dass es sich dabei um Jazz handle und dass daneben auch eine noch populärere Variante existiere, die Schlagermusik, in die neben völkischen Elementen sehr viele Elemente aus dem Jazz eingeflossen waren. Exzellente Schlagermusik, so Onkel Waldemar, habe es vor dem Krieg auch in Deutschland gegeben, vor allem in Berlin, und jetzt allmählich fasse sie in Europa wieder Fuß, obwohl die begabtesten deutschen Schlagerkomponisten infolge der Pogrome und Verfolgungen in die USA ausgewandert und dort berühmt geworden waren. Natürlich weise jedes Land seine Eigenheiten auf, aber Onkel Waldemar war fest davon überzeugt, dass eine gute Synthese zwischen Jazz und der von Land zu Land unterschiedlichen europäischen Musik besonders interessante Varianten im Bereich der populären Musik hervorzubringen imstande sei, dass darin vielleicht sogar die Zukunft der Musik überhaupt liege, denn die moderne orchestrale Musik habe sich seit der Erfindung der Zwölftonharmonik durch Schönberg in eine Richtung bewegt, die für den musikalischen Normalverbraucher nur mehr schwer nachzuempfinden sei, wenngleich sie sich – historisch gesehen – auf durchaus logische Weise entwickelt habe. So dozierte jedenfalls Onkel Waldemar, der Tonkunst in ihrer breiten Vielfalt verstand, schätzte und auch praktizierte.

Seit mehreren Wochen besuchte Ferdinand im Grazer Konservatorium die Vorlesungen des Herrn Professor Waldemar Bloch in Harmonielehre, wo er neben einem Mädchen namens Erika saß, die sich als äußerst musikalisch entpuppt hatte. Er hatte begonnen, bezifferte Harmonien und Generalbass zu studieren, auf Gegenbewegungen zwischen Melodie und Basslinie zu achten und derlei mehr, was er dann zu Hause am Klavier auf jene Musik anzuwenden versuchte, für die er so viel empfand und die er in Gegenwart der Eltern nicht spielen durfte.

Wenn nun Onkel Waldemar Roth, der Bruder des so früh verstorbenen Vaters, bei den Mohrs in der Glacisstraße 67 auf Besuch weilte, gab es für Ferdinand immer ein bisschen Zeit, sich mit dem Musikerfahrenen über einschlägige Probleme zu unterhalten, welche der Onkel nur zu gerne bereit war, ihm auch zu vermitteln, denn seine eigenen Kinder, so behauptete er wenigstens, hätten kein großes Interesse an Musik. Onkel Waldemar hatte einige Schlager getextet und vertont und bemühte sich, diese von einem bekannten Unterhaltungsorchester unter einem Pseudonym auch spielen zu lassen, ein schwieriges Unterfangen, wie er klagte, denn die internationale Konkurrenz war erstaunlich groß und zusätzlich existierten ja noch die alten Schlager aus der Vorkriegszeit.

Am Flügel bemühte sich der Onkel, dem Neffen das abstrakte Gebiet der Jazzharmonik zu erklären. Meist blieb dafür nicht genug Zeit.

„Du solltest zuerst wissen, dass es eine Menge Skalen gibt. So nennt man allgemein Tonleitern und du kannst viele davon leicht spielen, wenn du, sagen wir, die C-Dur-Tonleiter hernimmst und mit dem C beginnst. Diese Skala heißt jonisch.

Beginnst du mit dem D, dann hast du die dorische Skala, und so weiter, aber es gibt auch andere Skalen, chromatische, Pentatonik, Ganztonleitern, Zigeunerskalen."

„Und das muss man wissen, wenn man Jazz spielt?", fragte Ferdinand.

„Die Schwarzen, die Protagonisten des Jazz, hatten davon keine Ahnung, die haben einfach drauf los gespielt, und wenn sie Talent hatten, dann war das gut und vor allem revolutionär! Der Blues zum Beispiel, ein genial einfaches Zwölftakteschema, von den Schwarzen in New Orleans erfunden, scheint unerschöpflich und hat ja Eingang in die Unterhaltungsmusik gefunden. Auch der vornehmlich am Klavier gespielte Boogie-Woogie ist eine Abart des Blues. Sogar der tschechische Komponist Antonín Leopold Dvořák hat in seine berühmte Sinfonie Nr. 9 e-Moll ‚Aus der neuen Welt' Bluesmelodien eingearbeitet. Von George Gershwin will ich gar nicht sprechen. Wie auch immer, wenn man die Theorie lernt, versteht man die Musik besser, kann sie auch leichter erlernen und nachspielen. Und noch etwas … du musst mehr üben, Bub, üben, üben! Ohne üben geht in der Musik nichts. Du brauchst die Technik, musst fleißig Czerny-Etüden spielen, Tonleitern und das alles. Vom Klimpern kommt nichts, glaub mir! Denk an meine Eltern, Großvater Sigmund und Großmutter Ludmilla, wie schön die spielen können! Aber sie haben als Kinder immer brav geübt, anders geht das nicht. Meine Kinder in Bruck müssen auch üben. Du kennst ja die Geschichte wie ein Tourist einen Wiener fragt: Sagen Sie mir bitte, wie komm ich zu den Wiener Philharmonikern? Darauf der Wiener: Üben, mein Bester, üben und wieder üben!" Onkel Waldemar zog die Oberlippe hoch und lachte heftig über seinen eigenen Witz.

Ferdinand überging das Problem des verhassten Klavierübens. Viel lieber hätte er ein Blasinstrument gelernt, aber es fehlte am Geld und so bekam er keins. Das Klavier war da, es war nach dem Krieg aus Mürzzuschlag in die Grazer Wohnung zurücktransportiert worden und stand zur Verfügung. Onkel Waldemar durfte sogar seine Schlagermusik drauf spielen. Wenn Ferdinand hingegen sich im Jazz, Ragtime oder Boogie-Woogie versuchte, musste er warten, bis ihn niemand hörte.

Wenn dann der Vater am späten Nachmittag aus der Ordination heimkam, setzte er sich mit Onkel Waldemar an den Bösendorfer.

Gemeinsam spielten sie vierhändig Auszüge aus Wagneropern oder Werken von Verdi und hörten erst auf damit, sobald die Mutter das Abendessen auftrug. Das Preislied aus den Meistersingern konnte Ferdinand, der den beiden gern zuhörte, nahezu auswendig, obwohl ihm die Verballhornung desselben durch den blöden Beckmesser beinahe besser gefiel.

Ferdinands unstillbare Liebe zum Jazz blieb in der Familie weiterhin ein Zankapfel. Was half es, wenn er in einer Symphonie jedes Instrument heraushören konnte, wenn er mehr von Modulationen verstand als seine Eltern, die zwar besser Klavier spielen konnten, aber von Harmonielehre keine Ahnung hatten, wenn er mindestens zweimal pro Monat ins Opernhaus auf den Stehplatz geschickt wurde und bald die meisten gängigen Opern und Operetten gesehen hatte, die wichtigsten Arien nachpfeifen konnte, wenn er mit Manfred zusammen die Jugendkonzerte im Stefaniensaal besuchte – das alles wog in den Augen seiner Eltern nicht die Schande auf, sich als Nachkomme des berühmten Dichters Roth für die primitive Negermusik zu interessieren, diese rhythmische Dixieland-Dudelei ohne Ernst und Tiefgang. Die Mutter sagte einmal händeringend: „Ach Ferdinand, wenn du doch nur so wärst wie dein Vater! Der hätte das nie, nie getan! Du aber, du bist eine richtige Kulturbremse!“

Ein anders Mal erklärte ihm Onkel Waldemar Folgendes: „Wichtig für die Modulationen sind neben Skalen die Akkorde. Wir sprechen üblicherweise von Dreiklängen, aber du kannst genauso Vierklänge spielen oder Akkorde mit noch mehr Tönen. Die verminderten Akkorde sind zum Beispiel Vierklänge – sie sind in der modernen Musik sehr wichtig. Übermäßige Akkorde haben eine erhöhte Quinte, das klingt so tragisch! Also jetzt pass gut auf. Ich schlage ein C an.“ Er ließ den Ton klingen. „Jetzt frag’ ich dich: Zu welchem Akkord passt dieser Ton?“

„Zum C-Dur-Dreiklang“, sagte Ferdinand.

„Richtig“, er ließ das E und G folgen. „Aber es passt genauso zum A-Moll-Dreiklang. Da, schau her“, und er schlug A C E an. „Oder du sagst es ist die Quint vom F-Dur-Dreiklang, F A C oder es gehört zu einem Vierklang, zum Beispiel dem D-Septim-Akkord“ (er schlug ihn an), „du kannst ja selber herumprobieren, wo so ein einzelner Ton überall hineinpasst. Das ist zum Komponieren sehr wichtig. Die Intervalle hast du ja schon gelernt?“

Ferdinand hatte einiges davon in den Harmonielehrestunden bei Professor Bloch mitbekommen, die Intervalle natürlich und auch die enharmonische Verwechslung war ihm ein Begriff, damit konnte man Töne in andere Skalen und Akkorde hineinschwindeln, wie es ihm vorkam.

Nach solchen Stunden mit Onkel Waldemar strotzte Ferdinands Gehirn vor Melodien und Akkorden und er hätte gern was komponiert, doch dazu fehlte es ihm ganz einfach an Wissen. Nein, dachte er, komponieren werde ich nie. Er wollte lieber in einer Band Klarinette spielen, und zwar Schlagermusik und Dixieland, das war ihm ganz klar, sollten sie ihn dafür verachten und ihn weiter eine Kulturbremse nennen, das machte ihm nichts aus. Die klassische Musik wurde in der Familie ohnehin von Tante Gerda mit ihrem Violoncello und von der geigenden Cousine Waltraud, deren Busen mittlerweile schon ordentlich angewachsen war, zur Genüge repräsentiert, dazu kamen noch der berühmte Großvater Sigmund und der musikalische Onkel, warum sollte er, Ferdinand, sich nicht dem Jazz verschreiben?

42

Ferdinands Erinnerungen an seinen ersten Schultag in der Volksschule von Mürzzuschlag sind noch immer die an jene junge Frau Lehrerin, welche die mit beinahe fünfzig Kindern heillos überfüllte Klasse mit einer Ziehharmonika in den Armen betrat. Sie stellte sich neben dem Katheder auf das Podium vor die schwarze Wandtafel, griff in die Tasten des Instruments und sang dann ein Lied. Als Ferdinand an diesem Tag von der Schule heimkam und ihn die Mutter fragte, wie es denn gewesen wäre, antwortete er Folgendes:

„Da war eine junge Lehrerin, die hat mit der Ziehharmonika gespielt und dazu gesungen. Und immer wenn sie die Harmonika auseinandergezogen hat, ist ihr Busen von innen an ihrer Bluse angestoßen und hat sie vorgewölbt."

Der weibliche Busen hatte es ihm schon von Kindesbeinen an angetan. Die Lust danach war ihm offensichtlich mit in die Wiege gelegt worden. Diese schönen Wölbungen wollte er sehen, berühren, streicheln. Wenn er an den Busen dachte, bekam er ein ähnliches Gefühl wie wenn er sich blinde Mädchen oder solche mit Sprachfehlern vorstellte oder gar solche, denen ein Bein fehlte, sodass sie mit Krücken dahinstelzten. Je älter er wurde, desto öfter malte er sich beim Einschlafen nackte Mädchen mit einem großen Busen aus, manchmal mit nur einen Arm ausgestattet oder mit Flügeln anstatt Armen oder mit einem schuppigen Flossenschwanz wie die Nixen in den Märchenbüchern.

Die Zeit verstrich und Ferdinand erlebte, wie manche der Mädchen, die ein paar Jahre älter waren als er, in die Pubertät kamen. Dass es so etwas gab, wusste er schon seit Langem von der Mutter, denn bei den Buben – so hatte sie ihm schon öfter mitgeteilt – kommt da der Stimmbruch, die Buben kriegen plötzlich eine Männerstimme, die

Barthaare beginnen zu wachsen und der Schweiß riecht anders als vor der Pubertät. Was es sonst noch alles dabei gibt, hatte dem Ferdinand bisher noch niemand erzählt. Aber eines war ihm klar: Bei den Mädchen stellte sich die Pubertät viel früher ein als bei den Buben, bei denen die Stimme zwar nicht um eine Oktave absinkt und denen kein Bart sprießt, bei denen sich aber sonst vieles ändert!

Manche fingen schon mit neun oder zehn an zu pubertieren und dann konnte man mit denen nicht mehr spielen, weil sie sich ganz anders verhielten, sie waren plötzlich verschämt und zogen sich nicht mehr nackt aus. Aber das Auffallendste bei den Mädchen in der Pubertät war, dass sie einen Busen bekamen. Wo vorher nichts gewesen war schwillt ihnen plötzlich der Busen und sie haben ein unglaubliches Getue damit, verpacken diese Dinger in einen BH und beim Baden tragen sie jetzt einen Badeanzug oder einen Bikini, damit niemand den nackten Busen sehen kann, selbst wenn der noch ganz klein ist. Nur die Mütter dürfen das.

In den großen Sommerferien kamen die vier Szekesys aus Leibnitz und die Geschwister Roth – manchmal ohne ihre Eltern – von Graz wieder einmal zu den Großeltern auf Besuch nach Mürzzuschlag und lebten dann mehrere Wochen lang in der Lenau'schen Villa.

Tante Gerda übte täglich stundenlang auf dem Violoncello, der Kniegeige, wie sie das Instrument gern nannte, sie erzählte den Kindern aber auch viel und vor allem gekonnt, Episoden aus den Deutschen Heldensagen, Geschichten über Dietrich von Bern und gelegentlich ein Kapitel der Göttersagen der alten Germanen, zudem half sie fleißig im elterlichen Haushalt mit. Onkel Hartmut spielte am Klavier, einem schwarz polierten Bösendorfer Stutzflügel mit englischer Mechanik, der eigentlich dem Stiefvater von Anna und Ferdinand, dem echten Vater von Sissy und Markus, Theodor Mohr, gehörte, den er aber noch während der letzten Kriegsmonate aus Sicherheitsgründen aus Graz nach Mürzzuschlag hatte transportieren lassen und der erst später wieder nach Graz zurückgeführt wurde. Onkel

Hartmut begleitete auf diesem schönklingenden Instrument mit Vorliebe einen jungen Sänger aus der Nachbarschaft, der Lieder von Schubert und manchmal auch von Großvater Sigmund Roth mit seiner Tenorstimme zum Besten gab. Die beiden Töchter, die dunkelhaarige, etwas schwermütige Waltraud und die lustigere Isolde, Ferdinands und Annas Cousinen, spielten im Garten oder im Haus. Waltraud musste außerdem jeden Tag mehrere Stunden lang Violine üben, denn ihre Eltern hofften, dass sie einmal eine Berühmtheit auf diesem schwierigen Instrument werden würde, und man achtete strikt darauf, dass niemand sie beim Üben störte.

Ferdinand, der die zwei Mädchen schon von ganz klein auf kannte und viel mit ihnen gespielt hatte, stellte jetzt fest, dass die ältere, nämlich Waltraud, schon so etwas wie Brüste hatte. Die waren zwar noch nicht besonders ausgeprägt, aber man konnte sie immerhin deutlich erkennen, selbst wenn sie einen Pullover trug. Das fesselte ihn sehr. Immer wieder schaute er sich die Cousine an, beim Mittagessen, beim Spielen im Garten und vor allem bei heißem Wetter, denn da modellierte der in einem rosaroten Büstenhalter steckende Busen schon recht deutlich den weißen Stoff der Seidenbluse.

Waltraud hielt sich gerne in der Nähe des um zwei Jahre älteren Cousins Ferdinand auf und tat ohne viel zu fragen meist das, was er vorschlug. So ließ er sich einiges auf der Violine zeigen und spielte ihr dafür eine Etüde auf dem Klavier vor. Manchmal unternahmen sie zusammen Ausflüge in die Nachbarschaft, zum Irkbauern, zum Michlbauern oder gar bis zum weiter oben liegenden Eckbauern. Einmal spazierten sie ganz weit weg in den einsamen, fernen Steingraben, wo es eine uralte, längst verlassene Mühle gab, ursprünglich von einem Wasserrad betrieben, von dem jetzt aber nur mehr vermorschte, mit Polstermoos überzogene Reste im Bachbett verstreut lagen.

„Das war einmal ein oberschlächtiges Wasserrad“, erklärte Ferdinand der Cousine, die nicht wusste, was das bedeutete.

„Es funktioniert über das Gewicht. Beim oberschlächtigen Wasserrad füllt das Wasser über eine Rinne geleitet von oben her kleine Kammern auf dem Rad. Durch das Gewicht des aufgesammelten Wassers wird es nach unten gedrückt … so“, er demonstrierte es ihr mit den Händen, „dadurch dreht es sich ein Stück weiter, wodurch sich oben die nächste Kammer füllt, während aus der nach unten gerückten das Wasser herausrinnt. Das geht immer so weiter. Und das Gute ist, das funktioniert auch bei einem kleinen Bacherl mit wenig Wasser. Für ein unterschlächtiges Wasserrad braucht man einen schnell fließenden Bach, der die Schaufeln antreibt.“

Waltraud zeigte sich beeindruckt. Sie wollte jetzt wissen, wie das mit den Wasserturbinen zur Stromerzeugung ist.

„Da gibt es verschiedene, aber die sind aus Eisen und viel größer und drehen sich schneller als ein Mühlrad. Die Kaplanturbine ist von einem Mürzzuschlager erfunden worden und wird bei Flusskraftwerken eingesetzt. Die oberschlächtigen Wasserräder gibt es nur noch in den alten Hammerwerken des Großvaters. Warst du denn noch nie dort?“ Sie schaute ihn aus runden Augen an, schüttelte den Kopf.

„Dann bitten wir doch den Großvater, dass er uns einmal mitnimmt. Das ist interessant! Angeblich werden die Werkstücke viel besser, wenn sie mit wasserbetriebenen Hämmern geschmiedet werden, hat der Großvater gesagt. Aber es dauert halt viel länger und ist deswegen teurer. Dort kannst du dir genau anschauen, wie das funktioniert. Der Schmied kann den Wasserzulauf zum Wasserrad mit einer Stange regulieren, je nachdem ob er den Hammer schnell oder langsam klopfen lassen will. Wenn er den Hammer anhalten möchte, dann schiebt er die Zulaufrinne einfach mit der Stange ganz zur Seite und das Wasser rinnt am Wasserrad vorbei.“

„Diese Werke müssen aber schon sehr alt sein“, stellte Waltraud fest.

„Uralt“, bestätigte Ferdinand, „und Großvater wollte sie schon abreißen lassen. Aber irgendjemand hat gemeint, man sollte daraus ein Hammerwerksmuseum machen.“

„Und wer macht das Museum?“

Ferdinand zuckte mit den Schultern und steckte die Hände in die Taschen seiner Lederhose. Dann fragte er: „Möchtest du Unken fangen?“

„Ja“, rief Waltraud begeistert, „gehen wir zum Unkenteich!“

Sie machten sich auf den Weg zurück zur Stadt, denn der Unkenteich lag nicht weit von der Lenau'schen Villa entfernt auf einem Hügel. Manchmal schielte Ferdinand auf den Oberkörper seiner Cousine, die von diesen Blicken nichts zu bemerken schien. Sie nahm Ferdinand bei der Hand und so marschierten sie fast den ganzen Weg ohne Pause zurück und waren bald bei dem hinter einem Erdwall aufgestauten, im Licht der prallen Nachmittagssonne glitzernden Teich angelangt, den ein schmaler Schilfgürtel umgab. Im abgestandenen, lauwarmen Wasser wimmelte es von Fröschen, Unken, Wasserläufern, Libellenlarven und verschiedenen anderen Wasserinsekten. Ferdinand fischte mit einer schnellen Handbewegung einen Rückenschwimmer heraus und erklärte der Cousine:

„Das ist kein Käfer, sondern ein Insekt, das man zu den Wanzen zählt. Der Rückenschwimmer hat zwei lange Hinterbeine mit Borsten, mit denen er gut schwimmen und tauchen kann, er jagt nach anderen Insekten, die er mit den vier Vorderbeinen fasst und mit seinem Stechrüssel aussaugt. Wenn man ihn in der Hand hält, könnte er einen stechen.“

„Hat dich schon einer gestochen?“

„Ja. Das tut ganz schön weh.“

„Aber giftig sind sie nicht.“

„Nein. Aber sie können fliegen. Schau, wenn ich den da jetzt auf den Boden lege, dann hüpft er eine Zeit lang komisch hin und her, weil er glaubt, er ist noch im Wasser, aber plötzlich dreht er sich auf den Bauch, macht die Flügel auf und fliegt davon.“

„Dann leg ihn jetzt auf den Boden“, sagte Waltraud. Mit eng aneinandergedrängten Köpfen beobachteten sie das Insekt, das sich entsprechend der Vorhersagen verhielt und tatsächlich nach kurzer Zeit fliegend das Weite suchte. Als Ferdinand sich der großen Nähe seiner Cousine plötzlich bewusst wurde, fühlte er eine Hitzewelle in sein Gesicht hochwallen, gleichzeitig überkam ihn Verlangen: er wollte unbedingt die Brüste des Mädchens berühren. Aber wie sollte er das bewerkstelligen? Einfach hinlangen? Schließlich nahm er sich ein Herz: „Du Waltraud“, sagte er mit belegter Stimme.

„Ja, was ist denn?“

„Lasst du mich deinen Busen anfassen?“

Sie zögerte und schaute Ferdinand verwundert an, der seine Worte gern wieder verschluckt hätte, aber das ging nicht mehr. Nur wenige Sekunden verstrichen, dann nickte sie langsam und deutlich und wandte sich wortlos so zu ihm hin, dass er den Busen direkt und leicht fassbar vor sich fand. Jetzt zögerte er nicht und legte beide Hände dorthin, wo die Brüste die Bluse vorwölbten. Es war ein unglaubliches, überwältigendes Gefühl! Sie hielt den Atem an, bewegte sich nicht und ließ in einer Art Erstarrung den Griff ihres Cousins währen, so jedenfalls empfand es dieser. Aber als er das Gesicht der Cousine anschaute, wurde ihm bewusst, dass sie diese Berührung mochte, dass sie es genoss, von ihm so betastet zu werden. Diese Erkenntnis jagte ihm einen Schauer von Glück und Erregung durch die Lenden, und als er schließlich die Hände von ihr löste, neigte er sich ganz nahe zu ihr hin und gab ihr einen Kuss auf die Lippen. Jetzt wurde sie knallrot auf den Wangen, aber ihr Mund veränderte sich zu einem ganz heimlichen, ja innigen, gerade nur angedeuteten Lächeln, so als bestätige sie damit, dass ihn und sie von jetzt an ein großes Geheimnis verband.

Wortlos gingen sie nach Hause. Die Erwachsenen lagen in Liegestühlen auf dem Balkon in der Sonne, schliefen oder lasen, die Großmutter werkte in ihrer Küche. Aus dem Hochparterre perlten Klavierklänge. Die Erregung verfolgte Ferdinand und er konnte an nichts anderes als an Waltrauds weichen Busen denken. Vielleicht ließ sie ihn noch einmal drauf greifen? Wenn sie es einmal zugelassen hatte, warum dann nicht ein weiteres Mal? Er hatte sie einmal gefragt, also würde er sie wieder fragen, und zwar gleich jetzt. Er würde mit ihr hinunter ins Kellerzimmer gehen, wo die beiden Töchter von Onkel Hartmut und Tante Gerda wohnten, was sprach dagegen?

„Du", flüsterte er ihr zu, „weißt du was? Gehen wir hinunter ins Kellerzimmer?"

„Warum?"

„Dort könnten wir … schmusen – wenn du möchtest."

Sie nickte mit einem mindestens so geheimnisvollen, tiefgründigen Lächeln auf ihren Lippen wie kurz zuvor am Unkenteich und schon stahlen sie sich aus der Welt der sich sonnenden Erwachsenen fort hinunter über die kühle Betontreppe in den Keller. Ohne zu sprechen ließ sich Waltraud rücklings auf ihr Bett sinken. Ferdinand bettete sich flugs neben sie und schon nestelten seine Finger an ihrer Bluse. Er wollte unbedingt unter den Stoff gelangen und durch den Halsausschnitt würde das nicht gut gelingen. Also musste er die Bluse aus dem Bund von Waltrauds Rock ziehen und sich von unten her Zugang verschaffen. Das ging aber nicht ganz einfach. Doch wie groß war sein Erstaunen, als Waltraud sich etwas aufrichtete und sich selber die Bluse aus dem Rockbund zog. Jetzt konnte er hineinlangen. Er wähnte sich schon am Ziel – doch da war plötzlich noch eine weitere Barriere, die er vergessen hatte: er fühlte nicht die Haut des Busens, sondern seine Finger glitten über den Seidenstoff des Büstenhalters, in dem die begehrten Objekte ruhten. Doch jetzt war er nicht mehr zu bremsen. Mit wenig Aufwand schob er das mit Reifen und Bändern verstärkte Ding einfach über den Busen und spürte, wie sich die befreiten Brüste zitternd direkt in seine Handflächen schmiegten.

Wie betäubt lag er da und streichelte seine Cousine, er spürte die Brustwarzen mitten auf den Kuppen und bemerkte, wie sie sich unter seinen Fingern verhärteten, und noch etwas bemerkte er: Waltraud hatte begonnen ganz tief zu atmen. Sie waren beide ganz stumm, wortlos, nur ihr Atem, der ging tief und regelmäßig. Sie regte sich nicht, ließ ihn mit halbgeschlossenen Lidern in einer Weise gewähren als ob jede Energie aus ihr gewichen wäre. War es Hingabe, Lust oder einfach nur eine besondere Form von Lähmung, die bei Mädchen hervorgerufen wird, sobald man ihren Busen streichelt? Er hatte keine Ahnung. Er war sich nur ganz sicher, dass sie es genoss, dass sie diese Berührungen ebenso begehrte wie er und dass sie diese von nun an immer wieder zulassen würde.

43

Zu Allerheiligen, am Totensonntag, pilgerten sie wie alle Jahre wieder und wie immer zu dritt, schweigend, die Köpfe gesenkt, zum Langenwanger Friedhof, um dem toten Vater und dem Großvater, der auch schon seit einigen Jahren unter der Erde lag, einen Besuch zu machen. Ferdinand trug ein Blumengesteck, das die Mutter als Gruß für ihre Toten besorgt hatte, während Anna eine Hand der Großmutter Ludmilla fest in der ihren hielt. Die alte Dame ging mit kleinen Schritten zwischen ihren beiden Enkeln und erweckte den Eindruck, gestützt werden zu müssen. Vom Erbarmen, das sie in den Heranwachsenden erweckt hatte, wusste sie nichts, so tief versunken war sie in ihrer eigenen Trauer. Graue Wolken und wallende Nebel, Leichentüchern gleichend, hingen vom Himmel und den Bergen. Die drei zogen mit ihren schweren Herzen langsamen Schrittes am Rathaus vorbei, danach bis zur gotischen Kirche, wo der feuchte Weg in einer Kurve zwischen Immergrün nach links führte und wo auf einmal die letzten Häuser weit zurück blieben. Nun betraten sie das Friedhofsgelände mit dessen unzähligen Grabsteinen, zwischen denen sich Bäume in das Himmelsgrau streckten, noch feucht vom Eisregen, mit Ästen und Stämmen so schwarz wie der Tod selbst.

Vor dem Grab der Familie Roth, es lag dicht an der Friedhofsmauer, blieben sie dann stehen und starrten dorthin auf die Marmortafel mit ihrem Namen, mit dem des Vaters und des Großvaters Sigmund, der an Lungenkrebs verstorben war. Anna würde sich ihr Leben lang an jenen Tag im August erinnern, als Tante Gerda ihnen die Nachricht vom plötzlichen Tod ihres Großvaters überbracht hatte. „Ihr müsst jetzt sehr tapfer sein! Großvater Sigmund ist heute gestorben!“ Bald danach an einem heißen Sommertag die Verabschiedung vor dem Haus, wo die Familie, viele Freunde und Hunderte Fremde in schwarzen Gewändern wartend standen, und Anna würde nie vergessen, wie sehr sie alle in ihre Taschentücher geweint hatten, als Onkel Waldemar und drei andere Männer aus dem Haus getreten waren, die den schlichten Sarg aus Tannenholz mit dem Toten aus einem Zimmer geholt, wo sie ihn aufgebahrt gehabt hatten. „Wohin tragen sie ihn?“, wollte Anna von ihrer Mutter erfahren, und diese entgegnete sehr leise: „In die Feuerhalle. Er wird eingeäschert!“

Das war vor mehreren Jahren geschehen, – und jetzt standen sie wieder hier auf dem Friedhof und wie damals begann auch die Großmutter an diesem Tag wieder leise zu schluchzen, was man daran erkannte, dass ihr Körper bebte und wie kraftlos geworden in sich zusammenzusinken drohte, und Anna nicht mehr wusste, was sie tun sollte. Gleich, sie spürte es, würde auch sie ohnmächtig zu Boden sinken, vor lauter Schmerz die Besinnung verlieren. Aus weiter Entfernung von der Kirche her geweht, läuteten Glocken bald jeden Gedanken weg, auch hörte man verwehte Orgelmusik. Ferdinand starrte wortlos, in sich versunken, auf das Grab seines Vaters. Die Lider hatte auch Anna gesenkt, blickte aber unter ihnen immer wieder zur Großmutter hin, die da stand starr, bewegungsunfähig und wie eine fest Gebannte, die Arme beidseits des in Schwarz gehüllten Körpers wie gelähmt herabhängend, ganz arm und verlassen, und dann, als sie irgendwann doch die Hände ineinander legte, zitterten diese leicht und auch ihre Mundwinkel zitterten und ihre weichen Wangen mit den vielen Falten zitterten auch. Da packte es Anna wieder in der Kehle, wo es sie würgte, und der Schmerz in ihr zwang ihr Herz wie rasend zu klopfen, und dann begannen auch ihr die Hände zu zittern, nicht nur weil es ihr bewusst war, wer da unter dem Berg von Blumen, Kränzen und Erde in einem Sarg lag, sondern vor allem weil sie diese arge Trauer ihrer Großmutter kaum ertrug. Unter dieser fest gebetteten Erde lag neben dem Großvater ihr Vater, tot, auf ewig und immer. Je hoffnungsloser ihr das Wesen des Toten fremd bleiben musste, umso heftiger keimte aber, wie jedes Mal, wenn sie da an diesem Grab stand, eine starke, beinahe körperliche Sehnsucht in ihr auf. Das einzig Werdende, Lebendige an diesem Ort der Vergangenheit, dem Ort des Todes.

Endlich konnte sich auch die Großmutter dem Weinen hingeben, und sie weinte hingebungsvoll wie nur eine Mutter weinen kann, die ihren Sohn verloren und die verzweifelt auch um ihren Mann trauert, um ihr ganzes vergangenes Leben wahrscheinlich. Dabei war ihr der Kopf nach vorne gesunken, auf die Brust. Sie hatte einen weichen schwarzen Hut mit Hutnadel auf dem sorgfältig frisierten Haar und trug einen langen, schwarzen Mantel.

Auf dem Grabstein steht ein Vers aus der Feder des berühmten Vorfahren:

O Menschenseele leg dich du
an Gottes Herz zur trauten Ruh
und lass nicht kümmern deinen Sinn,
dass du nicht weißt woher – wohin.

Gegen Abend dann brachte Großmutter Ludmilla die beiden Enkel zum Zug, denn die mussten ja zurück nach Graz. „Denke nicht zu viel über dich nach!", sagte sie zärtlich zu Anna. Anna nickte, Ferdinand lächelte, danach umarmten sie die alte Frau. Der Zug stand schon da, sie stiegen ein, der Stationsvorsteher pfiff in seine Trillerpfeife, und schon rollte der Zug davon, nach Graz, und zurück blieb sie, eine einsam stehende, schwarz gekleidete Gestalt, die so lange mit dem Taschentuch winkte, bis sie von der ersten Kurve verschluckt wurde. Eine Weile noch standen die Geschwister Roth am Fenster und sahen zu, wie die Landschaft draußen vorüberflog. Sie mochten Bahnhöfe mit ihren Perrons, und vor allem hatten sie die Landbahnhöfe gern, diese Stationen mit Bahnhofsvorstehern in verstaubten Uniformen und blauen Kappen, die über die Macht verfügten, mit einem scharfen Pfiff aus seiner Trillerpfeife Züge abfahren zu lassen, und sie mochten die in Schwaden kalten Zigarettenrauchs gehüllten Bahnhöfe mit den Reisenden, die gottergeben auf den nächsten Zug warteten, weil es immer jemanden gab, der ankam oder abfuhr oder weil sie selbst eine Reise antraten. Unmöglich daher, zu klären, worum es sich bei dieser Vielfalt von Gefühlen nun tatsächlich handelte: um die Aufregung der Reise selbst oder nur um diese Stimmung nach Abschied, Abenteuer und Ortswechsel, die dieses Gefühl möglich machte, sodass man nach jeder Reise mit einer veränderten Vorstellung vom Leben zurück kam, voll beladen mit Neuem aus der alten, vergangenen Welt, – mit Hoffnungen für die Zukunft.

44

Der Vater hatte also ein kleines, grün gestrichenes Häuschen in Steindorf am Ossiachersee gemietet, umgeben von üppig strotzenden Maisfeldern, die der Gegend ein exotisches Flair verliehen. Rings um diesen wiesengesäumten, verträumten Kärntner See wiegten sich undurchdringliche Urwälder aus hohem Schilf, in denen Hunderte von Wildenten nisteten. Diese sich sacht im Wind wiegende, knisternd aus dem Wasser steigende Barriere des sumpfgrünen Schilfgürtels wurde zum Forschungsgebiet der Geschwister Roth, in das sie mit einem Paddelboot eindrangen, und das war mindestens genauso aufregend wie es eine Expedition in die Urwälder von Borneo gewesen wäre. Dort am Ufer waren sie bis auf ein junges Ehepaar mit einem Baby ganz allein. Ferienmachen, das konnte sich damals kaum jemand leisten. Sommerfrische vielleicht. Sie waren privilegiert. Im einfallenden Sonnenlicht erstrahlte der See wie ein glänzendes Wunder.

An diesem Ufer wurden die schönen Sommertage beinahe endlos, das Licht veränderlich, es stufte sich ständig ab. In der Frühe reflektierte das Wasser unterm windstillen Himmel mattes Silber, gemischt mit dem rotgoldenen Abglanz der höher steigenden Sonne, verfärbte sich am späteren Vormittag in trübes Blau mit rosa Lichtern darauf oder mit grau tanzenden Reflexen in Ufernähe, bis das in den See blickende Auge in tiefem Ultramarin versank, mit dem Spiegelbild der umliegenden Hügel in ihrem sommerlichen Grün. Mittags heizte die Sonne mit voller Glut vom Himmel. Immer wieder flog eine Staffel Wildenten laut quakend über den See, an dessen Ufer die Mutter lang ausgestreckt über ein Buch gebeugt auf einer grauen Decke im Schatten eines Baumes lag.

Anna hatte die Knie bis zum Kinn hochgezogen. Neben ihr lungerten Sissy und Markus, mit denen sie spielte. Ferdinand schmökerte in seinem Türkischbuch. Gegen Mittag verließen sie gemeinsam den Strand und gingen voller Eintracht ein paar Minuten bis zu dem kleinen Haus, wo sie ein schnelles Mittagsmahl verzehrten.

Der Vater kam über das Wochenende. Er war in Hochstimmung. Freundlich, liebevoll. Für alle wurde es eine unvergessliche Zeit. Oft gab es längere Perioden von Hochdruckwetter, dann regnete es wiederum in Strömen. Die Kinder lasen, spielten, schwiegen oder träumten. Ingrid ruhte bei Regenwetter lange Nachmittage hindurch auf dem feuchten Bett in einem Zimmerchen, wo Gelsenschwärme an der Decke oder auf der Hängelampe hungrig und durstig danach lechzten, sich am Blut der Menschen vollzusaugen, Blut, von dem sie nicht genug kriegen konnten. Nicht einmal die mit feinem Maschendraht vergitterten Fenster hielten die blutgierigen Quälgeister von ihrer Schmarotzerei ab, sodass bald nicht nur Ingrid, sondern auch alle vier Kinder mit mehr oder weniger dicken Geschwülsten übersät waren. Stundenlanges Kratzen war die Folge, solang, bis aus den Beulen Blut floss und sie erst spät in der Nacht aus Verzweiflung über den Juckreiz in einen unruhigen Schlaf fallen konnten.

Hingebungsvoll las die Mutter Homers Odyssee:

‚Und Odysseus vernahm das dumpfe Geräusch an den Klippen der Küste. Spritzend bleckte die Flut steil auf; die Felsen verschwanden unter dem schäumenden Salz, das noch aufs Trockene spritzte, und es erschien kein Hafen und keinerlei Bucht oder Land, sondern ringsum sprang es heraus mit Klippen und Riffen.‘

Sie sah Anna mitten ins Gesicht, ohne dabei ihre Tochter wirklich wahrzunehmen, und seufzte, das Buch kurz sinken lassend, auf: „Ach, weißt du, Griechenland, das wäre mein Traum! Doch fürchte ich, dass ich dieses herrliche Land niemals sehen werde!“ Sie dachte an Joachim, der im Tembital während des Balkanfeldzugs gefallen war.

„Aber wieso denn …“

„Der Vater. Du weißt ja, dass er so gut wie nichts unternimmt.“

„Dann musst du halt allein verreisen. Oder mit mir!“

„Tja, jaja … wer weiß …?“

Anna las ‚Bei den Kopfjägern Neuguineas‘. Ein englisches Forscherpaar kämpfte sich auf vielen bedruckten Seiten durch tropischen Regenwald, ständig von Gefahren umlauert, Schritt für Schritt züngelten Vipern im Geäst und böse Pygmäen schärften heimlich ihre vergifteten Pfeile. Tellergroße weiße Orchideen blühten am Rande eines azurfarbenen Meers, über das bunte Papageien kreischend hinweg zogen. Im Uferschlamm dösten bewegungslos Krokodile, bös und angriffslustig, und sie versetzten die kühnen Forscher, aber auch Anna in Furcht und Schrecken. Diese ungemein fesselnde Lektüre transportierte sie weit weg vom Kärntner See über Ozeane und Kontinente in jenes schwüle Tropenparadies, mit palmengesäumten Dörfern und nackten Männern und Frauen, die in Gruppen vor ihren Lehmhütten kauerten. Anna hielt sich dann für Oona, die englische Forscherin, und den Ferdinand hielt sie für den kühnen Forscher Edward, ihren mutigen, sie vor Giftpfeilen und Krokodilen beschützenden Begleiter.

Manchmal verschwand Ferdinand sowieso. Er habe etwas augekundschaftet, erklärte er aufgeregt. Und sprach von einem geheimnisvollen Waffenlager, das er im Schlamm, in Ufernähe entdeckt habe.

Von Ingrid wurden Anna und Ferdinand, der blaubraun gebrannt, hauptsächlich in einer kurzen, blauen Badehose umherging, zum Langstreckenschwimmen trainiert, bis sie, von ihrer Mutter im Ruderboot begleitet, den Kilometer zum gegenüberliegenden Seeufer schafften. „Ich bin wahnsinnig stolz auf euch beide!“, sagte

Ingrid, indem sie die beiden dünnen, frierenden Gestalten mit einem flauschigen Handtuch trocken rieb.

Im folgenden Jahr fuhren sie das zweite Mal dorthin, denn es gefiel ihnen dort in Steindorf. Diesmal konnte man die Menschen schon kaum mehr zählen, die eng aneinander gerückt den Strand bevölkerten. Weniger Wildenten zogen über den See, doch kam der Sturm wieder und ebenso die Regenperiode mitten im Hochsommer, und abermals träumte die Mutter von Griechenland, das sie mit der Seele suchte, denn diesmal las sie die Ilias. Um das grüngestrichene Haus wuchsen Apfelbäume mit unzählbaren, fortwährend zwitschernden Spatzen. Doch vor Sonnenaufgang drang durch die offenen Fenster vor allem der Gesang von Amseln in die Zimmer. Einmal legte Ingrid die Ilias beiseite, richtete den Blick auf die Decke des niedrigen Zimmers und lauschte. Draußen fiel in gleichmäßigen Strömen Regen und verhüllte die Gegend wie ein grauer Vorhang.

„Weißt du, Anna, an manchen Tagen geht es mir so schlecht, wenn ich die Amseln singen hören muss. Damals nämlich, als dein Vater schon gestorben ist und ich im fünften Monat mit Ferdinand schwanger war, da haben in den Morgenstunden auch die Amseln gesungen. Für mich war das wie ein Todeslied – und ist es geblieben! Als es vorbei war, bin ich mit dir zu den Eltern nach Mürzzuschlag gezogen, denn irgendwo mussten wir ja wohnen und sie haben uns so liebevoll aufgenommen …“

Anna deutete ein Nicken an. Was hätte sie schon sagen können …

„Aber während dieser ersten furchtbaren Zeit, in der ich nur von dem einen Wunsch besessen war, so schnell wie möglich zu sterben, ihm nachzufolgen, und ich keine Ahnung gehabt habe, wie ich diesen Verlust jemals auf mich nehmen könnte, da bin ich oft lange wach gelegen, im Morgengrauen, und habe geweint. Und immer diese Amselgesänge! Mein Schmerz war so stark, so schneidend, dass ich mir sicher war, ich würde es niemals überleben. Was mich morgens immer wieder aufstehen ließ, war nur das Warten auf irgendetwas Kommendes, was sich aber an keinem Tag ankündigte, ich glaube, ich habe das Unerwartete erhofft, vielleicht dass mit meinem Kind der Vater neu geboren würde, und konnte trotzdem nicht aufhören, über das Vergangene nachzudenken. Jeden Tag in der Frühe war mein Kissen von meinen Tränen durchnässt. Sobald es jedoch hell wurde, jedes Mal, bevor die Sonne aufging, haben auch die Vögel zu singen begonnen. Vielleicht haben sie sich ihres Lebens erfreut… während ich da in meinem schattigen Zimmer im Bett mit dem Weinen nicht aufhören konnte. Seither hör' ich sie nicht mehr gern, sie erinnern mich an damals, an meinen Schmerz…" und ihre Stimme brach wieder einmal weg.

Anna kniete neben dem Bett der Mutter. Sie hatte noch immer nichts gesagt. Es überlief sie kalt, wenn sie die Mutter so sprechen hörte.

„Du hast ihn ja nie wirklich gekannt!", sagte die Mutter. „Er war schon mit jungen Jahren Dozent für interne Medizin, groß, schlank, mit dunkelbraunem Haar wie Ferdinand und du, Charme besaß er reichlich, mein Gott, alle haben ihn geliebt. Er konnte so verbindlich sein, so liebenswürdig und da war auch seine ganz natürliche Güte. Obwohl er auch ein Hitzkopf war, ein Träumer, ein verführter Idealist. Und weißt du was… es gab viele, die gern an meiner Stelle gewesen wären!"

„Wirklich?", antwortete Anna verbindlich und nahm die Hand der Mutter in ihre. Verstohlen betrachtete sie sie. Immer noch war sie so schlank, blond und schön und so offen, ganz anders als Anna. Anna sagte nichts, weil sie spürte, dass ihre Worte nur als ferner Schall das Bewusstsein der Mutter getroffen hätten.

„Mein Gott, weißt du, als er mich geheiratet hat, war ich erst achtzehn, er aber schon dreiunddreißig. Sogar eine Verlobung mit einer Wiener Gräfin musste er meinetwegen lösen. Er hat mich wirklich geliebt! Mein Gott, Anna, wie viele heiraten aus anderen Gründen, wo die Liebe nur eine Nebenrolle spielt. Ich habe ihn bewundert, vergöttert! Und er hat mich geliebt. Die Hochzeit hat in Mürzzuschlag in der evangelischen Heilandskirche stattgefunden, natürlich war sie das gesellschaftliche Ereignis. Auch das hat mich stark beeindruckt – die ganze Verehrung, die ihm und meinen Schwiegereltern entgegengebracht worden ist! Es war eine große Ehre für mich, für meine Eltern – wie ein Traum war es – beinahe unwirklich. Dann sind wir zu den Flitterwochen an den Gardasee gefahren … dort bist du entstanden, Anna! Ach, wie glücklich wir doch waren! Wie glücklich! Und dann … diese Lungenentzündung! Bei der Nachricht, er sei gestorben, wollte sich Großmutter Ludmilla aus dem Fenster hoch oben im Dachboden ihres Langenwanger Hauses stürzen. Gott sei Dank konnte der Großvater sie daran hindern, indem er sie fest gehalten hat."

Die Mutter fragte nicht: Erinnerst du dich, Anna? Sie lag auf ihrem feuchten Bett, man vernahm ihre Atemzüge und das gleichmäßige Rauschen des Regens, der sich über die Maisfelder ergoss. Die Ilias war Ingrid aus den Händen gesunken. Sie versuchte, nicht zu weinen. Lange verharrte sie wie erstarrt in dieser Haltung, die Augen fest auf das Fenster mit dem grauen Maschendraht gerichtet, und es schien, als hätte sie alles andere, was sonst in ihrem Leben zählte, in dieser Stunde ganz vergessen. Anna meinte, den schwarzen Todesengel in ihrer Nähe zu fühlen. Im Nebenzimmer spielten die kleinen Geschwister mit ihrem Goldhamster, den sie Mischi getauft hatten.

Ferdinand fühlte sich im Wasser wie zu Hause, das war schon so gewesen, als er noch nicht schwimmen konnte, doch kaum hatte er es gelernt, war er nicht mehr zu halten gewesen! Weite Strecken schwamm er, hechtete vom Steg in den See, tauchte, brachte sich selber den Druckausgleich bei, hielt so lange die Luft an, dass die Erwachsenen, die ihn manchmal beobachteten, schon nervös wurden, aber irgendwo durchstieß er dann doch immer wieder prustend die Wasseroberfläche und kehrte zum Ufer zurück. Vom Großvater Hermann Lenau hatte er den Gummischlauch eines Lastwagenreifens geschenkt bekommen, den ließen die Eltern an einer Tankstelle in Steindorf aufblasen, Ferdinand konnte sich in diesen Ring hineinlegen und mit den Händen paddeln. Stundenlang ließ er sich so dahintreiben, während er in den blauen Himmel starrte und über irgendwas nachdachte, meist waren es türkische Vokabel und kurze Sätze, die er memorierte. ‚At hayvandır' – Das Pferd ist ein Tier. Einer seiner Lieblingssätze lautete: ‚Büyük pederim hırzıslık etyor.' zu Deutsch: ‚Mein Großvater stiehlt.' Das Wort ‚hırzıslık' hatte es der Mutter so angetan, dass sie es bei jeder Gelegenheit aussprach, ob es zur Situation passte oder nicht. Die türkische Sprache, ja die gesamte Türkei schien für sie nur aus diesem einzigen Wort zu bestehen.

Aber Ferdinand hatte – vielleicht durch Tante Angelas Einfluss – auch Interesse an der italienischen Sprache entwickelt; viele Touristen aus Italien verbrachten an den Kärntner Seen ihren Sommerurlaub. Ihnen zuliebe hatte man Plakate gedruckt, auf denen z.B. Folgendes zu lesen stand: ‚Tutti fumano i prodotti de monopole Austriaco' – Alle rauchen die Produkte des österreichischen Tabakmonopols.

Einmal köpfelte er vom Steg ins Wasser und tauchte bis zum schlammigen Grund hinunter. Beim Druckausgleich hielt er sich die Nase zu, prustete hinein und schluckte, dann tat es in den Ohren nicht mehr weh. Taucherbrille oder Flossen besaß er keine, der überaus berühmte österreichische Tauchpionier und Filmer Hans Hass hatte diese Utensilien zwar schon publik gemacht, aber es gab nicht viele, die sich derartige Sportgeräte leisteten. Ohne Tauchermaske sah man unter Wasser alles unscharf. Einmal glaubte Ferdinand, einen großen Wels, einen Waller, wie man den Fisch hier nannte, gesehen zu haben. Im Schlamm griff er nach Süßwassermuscheln, die er hochbrachte und den anderen Kindern schenkte, die nicht tauchen konnten. Dann sah er eigenartige, runde Formen im Schlick. Der Grund mochte hier etwa drei oder vier Meter tief sein. Er griff mit der Hand in diese runde Mulde und fühlte einen harten, metallenen Gegenstand, er zerrte daran, Schlamm quoll in Wolken auf und raubte ihm die letzte Sicht, aber etwas bewegte sich und plötzlich hatte er den Gegenstand aus dem Grund gelockert und versuchte nun, ihn an die Oberfläche zu zerren. Das Ding wog ziemlich viel und er brauchte lang, bis er oben angelangt war – er schwamm zum Steg und schleppte den Gegenstand hinter sich her. Dann schob er ihn ans Ufer: ein Maschinengewehr! Ferdinand hatte noch nie eines in natura gesehen, aber er wusste, dass es solche Waffen gab, zum Beispiel das berüchtigte MG 42 der deutschen Wehrmacht, er hatte genug Darstellungen davon in Zeitschriften betrachtet, er erkannte den mit einem durchlöcherten Kühlmantel umgebenen Lauf, den Kolben und den Dreifuß, doch warum dieses gerade hier unter dem Steg im weichen Seegrund lag, verstand er nicht. Er robbte aus dem Wasser und zerrte das MG ans Trockene. Im Nu hatte sich eine Menschenmenge um ihn versammelt.

„Wo hast denn des her, Bua!", fragte ein junger Mann in seinem Kärntner Dialekt.

„Rausgetaucht", antwortete Ferdinand.

„A so, ausitaucht hast es! Ja war des denn im Wossa?"

Ferdinand nickte. Die Waffe sah noch ziemlich neu aus, frisch geölt. „Schaut no guat aus. Gibst es mir?", fragte der Kärntener – und Ferdinand, der mit einem Maschinengewehr nichts anzufangen gewusst hätte, gab es ihm. Der Kärntner packte es und lief eilends davon.

Ferdinand sprang neuerlich vom Steg hinein, die Schlammwolke hatte sich verzogen und er bohrte seine Faust in den weichen Grund – wieder bekam er etwas zu fassen, etwas Leichteres, er zog es aus dem Boden, schwamm hinauf und brachte es an Land: ein Gewehr, ohne jede Spur von Rost. Der nächste Abnehmer wartete schon darauf, rief erstaunt, das sei ein echter deutscher Wehrmachtskarabiner, und machte sich damit aus dem Staub.

So ging das noch ein paar Male, auch einige uralte, total verrostete und verbackene Gewehre tauchte Ferdinand heraus, die schon jahrelang dort unten gelegen haben mussten. Als er aber zwei Handgranaten hochbrachte und schließlich einen mit Patronen vollgestopften Gurt für das Maschinengewehr, fingen die Leute an, den Strand zu verlassen. Sie riefen, der Bub solle aufhören, das Kriegszeug herauszuholen, zu viele blinde Kinder gebe es und manchen hätte man Arme oder Beine abnehmen müssen, weil sie mit Munition gespielt hatten. Die Soldaten, so hörte er, hätten ihre Waffen bei Kriegsende hier einfach ins Wasser geworfen, auch nach dem Ersten Weltkrieg hätten sie das gemacht und die alten Gewehre stammten sicher aus jener Zeit.

Ferdinand aber wurde des Tauchens nicht müde, er brachte mindestens fünf Karabiner an Land, mehrere Handgranaten, Patronen in Blechkanistern und Gurten, die rasch ihre Abnehmer fanden, bis die Polizei kam, den Buben verjagte, das Gebiet absperrte und den Rest von dem barg, was sich noch im See befand. Erst am nächsten Tag durfte man dort wieder baden.

45

Der Sturm des Deutschen Wirtschaftswunders hatte mit einigen Windböen Österreich erreicht. Die Wirtschaft fing auch hier an zu erblühen. Im Sommer 1954 – man rechnete schon in sogenannten ‚Alpendollars' – wurde von den Mohrs nicht mehr Kärnten als Ferienziel ausgesucht, sondern Italien, denn Italien war ein billiges Reiseland. Große Begeisterung!

In Venedig machten sie Zwischenstation und fuhren mit dem Vaporetto von der Piazzale Roma bis zum Markusplatz mit den Tausenden Tauben und dem berühmten, etwa 90 Meter hohen Campanile, der im Jahr 1902 ohne Vorwarnung eingestürzt war, wie der Vater berichtete, Gott sei Dank ohne ein Opfer zu fordern. Ferdinand interessierte sich aber nicht so sehr für den Dogenpalast, die Markuskirche und die vielen prächtigen anderen Kirchen und Paläste an den Kanälen, er staunte in erster Linie über ein gewaltiges, amerikanisches Kriegsschiff, das am Kai angelegt hatte und mit unglaublich dicken Seilen an Pollern festgemacht ruhig und mächtig dalag, ganz nahe und zum Anfassen. Jetzt erst verstand er, was der Vater gemeint hatte, wenn er von den großkalibrigen Kanonenrohren gesprochen hatte, denn diese hier waren schon gewaltig, mächtiger als die FLAKs, die er als kleiner Bub im Pretulgraben gesehen hatte. Die Türme der deutschen Schlachtschiffe Bismarck und Tirpitz, so der Vater, wären noch mit viel, viel dickeren Rohren bestückt gewesen, mit denen man über den Horizont hinaus, mehr als dreißig Kilometer weit, schießen und vor allem treffen konnte, viel weiter also als die Engländer, Amerikaner oder Russen. Vom Hotelzimmer aus beobachtete Ferdinand ein paar italienische Kinder, die im Hinterhof mit einer Schildkröte spielten und das Tier auf den Rücken drehten, dass es hilflos strampelnd und den Hals verrenkend vergeblich versuchte, wieder auf die Beine zu gelangen.

Am nächsten Tag ging es dann weiter nach Lignano, wo die Eltern ein kleines Appartement im ersten Stock einer Pension gemietet hatten, nicht direkt am Meer, sondern etwas weiter hinten, an einer der größeren Straßen voller Geschäfte, Kaffees, Restaurants und Konditoreien. Dort wollten die Mohrs vierzehn Tage verbringen. Die Eltern schliefen in dem einem, die Kinder im anderen, größeren Zimmer, in dem es vor lauter Gelsen wimmelte, so wie ehemals in Steindorf am Ossiachersee, doch italienische Blutsauger diesmal, die es besonders auf Ferdinand abgesehen hatten, sodass er bald aussah wie ein Leprakranker, überdeckt von juckenden Beulen, welche er sich im Laufe der Tage blutig kratzte. Die anderen Familienmitglieder blieben von diesen Plagegeistern verschont. Ferdinand tötete jeden Tag unzählige dieser sirrenden und bei Nacht neben den Ohren singenden Insekten, aber die Plage nahm kein Ende, denn aus dem nahen Pinienhain flogen immer neue Stechmücken durch die offenen Fenster herein und schließen wollte man die Fenster nicht, weil es dann zu heiß geworden wäre. Die Wände des Zimmers waren bald übersät mit Blutflecken von vollgesaugten, erschlagenen Gelsen. Sie allabendlich auszuräuchern, war niemandem in den Sinn gekommen.

Nachts spielte auf der Straße genau vor der Pension eine Tanzkapelle, bestehend aus Schlagzeug, Kontrabass, Gitarre und Klavier. Diese Gruppe spielte alles, was es an Schlagern im Radio gab, und die Musiker sangen auch dazu: Sugar Sugar Baby, den Babysitter Boogie, Lollipop, Banjo Boy, Lady Sunshine, Eine Reise in Glück, Am Tag als der Regen kam, Tom Dooley, Das hab ich in Paris gelernt und natürlich viele italienische Schlager wie Che bella pansé che tieni, O sole mio.

Ferdinand war von der Musik begeistert, die Eltern hingegen nicht, weil sie dadurch beim Schlafen gestört wurden. Ferdinand wäre ja selber furchtbar gerne Musiker gewesen, aber lieber hätte er ein Blasinstrument gespielt, zum Beispiel Klarinette, obwohl er fand, dass auch das Klavier in dieser Band nicht schlecht klang – und wie gekonnt sich der Gitarrist mit dem Pianisten abwechselte! Er hörte genau zu wie und was gespielt wurde und kannte viele Stücke bald auswendig.

Den Tag verbrachte man am Strand, von wo man die ‚Terrazza al Mare' ausmachen konnte, einen im Seichten errichteten Pfahlbau, in dem allabendlich Konzerte, Tanzmusik und Misswahlen geboten wurden. Der viele Kilometer lange, semmelblonde Sandstreifen war über und über mit Schirmen und Liegepritschen bedeckt, jedes Hotel, jede Pension hatte eigene Schirmfarben, eigene Muster, woran man in der reichlich bevölkerten Einöde sein Strandzuhause auch wiedererkennen und finden konnte. Ein schmaler Abschnitt des Strands war für die Bewohner der Pension reserviert, samt Liegepritschen und Sonnenschirm (ultramarinblau). Da den Mitgliedern der Mohr'schen Familie keine sechs Liegepritschen zur Verfügung standen, breiteten die Eltern eine Decke auf den Sand, worauf man genauso gut, wenn nicht besser als auf einer Pritsche faulenzen konnte. Der breite Sandstreifen ermöglichte es auch, Fußball zu spielen oder umherzulaufen und – was Ferdinand und Markus besonders gut gefiel – Sandburgen zu bauen. Das ferne Ende des Strandes wurde durch eine aus riesigen Betonquadern aufgetürmte und oben glatt zementierte Mole gebildet, an deren Flanken Fischerboote ankerten und von wo aus Männer Angeln ins Meer auswarfen.

Das Meer war von trüb-türkiser Farbe, erst weiter draußen, wo es tiefer wurde, zeigte es die betörende Bläue, von der Tante Angela immer so geschwärmt hatte. Die Wassertemperatur erlaubte es den Kindern, stundenlang in den Wellen umherzuplanschen, ohne dass ihnen kalt wurde. Gut schwimmen konnten alle drei und die im seichten Wasser brechenden Wellen machten ihnen nichts aus. Immerhin war Ferdinand bereits mit neun Jahren einmal über den ganzen Ossiachersee geschwommen, zwar nicht an der breitesten Stelle, aber doch fast einen Kilometer weit. Er beherrschte verschiedene Schwimmstile wie Kraulen, Rückenschwimmen, Butterfly und Tauchen. Auch mit kleinen Paddel- oder Tretbooten konnte er umgehen, aber die zu mieten war den Eltern zu teuer.

Die Zeit wurde den Kindern nicht lang. Anna, o die prachtvolle Anna! wurde von zahlreichen Verehrern auf Schritt und Tritt verfolgt, manche belagerten sie sogar an ihrem Liegeplatz und bald verfolgten sie Burschen in Scharen auf Schritt und Tritt. Sie sah auch wirklich betörend aus: schlank wie ein amerikanischer Filmstar, perfekt proportioniert, mit langen Beinen und flachem Bauch und einem festen Busen, der viel größer war als derjenige der Cousine Waltraud. Und ihr Gesicht war so himmlisch! Manchmal trug sie einen Strohhut und steckte das braune Haar zu einer Art Knoten zusammengewickelt hinten hoch. Ferdinand verstand, dass kein Jüngling an seiner Schwester vorübergehen konnte. Ein Mailänder namens Arnaldo Bonazzi hatte es besonders auf sie abgesehen. Er konnte nicht schwimmen und tarnte dieses Unvermögen, indem er im seichten Wasser so tat, als schwämme er, sich aber dabei immer mit einem Bein vom Sandgrund in die Höhe stieß.

Der um sieben Jahre jüngere Halbbruder, Markus, eiferte seinem Idol, dem älteren Bruder, nach, sie spielten zusammen Fußball, tauchten durch die Brandung, vollführten Hechtrollen über Liegestühle, errichteten bizarre Burgen und Minirennbahnen aus feuchtem Sand, entlang derer man mit dem Fingern Plastikkugeln mit Bildern italienische Radrennfahrer schubsen konnte, einmal modellierten sie aus Sand das Relief eines Düsenflugzeuges samt Pilotenkanzel und einem Ast als Steuerknüttel und verlangten von jedem Kind, das sich dort hineinsetzen wollte – es waren nicht wenige – ein paar Centesimi.

Ja Italien war wunderschön und erfüllt von der fremden, wohlklingenden Sprache, die Ferdinand von Tante Angela kannte, von Katzlmachern keine Spur, und alle genossen die Tage am Strand – die gelsenverseuchten Nächte weniger – Ferdinand sonderte sich auch gelegentlich ab, wanderte allein zur großen Mole am Ende des Strandes, wo er unter die gewaltigen Betonquader schlüpfte. Dort hausten nämlich Strandkrabben, große Taschenkrebse, die er mit viel Geschick fing, ohne dass sie ihn mit ihren starken Zangen zu fassen bekamen. Einmal wurde er bei solch einer Expedition von der Flut überrascht, die ihm den Ausgang aus dem Labyrinth von Beton versperrte. Aber Ferdinand fühlte sich im Wasser zuhause und geriet nicht in Panik, obwohl der Wasserspiegel stetig anstieg und ihm nur mehr wenig Raum zu Luftholen blieb. Er pumpte sich die Lungen voll, tauchte unter und suchte sich so den Weg unter Wasser zwischen den Betonwürfeln nach draußen.

Der Strand quoll über von Touristen. Tausende hatte es auch heuer hier hergezogen, hergelockt, um die kostbaren Sommerferien in Ruhe und Sonne zu verbringen, vor allem Österreicher und Deutsche. Anna konnte sich ihrer Verehrer bald nicht mehr erwehren. Neben den Mohrs hatte sich am Strand eine neue Familie angesiedelt, ein Ehepaar mit zwei Kindern, einem Buben und einem Mädchen, beide ungefähr in Ferdinands Alter. Das Mädchen fesselte Ferdinands ungeteilte Aufmerksamkeit in dem Augenblick, als er es zum ersten Mal erblickte. Es sah hübsch aus, das Mädchen, hatte schulterlanges, glattes, blondes Haar, freundliche, lichtblaue Augen und der Mund schien immer zu einem Lachen aufgelegt. Geschmeidig bewegte sie sich, richtig anmutig wiegte sie sich beim Gehen in der schmalen Taille, den Busen konnte Ferdinand allerdings bestenfalls in Form zweier angedeuteter Kuppen unter dem Bikinioberteil ausmachen. Das Auffallende an diesem Mädchen war, dass ihr der linke Arm nahezu komplett fehlte, da war nichts bis auf einen kurzen Stumpf, der aus der Schulter sprosste.

Fasziniert beobachtete Ferdinand dieses exotische Geschöpf, das genau dem entsprach, was er sich so oft beim Einschlafen vorstellte, nur übertraf das hier jede seiner tollsten Fantasiegestalten bei Weitem, denn diese Einarmige war real, echt! Seit ihrem Erscheinen bewegte er sich nur mehr ungern vom gepachteten Liegeplatz der Familie fort.

Als man zum Mittagessen in die Pension ging, hoffte er inbrünstig, die Strandnachbarn würden auch am Nachmittag wieder am selben

Platz lagern. Zu seiner riesigen Freude und Erleichterung konnte er feststellen, als das Essen von schwarzweiß gekleideten Kellnerinnen und Kellnern im Speisesaal der Pension serviert wurde, dass die Familie mit dem Mädchen offensichtlich im selben Haus logierte wie die Mohrs. Sie hatten nämlich nur zwei Tische entfernt Platz genommen. Möglichst unauffällig konnte er jetzt die Einarmige beobachten. Sie schien sehr temperamentvoll, redete in einem fort, leider konnte man wegen des Lärms nicht hören, in welcher Sprache, und wenn sie wie aufgeregt gestikulierte, bewegte sich der Armstumpf manchmal unwillkürlich mit, während er sonst die meiste Zeit über wie gelähmt herabhing.

Gleich nach dem Essen machte sich Ferdinand wieder auf zum Strand. Markus und Sissy mussten ihren Mittagsschlaf halten, er brauchte das nicht mehr. Doch der Platz neben dem Mohr'schen war leer. Vielleicht machen die auch einen Mittagsschlaf, dachte er. Er gesellte sich zu einer Gruppe italienischer Buben, die mit Plastikkugeln in ein Sandloch zielten, immer wenn einer traf schrien alle im Diskant: „Tutti nel buco!" Manchmal schaute ein Erwachsener mit leicht irritiertem Blick zu der lärmenden Gruppe hin, aber niemand sagte etwas.

Ferdinand fragte einen der Spielkameraden, was ‚tutti nel buco' bedeute. Der verstand ihn nicht, als er die Frage nach mehreren Wiederholungen jedoch irgendwie begriff, skandierte er grinsend: „E lui che canta, che canta San Giuliano, e lui che canta la canzone del trichi-trichi-trac – tutti nel buco!", und er riss die Arme in die Höhe und erstickte beinahe vor Lachen und alle anderen lachten mit, auch Ferdinand, obwohl der nichts verstanden hatte. Er nahm sich vor, besser Italienisch zu lernen. Den Text hatte er sich gemerkt, irgendwann würde er Tante Angela bitten, ihm das zu übersetzen. Die wenigen Worte Italienisch, die ihm Tante Angela beigebracht hatte, fielen ihm jetzt ein und er sagte: „Ciau, boun giorno, grazie, prego, vaffanculo" und „bene, addio!"

Gegen drei Uhr nachmittags tauchte die Familie mit dem Mädchen auf und machte es sich unter dem blauen Sonnenschirm bequem. Auch Ferdinands Eltern und die beiden Geschwister kamen. Die größte Mittagshitze war vorüber. Ferdinand hatte am ersten Urlaubstag einen leichten Sonnenbrand auf den Schultern abbekommen, aber jetzt war er schon tiefbraun, schwarz, wie die Eltern sagten. Nur Anna wurde noch brauner als er. Sie sah überhaupt berückend aus! Wie leicht, dachte Ferdinand, haben es Mädchen: Die brauchen nur gut auszusehen und haben alles, was sie wünschen. Bei Buben, dachte er, ist das nicht so. Er hätte gerne gehabt, dass ihn ein Mädchen bewunderte.

Sissy und Markus mussten vor der Sonne noch ein bisschen Acht geben – die Mutter strich sie mehrmals am Tag mit einem stark parfümierten Sonnenöl ein. Ferdinand hatte das nicht mehr nötig, ihm machte die größte Sonnenhitze nichts aus. Wild jagte er mit der Bubenhorde zwischen den beschirmten Lagerplätzen der Familien umher, dass der Sand nur so aufspritzte, dann hinein in die Wellen, abtauchen, so lang wie möglich die Luft anhalten, vielleicht schaute die Einarmige zu?

Immer wieder warf er vom Wasser aus möglichst unauffällige Blicke zum Liegeplatz des Mädchens. Sie sah noch ziemlich blass aus, wahrscheinlich hielt sie sich deswegen meist im Schatten des Schirms auf. Am Rand einer der weißlackierten Liegepritschen sitzend blätterte sie in einer auf dem Schoß liegenden Illustrierten. Um den Hals trug sie ein aus Lederschnüren geflochtenes Halsband mit einem Medaillon dran, das ihr in den Ausschnitt des Bikini-Tops hineinhing, die Füße steckten in einfachen Riemensandalen.

Ob sie den Arm bei einem Unfall verloren hat, fragte sich Ferdinand, oder ob sie so geboren wurde? Er hatte davon gehört, dass Kinder manchmal mit Fehlbildungen, körperlichen Defekten, zur Welt kommen. Niemand weiß, warum das so ist. Die Frau einer bekannten Familie hatte ein Kind gekriegt, mit einem Loch im Rücken, das konnte die Beine nicht bewegen, die waren außerdem ganz kurz und verkrümmt und das Kind spürte dort nichts, zum Beispiel wenn ihm die Mutter die Zehennägel schnitt und dabei die Haut verletzte, dann merkte es das Kind gar nicht. Auch an den Fußsohlen kitzeln konnte man es nicht, da hätte Ferdinand jedes Geheimnis verraten, denn an den Sohlen war er entsetzlich kitzlig. Die Geschichte der alten Mürzzuschlager Nachbarin Frau Freyenburg über den zu Tode Gekitzelten kam ihm in den Sinn, die, wo ein Kalb an den eingesalzenen Fußsohlen geleckt hatte und der Gekitzelte mit Schaum vor dem Mund schließlich verstorben ist. Das war im Dreißigjährigen Krieg gewesen. Ferdinand glaubte nicht, dass heute irgendjemand so etwas Brutales machen würde. Schließlich hatte ja auch er aufgehört, Tiere zu quälen. Heute beobachtete er sie nur mehr, manche fing er zwar, aber er tat ihnen nichts und ließ sie alle wieder frei, selbst dann, wenn sie ihn gebissen, gestochen oder gezwickt hatten. Nur die Gelsen verfolgte er mit Ausdauer und Wut. Und die Eidechsen, die er hier vor der Pension auf den sonnenheißen Steinen fing, die werfen halt vor Schreck ihren Schwanz ab, aber, so hatte er gelernt, der wächst ihnen wieder nach, und wenn eine Krabbe eine Schere verliert, dann wächst sie auch wieder nach. Nur dem Mädchen dort, dem wächst der linke Arm nicht mehr nach. Die wird ihr ganzes Leben lang mit einem Arm auskommen müssen und alle Tätigkeiten nur mit der rechten Hand verrichten. Ob sie sich alleine die Bluse zuknöpfen kann? Oder die Schuhbänder? Eine Masche binden ohne Hilfe? Den BH ihres Bikinis würde sie wohl vor dem Anziehen zuhaken. Beim Mittagessen hat er gesehen, wie ihr der Vater das Fleisch mit dem Messer zerkleinert hat. Er, Ferdinand, würde das mit einer Hand niemals zuwege bringen, niemals, aber vielleicht sie? Auf eine Leiter steigen wird sie wahrscheinlich können, vielleicht stützt sie sich dabei mit dem Stumpf an den Sprossen ab, oder Fußballspielen? In Mürzzuschlag hat ein Einarmiger in der Mannschaft gekickt, und zwar gut! Vielleicht ist es beim Fußball von Vorteil, nur einen Arm zu haben, wegen des Handspiels. Aber andererseits, Laufen geht mit einem Arm viel schlechter als mit zweien, denn da fehlt es am Gleichgewicht, die Arme führen ja immer eine Gegenbewegung zu den Beinen aus, ja, er würde dieses Mädchen gerne einmal laufen sehen. Ob sie auch eine Prothese besitzt? Wenn sie zum Beispiel in die Oper geht oder ins Konzert und dann in der Pause im Gang auf und ab promeniert, dann würden sie alle Leute anstarren. Mit einer Prothese würde man da weniger bemerken, vor allem, wenn ihr Abendkleid lange Ärmel hat, die alles verdecken. Hier natürlich, am Strand oder in einem Schwimmbad, da sieht man alles, da würde eine Prothese nichts vertuschen und mit einer Armprothese würde sie sicher nicht ins Wassere gehen. Aber vielleicht hat sie sich an den Zustand gewöhnt und es machte ihr nichts mehr aus, selbst wenn sie manche anglotzten, vielleicht irritierte sie das nicht mehr, das wäre auch das Beste, denn ändern kann sie ohnehin nichts an ihrem Zustand.

Vielleicht gibt es Leute, die so eine Verkrüppelung hässlich finden, dachte Ferdinand, denen vor so einem Stumpf ekelt. Dazu zählte sich Ferdinand nicht! Ihm machte dieser körperliche Fehler nichts aus! Und wenn sie nie im Leben einen Mann zum Heiraten findet, dann würde er sie heiraten. Es ist schon unglaublich, da wird man so schön wie dieses Mädchen geboren und dann entscheidet das Schicksal anders und aus ist es mit der Schönheit, dann ist man eine Invalidin, die zu nichts zu gebrauchen ist. Die Kriegsblinden dürfen wenigstens als Trafikanten arbeiten, das sei ein Gesetz aus den Zeiten Maria Theresias, hatte man Ferdinand einmal belehrt, und er bewunderte die Blinden, die das Geld mit den Fingern genau erkennen und die genau wissen, wo in ihrer Trafik die verschiedenen Zigaretten-, Tabaksorten oder Zeitschriften zu finden sind, und nie hat er einen danebenlangen sehen. Ob jemand wie dieses Mädchen etwa als Trafikantin arbeiten dürfte? Denn was sollte sie sonst tun? Nicht einmal Stricken könnte sie, so wie die Mutter oder Tante Gerda, dessen war sich Ferdinand sicher.

Den Augenblick als sie von der Pritsche aufstand, hatte er verpasst, jetzt sah er sie zum Meer hinuntergehen, direkt auf ihn zu, wobei sie ihn aber nicht fixierte, sondern durch ihn hindurch schaute.

Das lederne Halsband mit dem Medaillon hatte sie offenbar abgelegt. Ganz nahe an ihm vorbei eilte sie ins Wasser und watete ein Stück weit hinaus, wo es tiefer wurde, dann machte sie einen Hechtsprung, wobei sie sowohl den rechten Arm als auch den Armstumpf vorreckte, während sie in die Wellen eintauchte. Sie schwamm sehr gut, der Stumpf bewegte sich bei den Armtempos synchron mit dem rechten Arm mit, ein Anblick, von dem sich Ferdinand nur mit Mühe losreißen konnte. Sie würde es bemerken, wenn er sie so penetrant anstarrte, dafür hatte sie sicher ein Gefühl entwickelt. Aber er schaffte es nicht; selbst wenn er meinte, er blicke jetzt in die andere Richtung, musste er feststellen, dass er sie noch immer aus den Augenwinkeln musterte. Jetzt kamen auch ihre Eltern und ihr Bruder und zu viert tollten sie ganz in seiner Nähe in den sich überschlagenden Wellen und lachten, und da hörte Ferdinand plötzlich, wie ihr Vater rief:

„Maria, ich glaube du solltest jetzt wieder in den Schatten gehen! Zu viel Sonne tut dir noch nicht gut!"

Ihre Antwort wurde von einem Brecher verschluckt, aber sie gehorchte und ging mit einer angedeuteten Grimasse zurück zum Liegeplatz. Maria heißt sie also und sie spricht Deutsch – österreichisches Deutsch.

O gäbe es doch nur eine Möglichkeit, mit ihr in Kontakt zu kommen! Ferdinand zermarterte sich das Gehirn. Es fiel und fiel ihm nichts ein. Den Bruder zum Fußballspielen auffordern? Anna irgendwie einzuspannen? Er traute sich nicht, zu offensichtlich wäre so ein Versuch gewesen. Den Ball wie aus Versehen zu ihnen hin kicken? Alles viel zu plump. Er entschloss sich in Ermangelung einer guten Idee einfach zu warten. Das einzige Neue, was er entdeckte, war das Auto der Familie, ein grüner VW-Käfer mit Grazer Nummer, die er sich aufschrieb. Wenn schon nicht hier, dann würde er sie in Graz kennenlernen, dachte er.

Und so verging Tag um Tag. Er sah Maria sich die Bluse ausziehen, sich das Haar kämmen und sich mit dem Armstumpf das linke Auge reiben, er sah wie sie hin und wieder mit der gesunden Hand den Stummel betastete als wäre es ein Fremdkörper, und manchmal meinte er Spuren von Schwermut oder vielleicht auch Traurigkeit in ihrem Gesicht erkennen zu können. Einmal versuchte sie, Kekse aus einem Plastiksack herauszunehmen, was ihr nicht auf Anhieb gelang, weil der Sack immer in sich zusammenfiel. Erst als sie sich niederkrümmte und den Stumpf in den Sack steckte, um ihn offen zu halten, gelang es ihr. Ferdinand hatte auch herausgefunden, dass der Armstumpf eine gut verheilte, kaum sichtbare Narbe aufwies. So war ihr der Arm also doch amputiert worden! Warum bloß? Ein Unfall? Ob Anna etwas von seinen heimlichen, verborgenen Gelüsten, Gedanken und Beobachtungen bemerkte?

Es war ganz natürlich, dass manche der Pensionsgäste einander vom Sehen her kennengelernt hatten und man grüßte sich höflich im Vorbeigehen, zu einem von Ferdinand intensiv erhofften Gespräch zwischen Ferdinands Eltern und jenen Marias kam es indes nie, die Eltern stellten den ersehnten Kontakt nicht her. Der Bruder Marias spielte nie mit den anderen Kindern so wie Ferdinand, Sissy und Markus, die mit der italienischen Bubenbande umhertollten. Es blieb wie es war, und wenn Ferdinand allein sein wollte, ging er unter die Betonblöcke der Mole Krabben fangen. Nur ein einziges Mal hatte er sich dazu gezwungen, Maria im Vorbeigehen zuzunicken, es hätte wie zufällig aussehen sollen, so wie bei den Eltern. Sie hatte den kleinen Gruß mit einem Lächeln erwidert.

46

Im Umkreis der italienischen Kleinstadt gab es keine Schule, keinen Nachhilfeunterricht, keine lästigen Lehrer. Hier war niemand, der Anna kränken oder schikanieren wollte. Hier gab es nur das Meer, den Wind, den glühenden Sand, die Eltern und Geschwister und ihren braungebrannten Bruder Ferdinand. Es sollte eine herrliche Sommerwoche werden. Bäuchlings, halbnackt, die Damen in frechen Badeanzügen, aalte man sich am Strand. Ein Sonnenschirm beschattete blaue, gelbe, rote Badetücher, die jemand in den Sand gebreitet hatte. Auf dem blauen lag die Mutter in einem knappen Bikini auf dem Rücken und schaute zwischen halb geschlossenen Lidern auf die graublauen Wellen der Adria.

Man vermisste nichts. Es war der schönste und beste Ort von ganz Norditalien. Der Strand war sauber, breit, und einige Kilometer lang. Davor reihten sich apfelgrüne oder gelbe Villen und in der hellblauen Himmelsdecke zeigte sich kein einziger grauer Fleck. Eine Lücke längs der Häuserzeile gab den Blick frei auf die Terrasse einer Trattoria, und hinter der palmengesäumten Seitenstraße bewohnten sie ein Abteil mit Küche in einem kleinen Haus. Manchmal tranken sie echt italienischen Espresso auf der Terrasse dieser Trattoria oder sie aßen riesige Portionen von echt italienischem Eis. Dem Ferdinand hatte es vor allem ein leicht alkoholisches Eisgericht im Stielglas namens Nafta angetan, in dem Maraschino samt einer Kirsche mit dabei waren.

Etwa fünfzig Meter vom Strand entfernt, nur über einen schmalen Steg vom Land aus erreichbar, ragte aus dem Meer die Terrazza al mare, ein Pfahlbau, strohgedeckt, in dem abends eine Band flotter Jungs ausgelassen musizierte, und wo getanzt, getrunken und geflirtet wurde. Schön schimmerten Kerzenlichter aus den offenen Fenstern, und wenn die Geschwister Roth die Musik vom Meer her hören konnten, wurden sie ganz aufgeregt. Sie mussten auch dabei sein, Dabeisein war schließlich alles, Wegbleiben nur dumm.

„Dorthin sollten wir einmal“, sagte Ferdinand zu Anna.

„Wie wäre es heute abends?“, schlug Anna vor.

„Mhmmm … sie spielen dort auch tolle Musik. Du weißt ja, die italienischen Schlager. Wie sie Vico Torriani und Catarina Valente singen! Die beiden sind super. Obwohl ich ja nicht gerade ihre Musik besonders mag, aber trotzdem, Stimmung bringt's auf alle Fälle.“

„Wir könnten eigentlich auch tanzen. Magst du?“

„Sowieso.“

„Und was machen wir, wenn sich Arnaldo wieder anbiedert?“ Arnaldo Bonazzi, der spindeldürre, kleine Italiener, hatte Anna irgendwann am Strand angesprochen und war seitdem täglich am Liegeplatz der Familie erschienen.

Ferdinand grinste: „Soll er ruhig. Er ist doch ein netter Kerl.“

Anna verzog das Gesicht: „Mir ist er zu klein.“

„Aber er steht auf dich!“

Anna lachte laut. „Von mir aus.“ Doch sie war fest und halb glücklich in einen schönen Grazer verliebt. Arnaldo Bonazzi hatte daher nicht die kleinste Aussicht.

„Aber er studiert Chemie in Mailand und er kann gut Deutsch.“

„Aber geh‘ …“

„Er hat dich so… angeschaut“, erklärte Ferdinand, der, von einer mühelosen Munterkeit beherrscht, sich schon auf den Abend mit seiner Schwester freute. Sie würden tanzen, bestimmt, eine Flasche Chianti beim Kellner ordern und über das Leben reden. Über die Zukunft. Anna sagte ja immer, sie wolle später einmal Weltreisende werden. Naja, warum auch nicht. Die Zeit sollte ruhig kommen.

„Weißt du was, Ferdi?“

„Ja?“

Anna kicherte. Ihr Haar trug sie nun schulterlang, es schimmerte goldbraun, und sonst war das junge Mädchen überhaupt braungebrannt und hübsch, und sie freute sich, weil ihr die vielen Jünglinge nachschauten oder ihr anerkennendes Pfeifen nachschickten, wenn sie in ihrem schicken rotweißrot gestreiften Einteiler, den sie zum Baden trug, durch den glühenden Sand stapfte. In ihrem jungen, straffen Körper fühlte sie sich sauwohl. Die Mutter, Markus, der im Sand Düsenjäger modellierte, Sissy und Tante Gerdas Tochter Waltraud spielten miteinander, nein, Waltraud, auf dem Bauch liegend, hatte sich in einen Roman vertieft, wechselte allerdings gerne Blicke mit Ferdinand, dessen Taille so schmal und die Schultern so breit waren. Und das Meer ließ dann und wann einen schaumgekrönten Brecher wie salzige Küsse am Strand zerplatzen. Entspannt und bezaubert genossen sie alle das Dasein.

„Arnaldo“, sagte Anna zu Ferdinand, „ist bestimmt nicht wild wie ein Hengst.“

„Wie kommst du drauf?“

„Naja, weil… ich habe seine Badehose angeschaut.“ Und sie kicherte und wurde knallrot.

„Aha.“

„Ja."

„Du meinst eher das, was drinnen steckt?"

„Genau."

„Groß oder klein, das besagt gar nix", stellte Ferdinand mit ruhiger Miene fest. Er tat dabei so, als kenne er sich aus, hatte jedoch in Wirklichkeit keine blasse Ahnung.

Anna nickte, obwohl sie es weder bestätigen noch abstreiten konnte. Wie alt sie damals war? Fünfzehn oder sechzehn? „Ich möchte den Kerl verlegen machen … du verstehst. Mit dem bestimmten Wort." Sie dachte dabei an das Wort für Katze, welches auf Italienisch il gatto lautet. Wenn man stattdessen il cazzo sagen würde … das klang so deutsch und lud förmlich zu einer Verwechslung ein. Sie kicherte schonungslos. So war das Leben gut, witzig, aufregend. Man konnte ein bisschen gemein zu einem jungen Burschen sein und auch ein bisschen ordinär und dumm. Es machte Spaß.

Ferdinand nickte. „Die Katze?"

„Genau. Il cazzo." Die beiden kicherten jetzt wie zwei Verrückte, weil sie sich vorstellten, wie sich Arnaldo Bonazzi, der schüchterne Verehrer Annas, vor lauter Verlegenheit winden würde, wenn er den sich ahnungslos stellenden Geschwistern erklären müsste, was il cazzo eigentlich wirklich bedeutete, nur weil sie eine streunende Katze so bezeichnet hätten.

„Il cazzo! Hihihi … die Katze. Miezekatz!"

„Miau", machte Anna, „miau … wollen wir ein kleines Vögelchen fangen?"

„Übrigens …“, sagte Ferdinand, der sich nun im dichten braunen Haar kratzte, „du weißt ja, die Waltraud …“

„Stehst du denn auf sie?“

„Ganz hübsch ist sie schon.“

„Aber auch deine Cousine.“

„Von mir aus …“ Ferdinand zog eine Grimasse, und dann, nach diesem fröhlichen Gespräch sagten sie einmal eine Weile nichts mehr.

Abends gingen sie auf die Terrazza al mare tanzen. Anna hatte sich schön gemacht. Das gelbe Kostüm mit dem hautengen Rock und der taillierten Jacke, aus Leinen, genäht von der dicken Hausschneiderin mit dem unmöglichen Namen, – sie nannte sich Frau Gigerl, – doch sah dieses Kostüm so schick aus, als wäre es eine Création von Dior. Vor eine paar Tagen waren sie schon einmal hier gewesen. Hatten ein Glas Coca bestellt und getanzt und Anna hatte den Preis der Miss Lignano gewonnen. Dazu ein Paar Nylons und einen Blumenstrauß. Man erkannte sie an diesem Abend aber nicht wieder, als sie gegen neun über den schwankenden Brettersteg schlenderten und die in schummriges Licht getauchte Tanzfläche betraten, wo sich bereits eine Menge junger Leute bei lateinamerikanischen Rhythmen amüsierte. Anna und Ferdinand setzten sich an einen Tisch in der Nähe des Geländers und bestellten nach kurzer Überlegung eine von den bauchigen Chiantiflaschen im Strohmantel. „Heute bechern wir einmal … es ist zwar ziemlich viel Wein“, stellte Ferdinand fest, „aber wir müssen ja nicht alles austrinken.“

„Hoffentlich ist das Zeug nicht zu teuer.“

„Sicher nicht. Wir sind ja in Italien, da ist der Chianti ganz billig! Die paar Hundert Lire können wir uns schon noch leisten“, lachte Ferdinand, der vergessen hatte, den Preis der Flasche zu kontrollieren und der so gut wie nichts im Portemonnaie hatte. Großzügig schenkte er Anna und sich selber ein und sie tranken in kleinen Schlucken. Die Band, vier Jungs mit knackigem Hintern und spitzen Schuhen machten Musik am Klavier, am Schlagzeug, mit einer elektrischen Gitarre und einer Klarinette. Zwei der Musiker sangen auch, und zwar von Venezia, von amore und von dem pesce spada, dem traurigen Schwertfisch, dessen Weibchen, vom Speer des Fischers getroffen, stirbt.

„Kannst du dich noch erinnern", so Anna, die sich einen mittleren Schluck genehmigte, „wie wir die Italiener damals beurteilt haben, als wir noch klein waren? Wenn du an das Bilderbuch denkst. Das mit den Katzlmachern." Beide kicherten.

„Schön blöd."

„Ja schon, halt noch Kinder."

„Klar. Aber die Mutter hat es uns gesagt und eine andere Zeit war es auch."

Sie tanzten, saßen und tranken, dann gingen sie wieder schwingen, wie man das nannte. Anna bewegte sich nicht schlecht. Ferdinand hingegen hatte vom Schwingen keine Ahnung, denn zum Unterschied zu seiner Schwester war er noch nicht in der Tanzschule gewesen. Vielleicht würde er im Herbst Steirisch tanzen gehen. Aber von Boogie, Tango, Slowfox, Foxtrott verstand er nichts und er versuchte nur, die anderen Tänzer zu imitieren und sich an den Rhythmus der Musik zu halten. Er entdeckte plötzlich in der Menge das blonde, einarmige Mädchen und die Kehle verdorrte ihm. Sie tanzte mit ihrem Vater und hatte den kurzen Stummel, der gerade aus dem Ärmel ihres Kleides ragte, an seine Schulter gelegt.

„Hast du die bemerkt?", fragte Anna, obwohl es offensichtlich war.

„Klar. Die hab ich schon gesehen. Sie liegen ja ganz in der Nähe bei uns am Strand.“

„Ach so? Ist sie amputiert?“

„Es könnte aber auch ein Unfall gewesen sein.“

Die Geschwister begaben sich zurück an den Tisch zu ihrer Flasche Chianti, becherten, fühlten sich erstaunlich heiter und sorgenfrei, sie unterhielten sich, bis sie feststellten, dass es spät geworden war. Deshalb schlug Anna vor, sie sollten nun zahlen und gehen. Ferdinand fummelte das Portemonnaie aus dem Sack und rief zugleich nach dem Kellner. Als der aber die Rechnung vor den beiden auf den Tisch flattern ließ, erschrak Ferdinand, nachdem er die Summe gelesen hatte.

„Was ist?“, fragte Anna. „Was ist los?“

„Sag, hast du ein paar Lire dabei? Ich habe nur Hundert. Und kosten tut‘s 500!“

„Ich? Ich habe nichts!“ Anna erschrak.

„Ja und was jetzt? Wenn wir nicht blechen können?“

„Ich weiß nicht.“

Sie saßen und fühlten sich schuldig. Unter ihren Füßen plätscherte das Meer. Kleine Wellen klatschten gegen die Pfähle und den Steg der Terrazza al mare, aufgerührt von der leichten Brise, die sich erhoben hatte.

„Weißt du was …“, sagte Ferdinand, der eine Weile über ihre prekäre Situation nachgedacht hatte, „mir ist die Lösung eingefallen. Wir klettern einfach über das Geländer, springen hinunter und schwimmen an den Strand. Weit ist es eh nicht…" Sie kicherten trotz der peinlichen Lage.

„Ich weiß nicht recht… mit meinem engen Rock? Und den Stöckelschuhen?", gab Anna nach einer Weile zu bedenken.

„Du musst dich halt im Meer ausziehen!"

„Wie tief wird das Meer dort unterm Fenster sein?"

„Zwei bis drei Meter höchstens", sagte Ferdinand. „Komm! Es bleibt uns nichts anderes übrig. Bei der Tür können wir nicht hinaus, wenn wir nicht bezahlt haben!"

Klar. Ein Muskelprotz wachte dort am Eingang wie ein Höllenhund.

Schweigen. Was blieb ihnen schon anderes übrig? So stand Anna auf, strich sich den gelben Rock glatt, bewegte sich mit Ferdinand tanzend zum Geländer der Terrasse, der lauen Meeresbrise entgegen. Salzschaum hatte sich auf dem Meer gebildet und es wogte und schlug gegen die hölzernen Streben und den Steg. Anna wurde schlecht vor Angst. Sie drehte sich um. Ein letzter Blick in den Saal… doch dort! Dort… Arnaldo Bonazzi!

„Schau, wer da kommt! Unser kleiner süßer Ithaker!" Sie grinste. Sie war schon ganz schön beschwipst. „Ich bin sicher, dass er Zaster dabei hat. Aber wir tun so als würden wir ihn einladen!"

Und sie winkten ihm. Arnaldo Bonazzi, entzückt, freudig erregt und voller Hoffnung, die, wie er nicht wusste, unbegründet war, trat zu ihnen, begrüßte die beiden, ohne zu wissen, dass er als ihr Retter erschien, und fragte, ob er sich denn tatsächlich an ihren Tisch setzen dürfe. „Klar!", erwiderten sie zweistimmig. „Magst du auch einen Wein?"

Und ob. Man schenkte ihm ein. Und er trank. Als sie zwei Stunden später gehen wollten, griff Ferdinand nach seinem Portemonnaie.

„No no no…“, rief der zierliche Italiener und fuchtelte ein bisschen mit den dünnen Armen, „Io pago io. Vino ik bezahlen!“

„Keinesfalls!“, stieß Anna aus.

Doch Arnaldo bezahlte und damit war die Sache erledigt und niemand brauchte durch das nächtliche Meer nach Hause zu schwimmen.

47

Graz. Wieder einmal zog der Sommer ins Land. Ein heißer, tageweise ungemein schwüler Sommer war es. Die Badesaison war schon seit Ende Mai eröffnet. Am liebsten besuchten Manfred und Ferdinand das Margarethenbad in der Grillparzerstraße, zu Fuß von der Glacisstraße aus bequem erreichbar, denn dort trafen sie immer Bekannte und Freunde, dort gab es einen kleinen Fußballplatz und die hübschesten Mädchen von Graz, von denen es viele gab, gingen auch dorthin baden. Man konnte seine Kleider in einem Kastl deponieren, was ganz billig war, oder man nahm sich zu zweit oder zu dritt eine Kabine in dem nach gebeiztem und sonnengetrocknetem Holz riechenden Kabinentrakt, was für den Einzelnen auch nicht viel mehr kostete.

„Jö schau!", rief Manfred und richtete Ferdinands Aufmerksamkeit auf ein Mädchen, eine Brünette, die sich auf einer Decke auf der Liegewiese mit geschlossenen Augen sonnte, „die Erika! Die kenn' ich vom Eislaufen. Komm!"

„Und ich vom Harmonielehreunterricht", sagte Ferdinand.

Sie gingen hin. Als ihr der Schatten Manfreds aufs Gesicht fiel, öffnete sie die Augen, kniff sie aber gleich wieder geblendet zu.

„Servus Erika", rief Manfred. Er stellte sich so, dass sie nicht in die Sonne zu schauen brauchte.

„Ah, Manfred! Seit wann bist denn schon hier?"

„Grad erst gekommen. Kennst du den Ferdl?"

„Na klar", sie streckte ihm die Hand entgegen, die er schüttelte. Sie trug einen rot-weiß-gestreiften Einteiler, sie war von zierlichem Wuchs, mager, hatte fast keinen Busen, aber ein liebliches Gesicht mit grünen Augen. Sie hatte ihm schon immer gefallen und er sandte ihr einen besonders finsteren Blick zu, damit sie das nur ja nicht bemerke. Da er seine Brille nur in der Schule oder sonst beim Lesen und Schreiben trug, fiel ihm das finstere Dreinschauen leicht, weil er die Augen immer zukniff, um schärfer zu sehen.

„Kommst mit auf ein Eis?", fragte Manfred.

„Gern, aber ich muss noch auf meine Freundin warten, die Mary, die ist nur in die Kabine gegangen, was schlucken. Sie kommt gleich."

Manfred und Ferdinand hockten sich zu Erika auf die Wiese. Neben ihnen schrie plötzlich ein Kleinkind auf, weil es auf eine Biene getreten war. Die Mutter packte es, zog den Stachel aus der Fußsohle und versuchte es zu beruhigen.

„Essigsaure Tonerde", sagte ein Mann neben ihr, „fragen Sie bei der Kassa nach."

Die Mutter befolgte den Rat und machte sich mit dem plärrenden Kind im Arm auf den Weg.

„Scheiß Bienen", sagte Ferdinand.

Erika lächelte ihn an: „Die mögen den blühenden Klee. Man muss aufpassen."

„Ich kenne einen", sagte Ferdinand, „der hat eine Wespe verschluckt, die in seiner Limonade war. Die hat ihm in den Hals gestochen."

„Und? Was ist passiert?"

„Der Hals ist ihm zugeschwollen bis er keine Luft mehr gekriegt hat."

„Und dann?"

„Seine Mutter hat den Arzt gerufen. Als der gekommen ist, war der Bub schon ganz blau und ohnmächtig. Da hat ihm der Arzt mit einem Küchenmesser in den Hals gestochen, da ungefähr" – Ferdinand stocherte mit dem Zeigefinger in der Nähe seines Kehlkopfs herum – „und dann hat er durch dieses Loch wieder Luft gekriegt."

„Das ist ja arg!", rief Erika, „was du für Geschichten weißt!"

Ferdinand war stolz, dass er das Mädchen beeindruckt hatte. „Na ja", sagte er, „ins Spital hat er dann schon noch müssen, aber irgendwie ist das noch gut ausgegangen."

„Man soll im Sommer süße Sachen nie so dastehen lassen", sagte Erika, „wegen der Wespen. Die sind manchmal eine echte Plage. Hallo Mary …" Der Ausruf galt ihrer Freundin und Ferdinand wäre beinahe bewusstlos geworden, als er sie erkannte: Die Maria aus Lignano! Mit einem Schlag war ihm der Mund strohtrocken.

„Ist was?", fragte Manfred.

„Kennen wir uns nicht?", hörte Ferdinand Marias Stimme.

Er nickte, brachte aber nicht mehr als ein Krächzen hervor.

„Ah – jetzt weiß ich's – du warst ja in Lignano, in derselben Pension wie wir."

Wieder Nicken. Ihre Stimme klang erstaunlich! Er spürte wie ihm das Blut ins Gesicht schoss. Um dies zu verbergen, wandte er sich von Maria ab und tat so, als ob er eine Biene beobachtete, die auf einer violetten Kleeblüte nach Nektar suchend herumkrabbelte.

„Da ist gerade ein Kind von einer Biene gestochen worden“, sagte Erika.

Maria setzte sich neben ihre Freundin auf die Decke.

„Das ist der Manfred“, sagte Erika, „und sein Freund der …“

„Ferdl“, sagte Manfred. „Seid ihr öfter hier?“

„Ja“, Erika nickte, „ich wohn nicht weit weg, in der Schubertstraße. Die Maria und ich gehen in dieselbe Klasse.“

Verzweifelt bemühte sich Ferdinand, irgendetwas zu sagen. Ihm fiel nichts ein.

„Also“, rief Manfred, „auf, auf, gehen wir auf ein Eis!“

„Kommst du mit, Mary?“, fragte Erika.

„Klar“, sagte sie und stand auf.

Auch Manfred und Ferdinand erhoben sich. Zu viert schlenderten sie hinüber zum Restaurant, wo eine Menge Holztische und Stühle auf der Wiese genügend Platz boten. Eine Jazzband bestehend aus Schlagzeug, Kontrabass und einem Pianino spielte Stücke, die Ferdinand nicht kannte, die aber modern klangen. Erika, die neben ihrer Freundin besonders klein wirkte, redete in einem fort und erzählte aus der Schule und dass ihre Eltern ihr ein Konzert-Abo zum Geburtstag geschenkt hätten, denn sie liebe die klassische Musik und dass sie später nach der Matura unbedingt Architektur studieren wolle. Maria kam nicht zu Wort und Ferdinand erzählte, als er die Sprache wiedergefunden hatte, von einem Kind, das von über hundert Bienen gestochen worden sei und überlebt habe, so habe er jedenfalls gehört.

„Und was glaubt ihr, warum es nicht gestorben ist?“, stellte er die Frage in die Luft.

Aber das schien niemanden zu interessieren.

„Es war eine Imkerstochter“, sagte er dennoch, „und die war gegen das Bienengift immun.“

„Weil sie schon vorher oft gestochen worden ist“, sagte Maria, die sich anscheinend doch für diese Geschichte interessierte.

Ferdinand nickte. „Ja. Immer wieder. Eine Tante aus Brasilien“, sagte er, „hat von einer Giftschlangenfarm erzählt. Die Leute, die dort arbeiten, sind gegen die stärksten Gifte immun, weil sie ununterbrochen damit in Berührung kommen.“

„Ist das so wie bei einer Impfung?“, wollte Maria wissen.

„Vielleicht“, sagte Ferdinand.

Sie setzten sich. Manfred ging zur Kassa und bestellte vier Portionen Eis mit Waffeln. Die Band spielte jetzt ein Stück, das Ferdinand bekannt vorkam, aber er wusste nicht, wie es hieß.

„Ich spiele Klavier“, sagte er, „aber ich würde gerne Klarinette lernen.“ Kaum hatte er das gesagt, kam er sich dumm vor, denn Maria würde ja nie ein Instrument spielen können. Wieder fühlte er wie er rot anlief.

Erika kicherte. Hatte sie was bemerkt?

„Hat es dir in Lignano gefallen?“, fragte ihn Maria.

Ferdinand nickte eifrig. „Ich war gern dort und nächstes Jahr fahren wir vielleicht wieder nach Italien, aber wo anders hin. Ihr auch?“

Sie zuckte mit den Schultern und ihr Stumpf pendelte. „Meine Eltern wissen es noch nicht."

„Wisst ihr was", sagte Erika eifrig, „ich mache am Samstag eine Geburtstagsparty bei uns zu Hause. Ich lade euch ein. Habt ihr Lust?"

„Klar", rief Manfred, der Partys über alles liebte. Leider gab es nur selten welche, denn die wenigsten Leute hatten genug Geld. Erikas Vater, wusste Manfred, war Professor an der Universität. Auf manchen Festen konnte man sich den Bauch richtig vollschlagen mit Brötchen und süßen Sachen und wenn man Glück hatte, konnte man vielleicht ein Mädchen aufreißen und mit ihm schmusen. Einmal hatte er sogar Wein getrunken, den ein Erwachsener stehen lassen hatte, und der war ihm ordentlich zu Kopf gestiegen. Auch geraucht hatte er schon.

„Kommt die Babsi auch hin?", wollte Manfred jetzt von Erika wissen.

„Ich hab sie noch nicht gefragt. Aber die kommt sicher."

Die Babsi ging nämlich auch in Erikas und Marias Klasse. Sie war eine hervorragende Schifahrerin und hatte sogar im österreichischen Jugendkader mittrainiert. Manfred wusste, dass sie auf ihn stand. Bei ihr würde vielleicht was gehen.

Wieder sprudelte Erika los, sie nahm vor allem Ferdinand voll in Beschlag, während Manfred nur wenige Worte mit Maria wechselte, die sich auch eher schweigsam verhielt. Zum Schluss des Redeschwalls erklärte Erika, dass sie ab nächster Woche einen Kurs in Kontrapunkt inskribieren würde, und zwar bei demselben Professor Waldemar Bloch im Landeskonservatorium in der Nähe des Grießplatzes, wo sie jetzt die Harmonielehre besuchten, und ob Ferdinand nicht auch Lust hätte, mitzukommen. Ferdinand hatte ihr nämlich erzählt, dass er zwar Klavierunterricht nehme, aber lieber Jazz, Dixieland auf einem Blasinstrument spielen würde, oder am Klavier Boogie-Woogie, aber seine Eltern mochten das nicht. Plätze gebe es im Kontrapunktkurs noch genügend.

„Meine Mutter", erklärte sie in schneller Sprache, „war ja selber Konzertpianistin, aber dann hat sie aufgehört zu spielen, wegen des Kriegs und so, nur manchmal setzt sie sich noch an den Flügel. Sie behauptet, dass sie keine Übung mehr hat. Und den Vater interessiert die Musik nicht besonders."

„Mein Großvater", sagte Ferdinand, „hat sehr gut Klavier gespielt und auch komponiert. Der hat Partituren am Klavier vom Blatt spielen können! Opern, Symphonien hat er geschrieben und viele Lieder. Einmal hat er sogar ein von meiner Schwester selber gedichtetes Wiegenlied vertont. Leider ist er schon tot. Er ist an Lungenkrebs gestorben, weil er zu viel geraucht hat. Und meine Großmutter hat eine Gesangsausbildung, sie war aber auch eine gute Pianistin und die zwei haben viel zusammen musiziert. Da gibt es ein Ölbild, wo man die Großeltern gemeinsam am Flügel sieht. Ein schönes Bild."

„Ich weiß", sagte Erika, „ihr seid eine sehr musische Familie. Das hat mir meine Mutter erzählt. Die hat – glaube ich – deinen Vater gekannt. Der war doch Arzt? Und dein Urgroßvater ist sowieso ganz berühmt."

Ferdinand bestätigte. Nach einer kurzen Weile schaute sie Ferdinand an und fragte ihn, ob er nicht mit ihr zusammen einen Film ansehen wolle, im Schubertkino. „Der große Zapfenstreich nach einem Bühnenstück von Franz Adam Beyerlein mit Johanna Matz in der Hauptrolle."

„Ja, klass, gehen wir! Das ist sicher ein lässiger Film."

„Weiß ich nicht."

„Vielleicht will der Manfred auch mit, und die Mary …“

„Kannst sie ja fragen.“

Ferdinand fragte Manfred.

„Mir haben sie das Taschengeld gestrichen“, erklärte der, „weil ich in der Schule einen Fleck ausgefasst habe.“

„Aber für eine Kinokarte wird’s doch noch reichen?“

„Vielleicht.“

Maria verhielt sich schweigend. Ferdinand traute sich nicht, sie zu fragen, weil er bemerkt hatte, dass Erika das nicht wollte. Sie griffen andere Themen auf, aßen ihr Eis, vor allem aus Erika sprudelte es weiter nur so heraus, schließlich zahlten sie und gingen wieder zurück auf die Liegewiese. Ein paar Bekannte gesellten sich dazu und es wurde eine große, lustige Runde.

Am Heimweg stellte Manfred fest: „Du, die Erika, die steht auf dich.“

„Ich weiß nicht …“

„Na hör, wie die auf dich eingeredet hat! Und dann das mit dem Kino! Glaub mir, die hat dich ja förmlich aufgerissen.“

„Glaubst du, dass die Babsi auf die Party kommt?“

„Ich ruf sie von zu Hause aus an. Ferdl, ich sag dir, die hat einen Busen!“ Manfred verdrehte die Augen und formte die Hände, um die Körbchengröße anzudeuten.

Ferdinands Gedanken weilten ausschließlich bei Maria. Dass ihn Erika mochte, hatte er natürlich bemerkt, aber die warf sich möglicherweise jedem an den Hals und dass sie mit ihm so viel geredet hatte, bedeutete dann wohl nichts Besonderes. Er hoffte nur, dass die Mary auch auf die Party kommen würde, denn er wusste jetzt, seitdem er sie durch Zufall im Margarethenbad wiedergesehen hatte, dass er furchtbar in sie verknallt war.

48

Ferdinand hatte schon die Tage gezählt, und heute war es endlich so weit: Die Geburtstagsparty! Erika Mangold bewohnte mit ihrer Mutter eine mäßig dimensionierte Wohnung in der Schubertstraße, der Vater unterrichtete an der Universität in Wien und verbrachte nur wenige Tage in Graz. Die Party sollte um drei Uhr nachmittags anfangen, um neun Uhr spätestens mussten alle zuhause sein, das verlangten die Eltern von ihren Kindern und Erikas Mutter von ihrer Tochter, der Gastgeberin, die ihren dreizehnten Geburtstag feierte; der um ein Jahr ältere Ferdinand so wie der um zwei Jahre ältere Manfred kannten fast alle Geladenen entweder vom Schwimmbad oder vom Eislaufplatz, doch ein paar neue Namen waren auch darunter.

Manfred und Ferdinand hatten sich ordentlich kleiden müssen – von den Müttern angeordnet – denn sie repräsentierten im Haus von Professor Mangold immerhin die prominenten Grazer Familien Mohr und Lenau. Ohne frische Hemden, geputzte Schuhe und Krawatten wäre da nichts zu machen gewesen. Und Blumensträuße aus dem Florasalon, in Krepppapier eingehüllt, hatten die Mütter ihnen auch mitgegeben.

„Du musst den Strauß aber unbedingt aus dem Papier auswickeln", instruierte die Mutter Ferdinand, „bevor du ihn dem Geburtstagskind überreichst. Das Papier knüllst du zusammen und wirfst es dann heimlich weg."

Sich dem Anlass gemäß zu kleiden war Ferdinand aber ohnehin ein Anliegen gewesen, denn er wollte vor allem bei Maria unbedingt gut ankommen. Je näher der Termin gerückt war, desto häufiger hatte er an sie gedacht, und die letzte Nacht hatten ihm die Gedanken an sie einen Gutteil des Schlafs geraubt. Er hatte extra einen Boogie-

Woogie einstudiert, den er auf der Party am Klavier der Mangolds vorzuspielen beabsichtigte, in erster Linie, um damit bei Maria zu punkten.

Manfred war schon begierig, die Babsi wiederzusehen; einmal hatte er mit ihr ein Kino besucht und hatte sie dann am Heimweg im Stadtpark auf den Mund geküsst, kein Zungenkuss allerdings, wie er dem Ferdl gestanden hatte. Aber heute auf der Party würde er das nachholen, denn die Babsi stand irrsinnig auf den Manfred und ließ ihn auch auf den Busen greifen, allerdings nur über dem BH, und dabei tat sie am Anfang immer so, als ob sie es nicht zulassen wolle, aber dann ließ sie es eben doch.

In Ferdinands Klasse war vor ein paar Monaten ein neuer Schüler eingetreten, dessen Familie aus Wien nach Graz übersiedelt war, weil sein Vater an der Grazer Technischen Hochschule einen Posten bekommen hatte. Der Bursche war zwei Jahre älter als der Rest der Klasse, weil er ein Jahr krank gewesen war und dann noch einmal repetieren musste. Er hieß Karl und spielte Jazztrompete. Er hatte kurzes, gelocktes, braunes Haar, blaue Augen und ein kantiges Gesicht, er sah entsetzlich gut aus wie der amerikanische Filmschauspieler Montgomery Clift, groß, schlank und war sehr redegewandt. Er hatte Manfred erzählt, dass er es einmal mit einer älteren Frau im Bett getan hätte, mit einer fünfundzwanzigjährigen, wirklich getan! Alles! Er habe sie in einem Café kennengelernt, und sie habe ihn in ihre Wohnung eingeladen, wo sie ihm ein Glas Vermouth anbot. Dann hatte sie sich entkleidet, ins Bett gelegt und die Beine auseinandergetan.

Bei dieser Schilderung trocknete dem Ferdinand der Mund aus, denn er hatte noch nie ein Mädchen geküsst. Karl hatte erzählt, dass die Frau ganz nass gewesen sei zwischen den Schenkeln und dass sein Glied wie von selber in sie hineingeglitten sei und das sei das Beste gewesen, was er je erlebt hätte.

Ferdinand vermutete, dass seine Schwester Anna schon einmal oder vielleicht zwei Male mit einem Burschen geschmust und andere Zärtlichkeiten ausgetauscht hatte, während es bei ihm bisher nur zur Berührung der nackten Brust seiner Cousine gekommen war, was ihn nach wie vor ziemlich erregte, aber das erzählte er niemandem. Er stellte sich vor wie nervös er wäre, müsste er mit einem nackten Mädchen im Bett sein, das von ihm etwas wollte. Außerdem musste er sich vorher seine Vorhaut operieren lassen.

Dieser Feschak Karl war auch zur Party geladen – wahrscheinlich würde er auch dort der Älteste sein und allen Mädchen imponieren, weil es sich sicher herumgesprochen hatte, dass er schon erfahren war und das würde sie alle bis zur Weißglut reizen, obwohl er sich meist zurückhaltend benahm, aber das war es ja gerade, was diese Hühner so verrückt machte: Karl verhielt sich souverän und ließ die Mädchen einfach kommen, während er selber praktisch nichts dazu beitrug außer ein bisschen lächeln oder fesch dreinschauen. O wie Ferdinand ihn beneidete!

Zu Fuß brauchten Ferdinand und Manfred von ihrem Haus in der Glacisstraße über die Zinzendorfgasse bis in die Schubertstraße nur etwas mehr als zehn Minuten. Es nieselte. Unterwegs erzählte Ferdinand seinem Freund, dass er und der Olaf ihre Schwänze abgemessen hätten. „Der Olaf hat einen riesigen!“

„Den größten von allen. Und ganz weiß. Er nennt ihn Jing.“ Sie lachten. Ferdinand wusste, dass auch Manfreds Schwanz richtig dick und groß werden konnte, größer als seiner, weil sie es schon mehrmals in der Badewanne verglichen hatten, dazu war er noch so schön dunkelbraun, während Olaf eindeutig den Größten hatte, aber eben viel heller. Ferdinands Glied nahm zwar auch durchaus ansehnliche Dimensionen an, aber die Vorhaut war ein bisschen eingeengt und ließ sich nur schwer zurückziehen. Das müsse operiert werden, hatte ein Urologe festgestellt, lediglich ein kleiner Eingriff, den er in seiner Ordination ausführen könne, wobei man eine Lokalanästhesie in die

Eichel spritzten müsse, um dann irgendwas mit dem Elektrokauter wegzubrennen, dann wäre dieses Problem beseitigt.

„Hast du einmal einen Beschnittenen gesehen?“, fragte Manfred.

Ferdinand schüttelte den Kopf.

„Meine Mutter hat gesagt, die Juden und Araber beschneiden ihre Buben.“

„Was ist das genau, beschneiden?“, wollte Ferdinand wissen.

„Man schneidet die Vorhaut ab.“

„Einfach so?“

„Wenn der Bub noch ein Baby ist.“

„Das muss aber scheiß wehtun!“

„Vielleicht merken es Babys gar nicht.“

„Und wozu ist das gut?“

„Die Mutter hat gesagt, das ist hygienischer.“

„Da haben es die Mädchen besser.“

„Warum?“

„Na ja, bei denen wird nichts abgeschnitten, weil nichts da ist. Und sie brauchen sich nicht anzustrengen. Wenn eine hübsch ist, kriegt sie immer einen, der mit ihr geht. Die brauchen doch nur freundlich dreinschauen. Für Männer ist es viel schwerer, eine aufzureißen.“

Manfred dachte nach, nach einiger Zeit stellte er fest: „Aber dafür haben sie die Monatsblutungen und müssen als Frauen Kinder kriegen und das tut erst weh, sag ich dir. Weil der Kopf von dem Kind so groß ist, dass er unten kaum durchkommt."

Ferdinand, der sich an die Doktorbücher und an die Geburt von Sissy erinnerte, bestätigte das: „Manchmal muss der Arzt mit einer Zange nachhelfen. Und wenn das Baby mit dem Hintern zuerst geboren wird, kann das ganz schön schlimm sein. Meine Mutter kennt einen, der war eine Steißgeburt, bei dem ist der Arm fast nicht herausgegangen und ist deswegen gelähmt und verkümmert."

Inzwischen waren sie in der Schubertstraße angelangt und gingen die Treppe in den zweiten Stock hinauf, wo sie an der Mangold'schen Tür klingelten, durch die gedämpft Musik und Partygeräusche auf das Stiegenhaus drangen. Erika öffnete höchstpersönlich und begrüßte die Freunde mit ihrem süßesten Lächeln.

„Fein, dass ihr schon da seid. Es ist ja schon losgegangen, kommt 'rein, habt ihr keinen Schirm mit? Es regnet ja."

„A, das bisserl Regen", rief Manfred mit einer wegwerfenden Geste. Sie überreichten Erika die vorher ausgewickelten Blumensträuße und wünschten ihr alles Gute zum Geburtstag.

Vom Vorzimmer mit der Wandgarderobe, an der einige Sommermäntel hingen, gingen sie an der winzigen Küche vorbei ins Wohnzimmer, wo sich die Party abspielte. Es roch nach Tee und Schokolade. Schlagermusik kam von einer Langspielplatte. Natürlich besaßen die Mohrs auch so einen neuen Plattenspieler, auf dem man Langspielplatten abspielen konnte, die mehr als eine Stunde dauerten, beide Seiten natürlich, während die alten Schellackplatten nach kurzer Spieldauer immer gewechselt werden mussten. Die waren mittlerweile unmodern, obwohl Ferdinand manche von ihnen noch immer gerne abspielte, wie die Sachen von Louis Armstrong und

Benny Goodman oder ‚Der Theodor im Fußballtor' mit Theo Lingen.

Beim Betreten des Wohnzimmers fiel Ferdinands Blick sofort auf Maria, die in einem lichtblauen Sommerkleid mit einem weißen Tupfenmuster wahnsinnig hübsch aussah. Sie lehnte in einem weinrot gepolsterten Stuhl, auf dessen Armlehne Karl Platz genommen hatte und dem Mädchen einiges mitzuteilen schien, denn sie schaute ihm aufmerksam mitten ins Gesicht. Eine Welle von Eifersucht, wie sie Ferdinand bisher noch nie erlebt hatte, überraschte ihn und er fühlte, wie ihm das Blut aus dem Kopf wich. Die Zunge trocknete ihm innerhalb weniger Sekunden nahezu vollständig aus und sein Herzschlag sprang auf ungeahnte Werte. Maria bemerkte ihn nicht, so gebannt hing sie an Karls Lippen. Mit einem Ruck wandte sich Ferdinand von den beiden ab und ging zu dem Tisch, der zu einem Buffet umgestaltet war. Er nahm sich ein Stück Kuchen auf einen kleinen Teller und begab sich damit in die hinterste Ecke des Zimmers, wo er anfing, sich den Kuchen in den Mund zu stopfen. Erika gesellte sich zu ihm.

„Gehst du im Herbst auch Steirischtanzen?", fragte sie ihn.

„Weiß nicht", gab er zur Antwort.

„Das ist ja gleich neben euch, im Pfarrsaal der Heilandskirche, wo am Tag der Kindergarten ist. Das wird sicher lustig."

Ferdinand, der sich den Rest des Kuchenstückes hineingestopft hatte, gab nur ein unverständliches Gemurmel von sich.

„Du musst dich nur rechtzeitig anmelden." Erika zögerte ein wenig, blickte der Reihe nach die Gäste an, um plötzlich auszurufen: „Du, ich glaub', die Mary wird auch kommen! Ich hab' sie jedenfalls gefragt, aber noch weiß sie es nicht, wegen ihrer Hand und so, sie meint, sie kann da nicht tanzen gehen, aber vielleicht kommt sie doch."

Ferdinand würgte den Kuchen durch seine ausgedörrte Kehle hinunter und krächzte: „Warum soll sie nicht tanzen können?"

„Na ja – wegen ihrer Hand …"

„Aber sie tanzt ja nicht mit der Hand."

„Also jetzt hör zu, beim Tanzen braucht man beide Arme, weil man sich am Partner festhält, oder manchmal muss man auch klatschen, zum Beispiel beim Schuhplattler."

„Sie muss ja nicht unbedingt klatschen", knurrte Ferdinand. Seine Brille hatte er wie üblich bei solchen Anlässen nicht dabei und er kniff die Augen zusammen und schaute sehr finster drein.

„Muss sie nicht –, aber trotzdem weiß ich nicht, ob sie kommt oder nicht. Gerade vorhin hat sie mir gesagt, dass sie vielleicht wieder ins Spital muss." Ferdinand verstand nicht und schaute Erika fragend an. „Also, die Mary ist eine irre Sportlerin – gewesen – und plötzlich hat sie sich den Arm gebrochen, einfach so, ich glaube beim Ballspielen. Da haben sie ein Röntgen gemacht und festgestellt, dass im Knochen ein Tumor ist."

„Und da musste der Arm ab …"

Erika nickte eifrig. „Sie ist vor zwei Jahren amputiert worden und hat dann Medikamente gekriegt, auf der Kinderklinik, das war schlimm, hat sie erzählt, und dass ihr alle Haare ausgefallen sind, aber die sind dann wieder nachgewachsen."

„Und warum muss sie jetzt wieder ins Krankenhaus?"

„Das ist wegen des Tumors", erklärte Erika, „mein Vater hat gesagt, es ist ein Knochensarkom gewesen und da muss man immer wieder nachschauen, ob es nicht weiterwächst."

Ferdinand merkte sich das Wort Knochensarkom, das in seinen Ohren einen verderblichen Klang besaß. Er schaute heimlich hinüber zu Maria, die sich nach wie vor mit Karl unterhielt und ihn, Ferdinand, bisher noch gar nicht bemerkt hatte. Er hatte mit einem Mal den Eindruck, sie sehe blass aus. Einmal hörte er sie hüsteln –, aber er kannte viele Leute, die gelegentlich hüsteln, auch er selber hüstelte manchmal, das war ja ganz normal, also warum sollte Maria nicht auch hüsteln? Schlimmer war, dass dieser Karl noch immer bei ihr auf der Armlehne des Polstersessels hockte und dass für die zwei der Rest der Partygäste nicht zu existieren schien. Vielleicht sollte er jetzt seinen Boogie-Woogie spielen?! Von der Langspielplatte erklang gerade das Stück ‚Swedish Rhapsody'.

Dieses Stück hatten sie auch auf Annas Party zuhause gespielt, und zwar sehr oft, weil es allen so gut gefiel. Alle ihre Freundinnen waren eingeladen und er, Ferdinand, hatte Platten auflegen dürfen. Jetzt erinnerte er sich genau, wie es danach wochenlang nur ein einziges Gesprächsthema gegeben hatte, nämlich dass irgendein Bursch der schlanken, blonden Freundin von Anna, der Doro, die der Manfred im Stillen verehrte, mit der Hand in aller Öffentlichkeit übers Haar gestrichen hatte. Hier strich niemand einem Mädchen übers Haar, obwohl Ferdinand der Maria gerne über das Haar gestrichen hätte.

Manfred hatte sich mit der fülligen Babsi in eine Ecke zurückgezogen und redete eifrig auf sie ein. Babsi hatte wirklich einen großen Busen! Ungeheuer! Sie hatte hier bei Weitem den größten von allen. Der von Erika war flach, BMW hat einer einmal gesagt, das bedeutete ‚Brett mit Warzen'. Einmal hatte er bei ihr die Brustwarzen gesehen, das war im Margarethenbad gewesen. Sie hatte einen einteiligen Badeanzug angehabt und als sie sich vorbeugte, konnte man vom Ausschnitt her die rehbraunen Brustwarzen erblicken. Olaf unterhielt sich mit der dunkelhaarigen Miksche Lilly, einer Apothekerstochter, deren Eltern sehr wohlhabend waren. Ein Typ namens Franzi Uray redete mit einem Mädchen, das Ferdinand nicht kannte. Schön war sie jedenfalls nicht. Am Klavier lehnte eine sehr hochgewachsene Blondine, deren Eltern ein großes Geschäft in der Herrengasse besaßen, die schaute immer so hochnäsig drein, dass kaum je einer mit ihr sprach. Dann war da noch die Kathy Platzovnig, auch eine Schulkameradin von Erika mit ihrem um zwei Jahre älteren Bruder, dem Herwig, der hatte das ganze Gesicht voller Pickel. Es ging ziemlich durcheinander.

„Du", fragte Ferdinand die Gastgeberin, „soll ich einen Boogie am Klavier spielen?"

„Ja, klass!" Und zu den Gästen gewandt verkündete sie mit lauter Stimme: „Der Ferdl spielt uns jetzt einen Boogie am Klavier vor. Bitte macht die Platte aus!"

Ferdinand rückte sich das Klavierstockerl zurecht, öffnete den Deckel und probierte ein paar Töne. Das Instrument war perfekt gestimmt und ging leicht, so wie der Bösendorfer zuhause. Englische Mechanik! Klar, Erikas Mutter war ja Pianistin. Der riesige Konzertflügel von Großvater Sigmund in Langenwang hatte noch eine alte Wiener Mechanik, die sehr schwer ging. Heute wurde so etwas gar nicht mehr produziert.

Als die Plattenmusik verstummte und die Gäste sich erwartungsvoll um das Klavier gruppiert hatten, fing Ferdinand an zu spielen. Er war nervös, aber Boogie spielen konnte er, denn das übte er im Geheimen fast jeden Tag. Er spielte meistens in C-Dur und die linke Hand mit der Begleitung funktionierte schon so gut, dass er mit der rechten Hand beinahe alles machten konnte, was ihm beliebte, auch unrhythmisch spielen konnte er rechts, ohne dass er dabei links aus dem Takt kam. Er hatte Boogies von Albert Ammons und Meade Lux Lewis von Schellacks heruntergehört und sich einmal ein Notenheft gekauft, das er in der Musikalienabteilung vom Pock am Hauptplatz in der Auslage entdeckt hatte. Aus dem hatte er viel gelernt. Auch einen Ragtime, den Maple Leaf Rag, der in dem Heft abgedruckt war, hatte er angefangen zu üben, der war in As- und Des-Dur und stammte von Scott Joplin, einem schwarzen Amerikaner, der das berühmte Stück 1899 komponiert hatte, noch vor der Erfindung des Jazz. Wegen des hohen Tempos, der komplizierten Bassfiguren und der vielen Synkopen erwies sich dieser Ragtime als sehr schwierig. Beim Boogie-Woogie tat man sich leichter, und wenn ein Fehler passierte, bemerkte das ohnehin niemand. Er haute in die Tasten, wobei er gehörig ins Schwitzen kam, aus den Augenwinkeln sah er die Zuhörer mit den Füßen im Takt mitklopfen oder mit den Fingern schnippen. Maria, die genau in seinem Rücken saß, konnte er nicht sehen, aber er stellte erleichtert fest, dass Karl neben ihn ans Klavier getreten war und ihm genau auf die Finger schaute. Als er fertig war, klatschten alle und wollten noch ein Stück, aber Ferdinand traute sich nur den einen Boogie zu spielen, weil er den anderen nicht so gut beherrschte. Doch als sie Gäste nicht aufhörten, Zugabe zu rufen, spielte er noch einen Blues in G-Dur, den er auch von einer Platte her kannte. Dann stand er auf, klappte den Klavierdeckel zu und sagte vielen Dank, Dankeschön, das war ja e nichts. Maria saß noch immer in dem Polstersessel. Weil sie nicht klatschen konnte, klopfte sie mit der Faust auf die Armlehne, wo vorher noch Karl gesessen war. Der sagte jetzt zu Ferdinand: „Du, Ferdl, weißt was? Wir könnten ja einmal zusammen spielen, ich mit der Trompete und du am Klavier."

„Das wäre klass!", rief Ferdinand begeistert.

„Schade, dass ich das Horn nicht mit habe", sagte Karl.

„Du kannst zu uns kommen, wir haben ein Klavier zuhause und da können wir probieren."

Das vereinbarten sie jetzt.

49

In der Schule führte Ferdinand mit Karl während der Pausen mehrere Gespräche, wobei es hauptsächlich um die Idee des gemeinsamen Musizierens ging. Sie verglichen ihr Repertoire, die Tonarten, in denen man die Stücke am ehesten spielen konnte und ob Ferdinand gut Noten lesen oder gar vom Blatt spielen könne, Karl war nämlich reiner Autodidakt und konnte keine einzige Note lesen, wie er mit einem gewissen Stolz bekannte, denn er war der Ansicht, Musizieren sei eine spontane Handlung, welcher Noten nur hinderlich seien. Zwar hätte Ferdinand viel lieber über Maria gesprochen, aber nachdem Karl das Mädchen nie erwähnte, verbiss es sich auch Ferdinand.

Die Wochen gingen dahin. Ferdinand traf Erika regelmäßig in den Harmonielehrestunden. Nächstes Jahr würde man mit dem Kontrapunkt beginnen, verlautbarte Professor Bloch gegen Ende des Sommersemesters. Karl hatte sich entschlossen, von der Musikschule eine Klarinette zu mieten, ein uraltes Instrument mit Holzmundstück und weit weniger Klappen als bei modernen Klarinetten üblich, die noch dazu in altmodischer Weise angeordnet waren. Aber das erfuhr er erst bei dem Lehrer, bei dem er sich zu Privatstunden angemeldet hatte. Er übte wie besessen, der Lehrer war mit ihm zufrieden und Ferdinand sah sich schon bei einer Dixielandband als Klarinettist mitspielen. Das Klavier hatte er praktisch aufgegeben, nur Boogie-Woogie spielte er hin und wieder. Mit Karl war es nie zum gemeinsamen Musizieren gekommen.

Einmal kam Erika unaufgefordert auf ihre Schulkameradin Maria zu sprechen.

„Sie ist gestern ins Spital eingeliefert worden“, erzählte sie Ferdinand, „du weißt schon, weil sie diesen Tumor hatte.“

„Das Knochensarkom", sagte Ferdinand, der inzwischen von seinem Vater erfahren hatte, was dies sei. So wusste er, dass es sich dabei um einen bösartigen Knochentumor handelte. Bösartig, so hatte ihm der Vater erklärt, weil er unkontrollierbar weiterwächst und andere Körperbezirke erfasst und zerstört und außerdem, weil er sogenannte Tochtergeschwülste aussendet, Metastasen genannt, die irgendwo loswuchern, im Knochenmark, in der Leber, in den Lungen, im Gehirn, und zum Tode führen.

„Ja", sagte Erika mit ernstem Gesicht, „eingeliefert ist sie worden, weil sie plötzlich Blut gehustet hat, sie hat jetzt angeblich Absiedelungen in den Lungen und kriegt deswegen wieder eine Behandlung. Eine hat sie schon gehabt, damals, als ihr der Arm abgenommen worden ist."

Ferdinand konnte sich unter der Behandlung nichts vorstellen, er wusste nur, dass sie sehr unangenehm war, dass einem das Haar ausfiel, dass der Darm zu bluten anfing und dass einem fast ununterbrochen übel war.

„Ich habe meinen Vater gefragt", sagte Erika, „der meint, dass die Chancen nicht gut stehen. Er hat gesagt, dass eine zweite Chemotherapie meistens nicht mehr gut wirkt."

„Soll das heißen …?"

Erika nickte wortlos.

Jetzt nahm sich Ferdinand ein Herz. „Sag Erika …"

Sie schaute ihn an.

„Geht der Karl mit ihr?"

„Mit der Maria?"

Ferdinand nickte.

„Du hast aber Ideen! Die hat überhaupt keinen Freund."

„Warum denn nicht? Warum hat sie keinen?"

„Na ja…, weil…" Erika drückte verlegen herum.

„Wegen ihrer Hand? Weil sie nur… einarmig ist?"

Erika nickte betreten.

„Ja, aber… das macht doch nichts, ich meine mir macht das nichts."

„Schon möglich", sie hatte sich wieder gefasst, „aber ihr macht es was. Ich kenne Maria gut und hab oft mit ihr gesprochen. Und sie hat mir erzählt wie sie immer alle anstarren und wie es ist, das Leben als… Krüppel…" Jetzt musste Erika plötzlich losweinen.

Wie gerne hätte er Maria getröstet, die ja gar nicht da war, wie gerne hätte er dieses blonde Mädchen gestreichelt und seine Arme um sie gelegt. Wie gerne hätte er ihr gesagt, dass er doch so sehr auf sie stand und dass ihm ihre Einarmigkeit gar nichts ausmache. Er fühlte, wie auch ihm Tränen in die Augen traten.

Zuhause konnte er sich nicht konzentrieren. Er holte sich das Türkischlehrbuch herbei und schlug es auf. Aber seine Gedanken waren nicht bei der Sache. Als er einmal – vor Jahren – von der Schule heimgegangen war, hatte er in einem Bücherladen ein altes Buch gesehen: ‚Lehrbuch der türkischen Sprache' von Wely Bey Boland. Darin war das Türkische noch mit arabischen Lettern geschrieben, sodass Ferdinand erst diese von rechts nach links verlaufende Schrift erlernen musste. Seit Kemal Atatürk, so hatte ihm der Vater erklärt, schreibe man Türkisch mit Lateinbuchstaben. Arabische Lettern verwenden nur mehr die Araber selber und ein paar muselmanische

Länder, aber nicht mehr die Türken. Die Türkei sei nämlich seit 1924 ein laizistischer Staat. Was das bedeute, hatte Ferdinand den Vater gefragt, der ihm dann bereitwillig erklärte, dass es sich dabei um eine Staatsform handle, in der Religion und Politik streng getrennt sind, so wie in Frankreich. Und diese Trennung sei in der Verfassung fix verankert, auch China und Portugal seien laizistische Staaten, Österreich hingegen nicht. Deswegen würde auch hierzulande Religion in den Schulen unterrichtet.

Ferdinand stierte also geistesabwesend in sein antiquarisches Türkischlehrbuch, während seine Gedanken ausschließlich bei Maria weilten. Ob er sie im Krankenhaus besuchen sollte? Vielleicht würde sie sich freuen, da könnte er ihr Blumen mitbringen oder was Gutes zu Essen und sie würde vielleicht bemerken, dass er sie gerne hatte, trotz ihres Fehlers. Oder gerade deswegen, schoss es ihm durch den Sinn, und er bemühte sich, diesen unpassenden Gedanken zu verdrängen.

Beim Abendessen verhielt sich Ferdinand so wortkarg, dass ihn die Mutter fragte, ob etwas mit ihm los sei. Er schüttelte schweigend den Kopf.

50

Im Bett las er noch in ‚Durch die Wüste' von Karl May, aber auch das lenkte ihn von seinen Gedanken nicht ab. Da kam viel Arabisch vor, das Wort Giaur zum Beispiel, und er fand, dass dieser Karl May unglaublich viele Sprachen gekonnt haben musste und wie klug der wohl gewesen war, denn ihm, Ferdinand, fiel es sehr schwer, Fremdsprachen zu lernen, er war schlecht in Latein und nur mittelmäßig in Englisch, in Deutsch haperte es noch immer mit der Rechtschreibung, aber er interessierte sich trotzdem für Sprachen, auch wenn er sie nicht wirklich sprechen konnte. Das war schon so gewesen, als Tante Angela ihm und Anna in Mürzzuschlag bei ihrer gemeinsamen Geheimsprache ‚Bligosge' geholfen hatte. Auch fremde Schriften fesselten Ferdinand und deswegen machte es ihm nichts aus, dass in seinem Türkischbuch alles auf Arabisch geschrieben war. Einmal hatte er sich ein Löschblatt als Schwindelzettel für Physik hergerichtet und bei einem Test neben dem Schularbeitenheft liegen gehabt, da waren alle Formeln in echten Arabischen Ziffern drauf, die nur er lesen konnte. Leider ist der Physikprofessor vorbeigekommen, hat einen Blick auf das vollgeschriebene Löschblatt geworfen und gesagt: Ich weiß zwar nicht, was drauf steht, aber ich nehm's lieber mit. Weg war der Schwindelzettel. Dann fiel ihm wieder Maria ein und er fragte sich, ob der Tumor ihr jetzt auch den Stumpf wegfrisst. Selbst wenn sie diesen Stumpf nicht mehr hätte, würde sie ihm noch gefallen, denn sie gefiel ihm einfach und er war noch immer verknallt in sie, und was das mit ihrer Verkrüppelung zu tun hatte, fragte er sich nicht zum ersten und sicher nicht zum letzten Mal. Mochte er sie, weil sie behindert war, oder mochte er sie einfach so und es machte ihm nichts, dass sie behindert war. Eine Antwort darauf fand er nicht und es war ihm auch gleichgültig, denn er war der Meinung, dass es keine Rolle spiele, warum man jemanden mochte, also zum Beispiel wegen einer solchen Amputation. Es konnte aber sein, dachte er, weil er sich an das Gespräch mit

Erika erinnerte, dass sie selber glaubte, dass er sich nur wegen ihres Stumpfes für sie interessierte, weil sich das so seltsam ausnahm und so weiter, da hatte sie aber unrecht. Man mag Mädchen einfach und den Grund dafür, dass man eine Besondere mag, kann man nicht finden. Man glaubt dann vielleicht, man mag sie aus diesem oder jenem Grund, zum Beispiel, weil sie so schöne Lippen hat oder wegen ihres Busens, aber in Wirklichkeit kann man es nicht erklären. Ferdinand hielt daran fest, dass es für ihn bei einem Mädchen am wichtigsten war, wie sie aussah, also ihr Gesicht. Und wenn sie einen großen Busen hätte, würde ihm das auch nichts ausmachen. Und bei Maria eben der Armstumpf. Aber deswegen alleine – nein! Er fand sie wirklich schön, vielleicht so, wie es ihm vor langen Jahren die Mutter einmal gesagt hatte, als sie zum schönen Platzi marschiert waren, ein Mädchen, das sich nicht mit grellen Farben anmalt, sondern das ganz natürlich und bescheiden ist. So eine wollte er einmal befruchten, hatte er damals gesagt, und bei Maria dachte er plötzlich wieder dran und der Gedanke erregte ihn intensiv. Er wusste ja inzwischen genau, wie so etwas funktioniert und stellte es sich auch vor, sobald er im Bett lag und nicht gleich einschlafen konnte. Manchmal stellte er sich Raketen und Flugzeuge vor, weil er gerne Zukunftsromane las, jene von Jules Verne und vor allem die von Hans Dominik, in denen die deutschen Ingenieure immer die besten waren wie Wernher von Braun, der die V 2 konstruiert hatte und jetzt in Amerika lebte und für die Amis Raketen baute, auch den Karl May mochte er, weil in dessen Geschichten die Deutschen immer die Guten waren und nicht die Bösen wie es in den Zeitungen und Nachrichten seit letzter Zeit in zunehmendem Maße behauptet wurde.

Oft aber schlief er mit den Gedanken und Bildern der Frauenbefruchtung ein, und jetzt war es Maria, die er streichelte und die er gern in die Arme nehmen würde. Ihr trauriges Gesicht schwebte dicht und groß genau zwischen seinen Augen, ihr Mund mit den blassen Lippen, die ein klein wenig geöffnet waren, gerade weit genug, dass man die Zähne und die Zunge dahinter erahnen konnte, ihre treuen Augen, dachte er, warum eigentlich treu? Schön auf jeden

Fall! Und das dinarische Dreieck, das kannte er gut, denn das hatte ihm die Großmutter Sophie oft erklärt und sie hatte es von ihrem Vater, dem Arzt und Anthropologen, erfahren, das ist eine nicht genau markierte, etwa dreieckförmige Region zwischen den Augenbrauen und der Nasenwurzel, die nur bei der dinarischen Rasse vorkommt. Juden haben es zum Beispiel nicht, hatte Großmutter Sophie behauptet. Auch Zigeuner nicht. Und wie graziös Maria doch ihren Hals hielt, um den sie damals in Lignano das Lederhalsband mit dem Amulett getragen hatte, und das seichte Grübchen unter dem Kehlkopf, den man bei ihr fast nicht sah, mein Gott, wie wunderschön! Aber das Halsband hatte sie auf der Geburtstagsparty von Erika nicht getragen. Und mehr und mehr keimte in ihm die irreale Hoffnung, sie möge genesen, sie möge wieder gesund werden, sie möge das Spital wieder verlassen. Dann würde er ihr sagen, wie gern er sie hatte und die Sache mit dem verlorenen Arm würde sich dann gewiss irgendwie regeln lassen, jedenfalls sollte das kein Grund sein, sich mit ihr zu streiten. Unter solchen Gedanken schlief Ferdinand schließlich ein.

In dieser Nacht ist Maria im Krankenhaus an den Folgen ihres Tumors verstorben.

Epilog

Seit damals ist viel Zeit verstrichen. Mit dem Heranwachsen ist es Anna und Ferdinand allmählich klar geworden, was an ihnen geliebt, geschätzt, bemängelt, bestraft und bestimmt auch gesündigt worden ist. Sie haben seither als Erwachsene immer wieder versucht, sowohl sich selber als auch das subjektiv erlebte Verhalten ihrer Vorfahren und Mitmenschen auszuloten. Viel von ihren Erfahrungen haben sie akribisch, ja sogar mitleidlos hinterfragt. War es den Versuch wert?

Die Frage mag gestattet sein, doch bleibt jede Antwort nichts weiter als ein ungenauer, fragmentarischer Versuch. Es lässt sich bei den Bemühungen, Vergangenheit aufzuschlüsseln, Damaliges niemals in seiner ehemals empfundenen Realität wiederherstellen, und so bleibt jene einst gelebte Zeit an manchen Stellen trotz aller Schürfungen immer noch verschüttet – beinahe wie ein Grab. Denn jede Erinnerung ist selektiv, persönlich und deformierend.

Gerade weil daher an manchem ihres subjektiv Erlebten Zweifel weiter bestehen oder auch weil in vielem Ungenauigkeit vorherrscht und daher den Blick trübt, überlegen sie sich immer wieder, was ihnen letzten Endes von all dem aus ihrer Kinderzeit, – den gewissen Jahren von damals – wirklich geblieben ist.

Viele derjenigen, die sie durch ihre jungen Jahre begleitet haben – als Liebende, Freunde, Beschützer, Erzieher, Strafende und Verführende – sind längst begraben und neue Generationen haben sich angeschickt, den Kreislauf zu wiederholen. Längst sind Anna und Ferdinand zu Eltern, Großeltern herangereift.

Wie haben sie ihre Rollen gespielt?
Anders jedenfalls. –

E N D E

Stammbaum*)

Familie Lenau (Mürzzuschlag)

Ing. Hermann L. + Sophie L.
Dr. Heinrich L. (+ Lena-Lotta ≠) + Angela
Manfred L. Evelyne L.
Ingrid L. (+ Dr. Ferdinand Roth ↓)
Anna R. Ferdinand R.
Gerda L. (+ Prof. Hartmut Szekesy)
Waltraud S. Isolde S.

Familie Roth (Langenwang)

Dr. Sigmund R. Ludmilla R.
Dr. Waldemar R. (+ ...) Dr. Ferdinand R. ↓ (+ Ingrid L.)
(4 Kinder ...) Anna R. Ferdinand R.

Familie Mohr (Graz)

Mimi M.; Dr. Herbert M./ Dr. Theo M. (+ Ingrid L. verw. Roth)
Sissy M. Markus M.
Lena-Lotta (+ Dr. Hartmut Lenau)
Manfred L. Evelyne L.

*) Angeführt sind hier lediglich diejenigen Personen aus der unmittelbaren Verwandtschaft der Familien Lenau, Roth und Mohr, die in der Geschichte tragende Rollen spielen.
Zeichenerklärung:
+ = verheiratet mit ...; ≠ = geschieden, ↓ = verstorben

Heide Rosegger

Die Dinnerparty

oder

Ein Abend in geschlossener Gesellschaft

Psychokrimi

ISBN 978-3-7059-0284-8
14 x 21,5 cm, 136 Seiten, geb.
€ 17,90

Die Autorin, Heide Rosegger, Urenkelin des berühmten steirischen Schriftstellers Peter Rosegger, studierte Germanistik und Kunstgeschichte und lebt zurzeit in Frankreich.

Im vorliegenden fesselnden Psychokrimi erzählt die alleinstehende Monika von einem merkwürdigen Gastmahl, zu dem sie unerwartet eingeladen wird und welches sie mit alten Bekannten und Freunden fröhlich zu verbringen hofft. Wie schleichendes Gift verbreiten sich aber innerhalb einer illustren Gesellschaft Rivalität und Eifersucht, bis hin zu aggressiven Machtkämpfen, die mit einer tödlichen Bedrohung enden. In der Erinnerung an diese Dinnerparty stellt die Erzählerin fest, dass die Begegnungen an jenem Abend sich weitreichender als alle bisherigen in ihrem Leben erweisen sollten, vor allem die Begegnung mit sich selbst ...

Heide Rosegger

RAMADAN

Reisebilder aus Anatolien

ISBN 978-3-7059-0322-7
14 x 21,5 cm, 176 Seiten, 32 Farbabb., geb.
€ 19,80

In diesem interessanten Buch schildert die Autorin die Erlebnisse einer Zehntagesreise durch die östliche Türkei. Die Reise beginnt mit dem Besuch des 2.100 m hohen Nemrud-Dag mit den geheimnisvollen Kolossalstatuen und führt von dort weiter durch turbulente orientalische Städte, wo gerade der Ramadan gefeiert wird, und immer weiter durch oft unwegsames Gebiet bis zur im fernen Van-See gelegenen Felseninsel mit der berühmten, uralten armenischen Kirche Agdamar. Der Leser begleitet gleichsam bei dieser Reiseerzählung die Autorin, ihre Freundin und den türkischen Reiseführer auf einer sehr persönlichen Spurensuche durch ein faszinierendes Land zwischen Moscheen, uralten christlichen Klöstern, zwischen Euphrat und Tigris.